독해비

수 능 영 어 독 해 입 문 서

Reading

Secrets

저자

김기훈 現 ㈜ 쎄듀 대표이사

現 메가스터디 영어영역 대표강사

前 서울특별시 교육청 외국어 교육정책자문위원회 위원

저서 천일문 / 천일문 Training Book / 천일문 GRAMMAR

첫단추 BASIC / 쎄듀 본영어 / 어휘끝 / 어법끝 / 문법의 골든룰 101

절대평가 PLAN A / 리딩 플랫폼 / ALL씀 서술형

Reading Relay / The 리딩플레이어 / 빈칸백서 / 오답백서

첫단추 / 파워업 / 수능영어 절대유형 / 수능실감 등

쎄듀 영어교육연구센터

쎄듀 영어교육센터는 영어 콘텐츠에 대한 전문지식과 경험을 바탕으로

최고의 교육 콘텐츠를 만들고자 최선의 노력을 다하는 전문가 집단입니다.

오혜정 수석연구원 · **장정문** 선임연구원 · **김진경** 전임연구원 · **오승은** 연구원

마케팅	콘텐츠 마케팅 사업본부
제작	정승호
영업	문병구
인디자인 편집	올댓에디팅
디자인	쎄듀 디자인팀
영문교열	Stephen Daniel White

펴낸이	김기훈 ㅣ 김진희
펴낸곳	(주)쎄듀 ㅣ 서울특별시 강남구 논현로 305 (역삼동)
발행일	2023년 1월 2일 초판 1쇄
내용문의	www.cedubook.com
구입문의	콘텐츠 마케팅 사업본부
	Tel. 02-6241-2007
	Fax. 02-2058-0209
등록번호	제 22-2472호
ISBN	978-89-6806-269-8

Foreword

이 책을 쓰며

이 책은 간접연계·비연계 시대에 수능 영어 1등급을 목표로 하는 학생들이 가장 우선해서 갖추어야 할 영문 독해의 기본 필수 지식을 알려드리기 위한 것입니다.

수능 영문 독해를 위해 차곡차곡 쌓아야 할 기본기가 엄연히 있지만, 과거 수년간의 EBS 연계 출제 정책으로 인해 어떤 지문이 출제될지에 더 관심을 쏟고 번역본으로 학습하는 비정상적이고 비교육적인 양상들이 적지 않게 있어 왔습니다. 개선된 새로운 출제 정책하에서는 출제 지문을 사전에 학습하고 시험에 임하는 것이 더 이상 불가능해졌습니다. 이제는 수능이 요구하는 수준의 논리 사고력과 문제 해결력을 키울 수 있는 독해 기본기를 더욱더 탄탄히 해야 할 때입니다.

영어와 국어의 글은 구조적으로 서로 다르게 전개됩니다. 국어를 통해 '글'에 대한 기본 지식을 갖춘다고 하더라도 영어의 '글'은 어떻게 다른지를 새롭게 익혀야 합니다. 문장 해석 위주의 학습에서 벗어나 문장과 문장이 어떻게 연결되고, 글에서 중요하고 중요하지 않은 문장은 무엇인지 등, 글을 전체적인 시각에서 구조적으로 이해하는 능력과 훈련이 필요합니다.

더군다나 수능 영어와 이를 본뜬 모의/학력평가의 글은 특정한 유형의 문제를 출제하기 위해 선정되는 것으로, 출제진들이 선호하는 관습화된 구성 방식을 가지고 있습니다. 이를 학습하면, 글의 전개 방향을 예측하고 문장 중요도와 문장 간의 논리 관계도 판단할 수 있게 됩니다.

위와 같은 영어 독해의 기본 지식은 비교적 단기간의 노력으로 습득할 수 있는 것이며 다양한 글에 광범위하게 적용이 가능하므로, 그 교육적 잠재 효과가 매우 크다고 할 수 있습니다. 글에 모르는 어휘나 구문이 있다고 해도 이러한 지식으로 보완하여 해결할 수 있습니다.

그러므로, 이러한 기본기를 먼저 탄탄히 한 뒤에, 유형별 문제집과 기출 문제집을 통해 적용해 나가는 것이 완벽한 독해 학습의 로드맵이라 할 수 있습니다. 어느 것이나 기본기가 없으면 더 빨리, 더 높게 성장하는 것은 불가능하다는 것을 잊지 마시기 바랍니다. 이 책은 여러분의 꿈을 이루는 든든한 기반이 되어드릴 것입니다.

저자

About This Book

이 책의 구성과 특징

Ⅰ Essential Words & Phrases

미리 익혀서 본 학습을 더 수월하게 진행할 수 있도록 하였습니다.

앞으로 학습할 지문의 주요 단어뿐만
아니라 어구, 구문도 실어 놓았습니다.

> motivate O to-v O가 v하도록 동기부여하다
> A rather than B B라기보다는 A

여러 의미로 쓰이는 주요 다의어는 일련번
호로 표시했으며, 지문에서 쓰인 의미에 색
칠을 해 놓았습니다.

> apply ¹ 신청하다, 지원하다
> ² 적용되다; 적용하다
> ³ (연고 등을) 바르다

Ⅱ Stage Ⅰ. Concept의 찬찬 이해

Chapter의 학습 내용을 도식과 함께 간단명료하게 설명해 놓았습니다.

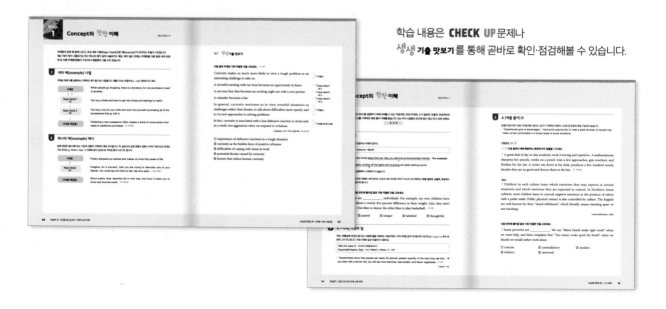

학습 내용은 **CHECK UP** 문제나
생생 기출 맛보기 를 통해 곧바로 확인·점검해볼 수 있습니다.

Stage Ⅱ. Concept의 꼼꼼 확인

앞서 학습한 내용을 집중 문제로 훈련하고, 실제 문제에 적용해봅니다.

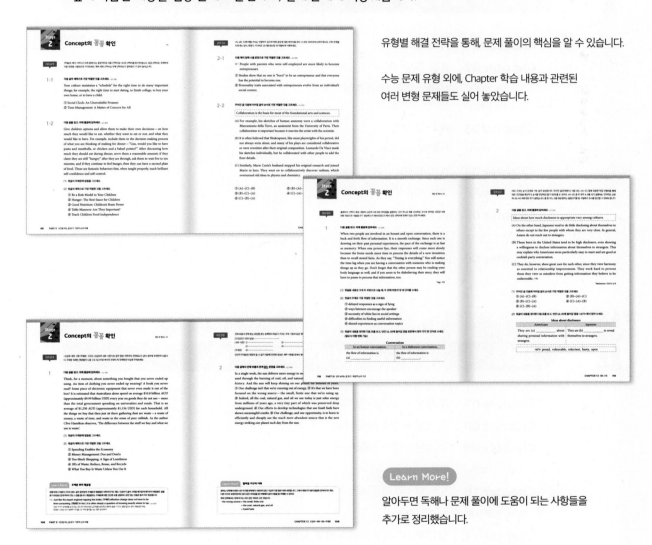

유형별 해결 전략을 통해, 문제 풀이의 핵심을 알 수 있습니다.

수능 문제 유형 외에, Chapter 학습 내용과 관련된
여러 변형 문제들도 실어 놓았습니다.

Learn More!

알아두면 독해나 문제 풀이에 도움이 되는 사항들을
추가로 정리했습니다.

www.cedubook.com
무료 부가서비스(어휘리스트, 어휘테스트)를 다운로드하세요.

Contents

이 책의 목차

PART

III

답이 보이는 글 읽기: 특징적 논리 구조

수능 영어에 등장하는 글은 어떤 것일까?

국어에서는 글을 크게 '문학'과 '비문학'으로 나눕니다.
- 문학: 시, 소설 등
- 비문학: 논설문, 설명문 등

영어는 흔히 네 가지 타입으로 나뉘는데, 수능 영어에서도 이를 모두 볼 수 있어요.

4 Types of Writing

- 설명문(expository writing): 교과서 / 사용 설명서 / 보도 기사 / 비즈니스, 기술, 과학 관련 글 등
- 논설문(persuasive writing): 사설 / 칼럼 / 연설문 등
- 묘사문(descriptive writing): 시 / 소설 / 일기 등
- 이야기(narrative writing): 소설 / 동화 / 일화 / 전기 등

묘사문은 독자들이 인물, 사건, 장소 등을 생생히 떠올릴 수 있도록 감각적으로, 특히 시각적으로 자세하게 표현하는 것이에요. 수능 영어에서는 등장인물의 심경을 묻는 글에 등장합니다.

~ After many hours of wandering throughout the deserted lands, however, she was unsuccessful. Now, the sun was beginning to set, and her goal was still far beyond her reach. Looking at the slowly darkening ground before her, she sighed to herself, "I can't believe I came all this way for nothing. What a waste of time!" 수능

이야기는 등장인물과 그들에게 벌어지는 일이나 문제를 중심으로 서술해요. 수능 영어에서는 장문(3문제)을 비롯하여 여러 유형에 골고루 출제됩니다.

In the gym, members of the taekwondo club were busy practicing. Some were trying to kick as high as they could, and some were striking the sparring pad. Anna, the head of the club, was teaching the new members basic moves. Close by, her friend Jane was assisting Anna. ~ 수능

하지만 수능 영어에서 가장 많이 출제되는 것은 설명문과 논설문이고, 그중에서도 설명문의 비중이 높습니다.

	설명문 = 정보를 전달하는 글	논설문 = 설득하는 글
중심 내용	어떤 것(어려운 개념이나 어떤 대상의 특징 등)을 설명하는 것이 핵심. *e.g.* 스마트폰은 터치 조작이 특징이다.	주장이나 견해(어떤 물건이나 상황 등을 보고 가지게 된 글쓴이의 주관적인 생각)가 핵심. *e.g.* 스마트폰의 사용 시간을 줄여야 한다.
글의 전개	쉽게 풀어서 설명하거나 구체적인 예를 들어 설명하는 방식. 관련 사실 정보를 제공하며 의견은 포함하지 않음. *e.g.* 스마트폰은 손가락이나 터치펜을 화면에 갖다 대어 메시지를 보내고 인터넷에 접속할 수도 있다.	글쓴이의 주장이나 견해를 뒷받침하는 합리적이고 믿을 만한 근거(논거)들을 내세우는 방식. *e.g.* 스마트폰의 사용 시간이 많을수록 집중력이 떨어지고 우울 증상에 빠질 가능성이 높다는 연구 결과가 있다.

수능의 글은 대체로 하나의 단락이고, 단락은 보통 7문장 내외로 구성됩니다. 문장과 문장이 연결되어 단락이 구성되며 어떤 문장이든지 앞의 문장과 관계가 있고 모든 문장은 하나의 중심 내용을 향해 있습니다. 결국 모든 문장은 같은 말을 하고 있다는 것이지요. 이렇게 서로 긴밀한 연관성이 있음을 염두에 두고 글을 읽어야 합니다. 이를 이해하지 못하는 순간, 글쓴이가 말하려는 것이 도통 무엇인지 감을 잡을 수 없게 되기 때문입니다.

출발은 문장과 문장이 어떤 의미 관계인지를 명확히 이해하는 것으로 해야 합니다. 나무보다는 숲을 보라고 하지만, 숲을 보려고 곧장 숲 밖으로 나가는 것만이 그 숲을 제대로 이해하는 최상의 방책이라고 보기는 어렵습니다.

이어질 PART I은 바로 이를 목표로 합니다. 숲을 제대로 보기 위해, 잠시 나무와 나무 사이도 들여다보고, 어떤 나무가 앞에 있고 뒤에 있는지도 살펴보길 바랍니다.

PART
I

문장 간의 의미 관계·선후 관계

탄탄한 독해 기본기를 기르기 위해,
우선 문장과 문장 간의 의미 관계를 명확히 이해할 수 있어야 합니다.
문장들은 그 단락의 중심 내용을 효과적으로 전달하기 위해
체계적으로 구성되고, 논리적인 순서로 이어집니다.

영어에서는 문장과 문장이 어떻게 연결되는지,
의미 관계의 단서가 되는 어구에는 어떤 것들이 있는지에 대해
집중적으로 알아봅니다.

Chapter 01

A ⊒ B
(예)

Stage 1 Concept의 찬찬 이해

p.14 **step** 단계; 조치, 방책

environmentally friendly 환경친화적인

reduce 줄이다, 축소하다(= decrease)

cf. reduction 감소, 축소, 삭감

turn off (전기 등을) 끄다(↔ turn on 켜다)

CHECK UP ✅

identical twins 일란성 쌍둥이

one ~ the other (둘 중) 한쪽은 ~ 다른 한쪽은

선택지 | **paired** (둘씩) 짝지은

experiment 실험(하다)

nearly 거의; 간신히

quantity 양, 수량

❗ quality 질; 고급(의); 자질

protein 단백질

p.15 **advantage** 이득; 이점(↔ disadvantage 불이익, 약점)

diversity 다양성

range 범위, 영역; (범위가) 이르다, 포함[포괄]하다

CHECK UP ✅

1 **day-to-day** 매일 행해지는, 날마다 하는

academic 학문의, 학업의

repetitive 반복적인, 반복되는

sharpen 날카롭게 하다, (날카롭게) 깎다

work on ~에 노력[공]을 들이다

proof 증거(물), 입증; ((수학)) 증명

approach 접근(법); 다가가다[오다]

get nowhere 성과가 없다

2 **emotion** (희로애락의) 감정(= feeling)

cf. emotional 감정의

express 나타내다, 표(현)하다; 급행의

conceal 숨기다, 감추다(↔ reveal 드러내다, 밝히다)

in the presence of ~이 있는 데서, ~이 있을 때에는

public 공공의, 대중(의); 공개적인

be well known for ~로 잘 알려지다

literally 말[문자] 그대로; 정말로

3 **Many hands make light work** 백지장도 맞들면 낫다

Too many cooks spoil the broth 사공이 많으면 배가 산으로 간다

would rather ~ (than ...) (…하기보다는 차라리) ~하겠다[하고 싶다]

선택지 | **concise** 간결한; 축약된

contradictory 모순되는, 상반되는

indirect 간접적인; (말이) 간접적인, 에둘러 하는

universal 일반적인; 보편적인

Stage 2 Concept의 꼼꼼 확인

1 **dwell on** ~을 깊이 생각하다, 곱씹어 생각하다
vivid 생생한; (색깔이) 선명한, 강렬한
realize 깨닫다; (목표를) 달성[실현]하다
선택지 | **competence** 능력(↔ incompetence 무능)
cooperative 협력[협동]하는; 협조하는

2 **cut** 베다, 자르다; 줄이다, 단축하다
not only A but also B A뿐만 아니라 B도(= B as well as A)
impression 인상; (막연한) 느낌, 생각

3 **apply A to B** A를 B에 적용하다[쓰다]
pursue 추구하다; 뒤쫓다, 추적하다
rewarding 보람 있는; 돈을 많이 버는
선택지 | **appearance** (겉)모습; 나타남, 출현

4 **evidence** 증거(물); 증언
cf. evident 분명한, 명백한
organic 유기(체)의, 생물의; (식품이) 유기농인
perception 지각, 자각; 인식, 인지
contain ~이 들어[함유되어] 있다; (감정을) 억누르다
have difficulty (in) v-ing v하는 데 어려움을 겪다
선택지 | **interpret** 이해[해석]하다
establish 설립하다; 확립[수립]하다
framework 뼈대, 틀; 체제, 구조
identify 확인하다; 식별[감정]하다; 동일시하다
separate 분리하다, 나누다; 분리된, 따로 떨어진
recognize 알아보다, 알다; 인식[인지]하다
cf. recognition 알아봄, 인식
outstanding 두드러진, 눈에 띄는
structural 구조적인, 구조상의
feature 특징, 특색; 특집 기사; ~의 특징을 이루다

5 **utilize** 활용[이용]하다(= make use of)
displeasure 불쾌감, 불만
any time 언제든; ((접속사)) ~할 때라면 언제나
entirety 전체, 전부
capacity 용량, 수용력; 능력, 역량
put A to use A를 이용[사용]하다
seek to-v v하려고 (시도)하다(= attempt to-v)
opponent 상대, 적수
unconscious 의식을 잃은; 무의식적인
pace 서성거리다; (걸음) 속도
serve (음식을) 제공하다; 도움이 되다, 기여하다
relieve (불쾌감 등을) 없애[덜어] 주다
선택지 | **please** 기쁘게 하다; ~의 마음에 들다
outlet 배출구; 할인점, 아울렛

7 **organize** 준비[조직]하다; 정리 정돈하다
end up v-ing 결국 v하게 되다
put off ~을 미루다, 연기하다(= postpone. delay)

8 **civilization** 문명 (사회)
explorer 탐험가, 탐사자
rely on ~에 의지[의존]하다(= depend on. count on)
local 지역의; 현지의
obtain (노력으로) 얻다, 구하다, 입수하다
considerable 상당한, 많은
❗ considerate 사려 깊은
settlement 합의; 해결; 정착지
shelter 주거지; 대피(처); 쉼터

9 **friction** ((물리)) 마찰(력); (의견의) 불화
surface (사물의) 표면; 지면, 수면
opposite to A A에 상반되는, A와 정반대의
object 물건, 물체; 목적; 반대하다
material 직물, 천; (물건의) 재료; 자료
the 비교급 ~, the 비교급 ... ~하면 할수록 더 …하다
rough (표면이) 거친(↔ smooth 매끄러운)
prevent[stop] A from v-ing A가 v하는 것을 막다
grip 꽉 붙잡다; 단단히 붙잡기; 이해[파악]하다

10 **employment** 일자리; 고용; (시간·노력 등의) 사용
characteristic 특징; 특유의
선택지 | **suit** 적합[적당]하다, 어울리다; 정장
distraction 주의를 산만하게 하는 것; 주의 산만

11 **get used to A** A에 익숙해지다
be likely to-v v할 가능성이 있다, v하기 쉽다
선택지 | **foreign** 외국의; 이질적인(= alien)
horrify 몸서리치게[소름 끼치게] 만들다

12 **spread** 확산; 퍼지다[확산되다]; 펼치다[펴다]
operate (기계를) 조작하다; (시스템 등이) 운영되다
epidemic 유행병; (나쁜 것의) 급속한 확산; 유행성의
advance 진보[향상](하다); 전진하다
destructive 파괴적인; 해로운
outbreak (전쟁·사고·질병 등의) 발발, 발생
influenza 독감(= flu)
❗ cholera 콜레라, typhoid 장티푸스
overcrowding 과밀, 혼잡, 초만원
sanitation 공중 위생; 위생 설비[시설]
lead to A A로 이어지다, 야기[초래]하다(= result in)
in spite of ~에도 불구하고(= despite)
reconstruction 재건, 복구, 복원
decline 감소하다; 쇠퇴하다; 거절하다
pioneering 선구적인, 최초의

예(example)는 '어떤 것(A)'을 설명하기 위해 내세울 수 있는 '대표적인 것(B)'이에요. A가 일반적, 포괄적, 추상적이라서 이해가 어려울 때, B를 구체적인 예로 들어 이해를 돕습니다. B는 마치 A집합의 조건에 맞는 '원소'라고 보면 쉬워요.

$$A \ni B$$

1 A 예를 들어 B

예를 이끄는 대표적인 연결어는 아래와 같아요.

> for example, for instance 예를 들어

• [1] There are so many small <u>steps that can help you become environmentally friendly.</u> [2] **For example**,
_A의 위치 A

<u>reducing food waste, turning off the lights and recycling</u> are great starting points.
B

A를 B가 구체적으로 설명해주니 이해하기가 쉽습니다.

빈칸 추론 문제에서 빈칸은 대체로 A에 있어요. 단순히 B와 비슷한 의미가 아니라 B(구체적인 예)를 **일반적, 포괄적, 추상적**으로 바꿔 표현한 것을 찾아야 합니다.

CHECK UP ☑ 다음 빈칸에 들어갈 말로 가장 적절한 것을 고르세요.

Identical twins are _____ individuals. For example, my own children have always shown about a twenty five percent difference in their weight. Also, they don't act alike either. One likes to dance; the other likes to play basketball. 고1 모의

① active ② paired ③ unique ④ talented ⑤ thoughtful

2 B = 사례, 가상의 일

'예'는 **사례**(실제 있었던 일) 또는 **가상의 일**을 포함하는 개념이에요. 이야기처럼 길게 이어질 때가 많지만(⊙ p. 66) 한두 문장에 그치기도 합니다. 주로 아래와 같은 연결어가 이끌어요.

> Take the case of ~의 경우[사례]를 들어보자
> Suppose[Imagine, Say] ~라고 가정해보자 / When, If ~라면

• [3] Experiments show that people eat nearly 50 percent greater quantity of the food they eat first. [4] **If** you start with a dinner roll, you will eat more starches, less protein, and fewer vegetables. 고1 모의

*starch: 녹말

3 A (예를 들어) B

연결어 없이 예가 바로 이어질 때도 많아요. 갑자기 구체적인 표현이 나오면 앞 문장의 예일 가능성이 높습니다.

• [5] Experiences give us advantages. [6] Having the opportunity to meet a great diversity of people may make us feel comfortable in a broad range of social situations.

CHECK UP ✅

[1-2] 다음 글에서 예에 해당하는 문장에 모두 밑줄을 그으세요.

1 A great deal of day-to-day academic work is boring and repetitive. A mathematician sharpens her pencils, works on a proof, tries a few approaches, gets nowhere, and finishes for the day. A writer sits down at his desk, produces a few hundred words, decides they are no good and throws them in the bin. 고1 모의응용

고난도

2 Children in each culture learn which emotions they may express in certain situations and which emotions they are expected to control. In Northern Asian cultures, most children learn to conceal negative emotions in the presence of others with a polite smile. Public physical contact is also controlled by culture. The English are well known for their "stand-offishness", which literally means standing apart or not touching.

*stand-offishness: 냉랭함

다음 빈칸에 들어갈 말로 가장 적절한 것을 고르세요.

3 Some proverbs are _____. We say "Many hands make light work" when we want help, and then complain that "Too many cooks spoil the broth" when we decide we would rather work alone.

① concise   ② contradictory   ③ modern
④ indirect   ⑤ universal

빈칸 추론

A ⊒ B 관계를 확인한 후에는 빈칸이 A에 있는지 B에 있는지에 따라 적절한 것을 찾으면 됩니다. 빈칸은 주로 A에 있는데, 이 경우에는 B를 일반적, 포괄적, 추상적인 말로 바꿔야 해요.

[1-5] 다음 빈칸에 들어갈 말로 가장 적절한 것을 고르세요.

1 All improvement in your life begins with an improvement in your _____ _____. When you talk to successful, happy people, you find that they dwell continually on vivid, exciting pictures of what their goals will look like when they are realized, and what their dreams will look like when they come true. 고1 모의

① mental pictures　　　　　② physical competence
③ cooperative attitude　　　④ learning environment
⑤ academic achievements

2 Believe it or not, _____ can cut highway accidents. V-shaped stripes painted on the roads not only give drivers the impression that they are driving faster than they really are but also make roads appear to be narrower, leading to a reduction in highway speed and the number of traffic accidents.

① speed limits　　　　　② visual tricks
③ vehicle design　　　　④ brighter paint
⑤ narrower roads

3 Not many people apply the idea of making effort to their _____. If you truly desire more happiness in your life, you need to take a similar approach. Pursuing happiness takes work, but this "happiness work" may be the most rewarding you'll ever do.

① emotional lives　　　　② making decisions
③ happy relationship　　　④ work environment
⑤ physical appearance

4 There is good evidence that in organic development, perception starts with _____. For example, when two-year-old children and chimpanzees had learned that, of two boxes presented to them, the one with a triangle of a particular size and shape always contained attractive food, they had no difficulty applying their training to triangles of very different appearance. 고1 모의

① interpreting different gestures
② establishing social frameworks
③ identifying the information of colors
④ separating the self from the environment
⑤ recognizing outstanding structural features

5 We have to recognize that there always exists in us the strongest need to utilize *all* our attention. And this is quite evident in the great amount of displeasure we feel any time the entirety of our capacity for attention is not being put to use. When this is the case, we will seek _____. If we are playing a chess game with a weaker opponent, we will seek to supplement this activity with another: such as watching TV, or listening to music, or playing another chess game at the same time. Very often this reveals itself in unconscious movements, such as playing with something in one's hands or pacing around the room; and if such an action also serves to increase pleasure or relieve displeasure, all the better. 고1 모의

*supplement: 보충하다

① to please others with what we are good at
② to pay more attention to the given task
③ to find outlets for our unused attention
④ to play with a stronger opponent
⑤ to give our brain a short break

앞 문장에 대한 예가 논리적으로 적절한지를 판단해야 합니다. 주어진 문장이 예를 이끄는 문장(B)일 때는 A ⊇ B 의미 관계가 성립하도록 단락의 문장들 중에서 적절한 A를 찾아 그 뒤에 위치시키면 됩니다.

[6-8] 다음 주어진 글의 흐름이 자연스러우면 ○, 어색하면 ×로 표시하세요.

6

Since making recycled products takes less energy, we save on energy. For example, recycled aluminum takes 95% less energy to make than new aluminum does.

_____

7

Every project requires a certain amount of time, and everybody works at a different pace. For instance, if you think it will take ages to organize your room well, you might end up putting it off forever.

_____

8

Since the earliest civilizations, explorers and travelers have relied on local knowledge in the form of printed maps. For example, early Arctic explorers obtained considerable help from Eskimo people's maps showing human settlements where the explorers might go for supplies or shelter.

_____

9 **글의 흐름으로 보아, 주어진 문장이 들어가기에 가장 적절한 곳을 고르세요.** 고1 모의

> For example, if you rub your hands together quickly, they will get warmer.

Friction is a force between two surfaces that are sliding, or trying to slide, across each other. For example, when you try to push a book along the floor, friction makes this difficult. Friction always works in the direction opposite to the direction in which the object is moving, or trying to move. So, friction always slows a moving object down. (①) The amount of friction depends on the surface materials. (②) The rougher the surface is, the more friction is produced. (③) Friction also produces heat. (④) Friction can be a useful force because it prevents our shoes from slipping on the floor when we walk and stops car tires from skidding on the road. (⑤) When you walk, friction is caused between the tread on your shoes and the ground, acting to grip the ground and prevent sliding.

*skid: 미끄러지다 **tread: 접지면, 바닥

[10-11] 다음 주어진 문장을 구체적으로 설명하는 예로 적절하지 <u>않은</u> 것을 고르세요.

10 Every field of employment has its own particular set of characteristics, which attract certain people for their own personal reasons.

① Politics attracts attention-seekers, and therefore suits those who seek public recognition.

② Teachers draw students' attention by removing distractions from their vision.

11 Humans tend to like what they have grown up in and gotten used to. 고1 모의응용

① Young people are more likely to accept cultural influences foreign to their own families and cultures.

② Our children would be horrified if they were told they had to go back to the culture of their grandparents.

12 **다음 글에서 전체 흐름과 관계 <u>없는</u> 문장을 고르세요.** 고1 모의

Health and the spread of disease are very closely linked to how we live and how our cities operate. The good news is that cities are incredibly resilient. Many cities have experienced epidemics in the past and have not only survived, but advanced. ① The nineteenth and early-twentieth centuries saw destructive outbreaks of cholera, typhoid, and influenza in European cities. ② Doctors such as Jon Snow, from England, and Rudolf Virchow, of Germany, saw the connection between poor living conditions, overcrowding, sanitation, and disease. ③ A recognition of this connection led to the replanning and rebuilding of cities to stop the spread of epidemics. ④ In spite of reconstruction efforts, cities declined in many areas and many people started to leave. ⑤ In the mid-nineteenth century, London's pioneering sewer system, which still serves it today, was built as a result of understanding the importance of clean water in stopping the spread of cholera.

*resilient: 회복력이 있는 **sewer system: 하수 처리 시스템

Chapter 02

A = B
(말바꿈·요약)

Essential Words & Phrases

Stage 1 Concept의 찬찬 이해

p. 22 **environmental** 환경의, 환경과 관련된
cf. environment 환경
support ¹ 지지[옹호]하다
² 지원[후원]하다; 지탱하다
population 인구; ((생태)) (어떤 지역의) 개체군, 집단; 개체 수
involve 수반[포함]하다; 관련[연루]시키다
compassion 연민, 동정심
take 가지고 가다; 필요하다
work at ~을 하려고 열심히 노력하다[애쓰다]
get into the habit of ~하는 습관이 몸에 배다
need 필요; 요구; (사정이) 어려움

p. 23 **take A for granted** A를 당연한 것으로 여기다
speech 연설, 담화; 말
give thought to A A를 (곰곰이) 생각해보다
(just) as ((접속사)) (꼭) ~처럼
normally 보통(은), 보통 때는; 정상적으로
pay attention to A A에 관심[주의]을 기울이다
tend to-v v하는 경향이 있다
overlook ¹ 간과하다, 못 보고 넘어가다(= miss)
² (잘못된 것을) 못 본 체하다, 눈감아 주다
manage ¹ (힘든 일을) 간신히[용케] 해내다
² 관리[경영, 운영]하다; 다루다
career 경력, 이력
chief executive officer(CEO) 최고 경영자
be up to ~에 달려 있다, ~이 할[결정할] 일이다
productive 생산적인(↔ unproductive 비생산적인)
unexpected 예기치 않은, 예상 밖의, 뜻밖의
ignorance 무지, 무식
cf. ignorant 무지한, 무식한

CHECK UP ✓
1 **based on** ((전치사)) ~에 근거하여
2 **rate** 속도; 비율; 평가하다

Stage 2 Concept의 꼼꼼 확인

1 **telegraph** 전신[전보](을 보내다)
empower A to-v A에게 v할 힘[권한]을 주다
art 예술; 기술
upcoming 다가오는, 곧 있을
circumstance 환경, 상황, 정황
process 과정, 절차; (식품 등을) 가공하다; 처리하다
accept ¹ 받아들이다(↔ refuse 거절하다)
² 인정하다

선택지 | **unite** 통합[결합, 연합]하다
adapt (상황에) 맞추다; 적응하다(= adjust); 개작[각색]하다
recover 회복하다, 되찾다

---

2 **perform** 행하다, 수행하다; 공연[연주]하다
traditional 전통의; 전통적인
competitive 경쟁을 하는; 경쟁력 있는
선택지 | **independently** 독립하여, 자주적으로

---

3 **alert** 기민한, 정신이 초롱초롱한; 경계하는
peak 절정(의), 최고조(의)
muse (작가 등에게 영감을 주는) 뮤즈(= inspiration)
mental 정신의, 마음의(↔ physical 신체의)
machinery 기계(류)
loose 헐거워진, 풀린, 느슨한
A rather than B B라기보다는 A
stand at attention '차렷' 자세를 취하다
선택지 | **flow** 흐르다; 술술 나오다

---

4 **simulator** 시뮬레이터, 모의실험 장치
put oneself in another person's shoes 남의 입장이 되어 생각하다
intention 의향, 의도
선택지 | **abstract** 추상적인(↔ concrete 구체적인)

---

5 **seemingly** 겉보기에는
insignificant 사소한(↔ significant 중요한, 의미 있는)
선택지 | **aim** 목표 (삼다); (활 등을) 겨누다, 겨냥하다
motivate 동기를 부여하다, (행동 등의) 이유가 되다
cf. **motivation** 동기 (부여)
achieve 달성[성취]하다, 해내다
broaden 넓히다

---

6 **diversify** 다양[다각]화하다
talent (타고난) 재능, 재주, 장기
may[might] well ¹ (~하는 것도) 당연하다
                    ² 아마 ~일 것이다
do the trick 효과가 있다
combine 결합하다; (자질을) 갖추다; (일을) 병행하다
existing 기존의, 현재 사용되는
cf. **exist** 존재하다, 현존하다
notion 개념, 관념, 생각
expertise 전문 지식
staffing 직원 채용
bring about ~을 유발[초래]하다(= create, generate)
perspective 관점, 시각; (장래의) 전망
innovation 혁신

선택지 | **compensate** 보상하다; (결점을) 보완하다
reflect on ~을 되돌아보다, ~을 반성하다
maximize 극대화하다(↔ minimize 최소화하다)
specific 구체적인; 특정한
objective 목표, 목적; 객관적인(↔ subjective 주관적인)

---

7 **volunteer** 자원봉사자; 자원하다, 자진하다
social network 소셜 네트워크, 사회 연결망
make time 시간을 내다

---

8 **wisdom** 지혜; 속담
habitual 늘 하는, 특유의; 습관적인

---

9 **when it comes to A** A에 관한 한, A에 관해서라면
effective 효과적인
cf. **effectively** 효과적으로; 실질적으로, 사실상
conciseness 간결, 간명
cf. **concise** 간결한, 축약된
exception 예외; 이례

---

10 **far off** 멀리(에)

---

11 **every time** ((접속사)) ~ 때마다
confirmation 확인; 확증
cf. **confirm** 사실임을 보여주다, 확인해주다
work 일하다; (원하는) 효과가 있다; 영향을 미치다
fraud 사기(죄); 사기꾼

---

12 **unrealistic** 비현실적인(↔ realistic 현실적인)
optimist 낙관론자, 낙천주의자(↔ pessimist 비관론자)
universe 우주; ((the ~)) 세계, 만천하
reward A for B B에 대해 A에게 보상[보답]하다
somehow 어떻게든; 왠지
transform A into B A를 B로 변형시키다[바꿔 놓다]
obstacle 장애(물), 방해(물)
strategy (목표를 위한) 전략, 계획
deal with ~을 다루다, 처리하다(= handle)
preparation 준비, 대비
confidence 자신(감); 신뢰; 확신
get A done A를 끝내다[마치다]

문장 B는 앞 문장 A를 다른 말로 풀어 쓰거나 요약하여 이해를 돕습니다. A와 B는 크게 보아 서로 같은 의미이므로, 둘 중 어느 하나만 확실히 이해하고 넘어가도 좋습니다.

> **A = B**

---

1 A 즉[다시 말해서] B

A가 너무 간단하거나 모호해서 그 의미를 B가 상세히 설명해주는 것이에요. 그래서 B를 이해하는 것이 대체로 더 쉽습니다. 반대로 A가 길고 B가 짧을 때도 있는데, 그러면 B가 '요약'과 같은 느낌을 줍니다.

> that is (to say), in other words, to put it another way, put another way 즉, 다시 말해서

- [1] Frogs are excellent at revealing the environmental health of an area. [2] **That is**, an environment supporting a huge population of frogs is highly likely to have clear water and air.

연결어 없이 B가 이어질 때도 있습니다.
- [3] Like anything else involving effort, compassion takes practice. [4] We have to work at getting into the habit of standing with others in their time of need. 고1 모의

앞 문장의 이해를 돕는다는 점에서 '예'와 역할이 같고 실제로 별 차이 없이 쓰이기도 합니다. B 외에 A에 속하는 다른 것이 더 있을 수 있을 때(A ⊒ B)는 '예'를 이끄는 연결사가 좀 더 자연스럽습니다.
- [5] ~ <u>social movements</u>, such as <u>the animal rights movement, workers' movement</u>
             A   ⊒   B
- [6] ~ <u>their two favorite activities</u>, that is, <u>swimming and running</u>
             A   =   B

Learn More! **상세한 설명을 이끄는 축약어 / 콜론(:)**

1. *i.e.* 즉(= that is) (라틴어 **id est**, 또는 영어 **in essence**의 약자)
a short period of time, *i.e.*, three to five days 짧은 시간, 즉 3일에서 5일

2. 콜론(:)
We have two options: stay and fight, or run to safety. 두 가지 선택이 있다. 즉 머물러 싸우는 것, 또는 안전을 위해 도망치는 것이다.

2 A 요약하면 B

A가 길거나 다소 어려울 때 B에서 그 핵심을 쉽게 요약해줍니다. 연결어 없이 B가 이어지기도 합니다.

> In short, In brief, In sum(mary), To sum up 요약하면, 요컨대
> To put it simply, Put simply, Simply put 간단히 말하자면, 알기 쉽게 말하면

- [7] We often take for granted our ability to produce and understand speech, and don't give much thought to it, just as we don't normally pay much attention to the workings of our heart, brain, or liver. [8] **In short**, we tend to overlook speech and what it means to us.

- [9] Since companies today aren't managing their knowledge workers' careers anymore, we must each be our own chief executive officers. [10] **Simply put**, it's up to you to keep yourself productive during a work life. 고2 모의응용

- [11] In the history of discovery, an important lesson for us is that we like to think that scientific discoveries give final answers, but what we usually get instead is more questions. [12] Every great discovery discloses our unexpected ignorance.

CHECK UP ✅ 다음 A 문장에 이어지는 B가 '예'에 해당하면 ⇒, '말바꿈·요약'에 해당하면 =를 괄호 안에 쓰세요.

1 A: The decision-maker predicts what will happen if something is done now, based on what happened when something was done in the past. (　　　) B: A decision-maker uses the past to predict the future. 고1 모의

2 A: All living languages change, but the rate of change varies from time to time and from language to language. (　　　) B: The modern Icelander does not find it very difficult to read the Icelandic sagas from the Middle Ages. 고1 모의

*saga: (특히 노르웨이·아이슬란드의) 영웅 전설

빈칸 추론

대체로 B 문장과 유사한 의미가 정답입니다. 빈칸이 더 짧은 문장에 있을 때는 단서를 요약하거나 핵심만 담은 선택지를 찾아야 합니다.

[1-6] 다음 빈칸에 들어갈 말로 가장 적절한 것을 고르세요.

1 Telegraphing empowers people to _____. Telegraphing involves the art of seeing an upcoming event or circumstance and giving others enough time to process and accept the change. 고1 모의

① unite ② adapt ③ object
④ compete ⑤ recover

2 Research shows that people in cooperative environments perform better than people in traditional, 'competitive,' win-lose environments. In other words, _____. 고1 모의

① collaboration produces better results
② overworking is a main cause of stress
③ cooperation doesn't reduce working hours
④ competition is necessary in the market place
⑤ many jobs require the ability to work independently

3 When your mind and body are less alert than at your "peak" hours, the muse of creativity awakens and is allowed to roam more freely. In other words, when your mental machinery is loose rather than standing at attention, _____ _____. 고1 모의응용

*roam: (어슬렁어슬렁) 거닐다

① your mind stops thinking ② the stress will disappear
③ it's easy to stay alert ④ your body recovers
⑤ the creativity flows

4 Because our brains are excellent simulators, most of us are able to _____ _____. We can put ourselves in another person's shoes to imagine what his or her thoughts, intentions, and possible actions might be.

① control our feelings
② develop abstract ideas
③ make quick judgments
④ adjust to new situations
⑤ step inside others' minds

5 It's important to _____. In other words, we may not always see the power in the seemingly insignificant, but what seems insignificant is often not.

① think big, aim high, and act now
② be motivated to achieve what you want
③ know that big things grow from little things
④ broaden your knowledge of environmental issues
⑤ remember that good decisions can lead to bad outcomes

고난도
6 If you are unable to diversify your own talent and skill, then _____ _____ might very well just do the trick. Believing that all new ideas come from combining existing notions in creative ways, business consultant Frans Johansson recommends utilizing a mix of backgrounds, experiences, and expertise in staffing to bring about the best possible solutions, perspectives, and innovations in business. 고1 모의

① having others around you to compensate
② taking some time to reflect on yourself
③ correcting the mistakes of the past
④ maximizing your own strength
⑤ setting a specific objective

앞 문장과 같은 의미로 연결되는지를 확인해야 합니다. 글의 순서에서 말바꿈이나 요약 연결사가 보이면 같은 의미를 가진 문장을 찾아 그 뒤로 순서를 결정합니다.

[7-11] 다음 주어진 글의 흐름이 자연스러우면 ○, 어색하면 ×로 표시하세요.

7 The more television we watch, the less likely we are to volunteer our time or to spend time with people in our social networks. In other words, the more time we make for *Friends*, the less time we have for friends in real life. 고1 모의

*Friends: 프렌즈 ((미국의 한 방송국에서 방영된 시트콤))

———————

8 We can say that wisdom is seeing things in a non-habitual manner. That is, it's being able to look at old problems in a different and much brighter point of view.

———————

9 When it comes to effective writing, conciseness is key. In other words, there's one exception to the rule of using fewer words, and that's when it comes to describing something.

———————

10 Animal communication seems designed only for the present moment and it can't effectively be used to talk about things that are far off in time or place. In brief, our communication can be about any time or place.

———————

고난도
11 Every time their horoscopes "get it right," people who believe in astrology take it as confirmation that astrology really works, yet every time a horoscope is wrong, they see it as no proof that astrology is a fraud. In short, people tend to give weight to evidence that supports their beliefs and to ignore contradictory evidence.

*horoscope: 점성술, 별점 **astrology: 점성학

———————

12

> To be successful, you need to understand the vital difference between believing you will succeed, and believing you will succeed easily.

(A) Unrealistic optimists, on the other hand, believe that success will happen to them — that the universe will reward them for all their positive thinking, or that somehow they will be transformed overnight into the kind of person for whom obstacles don't exist anymore.

(B) Put another way, it's the difference between being a realistic optimist, and an unrealistic optimist. Realistic optimists believe they will succeed, but also believe they have to make success happen — through things like careful planning and choosing the right strategies.

(C) They recognize the need for giving serious thought to how they will deal with obstacles. This preparation only increases their confidence in their own ability to get things done.

① (A)–(C)–(B)　　　　　　② (B)–(A)–(C)
③ (B)–(C)–(A)　　　　　　④ (C)–(A)–(B)
⑤ (C)–(B)–(A)

Learn More!　**대시(—)의 역할**

대시(—)가 문장에 하나만 있을 때는 주로 앞의 어구에 대한 설명을 이끕니다.

e.g. Sometimes offering help is **a simple matter** that does not take us far out of our way — remembering to speak a kind word to someone who is down, or spending an occasional Saturday morning volunteering for a favorite cause. 고1 모의

때때로 도움을 주는 것은 우리의 방식에서 멀리 벗어나지 않는 **단순한 일**, 즉 낙담한 사람에게 친절한 말을 해 줄 것을 기억하거나 가끔 토요일 아침을 좋아하는 자원봉사를 하며 보내는 것이다.

Chapter

03

A ↔ B
(역접)

Stage 1 Concept의 찬찬 이해

p.30 **rarely** 드물게, 좀처럼 ~ 아닌(= seldom)

source 원천, 근원; (자료의) 출처

saying 말, 발언; 속담, 격언

indicate 나타내다, 보여 주다

mistake A for B A를 B로 오해[혼동]하다

spend A (in) v-ing A(시간·돈 등)를 v하는 데 쓰다[들이다]

coach 코치(하다), 지도하다

poor 가난한; (질이) 좋지 못한; 실력 없는, 형편없는

opposite 다른 편[쪽]의; ~ 맞은편의; 반대의; 반대되는 것

critical 비판적인; 대단히 중요한; 위태로운

vertical 수직의, 세로의

⁂ horizontal 수평의, 가로의

transportation 운송, 수송; 이동; 차량

billion 10억; 엄청난 양

get along 어울리다, 잘 지내다

humid (날씨, 공기가) 습한, 습기 있는

setting 환경, 장소; (연극 등의) 배경

pitch (감정의) 정도, 강도; 음높이

p.31 **demand** 요구(하다); 수요

goods and services 상품과 서비스, 재화와 용역

as ((접속사)) ~하면서; ~대로; ~ 때문에; ~함에 따라

apply ¹ 신청하다, 지원하다
     ² 적용되다; 적용하다
     ³ (연고 등을) 바르다

CHECK UP ✓

1 **based on** ((전치사)) ~에 근거하여

trap 덫; (좁은 장소에) 가두다; 함정에 빠뜨리다

certain ¹ 확실한, 틀림없는; 확신하는
      ² 특정한, 일정한; 어떤, 어느

anticipate 예상하다; 기대[고대]하다

base A on B A의 바탕[근거]을 B에 두다

2 **fall behind** 뒤처지다, 늦어지다

maintain ¹ 유지하다, 지키다(= preserve)
       ² 주장하다(= insist)

eliminate 제거하다, 없애다(= get rid of)

evil 악; 유해한, 사악한

racial discrimination 인종 차별

crime 범죄, 범행

poverty 가난, 빈곤

critic 비판자; 비평가, 평론가

nature 자연; 본질; 천성, 본성

limitation 제한, 한정(= restriction); 한계

procedure 절차, 순서, 방법

reasonably 합리적으로, 타당하게; 상당히, 꽤

Stage 2 Concept의 꼼꼼 확인

1 **feature** 특징, 특색; 특집 기사; 중요한 임무[역할]를 하다
tale 이야기, 설화

2 **win a championship** 챔피언이 되다, 우승하다
put pressure on ~에게 압박[압력]을 가하다
earthshaking 전 세계를 뒤흔드는, 중대한
notable 눈에 띄는, 주목할 만한; 중요한
in the long run (길게 보았을 때) 결국에는, 장기적으로는

3 **due to A** A 때문에
electronic equipment 전자 장비[기기]
quietness 정숙, 조용함
cf. quiet 조용한
considering ((전치사)) ~을 고려[감안]하면
surroundings 환경(= environment)

4 **interconnected** 상호 연결된
inspirer 영감을 주는 사람
cf. inspire 고무[격려]하다; 영감을 주다
and so on 기타 등등, ~ 등(= and so forth, etc.)

5 **overlook** 간과하다, 못 보고 넘어가다; (잘못된 것을) 못 본 체하다
debt 빚(을 지다)
low-income 저소득의
! middle[upper]-income 중위[상위] 소득의
bracket 괄호( ); (소득에 기초한) 계층[대]
necessity 필요(성); 필수품
blame A for B B를 A의 탓으로 돌리다
contribute to A A의 원인이 되다; A에 기여하다
beyond ~너머; (능력 등을) 넘어서는, ~을 훨씬 능가하는
organization 조직, 기구; 구조, 구성
sink into ~에 빠지다; ~으로 가라앉다
overspending 과소비
abuse [1] 남용[오용](하다)
 [2] 학대(하다)
consider A (to be) B A를 B로 여기다(= regard[think of, look upon] A as B)
take on [1] (일·책임을) 맡다; 고용하다
 [2] (의미를) 지니다
typically 보통, 일반적으로, 전형적으로
influence 영향을 미치다(= affect)
well-being 행복, 복지
associated with ~와 관련된
so-called 소위, 이른바
market 시장; 광고하다

6 **dairy** 유제품
! daily 매일(의), 매일 일어나는
! diary 일기
선택지 | **consume** 소비[소모]하다; 섭취하다
cf. consumption 소비(량); 섭취
savings 저금, 예금
invest 투자하다
overseas 해외에

7 **constant** 불변의; 끊임없는, 지속적인; 일정불변의 것
unbending 굽히지 않는, 고집스러운
cf. bend 굽히다, 숙이다; 구부리다
attend [1] 참석[출석]하다
 [2] 보살피다, 돌보다; (일을) 처리하다, 전념하다
servant 하인; 부하
선택지 | **infinite** 무한한(↔ finite 유한한)
strict 엄격한; 엄밀한, 정확한
temporary 일시적인, 임시의
flexible 구부리기 쉬운; 유연한, 융통성 있는(↔ inflexible 구부러지지 않는; 융통성 없는)
primary 주요한, 주된; 기본적인

8 **dishonest** 부정직한(↔ honest 정직한)
coworker 동료
선택지 | **modest** 겸손한, 신중한; 알맞은, 적당한(= moderate)

9 **insistence** 고집, 주장, 강조
liberty 자유(= freedom)
선택지 | **challenge** 도전(하다); 이의를 제기하다
insight 통찰력, 이해
alternative 대체, 대안

10 **biased** 편향된, 선입견이 있는
cf. bias 편견, 편향
unconscious 의식[정신]을 잃은; 무의식적인
assumption 가정, 추정; (임무·책임 등의) 인수, 취임
cf. assume 가정[추정]하다; (책임을) 맡다
to a certain extent 어느 정도까지, 얼마간
whether ~ (or not) ~인지 (아닌지)
solely 오직, 단지; 혼자서, 단독으로
split-second 순간적인, 눈 깜짝할 사이의
root 뿌리(를 내리다); 근원, 근본
categorize 범주로 나누다, 분류하다
label 표[라벨, 상표](를 붙이다); 분류하다
선택지 | **origin** 근원, 기원; 출신
undesirable 바람직하지 않은(↔ desirable 바람직한)
moral 도덕상의, 도덕적인(↔ immoral 부도덕한)

Concept의 찬찬 이해

정답 및 해설 p. 9

앞(A)과 뒤(B)의 문장이 서로 반대이거나, 일치하지 않고 대조를 이루는 의미 관계를 '역접'이라고 합니다.

$$A ↔ B$$

1 A 그러나 B

> but, however 그러나 / though 비록 ~이긴 하지만
> still, yet, nevertheless, nonetheless 그래도, 그럼에도 불구하고
> on the contrary, in[by] contrast 그와는 반대로[대조적으로] / on the other hand 반면에, 한편으로는
> while, whereas ~에 반하여 / instead 그 대신에, 그보다는 / rather 오히려, 차라리
> that said 그렇긴 하지만 (= having said that (above) = that being said = despite what I said)

- [1] You rarely need to give sources for familiar sayings to avoid plagiarism, because people clearly know they are not created by you. [2] **However**, you must indicate the source of any borrowed material that might be mistaken for yours.

*plagiarism: 표절

- [3] Millions of dollars and thousands of hours are spent each year trying to teach managers how to coach their employees and give them effective feedback. [4] **Yet** much of this training is ineffective, and many managers remain poor coaches. 고1 모의응용

2 주의해야 할 역접 연결어

아래의 연결어들은 순접 내용을 이끄는 경우가 더 많지만, 역접 내용을 이끌기도 합니다. 문맥으로 판단할 수 있어요.

(1) meanwhile 한편
- [5] In America, people prefer cold drinks even with ice. [6] **Meanwhile**, the opposite is true in Europe.

고1 모의

cf. [7] You can set the table and decorate it. [8] **Meanwhile**, I'll start cooking dinner. ((순접: 그동안에))

(2) in fact 사실은, 실제로는(= actually, in reality)
앞 내용과 반대되는 내용을 이끌어, 이끄는 내용이 '사실'임을 강조합니다.
- [9] Rarely do people consider the critical role of vertical transportation. [10] **In fact**, each day, more than 7 billion elevator journeys are taken in tall buildings all over the world. 고1 모의응용

cf. [11] Opera singers and dry air don't get along. [12] **In fact**, the best professional singers require humid settings to help them achieve the right pitch. 고1 모의 ((순접: 사실은, 실은))
우리말 의미는 역접일 때와 비슷하지만 순접 내용을 이끕니다. 앞서 말한 내용에 대해 자세한 설명, 특히 놀라운 사실 등을 덧붙입니다.

3 A (그러나) B

역접 연결어 없이 내용이 이어질 때도 생각보다 자주 있어요.

- [13] The law of demand is that the demand for goods and services increases as prices fall, and the demand falls as prices increase. [14] *Giffen goods* are special types of products for which the traditional law of demand does not apply. 고1 모의

*giffen goods: 기펜재 ((가격이 내릴수록 오히려 수요가 적어지는 재화))

연결어가 없을 때 문맥이 뒤바뀌는 곳을 잘 파악하는 것이 중요합니다. 실제로 역접 연결어 없이 출제된 아래 단락을 통해 익혀 보세요.

CHECK UP ☑ 다음 글의 흐름으로 보아, 문맥이 뒤바뀌는 곳을 고르세요.

1 Many people think of what might happen in the future based on past failures and get trapped by them. (①) If you have failed in a certain area before, when faced with the same situation, you anticipate what might happen in the future, and thus fear traps you in yesterday. (②) Do not base your decision on what yesterday was. (③) Your future is not your past and you have a better future. 고1 모의

2 Some people believe that the social sciences are falling behind the natural sciences. (①) They maintain that not only does social science have no exact laws, but it also has failed to eliminate great social evils such as racial discrimination, crime, poverty, and war. (②) Such critics are usually unaware of the real nature of social science and of its special problems and basic limitations. (③) Even if social scientists discover the procedures that could reasonably be followed to achieve social improvement, they are seldom in a position to control social action. 고1 모의

글의 순서
문장 넣기

역접을 이용한 출제가 가장 빈번하고 두드러지는 유형입니다. 다양한 역접 연결어에 주의하여 풀어보세요.

[1-4] 다음 주어진 문장 뒤에 이어질 글의 순서가 적절하도록 빈칸에 번호를 차례대로 쓰세요.

1 Even if dragons feature in many tales throughout human history, they have always been the products of the human imagination and never existed. 고1 모의응용

① They walked the earth for a very long time, even if human beings never saw them.
② Dinosaurs, however, did once live.

_____ →_____

2 Whether it is losing weight, winning a championship, or achieving any other goal, we put pressure on ourselves to make some earthshaking improvement that everyone will talk about. 고1 모의

① The difference this tiny improvement can make over time is surprising.
② Meanwhile, improving by 1 percent isn't particularly notable, but it can be far more meaningful in the long run.

_____ →_____

3 Due to the machine noise from electronic equipment and people noise from group works, the modern school library is no longer the quiet zone it once was.

고1 모의응용

① Yet libraries must still provide quietness for study and reading because many of our students want a quiet study environment.
② Considering this need for library surroundings, it is important to design spaces where unwanted noise can be eliminated or at least kept to a minimum.

_____ →_____

4   In the workplace, people have tended to hire people just like themselves. 고1 모의응용

① This may have worked in the past, but today, with interconnected team processes, we don't want people who are all the same.

② In a team, some need to be leaders, some need to be doers, some need to provide creative strengths, some need to be inspirers, some need to provide imagination, and so on.

→ _____

고난도

5   **글의 흐름으로 보아, 주어진 문장이 들어가기에 가장 적절한 곳을 고르세요.** 고1 모의

> However, thinking about it this way overlooks debt among people in low-income brackets who have no other way than debt to acquire basic necessities of life.

Have you heard someone say, "He has no one to blame but himself" for some problem? In everyday life we often blame people for "creating" their own problems. (①) Although individual behavior can contribute to social problems, our individual experiences are often largely beyond our own control. (②) They are determined by society as a whole — by its historical development and its organization. (③) If a person sinks into debt because of overspending or credit card abuse, other people often consider the problem to be the result of the individual's personal failings. (④) By contrast, at middle- and upper-income levels, overspending takes on a variety of meanings typically influenced by what people think of as essential for their well-being and associated with the so-called "good life" that is so heavily marketed. (⑤) But across income and wealth levels, larger-scale economic and social problems may affect the person's ability to pay for consumer goods and services.

Learn More!   **따옴표(" ")의 역할**

인용문 외에도, 어구의 의미가 글자 그대로가 아닌 진짜 의미가 따로 있을 때 사용됩니다.

e.g. I was shocked by being told by a "professional" writer that I wasn't good enough to write.
나는 내가 글을 쓸 정도로 훌륭하지는 않다는 말을 '전문' 작가에게 듣고 충격을 받았다. (→ 전문 작가로 생각하지 않음을 의미)

따옴표는 강조하고 싶은 어구에 사용한다고 생각하기 쉬운데, 강조 어구는 이탤릭으로 표현하는 것이 올바릅니다.(● p. 41)

빈칸 추론

빈칸의 단서가 되는 어구와 대조, 상반되는 의미의 어구를 찾아야 합니다. 역접 연결어가 없을 수도 있으므로 앞뒤 문맥을 잘 살피는 것을 잊지 마세요.

[6-10] 다음 빈칸에 들어갈 말로 가장 적절한 것을 고르세요.

6 Chinese tend to purchase less rice when the price of it falls. The reason for this is, when the price of rice falls, people have more money to spend on other types of products such as meat and dairy and, therefore, change their spending pattern. On the other hand, as rice prices increase, people _____.

고1 모의응용

① order more meat   ② consume more rice
③ try to get new jobs   ④ increase their savings
⑤ start to invest overseas

7 In the western world, time is the constant and human needs must adjust to time's unbending demands. Tasks must be attended to at the right time and in the right order. In contrast, in non-western cultures, time is seen as a servant that must bend to fit people's needs. Schedules are understood to be _____.

① infinite   ② strict   ③ temporary
④ flexible   ⑤ primary

8 Is your goal to improve yourself or to do better than others? Those who are trying to be superior to others are more "dishonest" and less likely to share information with coworkers. On the contrary, people who are trying to improve themselves are quite open. If the goal is to improve yourself, one way to do it is to be very _____.

① careful about disclosing information
② cooperative with other people
③ modest about what you have
④ competitive at the workplace
⑤ confident of yourself

9

In the Western classical concert, there is an insistence on silence and restrictions on movement, food, and drink. Viewed from a more global point of view, that is a(n) _____. In other contexts, movement, especially dance, liberty to make sound, and the consumption of food and drink are often necessary to musical experience.

① exception   ② challenge   ③ insight

④ motivation   ⑤ alternative

고난도

10

Here's the unpleasant truth: we are all biased. Every human being is affected by unconscious biases that lead us to make incorrect assumptions about other people. Everyone. To a certain extent, bias is a(n) _____.
If you're an early human, perhaps *Homo Erectus*, walking around the jungles, you may see an animal approaching. You have to make very fast assumptions about whether that animal is safe or not, based solely on its appearance. The same is true of other humans. You make split-second decisions about threats in order to have plenty of time to escape, if necessary. This could be one root of our tendency to categorize and label others based on their looks and their clothes. 고1 모의

① origin of imagination
② barrier to relationships
③ necessary survival skill
④ undesirable mental capacity
⑤ challenge to moral judgment

Essential Words & Phrases

Stage 1 Concept의 찬찬 이해

p.38 CHECK UP ⩔

manufacturer (상품) 제조사, 생산 회사

media (신문·TV 등의) 대중 매체

diet 식사, 음식, 식습관; 다이어트

fiber 섬유; 섬유질

practically 사실상, 거의; 실제로

invisible 보이지 않는(↔ visible 눈에 보이는)

risk 위험 (요소); 위태롭게 하다; 위험을 무릅쓰다

slide 미끄러지다; 미끄러짐

subsequent 그[이]다음의, 차후의(↔ previous 이전의)

nest (새의) 둥지; (곤충의) 집

complex 복잡한; 복합 건물, 단지

functional 기능적인, 실용적인

analogy between A and B A를 B에 비유, A와 B 사이의
유사점

cf. analogy 비유; 유사점

p.39 **put into words** 말로 나타내다[옮기다]

mood 기분; 분위기

CHECK UP ⩔

1 **proper** 적절한, 제대로 된

age 나이; 나이가 들다; (치즈 등을) 숙성시키다

bring out ~을 끌어내다[발휘되게 하다]

full 가득한; 완전한; 최대[최고]의

cf. fully 완전히, 충분히

flavor 풍미, 향미, 맛

hire 고용하다(= employ)

regardless of ~에 상관없이(= irrespective of)

2 **friendly** (행동이) 친절한; (분위기 등이) 다정한

in response to A A에 응하여[답하여]

roll (둥글게 말아 놓은) 두루마리; 구르다, 굴러가다

Stage 2 Concept의 꼼꼼 확인

1 **pay attention** 주의를 기울이다, 관심을 갖다

be related to A A와 관련이 있다

achievement 성취, 달성

damaging 손상[악영향]을 주는, 해로운

선택지 | **constant** 불변의; 지속적인, 끊임없는

exposure 노출; 폭로

frequent 빈번한, 잦은

intervention 개입, 간섭

media multitasking 미디어 멀티태스킹 ((TV, 스마트폰, 컴퓨터
등의 여러 미디어를 동시에 쓰는 것))

2 **go over** ~을 검토하다; 거듭 살피다

material ¹ 직물, 천
² 재료, 물질; 자료

process ¹ 과정, 절차
² (식품을) 가공하다
³ (서류 등을 체계적으로) 처리[정리]하다

engage in ~에 관여[참여, 종사]하다

benefit 이득, 혜택; 유익[유용]하다; 득을 보다

rote repetition 기계적인 암기 반복

assignment 과제

선택지 | **review** 검토(하다); 논평(하다); 복습(하다)

sheet 이불; (종이) 한 장

overload 과부하, 지나치게 많음

wrestle 몸싸움을 벌이다; (힘든 문제를 해결하기 위해) 씨름하다

---

3 **surround** 둘러싸다, 에워싸다

a range of 다양한

unless ((접속사)) ~하지 않는 한, ~한 경우 외에는

conscious 의식이 있는; 의식적인(↔ unconscious 의식이 없는;
무의식적인)

tune out ~을 의식하지 못하다; 집중하기를 중단하다

become used to v-ing v하는 데 익숙해지다
❗ used to v (과거에) v하곤 했다

선택지 | **majority** 대부분, 대다수; 과반수

sensitive 예민한, 민감한(↔ insensitive 둔감한)

hearing 청력, 청각; 공청회

identify ¹ 확인하다, 식별하다, 알아보다
² 동일시하다

---

4 **for a moment** 잠시 동안(= for a while)

participation 참가, 참여
cf. participate 참가하다, 참여하다

depend up(on) ~에 달려 있다[좌우되다](= rely on)

clearly (자신의 말을 강조하여) 분명히(= obviously)

enroll 입학[입회]시키다, 등록하다(= register)

assistance 도움, 원조, 지원

editor 편집장; 편집자

involve 포함하다; 관련시키다

fellow 친구; 동료(의), 같은 처지에 있는

선택지 | **combine A with B** A를 B와 결합하다

---

5 **extra-terrestrial** 지구 밖의, 외계의
cf. terrestrial 육지의; 지구(상)의

intelligence 지능, 사고력; 정보, 소식; 지적 생명체
cf. intelligent 지적인; 총명한; 이해력이 있는

ironically 역설적이게도, 반어적으로

vast 막대한, 어마어마한(= huge)

---

6 **relatively** 비교적; 비교하여

potential 가능성이 있는, 잠재적인; 가능성; 잠재력

impact 영향(을 주다)(= affect)

---

7 **declare** 선언[선포]하다; 선고하다; 분명히 말하다

beat 이기다; 때리다, 두드리다; (심장이) 뛰다
cf. heartbeat 심장 박동, 심장의 고동

circulate 순환하다, 순환시키다

occasionally 이따금, 때때로

conduct (특정 활동을) 하다; 행동(하다); 지휘하다

moisture 습기, 수분

deceased 사망한(= dead); 고인

commonly 흔히, 보통

revive 회복[소생]시키다, 되살리다; 기운이 나게 하다
(= bring back to life)

clinically dead 임상적 사망인 ((혈액 순환이 회복되면 살아날 수
있는))
cf. clinically 임상적으로

---

8 **custom-made** 맞춤의, 주문 제작한

exclusively 배타[독점]적으로; 오로지
cf. exclusive 독점적인, 배타적인

tailor 재단사; (요구·조건 등에) 맞추다, 조정하다

home-based 자택을 본거지[거점]로 하는

needleworker 봉제사

modernization 근대화, 현대화

ready-to-wear 기성복의 ((일정한 기준 치수에 따라 미리 여러
벌을 지어 놓고 파는 옷))

not only A but also B A뿐만 아니라 B도(= B as well as A)

stitch 바느질하다, 꿰매다(= sew); (바느질에서) 바늘땀

race ¹ 경주(하다); 경쟁
² 인종, 종족

aspect 측면, 국면, 양상

industrialize 산업[공업]화하다[되다]

fabric 직물, 천; 구조, 체제

standard 표준(의), 기준

contract ¹ 계약(하다)
² 줄어들다, 수축하다

원인(A)은 어떤 일을 일어나게 한 '이유'이고, 결과(B)는 그로 인해 '일어난 일'이에요. 이 같은 의미 관계를 '인과 관계'라고 합니다.

A ∴ B	B ∵ A
원인 결과	결과 원인

---

1 원인(cause)과 결과(effect)

(1) 원인은 결과보다 '먼저' 일어나는 일

- [1] eating too much fast food (원인) ∴ [2] health problems (결과)

(2) 원인과 결과는 서로 '관련 있는' 일

원인으로 인해 발생하는 것이 결과입니다. eating too much fast food(A)와 a good test score(B)는 비록 A가 먼저 일어난 일이라고 해도 B와 관련이 있다고 보기 힘들므로 인과 관계가 아닙니다.

CHECK UP ✓ 다음 a, b를 읽고 '원인'에 해당하는 것은 C(Cause), '결과'에 해당하는 것은 E(Effect)를 빈칸에 쓰세요.

a. Consumers began to demand healthier foods, and manufacturers started to change some of their products. _____

b. For the last few years, the media have warned us about the dangers of our traditional diet, high in salt and fat, low in fiber. 고2 모의 _____

---

2 A 그러므로 B

> therefore, thus, hence, so 그러므로, 그래서 / accordingly, consequently 그러므로, 따라서
> as a result, as a consequence, in consequence 결과적으로
> for this[that] reason 이런[그런] 이유 때문에 / That is why ~ 그것이 ~한 이유이다
> <동사> cause, create, generate, produce, trigger 일으키다, 유발하다 / stimulate 촉진시키다
>   bring about, lead to 야기하다, 초래하다 / contribute to (~의) 한 원인이 되다 / result in 그 결과 ~이 되다 등

- [3] Black ice is often practically invisible to drivers or persons stepping on it. [4] There is, **thus**, a risk of sudden sliding and subsequent accidents. 고2 모의응용

*black ice: (도로 표면에 생긴 얇은) 빙판

- [5] Social insect nests are as complex and functional as any human city. [6] This **has resulted** in many analogies between social insect and human societies.

cf. in conclusion ((글·연설 등의 마지막 말)) 마지막으로, 끝으로
    [7] **In conclusion**, I would like to thank everyone who helped me to prepare this event.

3 A 결론적으로 B

'결과' 연결어는 어떤 내용을 근거(= 논거)로 하는 '결론, 주장'을 이끌 때도 많이 사용됩니다. 논거(➡ p. 82)는 결론이나 주장을 설득력 있게 뒷받침해주는 것이에요.

- [8] Knowledge and understanding are developed through thinking and talking. [9] Putting things into words makes things clearer. [10] **Therefore**, students must not be afraid of saying something wrong or talking without first being sure that they are right. 고2 모의

4 B 왜냐하면 A

because (of), since, as, due to ~ 때문에 / thanks to ~ 덕분에[때문에] / as a result of ~의 결과로서
This is because ~ 이는 ~ 때문이다
<동사> result[come, stem] from ~이 원인이다, ~에서 기인하다

- [11] Exercise has been shown to improve the mood as well as reduce stress. [12] **This is because** exercise can increase the production of special hormones which are known to help produce positive feelings.

CHECK UP ✓ 다음 글의 흐름이 자연스러우면 ○, 어색하면 ×로 빈칸에 표시하세요.

1 Great ideas, like great wines, need proper aging: time to bring out their full flavor and quality. As a result, many companies are hiring employees regardless of their age, education, and social background. 고1 모의

_____

2 Have you ever tried to start a friendly conversation with someone and all you got in response to your questions were one-word answers? This is probably because you were asking the wrong kind of questions which can't keep a conversation rolling.

_____

Concept의 꼼꼼 확인

정답 및 해설 p. 13

빈칸은 주로 '결과'에 있으므로 '원인·논거'를 통해 추론해야 합니다. 고도의 논리력이 필요한 것은 아니므로 상식적으로 판단하면 됩니다. 좀 더 상세히 설명해주는 문맥이 있으면 잘 활용하세요.

[1-4] 다음 빈칸에 들어갈 말로 가장 적절한 것을 고르세요.

1 Noise in the classroom has negative effects on communication patterns and the ability to pay attention. Thus, it is not surprising that _____ is related to children's academic achievement, particularly in its damaging effects on reading and learning to read. 고1 모의응용

① constant exposure to noise
② lack of learning motivation
③ frequent parental intervention
④ media multitasking during class
⑤ negative attitudes toward learning

2 One line of research suggests that how *often* you go over material is less critical than the *depth* of processing that you engage in. So, if you expect to remember what you read, you have to _____. Many students could probably benefit if they spent less time on rote repetition and more on actually paying attention to and analyzing the meaning of their reading assignments.

고2 모의

① check it right after the class
② make really good review sheets
③ deal with information overload
④ have a fresh mind to go over it
⑤ wrestle fully with its meaning

3
Anytime that you're out walking, one thing is certain: you will be surrounded by a great range of sounds. What's also certain is that _____, unless you make a conscious effort to do so. This is because we naturally tune out noises as we become used to hearing them.

① your environment is totally silent
② you won't hear the majority of them
③ they are louder than familiar sounds
④ you have extremely sensitive hearing
⑤ you have been taught to identify them

4
Just think for a moment of all the people upon whom your participation in your class depends. Clearly, the class requires a teacher to teach it and students to take it. However, it also depends on many other people and organizations. Someone had to decide when the class would be held and in what room, communicate that information to you, and enroll you in that class. Someone also had to write a textbook, and with the assistance of many other people — printers, editors, salespeople, and bookstore employees — it has arrived in your hands. Thus, a class that seems to involve just you, your fellow students, and your teacher is in fact _____. [3점] 고1 모의

① more interesting than playing games
② the product of the efforts of hundreds of people
③ most effective when combined with online learning
④ the place where students can improve writing skills
⑤ the race where everyone is a winner

Learn More! **이탤릭체의 쓰임**

영문 중간에 이탤릭체를 쓰는 대표적인 이유는 아래와 같아요.

1. 어구 강조: 문장이나 글에서 글쓴이가 강조하는 중요한 핵심어구일 가능성이 크므로 주목해야 합니다.
   We make decisions based on what we *think* we know. 고1 모의 우리는 우리가 알고 있다고 '생각하는' 것을 근거로 결정을 내린다.

2. 책 제목, 잡지명, 영화 제목 등의 작품명
   He wrote his first novel, *The Black Echo*. 그는 첫 번째 장편 소설 <검은 메아리>를 썼다.

3. 영어 외의 외국어
   Japanese *shakuhachi* music and the *sanjo* music of Korea 수능 일본의 '사쿠하치' 음악과 한국의 '산조' 음악

주어진 문장이나 글에 '원인, 결과'를 이끄는 연결어가 있으면 논리적으로 적절한 인과 관계를 이루도록 문장의 위치나 순서를 파악해야 합니다.

5 다음 주어진 문장에 대한 '원인'으로 가장 적절한 것을 고르세요.

> Thus, the search for extra-terrestrial intelligence may be a waste of time and resources.

① The size of the universe is the main reason why we can prove the idea that there is intelligent life out there and, ironically, the main reason why we will probably never find it.

② The vast majority of space scientists agree that where there is heat (a source of energy), and liquid water, the possibility for life is great.

6 다음 주어진 문장에 대한 '결과'로 가장 적절한 것을 고르세요.

> AI is a relatively new technology in digital marketing with the potential to improve the impact on consumer behavior.

① As a result, AI is already impacting how we live, and the door to the future is wide open.

② As a result, many businesses are still unsure about what it is and how it works.

7 글의 흐름으로 보아, 주어진 문장이 들어가기에 가장 적절한 곳을 고르세요. 고1 모의

> So a patient whose heart has stopped can no longer be regarded as dead.

Traditionally, people were declared dead when their hearts stopped beating, their blood stopped circulating and they stopped breathing. (①) So doctors would listen for a heartbeat, or occasionally conduct the famous mirror test to see if there were any signs of moisture from the potential deceased's breath. (②) It is commonly known that when people's hearts stop and they breathe their last, they are dead. (③) But in the last half-century, doctors have proved time and time again that they can revive many patients whose hearts have stopped beating by various techniques such as cardiopulmonary resuscitation. (④) Instead, the patient is said to be 'clinically dead'. (⑤) Someone who is only clinically dead can often be brought back to life.

*cardiopulmonary resuscitation: 심폐 소생술(CPR)

주어진 글 다음에 이어질 글의 순서로 가장 적절한 것을 고르세요.

Up until the 1830s, clothes were custom-made exclusively by tailors, dressmakers, and home-based needleworkers. But then modernization and a growing middle class led to an increasing demand for cheap, ready-to-wear clothing.

(A) Hence, a machine that could not only stitch, but also stitch faster than any needleworker, was clearly needed. Clothing manufacturers invested much money in the race to invent a sewing machine.

(B) They hand-stitched the pieces to finish the clothes. And while most aspects of the clothes production process were becoming industrialized, the needleworkers could sew no faster than they already did.

(C) Due to this demand, new businesses produced pants and shirts by the hundreds, cutting the fabric to standard sizes and sending the fabric pieces out to be finished by contract workers.

① (A)–(C)–(B)　　　　　　② (B)–(A)–(C)
③ (B)–(C)–(A)　　　　　　④ (C)–(A)–(B)
⑤ (C)–(B)–(A)

Chapter 05

—

A ≒ B
(유사·비유)

—

Essential Words & Phrases

p. 46 **take a risk** 위험을 무릅쓰다
cf. risk 위험 (요소); 위태롭게 하다; 위험을 무릅쓰다
attend 참석하다, 출석하다

CHECK UP ✅

1 **concentrate on** ~에 집중하다(= focus on)
at a time 한 번에, 동시에(= at once, at the same time);
따로따로
operate (기계를) 작동[조작]하다; 수술하다
valley 계곡, 골짜기

2 **loneliness** 외로움, 고독
overall 전반적인; 전반적으로
obesity 비만
cf. obese 비만인
high blood pressure 고혈압
social connection 사회적 관계[친밀]
strengthen 강화하다(↔ weaken 약화시키다)
immune system 면역 체계

3 **be exposed to A** (유해한 환경 등) A에 노출되다; A를 접하게
[경험하게] 되다
salted 소금에 절인, 염분이 있는
preference for ~에 대한 선호(도)
cereal (아침 식사로 먹는) 시리얼, 가공 곡물
feed(-fed-fed) 먹이다, 먹이를 주다
previously 이전에

- -

p. 47 **baggage** 수하물(= luggage)
get by 1 지나가다
2 그럭저럭 살아나가다; 잘 빠져나가다
leave behind ~을 버리다[뒤로 하다]; ~을 추월하다[앞지르다]
engage oneself in ~에 관여[참여]하다; ~을 ~에 관여[참여]
하게 하다
definitely ((강조)) 분명히, 확실히; 절대로
end up v-ing 결국 v하게 되다

CHECK UP ✅

in that ((접속사)) ~이므로[~라는 점에서]
informed 잘 아는, 잘 알고 내린
guess 추측(하다), 짐작(하다)
current 1 현재의, 지금의
2 통용되는; (화폐가) 유통되고 있는
3 (물·공기의) 흐름; 경향, 추세
선택지 | **presence** 있음, 존재(함), 참석
further 더 이상의, 추가의; 더 멀리
interaction 상호 작용
attract (주의·흥미 등을) 끌다, 끌어당기다

Stage 2 Concept의 꼼꼼 확인

1 **still** 가만히 있는, 고요한; 아직도 (계속해서)
by nature 본래, 선천적으로
creature 생물; 사람
wild 야생의, 길들지 않은; 야생 (상태)
threat 위협, 위험; 협박
survival 생존
avoid 피하다; 막다, 예방하다
coat 외투, 코트; (동물의) 털[가죽]
blend in with (주위 환경에) 섞여 들다, ~와 조화를 이루다
respect 존경(하다); 존중(하다); (측)면, 점
timid 겁 많은, 소심한
be reluctant to-v v하기를 꺼리다[싫어하다]

2 **remove** 제거하다, 없애다
meet one's goal 목표를 달성하다
cover up ~을 숨기다[은폐하다]; ~을 완전히 덮다
play down 경시하다, 작게 취급하다
portion 일부, 부분; (음식의) 1인분; (부분으로) 나누다

3 **define** (뜻을) 정의하다; 규정하다, 분명히 밝히다
agency 대리점, 대행사, (서비스 제공) 단체
maxim 격언; 좌우명
apply to A A에 적용되다
target market 표적 시장 ((기업의 마케팅 계획의 표적이 되는 고객군))
get nowhere 성과가 없다
strategic 전략상 중요한, 전략적인
cf. strategy 전략

4 **average** 일반적인, 평균적인
native 출신[태생]의; 원주민(의); 토종(의)
roughly 대략, 거의(= approximately)
species ((생물)) 종(種)
cf. endangered species 멸종 위기에 처한 종
shortage 부족, 결핍(↔ abundance 풍부, 충만)
gut ¹ 소화관; 장, 창자
            ² 직감[본능](적인)
statement 진술(서)
belong (~에) 속하다; (있어야 할 곳에) 있다, 있어야 하다
reside in ~에 살다[거주하다]
ancient 고대의; 아주 오래된
ancestor 조상, 선조
❗descendant 자손, 후손(= offspring)
varied 다양한, 가지각색의
overly 과도하게, 너무, 몹시(= excessively)

overuse 남용(하다)
antibiotic 항생제
stability 안정(성)
cf. stable 안정된, 안정인(↔ unstable 불안정한)
inhabitant 주민, 거주자; (어떤 곳에) 살고 있는 생물
cf. inhabit 살다, 거주하다
❗inhibit 억제하다

5 **negotiation** 협상, 교섭
cf. negotiate 협상[교섭]하다
issue ¹ 안건, 쟁점, 사안; 문제
         ² 발행(하다), 발행물
value 가치 (있게 여기다); 평가하다
cf. valuable 귀중한, 값비싼(= invaluable, priceless)
in return (~에 대한) 답례로
close a deal 거래를 성사시키다[매듭짓다]

6 **steering wheel** 운전대
crash 충돌(하다); 무너지다, 붕괴하다
선택지 | **disagreement** 의견 충돌(↔ agreement 동의, 합의)
treat 대하다, 다루다; 치료하다; 대접(하다)

7 **condition** 상태; 조건
cultivate ¹ (땅을) 경작하다; (식물을) 재배하다
             ² (재능을) 기르다, 함양하다(= foster)
art 미술; 예술; 기술
require 필요로 하다, 요구하다
선택지 | **deserve** ~을 받을 만하다, ~을 해야 마땅하다
spread 퍼뜨리다; 펼치다, 펴다
figure out (생각한 끝에) ~을 알아내다[이해하다](= work out)

8 **job search** 구직, 일자리 찾기
passive 수동적인, 소극적인(↔ active 적극적인; 활동적인)
browse 훑어보다, 대강 읽다
reach ~에 이르다[닿다, 도달하다]
claim 주장하다; 요구[청구]하다
direct 직접적인; 지도[인도]하다; 지시[지휘]하다
rest ¹ 나머지 (사람들), 잔여
        ² 휴식(을 취하다)
herd (사람·짐승의) 무리, 떼
proactive 주도적인, 사전 대책을 강구하는
logically 논리적으로; 필연적으로
job board 구인란, 취업 게시판
occasional 이따금씩의, 가끔의
resume 이력서
선택지 | **stick to A** A를 고수하다[지키다]; A를 계속하다
stand out 눈에 띄다, 두드러지다

유사나 비유 모두 A와 B 사이에 유사성이 있는 것이에요.

> **A ≒ B**

---

1 유사

A와 '유사성'이 있는 내용(B)을 '덧붙이는' 것입니다. '첨가'(● p. 55 in addition, also 등)와도 같은 의미예요. on the contrary, on the other hand 등 '대조'를 이끄는 연결어와는 반대 역할로 이해하면 됩니다.

> Likewise, Similarly, In the same[similar] way, By the same token   (이와) 비슷하게; (이와) 마찬가지로

- [1] A person who can never take a risk can't learn anything. [2] For example, if you never take the risk to drive a car, you can never learn to drive. [3] **Similarly**, by not taking the risk of attending an interview, you will never get a job. 고1 모의

CHECK UP ✅ 다음 괄호 안에 들어갈 연결어로 'Similarly'가 적절하면 ≒, 'On the other hand'가 적절하면 ↔를 쓰세요.

1 Nobody can really concentrate on more than one thing at a time. If you were trying to explain on the cell phone how to operate a complex machine, you'd stop walking. (   ), if you were crossing a rope bridge over a valley, you'd likely stop talking.

고1 모의응용

2 Loneliness has a more negative impact on overall health than smoking, obesity, or high blood pressure. (   ), feelings of social connection can strengthen our immune systems and help us recover faster from disease.

3 As early as six months of age, babies who have been exposed more often to salted food show a stronger preference for salted cereal than babies with less salt experience. (   ), six-month-old babies who have been fed sugar water tend to drink more of it than babies not previously exposed to it. 고2 모의

2 비유(Analogy)

A를 좀 더 익숙한 B에 빗대어서 설명하는 것입니다. 대표적인 비유 표현으로는 속담(As the old saying goes[As an old proverb says], ~)이 있어요. 비유 표현은 좀 더 강력한 인상을 줄 수 있어 많이 이용되는 설명 방법입니다.

아래와 같은 연결어가 사용되기도 하고 연결어 없이 등장하기도 합니다. 말 그대로의 의미가 아니라 다른 의미를 함축하는 것이므로 따옴표를 이용할 수도 있어요.

> it's the same for ~, it's the same with v-ing, (it's) like ~, it's not unlike ~, it's similar to ~ ~와 마찬가지이다
> just as[just like that] ~, (so) ... 꼭 ~인 것처럼 …하다
> A no more ~ than B, A not ~ any more than B A는 B와 마찬가지로 ~ 아니다 ((than 앞뒤를 모두 부정))

- ⁴ While traveling abroad, my airline had lost my baggage. ⁵ I was amazed I could have gotten by with such a tiny amount of stuff until I got my luggage back. ⁶ **It's the same for** what is called "emotional baggage" as well. ⁷ Our lives will be so much happier if we can learn to leave more of our baggage behind.

- ⁸ The Internet has made so much free information available on any issue that we think we have to consider all of it in order to make a decision. ⁹ So we keep searching for answers on the Internet. ¹⁰ This makes us **information blinded**. 고1 모의응용

- ¹¹ When people say bad things about you, you should avoid responding to what is said about you. ¹² **As an old proverb says**, if you engage yourself in mudslinging, you will definitely end up making yourself dirty. 고1 모의

*mudslinging: 인신공격, 비방

CHECK UP ✅ 다음 빈칸에 들어갈 말로 가장 적절한 것을 고르세요.

Cats often purr to _____. It's similar to a person's facial expression in that their purr will give you context clues to make an informed guess on how they're feeling in the current moment.

*purr: (고양이가) 가르랑거리다

① indicate their presence
② show their health needs
③ avoid further interaction
④ attract people's attention
⑤ communicate their emotions

무관 문장

'유사' 연결어가 이끄는 문장은 내용에 유사성이 있어야 하므로 앞 문장과의 의미 관계를 확인해야 합니다.

[1-2] 주어진 문장 앞에 올 내용으로 알맞은 것을 고르세요. 고1 모의응용

1

Similarly, you cannot expect macaws to be quiet and still all the time — they are, by nature, loud and emotional creatures.   *macaw: 마코 앵무새

① For an animal in the wild, threats to their survival are everywhere. To avoid risks, Arctic hares turn their coats white during winter so they can blend in with the snowy environment.   *Arctic hare: 북극 토끼

② It is important to recognize your pet's particular needs and respect them. If your cat is shy and timid, for example, he or she would be reluctant to accept another cat into the house.

2

Likewise, the map must remove details that would be confusing.

① Advertising and map-making can't meet their goals by telling everything. Ads will cover up or play down negative aspects of the company or service they advertise.

② Digital satellite images and maps are not the same thing. Satellite images display a portion of the Earth's surface at a certain point in time.

3

다음 글에서 전체의 흐름과 관계 없는 문장을 고르세요. 고1 모의

The simplest way to define the role of the media agency is to take an analogy from fishing. The media agency must help businesses advertise their products. 'Fish where the fish are' is a maxim which applies to all areas of marketing. ① The 'fish', in the analogy, are the target market. ② It is common sense for fishermen to go where the fish are, or they won't catch anything. ③ It wouldn't be easy to understand why these media agencies should attract these fish. ④ Likewise, companies will get nowhere marketing in media where none of their target market will see the advertisements. ⑤ Finding the best place to find the fish is the first strategic role of the media agency.

'유사' 연결어가 이끄는 문장은 내용에 유사성이 있는 문장의 뒤에 오므로 앞 문장과의 의미 관계를 먼저 확인한 뒤 그 뒤로 순서를 정해야 합니다.

4 글의 흐름으로 보아, 주어진 문장이 들어가기에 가장 적절한 곳을 고르세요. 고1 모의

> That may seem like a lot until you consider that the average native living in the Amazonas of Venezuela has roughly 1,600 species, a full third more.

Clearly there is no shortage of bacteria in our gut, which can make this next statement a little hard to believe. (①) Our gut bacteria belong on the endangered species list. (②) The average American adult has approximately 1,200 different species of bacteria residing in his or her gut. (③) Similarly, other groups of humans with lifestyles and diets more similar to our ancient human ancestors have more varied bacteria in their gut than we Americans do. (④) Why is this happening? (⑤) Our overly processed Western diet, overuse of antibiotics, and sterilized homes are threatening the health and stability of our gut inhabitants. [3점]

*sterilized: 소독한

5 주어진 글 다음에 이어질 글의 순서로 가장 적절한 것을 고르세요. 고1 모의

> In negotiation, there often will be issues that you do not care about — but that the other side cares about very much! It is important to identify these issues.

(A) Now you are in a position to give her something that she values (at no cost to you) and get something of value in return. For example, you might start a month earlier and receive a larger bonus for doing so.

(B) Similarly, when purchasing my home, I discovered that the seller was very interested in closing the deal as soon as possible. So I agreed to close one month earlier than originally offered, and the seller agreed to a lower price.

(C) For example, you may not care about whether you start your new job in June or July. But if your potential boss strongly prefers that you start as soon as possible, that's a valuable piece of information.

① (A)–(C)–(B)　　　　　② (B)–(A)–(C)
③ (B)–(C)–(A)　　　　　④ (C)–(A)–(B)
⑤ (C)–(B)–(A)

[6-7] 다음 빈칸에 들어갈 말로 가장 적절한 것을 고르세요.

6   Trying to have a close relationship in which _____ is like driving a car without a steering wheel. You can go fast, but you can't turn in the direction you want and you can't avoid holes in the road. Relationships will crash and fail if both people don't clearly say what they want from each other.

① there are no disagreements

② you don't reveal your needs

③ you can never truly be comfortable

④ you are threatened or treated badly

⑤ both people don't respect each other

7   You can buy conditions for happiness, but you can't buy happiness. It's like playing tennis. You can't buy the joy of playing tennis at a store. You can buy the ball and the racket, but you can't buy the joy of playing. To experience the joy of tennis, you have to learn, to train yourself to play. It's the same with writing calligraphy. You can buy the ink, the rice paper, and the brush, but if you don't cultivate the art of calligraphy, you can't really do calligraphy. So calligraphy requires practice, and you have to train yourself. You are happy as a calligrapher only when you have the capacity to do calligraphy. Happiness is also like that. You _____; you cannot buy it at a store. 고1 모의응용

*calligraphy: 서예

① deserve every drop of happiness

② should put your happiness first

③ have to foster happiness

④ can spread happiness to others

⑤ need to figure out where to find it

8 **밑줄 친 Leave those activities to the rest of the sheep이 다음 글에서 의미하는 바로 가장 적절한 것을 고르세요.** 고1 모의

A job search is not a passive task. When you are searching, you are not browsing, nor are you "just looking". Browsing is not an effective way to reach a goal you claim to want to reach. If you are acting with purpose, if you are serious about anything you chose to do, then you need to be direct, focused and whenever possible, clever. Everyone else searching for a job has the same goal, competing for the same jobs. You must do more than the rest of the herd. Regardless of how long it may take you to find and get the job you want, being proactive will logically get you results faster than if you rely only on browsing online job boards and emailing an occasional resume. <u>Leave those activities to the rest of the sheep.</u>

① Try to understand other job-seekers' feelings.
② Keep calm and stick to your present position.
③ Don't be scared of the job-seeking competition.
④ Send occasional emails to your future employers.
⑤ Be more active to stand out from other job-seekers.

Learn More! **동물을 이용한 비유 표현**

- as silly as a sheep 아주 어리석은
- as busy as a bee 아주 바쁜
- as blind as a bat 눈먼
- as wise as an owl 아주 현명한
- at a snail's pace 매우 느리게
- wild-goose chase (재빠른 야생 거위를 쫓아가려는) 부질없는 시도
- Let sleeping dogs lie. 긁어 부스럼 만들지 마라.
- The world is your oyster. (네 굴 속에 진주가 있을 수 있는 것처럼) 세상에 못할 것이 없다.
- have butterflies in one's stomach (속에서 나비가 펄럭대는 것처럼) 긴장으로 마음이 두근거리다

Chapter 06

—

A ⇄ B
(선후 관계)

—

Essential Words & Phrases

Stage 1 Concept의 찬찬 이해

p.54 **would like to-v** v하고 싶어 하다

status 지위, 신분, 자격; 상황, 사태

popularity 인기, 평판; 대중성

identification 신원 확인, 신분 증명; ((심리)) 동일시

cf. identity 신원, 신분; 정체성; 동질감

authority 지휘권, 권한; 당국; 권위(자)

figure ¹ 수치; 숫자

² 인물, 사람; 형태

³ 계산하다; 생각하다

expert 전문가(↔ amateur 비전문가, 아마추어)

aggressive 공격적인; 적극적인

occur 일어나다, 발생하다

in a vacuum 외부와 단절된 상태에서

cf. vacuum 진공 (상태); 진공청소기로 청소하다

accumulate 쌓이다, 축적되다; (장기간에 걸쳐 조금씩) 모으다

indeed 실제로; 정말

describe 묘사하다, 말하다[서술하다]

pure (다른 것이 섞이지 않은) 순수한; 깨끗한(↔ impure 불순한)

in-person 대면의; 직접[몸소] 하는

gather 모으다[모이다], 챙기다, 수집하다

· ·

p.55 **face-to-face** 마주 보는, 대면하는

uniquely 독특하게, 유례없이

stimulate 자극[격려]하다; 고무하다

settle for ~으로 만족하다, ~을 (불만스럽지만) 받아들이다

start off (어떤 일이[일을]) 시작되다[시작하다]

mindset (바꾸기 힘든) 사고방식[태도](= mentality)

be likely to-v v하기 쉽다, v할 가능성이 있다

approach 접근하다, 다가가다; 접근법

impact 영향[충격](을 주다)(= affect)

tan 햇볕에 태우기, 선탠; (피부가) 햇볕에 타다

eventually 결국, 드디어, 마침내

wrinkle (특히 얼굴의) 주름

cosmetic 화장용의, 미용의; 성형의

cf. cosmetic surgery 성형 수술

CHECK UP ☑

detective 형사, 탐정

professional 전문적인; 전문가의

complete 완전한(↔ incomplete 불완전한); 끝마치다, 완수하다

objective 목표, 목적(= goal); 객관적인(↔ subjective 주관적인)

break down 고장 나다; ~을 나누다[분류하다]

a series of 일련의, 계속 이어지는

manageable 관리[감당, 처리]할 수 있는

short-term 단기의(↔ long-term 장기의)

outcome 결과

Stage 2 Concept의 꼼꼼 확인

1
refuse 거절하다, 거부하다
resist (어떤 일을 받아들이지 않고) 저항[반대]하다
loss 상실, 손실
individuality 개성; 개체, 개인
peer pressure 또래 압박 ((동료 집단으로부터 받는 사회적 압력))
ruin 망치다, 엉망으로 만들다; 붕괴, 몰락; 폐허, 유적
give in to A A에 굴복하다

2
recipient 받는 사람, 수령인
make fun of ~을 놀리다
clumsy 어설픈, 서투른
personal 개인적인, 사적인; 직접[몸소] 한
cf. personalize 개인화하다; (개인의 필요에) 맞추다
inspiration 영감, 창조적 자극; 영감[자극]을 주는 사람[것]

3
accurate 정확한; 정밀한(↔ inaccurate 부정확한; 정밀하지 않은)
gifted 재능이 있는, 천부적인
perceive 감지[인식]하다; (~로) 여기다; 이해하다

4
let alone ~커녕[~은 말할 것도 없이]
grammatical 문법의, 문법적인
constantly 끊임없이, 계속
every time ((접속사)) ~할 때마다
make sense of ~을 이해하다
characterize (~의) 특징이 되다; 특성을 묘사하다; (~으로) 간주
하다
infant 유아[아기](의); 초창기의
extend 연장하다, 늘리다; 확장[확대]하다; (특정 지역·거리·기간을)
포괄하다
procedure 절차, 방법
experiment 실험(을 하다)
hypothesis 가설; 전제
context (어떤 일의) 맥락, 전후 사정; 문맥; 배경
awareness 인식, 의식, 자각

5
judge 판사; 심판, 심사위원
national 국가의, 전국적인
tendency 성향, 기질, 경향
allow O to-v O가 v하도록 허락하다; O가 v하는 대로 두다
advance 나아가게 하다, 전진시키다; 진전, 발전
eliminate 제거하다; (시합 등에서) 탈락시키다
appear 나타나다; ~인 것 같다; (신문 등에) 나다, 발간[방송]되다
motive 동기, 이유

6
sneak 살금살금[몰래] 가다(= creep)
yard 마당, 뜰
plot 작은 땅 조각, 터
soil 토양, 흙
oak 오크 (나무), 떡갈나무
slip 미끄러지다; (재빨리 슬며시) 놓다, 넣다
lean 기울다; ~에 기대다; 기대도록 하다
bend down 몸을 굽히다
dig (구멍 등을) 파다; (땅에서) 파내다
swiftly 신속히, 빨리

7
general 일반[보편]적인; 장군
liberating force 해방군
cf. liberate 해방시키다, 자유롭게 해주다
call a meeting 회의를 소집하다
million 100만
slave 노예
appreciation 진가(를 인정함); 감상, 이해; 감사
cf. appreciate ¹ 진가를 알다, 가치를 인정하다; 올바로 이해하다
² (문학 등을) 감상하다, 음미하다
³ 고마워하다

8
surface 표면, 표층; 외관
reflect ¹ (거울 위에 상을) 비추다; 반영하다, 나타내다
² (빛·열을) 반사하다
³ 깊이 생각하다
cf. reflection (거울 등에 비친) 상[모습]; (빛·열 등의) 반사
backward(s) 뒤로(↔ forward 앞으로); 거꾸로, 반대 방향으로
reverse (정반대로) 뒤바꾸다, 반전[역전]시키다; (정)반대[역]
coded 암호[부호]화된

Concept의 찬찬 이해

정답 및 해설 p. 22

문장과 문장의 연결은 논리적 연결 외에 올바른 순서를 고려해야 해요. 특히 문장 삽입, 순서 문제에서 중요합니다.

$$A \leftrightharpoons B$$

---

1 대명사, 지시어

앞에 나온 어구, 문장을 대신합니다. 무엇을 대신하는지는 문맥으로 정확히 파악해야 해요.

> he, she, they, it, this, these, that, those, such 등

- [1] Most young people would like to have more influence, status, and popularity. [2] **These goals** are often achieved through identification with an authority figure or a role model.

- [3] Experts say that causes of aggressive behavior don't occur in a vacuum. [4] **They** accumulate and influence each other.

단, this는 뒤의 내용을 대신할 수도 있고, 부사절의 대명사는 뒤에 나오는 주절의 명사를 대신할 수도 있어요.
- [5] You'll be surprised to hear **this**, but the word "video" was indeed used to describe film when Franklin D. Roosevelt was in the White House.

- [6] In the 1850s, when **it** was first produced, pure aluminum was more valuable than gold.

---

2 정관사 the

셀 수 있는 명사가 처음 언급될 때는 불특정하므로 부정관사 a(n)를 붙이고, 이후에 다시 언급되면 특정한 것이므로 정관사 the를 붙입니다.
- [7] If you have **an in-person job interview**, gather what you need to bring to **the interview** at least a day before.

그러나, 그 외의 쓰임에서 앞에 반드시 <a(n)+명사>가 있어야 하는 것은 아니므로 주의해야 합니다.
- [8] I'm going to wash **the car** tomorrow. ((서로 이미 알고 있는 것일 때))
- [9] **The cat** often tries to get back to their owner's previous home in the first few weeks following a house move. ((명사 전체를 가리킬 때 = Cats, A cat))
- [10] **the boy** in white shorts ((뒤에 수식어구가 특정할 때))

3 첨가

정보나 설명을 추가, 나열하는 것으로, 앞에 나온 정보나 설명을 보강하는 느낌을 줍니다.

> also, too, as well, besides, in addition, additionally, furthermore, moreover 또한, 게다가
> even worse 더 심각한 것은[심각하게도] / what is more 더욱이, 게다가

- [11] Face-to-face interaction is a uniquely powerful—and sometimes the only—way to share many kinds of knowledge, from the simplest to the most complex. [12] It is one of the best ways to stimulate new thinking and ideas, **too**. 고1 모의

- [13] Most people settle for less than their best because they fail to start the day off right. [14] If a person starts the day with a positive mindset, that person is more likely to have a positive day. [15] **Moreover**, how a person approaches the day impacts everything else in that person's life. 고1 모의

- [16] A tan can do damage to skin that will eventually lead to wrinkles and other cosmetic issues. [17] **Even worse**, it can cause serious health issues such as skin cancer.

4 시간 순서

시간상 이후에 발생하는 일을 연결하는 연결어는 아래와 같습니다.

> after, next, then 그 후에 / afterwards 나중에, 그 뒤에 / after a while 잠시 후에

CHECK UP ✅ 주어진 글 다음에 이어질 글의 적절한 순서대로 괄호 안에 알파벳을 쓰세요.

> Some people, such as lawyers, police detectives, and doctors, are professional problem-solvers.

(A) As each one of these is completed, the main objective gets closer and closer.

(B) Next, they break down the big picture into a series of more manageable short-term goals.

(C) The first thing that these people do when faced with any big task is to identify the main objective or best outcome.

( )–( )–( )

문장 넣기 I 주어진 문장에 '첨가' 연결어가 있으면, 그 문장이 전달하는 내용과 같은 맥락의 또 다른 정보나 설명을 찾아야 합니다. 주어진 문장을 그 뒤에 넣고 전체적인 흐름이 자연스러운지를 검토해 보세요.

[1-3] 글의 흐름으로 보아, 주어진 문장이 들어가기에 가장 적절한 곳을 고르세요.

1

What is more, refusing to resist it leads to a loss of individuality.

Peer pressure can make kids do things they would never ever do by themselves. (①) Some teenagers have literally ruined their lives by giving in to peer pressure. (②) You wear the same clothes, listen to the same music, do the same things, and then you find you don't know who you really are anymore.

2

Besides, it wouldn't be much fun if the recipient of a gift made fun of you for your clumsy efforts at making it more personal.

You're too busy to add a personal touch to gifts. (①) Nobody has ever really cared or complained about that anyway. (②) But personalizing a gift isn't that time-consuming, and it may not be that difficult either. (③) You can easily find inspiration for your gifts online, or in magazines or books.

3

Furthermore, if you copied the picture many times, you would find that each time your drawing would get a little better, a little more accurate.

Imagine in your mind one of your favorite paintings, drawings, cartoon characters or something equally complex. (①) Now, with that picture in your mind, try to draw what your mind sees. (②) Unless you are unusually gifted, your drawing will look completely different from what you are seeing with your mind's eye. (③) However, if you tried to copy the original rather than your imaginary drawing, you might find your drawing now was a little better. (④) Practice makes perfect. (⑤) This is because you are developing the skills of coordinating what your mind perceives with the movement of your body parts. [3점] 고1 모의응용

*coordinate A with B: A와 B를 조화시키다

[4-5] 글의 흐름으로 보아, 주어진 문장이 들어가기에 가장 적절한 곳을 고르세요.

4

> Grown-ups rarely explain the meaning of new words to children, let alone how grammatical rules work.

Our brains are constantly solving problems. (①) Every time we learn, or remember, or make sense of something, we solve a problem. (②) Some psychologists have characterized all infant language-learning as problem-solving, extending to children such scientific procedures as "learning by experiment," or "hypothesis-testing." (③) Instead they use the words or the rules in conversation and leave it to children to figure out what is going on. (④) In order to learn language, an infant must make sense of the contexts in which language occurs; problems must be solved. (⑤) We have all been solving problems of this kind since childhood, usually without awareness of what we are doing. [3점] 고1 모의

5

> When the boy learned that he had misspelled the word, he went to the judges and told them.

Some years ago at the national spelling bee in Washington, D.C., a thirteen-year-old boy was asked to spell *echolalia*, a word that means a tendency to repeat whatever one hears. (①) Although he misspelled the word, the judges misheard him, told him he had spelled the word right, and allowed him to advance. (②) So he was eliminated from the competition after all. (③) Newspaper headlines the next day called the honest young man a "spelling bee hero," and his photo appeared in *The New York Times*. (④) "The judges said I had a lot of honesty," the boy told reporters. (⑤) He added that part of his motive was, "I didn't want to feel like a liar." 고1 모의

*spelling bee: 단어 철자 맞히기 대회

일화나 이야기 등이 자주 출제됩니다. 발생하는 일의 순서대로 서술된다는 것을 기억하고, 대명사, 지시어, 관사, 시간 순서 연결어 등을 잘 활용하세요.

6 주어진 글 다음에 이어질 글의 적절한 순서대로 괄호 안에 알파벳을 쓰세요.

> After lunch I took my bike and sneaked quietly into the yard. I moved carefully to the plot of soil under the oak at the back of the house.

(A) After I slipped the money into the ground and covered it, I breathed deeply and smiled.

(B) I leaned my bike against the tree and bent down.

(C) Digging swiftly in the hot earth, I made a small hole and quickly took a ten-dollar bill from my pocket.

(   )–(   )–(   )

7 주어진 글 다음에 이어질 글의 순서로 가장 적절한 것을 고르세요.

> In 1824, Peru won its freedom from Spain. Soon after, Simón Bolívar, the general who had led the liberating forces, called a meeting to write the first version of the constitution for the new country.

(A) "Then," said Bolívar, "I'll add whatever is necessary to this million pesos you have given me and I will buy all the slaves in Peru and set them free. It makes no sense to free a nation, unless all its citizens enjoy freedom as well."

(B) Bolívar accepted the gift and then asked, "How many slaves are there in Peru?" He was told there were about three thousand. "And how much does a slave sell for?" he wanted to know. "About 350 pesos for a man," was the answer.

(C) After the meeting, the people wanted to do something special for Bolívar to show their appreciation for all he had done for them, so they offered him a gift of one million pesos, a very large amount of money in those days. 고1 모의

*constitution: 헌법

① (A)–(C)–(B)   ② (B)–(A)–(C)
③ (B)–(C)–(A)   ④ (C)–(A)–(B)
⑤ (C)–(B)–(A)

연구나 실험에서 동일한 어구가 글 전반에 걸쳐 반복해 나오면 순서에 혼동을 주기 쉽습니다. 연구나 실험의 목적을 확인하고 이에 따른 절차상 순서를 내용적으로 잘 고려해야 합니다.

8

주어진 글 다음에 이어질 글의 순서로 가장 적절한 것을 고르세요.

Mirrors and other smooth, shiny surfaces reflect light. We see reflections from such surfaces because the rays of light form an image on the retina of our eyes.

(A) Keep your eyes on the reflected image while you are writing and not on your paper. After a little practice, it will be easier to write "backwards." When your friend receives such a message he will be able to read it by holding the paper up to a mirror.

(B) Stand a mirror upright on the table, so that a piece of paper on the table can be clearly seen in the mirror. Now write a message that looks right when you look in the mirror.

(C) Such images are always reversed. Look at yourself in a mirror, wink your right eye and your left eye seems to wink back at you. You can use a mirror to send a coded message to a friend. 고1 모의

*retina: (눈의) 망막

① (A)–(C)–(B)   ② (B)–(A)–(C)
③ (B)–(C)–(A)   ④ (C)–(A)–(B)
⑤ (C)–(B)–(A)

이해가 더 쉬워지는 Background Knowledge II

단락(Paragraph)을 이루는 것들

수능 영어 문제는 대체로 하나의 단락(국어에서 말하는 '문단', 영어로는 paragraph)에 한 문제가 출제됩니다. 여러 단락으로 이루어진 원문이 있고, 거기서 하나의 단락을 뚝 떼어 가져오는 것이에요.

단락(Paragraph)

┌ **Introduction**: 도입부(*없는 단락도 있어요)
├ **Topic Sentence**: 주제문(중심내용 = 글을 통해 글쓴이가 말하려는 바)
│   *e.g.* 스마트폰은 터치 조작이 특징이다.
│   └ **Topic**: 핵심어(Keyword)·화제·소재(Subject)
│   *e.g.* 스마트폰
└ **Major Details**: 주요 세부 사항(Supporting Details)
         주제문을 뒷받침하는 논거 또는 주제문에 대한 구체적인 설명
         cf. minor details: Major Details를 뒷받침하거나 설명하는 것

단락은 주제문과 세부 사항이 모두 있어야 이해가 쉬워요. 세부 사항만 있다면 중심내용을 유추해내야 하니 어렵습니다. 또한 주제문으로 바로 글이 시작되는 것보다 도입부가 있으면 흐름이 더 매끄럽고 자연스럽습니다.

단락은 반드시 하나의 주제만을 다룹니다. MD(Major Detail)는 주제문에 대한 설명이 충분하도록, 둘 이상이 나열되는 경우가 더 많아요.

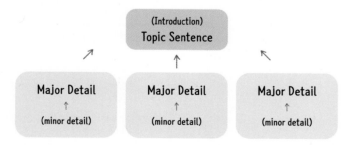

주제문과 MD(Major Detail), 그리고 MD와 md(minor detail)는 논리적으로 서로 긴밀히 연결되어 있습니다. 전체 흐름과 관계 없는 문장 찾기나 특히 순서, 삽입을 묻는 유형은 이러한 문장과 문장 간의 논리 관계를 잘 따져야 합니다. 단락을 이루는 것들 중에서도 가장 중요한 것은 Topic과 Topic Sentence입니다.

1 Topic : 핵심어

글에서 주로 다루고 있는 주제어를 말해요. 글에서 가장 많이 반복되고 있는 것을 핵심어라고 설명하는 교재들이 많지만, 그런 경향이 있다는 것이지 반드시 그렇지는 않습니다. 핵심어는 **글의 내용을 대표하는 것으로, 주제문의 핵심을 이루는 말**로 보는 것이 더 타당합니다. 자주 반복되기만 하는 다른 단어들은 오히려 오답을 선택하게 하는 함정으로 많이 쓰이므로 주의해야 합니다.

2 Topic Sentence : 주제문

글쓴이가 글을 통해 말하려고 하는 것을 가장 완전하게 알려주는 문장을 말합니다. 즉 글의 요지나 중심 내용을 담고 있는 문장입니다. 주제문은 핵심어를 포함합니다.

그런데, 실제 수능 영어에서 주제문은 위의 설명보다 더 다양한 양상을 보이므로 판단이 그리 쉽지 않을 수 있습니다. 대체로 완전한 한 문장으로 등장하지만, 문장을 이루는 절이나 어구일 수도 있고, 두 문장으로 나뉘어 있기도 해요. 유연하게 판단할 수 있어야 합니다.

또한, 수능 영어의 주제문은 단락 어디든 올 수 있어 어려움을 더합니다. 보통의 영문은 단락 앞부분에 주제문이 있지만, 수능 영어에서는 유독 그 위치가 단락 중간이나 끝에 오는 경우가 많아요.

단락은 주제문의 위치에 따라 두괄식, 중괄식, 미괄식, 양괄식[쌍괄식]으로 구분합니다. 주제문이 없을 때도 간혹 있습니다.

두괄식	중괄식	미괄식	양괄식	주제문 없음
단락 첫 한두 문장	단락 중간	단락 끝	단락 처음과 끝	주제문 없음

두괄식	중괄식	미괄식	양괄식	주제문 없음
Topic Sentence Detail Detail Detail	Introduction Detail **Topic Sentence** Detail Detail	Detail Detail Detail **Topic Sentence**	**Topic Sentence** Detail Detail **Topic Sentence**	Detail Detail Detail Detail

이제부터 학습할 PART II를 통해 좀 더 자세히 알아보도록 하겠습니다.

PART
II

시간을 버는 글 읽기
: 기본적 논리 이해

PART I에서 배운 문장 간의 의미 관계는
글의 내용을 부분적으로 이해하는 데 도움이 되는 것이에요.
이를 바탕으로 PART II는 글의 기본 구조를 학습합니다.
주제문의 위치에 따라
두괄식, 양괄식, 중괄식, 미괄식을 차례대로 알아볼 거예요.

PART II의 기본 구조에 익숙해지면,
문제 풀이에 필요한 핵심 포인트를
지문에서 더 빨리, 더 정확하게 찾을 수 있습니다.

Chapter 07

주제문 +
세부 사항(예)

Essential Words & Phrases

p. 66 **tendency** 경향, 추세

purchase 구매(하다)(= buy, get)

lead to A A로 이어지다; (결과적으로) A에 이르다
(= result in, bring about)

match ¹ 맞먹다, 대등하다
² 어울리다(= go with)
³ 시합, 경기

accessory 부대용품, 딸린 물건; 장신구

obtain 얻다, 손에 넣다

possession 소유(물), 소지품(= belongings)

create 창조하다; 일으키다, 야기하다(= cause)

a spiral of ~의 악순환
cf. spiral 나선(형); 소용돌이

consumption 소비, 소모
cf. consume 소비[소모]하다

additional 추가의, 부가적인(= extra)

sharpen 날카롭게 하다; 더 강렬[분명]하게 하다

aware (~을) 알고[인식하고] 있는

for a moment 잠시 동안, 잠깐

try to-v v하려고 애쓰다[노력하다]

describe 묘사하다, 설명하다
cf. description 묘사, 설명

p. 67 **curiosity** 호기심

likely to-v v하기 쉬운, v할 가능성이 있는

view A as B A를 B로 여기다(= regard[think of,
look upon, see] A as B, consider A B)

tough 강인한; 튼튼한; 힘든, 어려운

challenge ¹ 도전(하다)
² 과제, 난제

take on (일·책임 등을) 떠맡다(= assume)

in general 보통, 일반적으로

motivate O to-v O가 v하도록 동기를 부여하다

A rather than B B라기보다는 A

approach 접근(하다); 접근법

be associated with ~와 관련되다

defensive 방어적인(↔ offensive 공격적인; 화나게 하는)

aggression 공격(성)

respond to A A에 반응[대응]하다

irritation 짜증
cf. irritate 짜증나게 하다

선택지 | reframe 재구성(하다)

cope with ~에 대처[대응]하다(= deal with)

potential 잠재적인, 가능성이 있는; 잠재력, 가능성

factor 요소, 요인

reduce (크기 등을) 줄이다, 축소하다

Stage 2 Concept의 꼼꼼 확인

1-1 **maintain** 유지하다; 주장하다(= insist)

선택지 | **social** 사회의, 사회적인; 사교적인, 친목의

unavoidable 피할 수 없는, 어쩔 수 없는(= inevitable)

pressure 압박(감), 압력

a matter of concern 관심사

1-2 **make one's own decision** 스스로 결정하다

whether A or B A이든 B이든; A인지 아니면 B인지

include 포함하다(↔ exclude 제외하다)

process 과정, 절차; 가공[처리]하다

serve ¹ (음식을 상에) 내다[차려 주다]

² 도움이 되다; 근무[복무]하다

reasonable 적당한; 합리적인(↔ unreasonable 비합리적인)

claim 주장(하다); (보상금 등을) 청구(하다)

be through 끝내다, 마치다

properly 제대로, 올바르게

brilliant 훌륭한, 멋진; (재능이) 뛰어난

self-confidence 자신감

self-control 자제(심)

선택지 | **nutrition** 영양 (섭취)

independence 독립; 자립(심)

2-1 **self-employed** 자영업을 하는

entrepreneur (모험적인) 사업가, 기업가

personality 성격

trait (성격상의) 특성

evolve 발달[발전]하다; ((생물)) 진화하다

cf. evolution 발전; ((생물)) 진화

2-2 **collaboration** 협업, 공동 작업(물)

foundational 기초적인, 기본의

marry A with B A와 B를 결합시키다

playwright 극작가

period 기간, 시기; 시대

consider 고려[숙고]하다; 여기다, 생각하다

composition 구성 (요소); (음악·미술·시) 작품;

(작품의) 작문, 창작

individually 개인적으로; 개별적으로

fine ¹ 훌륭한, 우수한

² 세밀한, 미세한

go on to-v 이어서 v하다

overturn (판결 등을) 뒤집다, 번복하다

physics 물리학

chemistry 화학 (반응)

3-1 **competitive advantage** 경쟁(적) 우위 ((예를 들어 기업이 경쟁 우위가 있다는 것은 낮은 가격이나 좋은 품질 등으로 인해 경쟁 기업보다 판매가 더 유리한 위치에 있음을 의미))

feature 특징, 특색; 특별히 포함하다

선택지 | **affordable** (가격이) 알맞은, 감당할 수 있는

loyalty 충성(심)

royalty ¹ 왕족(들)

² (책의) 인세; 저작권 사용료

customized 개개인의 요구에 맞춘, 주문 제작의

eco-friendly 친환경적인, 환경 친화적인

3-2 **decade** 10년

conclusively 결정적으로, 확실하게

practice 연습(하다); 실행(하다)

lecture 강의(하다)

based on ~에 근거하여

pull together 모으다

break off 나누다, 분리하다

stick with ¹ ~와 가까이 머물다

² ~에게 오래도록 기억되다

선택지 | **repeatedly** 반복해서, 되풀이해서

distraction 집중이 안 되게[산만하게] 하는 것

complete ¹ 완벽한, 완전한

² 완료하다, 끝마치다

4-1 **translate** 번역[통역]하다, (다른 언어로) 옮기다

academic 학업의, 학교의; 학문의

term ¹ 말, 용어

² 기간, 임기; 학기

cf. terms (계약의) 조건, 조항

figure out ~을 이해하다[알아내다]

선택지 | **appeal to A** A에 호소하다; A의 관심[흥미]를 끌다

come up with ~을 생산하다; 생각해내다

clarify 명확하게 하다, 분명히 말하다

4-2 **outcome** 결과, 성과

considerable (수량이) 상당한, 많은

cf. considerate 사려 깊은, (남을) 배려하는

vehicle 차량, 탈것

and so on 기타 등등(= and so forth, etc.)

portion 부분; (음식의) 1인분; 몫

drive ¹ (차량을) 운전하다

² 이끌다, 추진시키다

willingness 기꺼이 하려는 마음

expend (시간·노력 등을) 쓰다, 소비하다

cf. expense 돈, 비용

선택지 | **fortune** 운, 행운; 재산, 부(富)

Stage 1

Concept의 찬찬 이해

정답 및 해설 p. 27

주제문이 단락 맨 앞에 나오고, 주요 세부 사항(Major Detail)으로 '예(example)'가 이어지는 두괄식 구조입니다.
예는 여러 개가 나열되기도 하고 하나의 예가 길게 서술되기도 해요. 예가 끝난 뒤에는 주제문을 다른 말로 바꿔 표현
한 또 다른 주제문(양괄식 구조)이나 맺음말이 나올 수도 있습니다.

1 여러 예(example) 나열

주제문 뒤에 이를 설명하는 구체적인 예가 둘 이상 나열됩니다. 예를 이끄는 연결어(● p. 14)는 생략되기도 해요.

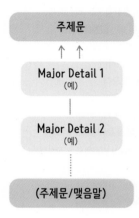

¹ When people go shopping, there is a tendency for one purchase to lead to another.

² You buy a dress and have to get new shoes and earrings to match.

³ You buy a toy for your child and soon find yourself purchasing all of the accessories that go with it.

⁴ Obtaining a new possession often creates a spiral of consumption that leads to additional purchases. 고2 모의응용

2 하나의 예(example) 제시

실제 있었던 일(사례) 또는 가상의 상황이 구체적인 예로 제시됩니다. 즉, 글쓴이의 실제 경험이 일화나 이야기 형식으로 전개되기도 하고(e.g. When I was ~), 아래와 같이 상상으로 꾸며낸 일이 나오기도 합니다.

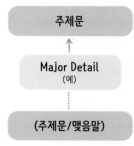

⁵ Poetry sharpens our senses and makes us more fully aware of life.

⁶ Imagine, for a moment, that you are trying to describe one of your friends. You could say the friend is tall, has blue eyes, ~ (중간 생략).

⁷ Good poetry does describe life in that way, and thus it helps you to know and love the world. 고2 모의응용

다음 글의 주제로 가장 적절한 것을 고르세요. 고1 모의

Curiosity makes us much more likely to view a tough problem as an interesting challenge to take on.

① 주제문 1

A stressful meeting with our boss becomes an opportunity to learn.

② Major Detail 1 (예 1)

A nervous first date becomes an exciting night out with a new person.

③ Major Detail 2 (예 2)

A colander becomes a hat.

④ Major Detail 3 (예 3)

In general, curiosity motivates us to view stressful situations as challenges rather than threats, to talk about difficulties more openly, and to try new approaches to solving problems.

⑤ 주제문 2

In fact, curiosity is associated with a less defensive reaction to stress and, as a result, less aggression when we respond to irritation.

⑥ 주제문 2의 추가 설명

*colander: (음식 재료의 물을 빼는 데 쓰는) 체

① importance of defensive reactions in a tough situation
② curiosity as the hidden force of positive reframes
③ difficulties of coping with stress at work
④ potential threats caused by curiosity
⑤ factors that reduce human curiosity

Concept의 꼼꼼 확인

정답 및 해설 p. 28

정답 및 해설 p. 28

대의 파악 주제문은 예가 시작되기 바로 앞에 있는 문장이므로 이를 간략히 잘 나타낸 선택지를 찾으면 됩니다. 정답 선택지는 주제문과 다른 표현을 사용하므로 주의하세요. 특히 제목 선택지는 주제 선택지보다 말바꿈이 더 많이 일어납니다.

1-1 **다음 글의 제목으로 가장 적절한 것을 고르세요.** 고3 모의

Your culture maintains a "schedule" for the right time to do many important things; for example, the right time to start dating, to finish college, to buy your own home, or to have a child.

① Social Clock: An Unavoidable Pressure
② Time Management: A Matter of Concern for All

1-2 **다음 글을 읽고, 아래 물음에 답하세요.** 고1 모의

Give children options and allow them to make their own decisions — on how much they would like to eat, whether they want to eat or not, and what they would like to have. For example, include them in the decision-making process of what you are thinking of making for dinner — "Lisa, would you like to have pasta and meatballs, or chicken and a baked potato?" After discussing how much they should eat during dinner, serve them a reasonable amount; if they claim they are still "hungry" after they are through, ask them to wait five to ten minutes, and if they continue to feel hunger, then they can have a second plate of food. These are fantastic behaviors that, when taught properly, teach brilliant self-confidence and self-control.

(1) 윗글의 주제문에 밑줄을 그으세요.

(2) 윗글의 제목으로 가장 적절한 것을 고르세요.

① Be a Role Model to Your Children
② Hunger: The Best Sauce for Children
③ Good Nutrition: Children's Brain Power
④ Table Manners: Are They Important?
⑤ Teach Children Food Independence

(A), (B), (C)에 예를 이끄는 연결어가 있으면 어떤 문장에 대한 예인지를 찾아 그 문장 뒤에 위치시켜야 합니다. 선후 관계를 나타내는 관사, 대명사, 지시어도 순서를 판단할 때 적절하게 이용하세요.

2-1

다음 예의 앞에 나올 문장으로 가장 적절한 것을 고르세요. 고2 모의

예 | People with parents who were self-employed are more likely to become entrepreneurs.

① Studies show that no one is "born" to be an entrepreneur and that everyone has the potential to become one.

② Personality traits associated with entrepreneurs evolve from an individual's social context.

2-2

주어진 글 다음에 이어질 글의 순서로 가장 적절한 것을 고르세요. 고1 모의

Collaboration is the basis for most of the foundational arts and sciences.

(A) For example, his sketches of human anatomy were a collaboration with Marcantonio della Torre, an anatomist from the University of Pavia. Their collaboration is important because it marries the artist with the scientist.

(B) It is often believed that Shakespeare, like most playwrights of his period, did not always write alone, and many of his plays are considered collaborative or were rewritten after their original composition. Leonardo Da Vinci made his sketches individually, but he collaborated with other people to add the finer details.

(C) Similarly, Marie Curie's husband stopped his original research and joined Marie in hers. They went on to collaboratively discover radium, which overturned old ideas in physics and chemistry.

*anatomy: 해부학적 구조

① (A)–(C)–(B)　　　　② (B)–(A)–(C)
③ (B)–(C)–(A)　　　　④ (C)–(A)–(B)
⑤ (C)–(B)–(A)

빈칸 문장이 단락 앞부분에 있고 뒤에 예가 이어지면 아래 순서에 따라 해결하세요.

❶ 빈칸 문장인 주제문을 먼저 읽고 어떤 내용을 찾아야 하는지 파악한다.
❷ 예에서 빈칸의 단서가 되는 부분을 찾아 이를 일반적, 종합적으로 표현한 선택지를 고른다.
❸ 정답 선택지를 빈칸에 넣어 문맥이 자연스러운지 확인한다.

3-1

다음 예를 읽고, 주제문의 빈칸에 들어갈 말로 가장 적절한 것을 고르세요. 고1 모의

주제문 I Sometimes it is the _____ that gives a business a competitive advantage.

예 I Until recently, bicycles had to have many gears, often 15 or 20, for them to be considered high-end. But fixed-gear bikes with minimal features have become more popular, as those who buy them are happy to pay more for much less.

*high-end: 최고급의

① simpler product　　　　② affordable price
③ consumer loyalty　　　　④ customized design
⑤ eco-friendly technology

3-2

다음 빈칸에 들어갈 말로 가장 적절한 것을 고르세요. 고1 모의

The last two decades of research on the science of learning have shown conclusively that we remember things better, and longer, if _____ _____. This is the teaching method practiced by physics professor Eric Mazur. He doesn't lecture in his classes at Harvard. Instead, he asks students difficult questions, based on their homework reading, that require them to pull together sources of information to solve a problem. Mazur doesn't give them the answer; instead, he asks the students to break off into small groups and discuss the problem among themselves. Eventually, nearly everyone in the class gets the answer right, and the concepts stick with them because they had to find their own way to the answer.

① they are taught repeatedly in class
② we fully focus on them without any distractions
③ equal opportunities are given to complete tasks
④ there's no right or wrong way to learn about a topic
⑤ we discover them ourselves rather than being told them

4-1

다음 a, b 두 문장의 의미가 서로 통하도록 빈칸에 알맞은 것을 고르세요. 고2 모의응용

a. Translating academic language into everyday language can be essential for you as a writer to _____.

b. Translating your ideas into more common, simpler terms can help you figure out what your ideas really are.

① finish writing quickly
② reduce sentence errors
③ appeal to various readers
④ come up with creative ideas
⑤ clarify your ideas to yourself

4-2

다음 빈칸에 들어갈 말로 가장 적절한 것을 고르세요. 고1 모의

One outcome of motivation is behavior that takes considerable _____. For example, if you are motivated to buy a good car, you will research vehicles online, look at ads, visit dealerships, and so on. Likewise, if you are motivated to lose weight, you will buy low-fat foods, eat smaller portions, and exercise. Motivation not only drives the final behaviors that bring a goal closer but also creates willingness to expend time and energy on preparatory behaviors. Thus, someone motivated to buy a new smartphone may earn extra money for it, drive through a storm to reach the store, and then wait in line to buy it.

*preparatory: 준비의

① risk   ② effort   ③ memory
④ fortune   ⑤ experience

Chapter 08

—

주제문 +
세부 사항(상술)

—

Essential Words & Phrases

Stage 1 Concept의 찬찬 이해

p. 74 **global warming** 지구 온난화

boost 신장시키다, 북돋우다; 증가하다

generation [1] 세대 ((비슷한 연령층)); 대 ((약 30년))
[2] 발생, 생성

species ((생물)) 종(種)

support 지지(하다), 후원(하다); 떠받치다

biodiversity (균형 잡힌 환경을 위한) 생물 다양성

mark 나타내다, 표시하다; 자국

merchandiser 판매 (촉진) 담당자

magnet 자석; 마음을 끄는[매혹하는] 것

travel 여행(하다); 이동하다, 가다

relate to A A와 관계가 있다

per 각 ~에 대하여, ~당

measurable 측정 가능한; 주목할 만한

variable 변수, 변인

attraction (마음을) 끌어당기는 힘, 매력; 명소, 명물

sense 감각; 감지하다

decoration 장식(물)

p. 75 **visible** (눈에) 보이는, 알아볼 수 있는

cf. **vision** 시력, 눈

incredible 믿을 수 없는, 믿기 어려운(= unbelievable)

feather (새의) 털, 깃털

distinguish between ~을 구별하다(= differentiate)

distant (거리가) 먼, 멀리 떨어져 있는; 동떨어진

flap 덮개; 퍼덕거림

digging 파기, 파는 것

at a distance 좀 떨어져서

circular 둥근, 원형의

cf. **circle** 동그라미, 원형

pick up [1] ~을 (차에) 태우러 가다, 태우다
[2] ~을 알아차리다
[3] (중단한 것을) 다시 시작하다
[4] (재주 등을) 익히게 되다

reception (호텔의) 프런트; 환영 연회; (라디오 등의) 수신 상태

Stage 2 Concept의 꼼꼼 확인

1-1 **view A as B** A를 B로 여기다[생각하다]

social interaction 사회적 상호 작용

선택지 | **division** 분할; (사회 내의) 분열

separation 분리; 헤어짐

relationship (두 사람 간의) 관계

1-2 **phenomenon** 현상

general 일반적인, 보편적인(↔ specific 구체적인, 특정한)

apply to A A에 꼭 들어맞다[적용되다]

statement 말, 진술

appear ~인 것 같이 보이다; 나타나다; 생기다, 발생하다

personal 개인의, 개인적인; 사적인

on the surface 겉으로는, 표면적으로

psychology 심리(학)

identify with ~와 동일시하다

necessarily 반드시, 필연적으로

exist 존재[실재]하다; (힘들게 근근이) 살아가다

rest ¹ 나머지

² 휴식(을 취하다)

principle 원리

❗ **principal** 주요한; 교장

rely on ~에 의존하다(= depend on. count on)

make sense 말이 되다, 타당하다

countless 수많은(= numerous)

beneficial 유익한, 이로운(= advantageous)

badly 너무, 몹시; 나쁘게

2 **contribute to A** A에 기여하다

medium ¹ 중간(의)

² ((복수형 media)) (대중) 매체

³ 수단, 도구

exhibit 전시하다; 보이다, 드러내다(= display)

innovative 혁신적인

cf. innovation 혁신

with taste 감각 있게

represent ¹ 나타내다

² 대표[대신]하다

self-respect 자기 존중

concern 염려, 걱정; 관심

there is no doubt that ~라는 것에 의심의 여지가 없다

link A to B A를 B에 연결하다

industry 산업, 공업; 근면성

sociable 사교적인, 친목의

aspect 측면, 양상

along with ~와 더불어[함께]

try on ~을 시도해 보다; (옷을) 입어 보다

identity ¹ 신원, 신분

² 정체성, 독자성, 주체성

3-1 **early** 초(창)기의; 빠른, 이른

instrument 기구, 도구; ((음악)) 악기

employ ¹ 고용하다

² (방법 등을) 쓰다, 사용하다

3-2 **evolutionary** ((생물)) 진화의

cf. evolution ((생물)) 진화; 발전

biologist 생물학자

argue 주장하다; 말다툼하다

trade 거래(하다); 맞바꾸다, 교환하다

establish 설립하다, 세우다, 구축하다

handy 편리한, 유용한; 이용하기 편한[가까운] 곳에 있는

conduct ¹ (활동을) 하다, 수행하다(= carry out. perform)

² 지휘하다; 안내하다

rule 규칙, 원칙; 통치(하다), 지배(하다)

business deal 사업 거래, 상거래

bond 유대, 결속

play a role 역할을 하다

key ¹ 열쇠; 수단, 비결

² 중요한, 핵심적인

선택지 | **instinctively** 본능적으로, 직감적으로

economic 경제(상)의; 경제학의

4 **care** 돌봄, 보살핌

cf. **take care of** ¹ ~을 돌보다, 소중히 하다

² ~을 책임지다, ~을 처리[수습]하다

make sure that ~을 확실히 하다

consistent 일관된, 변함없는; 일치하는

(↔ inconsistent 일관성 없는, 모순된)

cf. consistently 일관되게

distress 괴로움, 고통

ensure 보장[보증]하다, 반드시 ~하게 하다

available 이용 가능한

hold A in A를 참다[억누르다]

discomfort 불편, 불쾌, 불안

companion 친구, 동반자

withhold 주지 않다; 억제하다, 억누르다

confident 자신감이 있는

선택지 | **arise** 생기다, 발생하다; (잠자리에서) 일어나다

mental 정신의, 마음의(↔ physical 신체[육체]의; 물질의, 물리적인)

condition 상태; 병, 질환; 조건

theory 이론, 학설

meet ¹ 만나다

² (요구 등을) 충족시키다(= satisfy)

varied 다양한, 다채로운(= various)

Concept의 찬찬 이해

정답 및 해설 p. 32

주제문이 단락 맨 앞에 오고 주요 세부 사항(Major Detail)으로 '상술(explanation)'이 이어지는 두괄식 구조입니다. 상술은 주제문의 의미가 무엇인지를 상세히 풀어서 설명해주는 것인데, 특히 설명문에서 자주 볼 수 있습니다. 상술이 끝난 뒤에는 주제문을 다른 말로 바꿔 표현한 또 다른 주제문(양괄식 구조)이나 맺음말이 나올 수 있습니다.

1 상술(explanation)

문장과 문장 관계에서 상술은 연결사(→ p. 22)가 이끌기도 하지만 세부 사항일 때는 연결사 없이 이어지는 경우가 더 많아요.

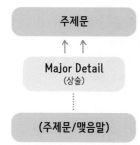

주제문
↑ ↑
Major Detail
(상술)
⋮
(주제문/맺음말)

¹ Global warming could be good for speciation.

² Warm periods boost the generation of many new species and the potential for earth to support biodiversity may be greater.

*speciation: 종 분화

2 상술(explanation)+예(example)

상술 뒤에 예가 이어지는 구조도 자주 볼 수 있어요. 세부 사항이 두 종류가 이어지므로 글을 이해하기가 좀 더 쉬워집니다.

주제문
↑ ↑
Major Detail
(상술)
|
(예)
⋮
(주제문/맺음말)

³ Within a store, the wall marks the back of the store, but not the end of the marketing.

⁴ Merchandisers often use the back wall as a magnet, because it means that people have to walk through the whole store. ⁵ This is a good thing because distance traveled relates more directly to sales per entering customer than any other measurable consumer variable.
⁶ Sometimes, the wall's attraction is simply appealing to the senses, a wall decoration that catches the eye or a sound that catches the ear.

(이하 생략) 고1 모의

생생 기출 맛보기

다음 글을 읽고, 아래 물음에 답하세요. 고1 모의응용

A snowy owl's ears are not visible from the outside, but it has incredible hearing.

❶ 주제문

The feathers on a snowy owl's face guide sounds to its ears, giving it the ability to hear things humans cannot. ① Each of its ears is a different size, and one is higher than the other. ② The differing size and location of each ear helps the owl distinguish between sounds. ③ It can hear at the same time the distant hoofbeats of a large deer, the flap of a bird's wings above it, and the digging of a small animal below it. ④ In fact, it has excellent vision both in the dark and at a distance. ⑤ After choosing which sound interests it most, the snowy owl moves its head like a large circular antenna to pick up the best reception.

❷ Major Detail (상술)

*hoofbeats: 발굽 소리

(1) 윗글에서 주요 세부 사항이 설명하는 내용을 주제문에서 찾아 네 단어로 쓰세요.

(2) 윗글에서 전체 흐름과 관계 <u>없는</u> 문장을 고르세요.

무관 문장

주제문의 핵심 어구를 세부 사항에서 상술로 설명하는 경우가 많아요. 전체 흐름과 관계 없는 문장을 찾는 문제에서는 그 상술 문장들 중 주제문의 핵심 어구에 대한 설명이 아닌 것을 찾으면 됩니다.

1-1 **다음 주어진 문장에 대한 상술이 아닌 것을 고르세요.** 고1 모의응용

Asians and many Native American cultures view silence as an important part of social interaction.

① They often use some moments of silence before offering a response to another speaker.
② Silence often causes division and separation, creating serious problems in relationships.

1-2 **다음 글에서 전체 흐름과 관계 없는 문장을 고르세요.** 고1 모의

The Barnum Effect is the phenomenon where someone reads or hears something very general but believes that it applies to them. ① These statements appear to be very personal on the surface but in fact, they are true for many. ② Human psychology allows us to want to believe things that we can identify with on a personal level and even seek information where it doesn't necessarily exist, filling in the blanks with our imagination for the rest. ③ This is the principle that horoscopes rely on, offering data that appears to be personal but probably makes sense to countless people. ④ Reading daily horoscopes in the morning is beneficial as they provide predictions about the rest of the day. ⑤ Since the people reading them want to believe the information so badly, they will search for meaning in their lives where it is true.

*horoscope: 별자리 운세

2 다음 글에서 전체 흐름과 관계 <u>없는</u> 문장을 고르세요. 고1 모의

According to Marguerite La Caze, fashion contributes to our lives and provides a medium for us to develop and exhibit important social virtues. ① Fashion may be beautiful, innovative, and useful; we can display creativity and good taste in our fashion choices. ② And in dressing with taste and care, we represent both self-respect and a concern for the pleasure of others. ③ There is no doubt that fashion can be a source of interest and pleasure which links us to each other. ④ Although the fashion industry developed first in Europe and America, today it is an international and highly globalized industry. ⑤ That is, fashion provides a sociable aspect along with opportunities to imagine oneself differently — to try on different identities.

*virtue: 가치

주제문에 빈칸을 두고, 이어지는 상술을 토대로 적절한 어구를 추론하는 형태인 문제가 자주 출제됩니다.

3-1

다음 상술 문장을 읽고, 주제문의 빈칸에 들어갈 말로 가장 적절한 것을 고르세요. 고2 모의응용

주제문 | The symphony orchestra carries inside its DNA the legacy of the _____.

상 술 | The earliest forms of the orchestral instruments were made either from the animal (horn, hide, gut, bone) or the weapons employed in bringing the animal under control (stick, bow).

*legacy: 유산

① hunt ② law ③ charity
④ remedy ⑤ dance

3-2

다음 빈칸에 들어갈 말로 가장 적절한 것을 고르세요. 고1 모의

Many evolutionary biologists argue that humans _____.
We needed to trade, and we needed to establish trust in order to trade.
Language is very handy when you are trying to conduct business with someone.
Two early humans could not only agree to trade three wooden bowls for six bunches of bananas but establish rules as well. What wood was used for the bowls? Where did you get the bananas? That business deal would have been nearly impossible with only gestures and confusing noises, and carrying it out according to terms agreed upon creates a bond of trust. Language allows us to be specific, and this is where conversation plays a key role.

① used body language to communicate
② instinctively knew who to depend on
③ often changed rules for their own needs
④ lived independently for their own survival
⑤ developed language for economic reasons

One of the most important aspects of providing good care is making sure that an animal's needs _____. Like humans, animals need a sense of control. So an animal who may get enough food but doesn't know when the food will appear and can see no consistent schedule may experience distress. We can provide a sense of control by ensuring that our animal's environment is predictable: there is always water available and always in the same place. There is always food when we get up in the morning and after our evening walk. There will always be a time and place to eliminate, without having to hold things in to the point of discomfort. Human companions can display consistent emotional support, rather than providing love one moment and withholding love the next. When animals know what to expect, they can feel more confident and calm.

*eliminate: 배설하다

① are taken care of without delay
② arise from mental or physical conditions
③ should be informed by evolutionary theory
④ are being met consistently and predictably
⑤ can be varied depending on the situation

Chapter 09

주제문+
세부 사항(논거)

Essential Words & Phrases

Stage 1 Concept의 찬찬 이해

p.82 **suggest** [1] 제안하다
[2] 암시하다, 시사하다; 말하다
grateful 고마워하는, 감사하는
gratitude 고마움, 감사
glue 접착제, 풀; (접착제로) 붙이다
connected to A A와 관계가 있는; 결합된

p.83 **set about to-v[v-ing]** v를 시작하다
It is worth v-ing v하는 것은 가치가 있다
remind 상기시키다, 생각나게 하다
point of view 관점(= viewpoint)
hang 매달다, 걸다
allow O to-v O가 v하도록 허락하다; O가 v하는 대로 두다
argument 말다툼; 주장, 논거
involved [1] (사건 등에) 관련된, 연루된
[2] 몰두[열중]한, 열심인
cf. involve 관련[참여]시키다; 포함[수반]하다
committed to A A에 전념[헌신]하는
insight 통찰력
expose 드러내다(= reveal)
passivity 수동성, 소극성(↔ activeness 적극성)

Stage 2 Concept의 꼼꼼 확인

1 **provide** 제공하다, 주다(= supply)
nail 손톱, 발톱; 못
tie 묶다, 매다; (~에) 결부시키다
currently 현재, 지금
experiment 실험(하다)
presentation 제출, 제시; 발표, 프레젠테이션
cf. present 제시하다, 주다; 현재의; 참석한; 선물
material 직물, 천; 재료, 물질; 자료
dramatic 연극의, 각본의; 연극 같은; (변화가) 극적인
discussion 토의
encourage O to-v O가 v하도록 장려[격려]하다
in[by] contrast 대조적으로
traditional 전통의; 전통적인(= conventional)
indicate 나타내다, 보여 주다; 시사하다
interest 관심, 흥미; 이자
gain 얻다, 획득하다
via ~을 경유하여; ~을 통해
method 방법
선택지 | **element** 요소, 성분; 원소
balanced 균형 잡힌, 안정된

2

rather than ~보다는[대신에]
attempt to-v v하기를 시도하다, 애써 v해보다
punish 벌주다, 처벌하다
mark 표시(하다); 자국(을 내다); 채점하다; 점수
in the hope (that) ~을 바라고, ~라는 희망을 갖고
motivate 동기를 부여하다
incomplete 불완전한; 미완성의; 불완전 이수 ((학생이 하나의 교육 과정에 필요한 모든 학업을 완수하지 않았을 때 받게 되는 학점))
require O to-v O가 v하도록 요구하다
additional 추가적인(= extra)
performance ¹ 공연
　　　　　　　² 수행 (능력); 성적, 성과
cf. perform 수행하다(= carry out); 공연[연주]하다
acceptable 수용 가능한, 받아들일 수 있는; 용인되는
cf. accept 받아들이다, 수락하다(↔ refuse 거절하다)
policy 정책, 방침
failure 실패; 낙제
submit ¹ (서류 등을)제출하다(= hand in, turn in)
　　　　² 항복하다(= give in, yield)
reason ¹ 이유, 근거; 이성, 사고력
　　　　² 생각하다, 추론하다
no longer 더는 ~이 아닌
substandard 기준 이하의
appropriate 적절한(↔ inappropriate 부적절한)
satisfactory 만족스러운(↔ unsatisfactory 불만족스러운)

3-1

temperature 온도, 기온
handle 다루다, 처리하다; (상품을) 취급하다; 손잡이
produce ¹ 생산하다; (결과 등을) 낳다, 초래하다
　　　　　² 농산물
atmosphere (지구의) 대기; 공기; 분위기
선택지 | **dehydration** 탈수, 건조
storage 저장, 보관
mold 곰팡이
emit (빛·열·가스 등을) 내뿜다, 방출하다(= give off)
carbon dioxide 이산화탄소
breathe 숨 쉬다
consider A (to be) B A를 B로 여기다[간주하다]
pollutant 오염 물질, 오염원

3-2

pay attention to A A에 주의를 기울이다
reflect ¹ (거울 등이 상을) 비추다; (빛을) 반사하다
　　　　² 나타내다, 반영하다
　　　　³ 반성하다, 곰곰이 생각하다
hard ¹ 단단한, 굳은
　　　² 어려운, 힘든, 곤란한(= tough)
　　　³ 열심히 하는; 명백한, 확실한

limit 한계(점), 제한(하다)
develop 발전시키다
stable 안정된, 안정적인(= unstable 불안정한)
the 비교급 ~, the 비교급 ... ~하면 할수록 더욱 ⋯하다
background 배경
colorful (색이) 다양한, 다채로운
be capable of ~할 수 있다
form 유형; 형태; 형성하다
meaningful 의미 있는(↔ meaningless 의미 없는)
maximum 최고(의), 최대(의)(↔ minimum 최저(의), 최소(의))
assume ¹ 가정하다, 추정하다
　　　　² ~인 척하다, 가장하다
　　　　³ (책임 등을) 맡다

4-1

resolution 결의안; 해결; (굳은) 결심, 다짐
be supposed to-v v하기로 되어 있다, v해야 한다
matter 일, 문제; 중요하다
stick to A A를 (바꾸지 않고) 지키다, 고수하다
선택지 | **moral duty** 도덕적 의무
strict 엄격한, 엄한
values 가치관
guidance 지도, 안내

4-2

run ¹ 달리다
　　　² 운영하다
　　　³ 작동[기능]하다
ultimately 궁극적으로, 결국
cover ¹ 덮다; 가리다
　　　² 다루다; 보도하다
　　　³ (비용을) 대다, 충당하다(= pay for)
earn (돈을) 벌다; 획득하다, 얻다
physical ¹ 신체[육체]의
　　　　² 물질의, 물리적인
labor cost 인건비, 노무비
employee 직원
ⓘ employer 고용주
little more than ~에 지나지 않는, ~에 불과한
keep in mind 명심하다(= bear in mind)
devote A to B A를 B에 할애하다[바치다]
keep down (증가하지 않도록) 낮추다, 억제하다
existing 기존의, 현재 있는
선택지 | **keep an eye on** ~을 계속 지켜보다, 감시하다
account manager 회계 관리자[담당자]
quality 질, 우수함; 자질, 특성

Concept의 찬찬 이해

정답 및 해설 p. 38

주제문이 단락 맨 앞에 나오고 주요 세부 사항(Major Detail)으로 '논거(reason)'가 이어지는 두괄식 구조입니다.
이러한 글은 읽는 이를 설득시키고자 하는 논설문에 해당됩니다. 논거가 끝난 뒤에는 주제문을 다른 말로 바꿔 표현한
또 다른 주제문(양괄식 구조)이나 맺음말이 나올 수 있습니다.

1 주제문

글쓴이의 주관적인 견해나 주장이에요.
- 견해: [1] Our holiday in the mountains was perfect.
- 주장: [2] They should go to the mountains for their family holiday.

'주장'은 아래와 같이 다양하게 표현됩니다. '제안'도 넓은 의미에서 '주장'이라 볼 수 있어요.

> - 강한 주장: 명령문(e.g. Do ~), 부정명령문(e.g. Don't ~)
>   must, have to, need (to), ought to, should, had better 등
>   It is important[necessary, essential] 등
> - 약한 주장: can, may, might, likely, let ~ / [제안] Why not ~? 등
>   It's more ideal not to ~, It's worth ~, It's wiser to ~, It's time to ~, It's better to say ~ 등
> - 직접적 표현: I think[believe, suggest] ~ / what I'm trying to say is ~ / I'd like to say ~ 등

이 외에도, 글쓴이는 저명한 사람의 말, 연구나 조사 결과를 인용하여 주장을 나타내기도 합니다.
- [3] Benjamin Franklin once suggested (that) ~. / [4] Studies show (that) ~.

2 논거(reason)

주제문을 설득력 있게 뒷받침하는 '근거나 이유'를 뜻해요. 단락에서 논거는 여러 개가 나열되기도 합니다.

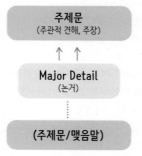

[5] You need to be grateful to all of those who helped you.

[6] Gratitude is the glue that keeps you connected to others. (이하 생략)
고2 모의

주로 다음과 같은 내용이 논거로 나옵니다. 인용문과 연구 결과도 논거로 쓰일 수 있어요.
- 인용문: wisdom(명언, 속담 등), 해당 분야 권위자[전문가]의 말
- 주장을 뒷받침하는 연구 결과, 통계 수치, 사례 등
- 주장대로 이행했을 때 예상되는 긍정적 결과 / 주장대로 이행하지 않았을 때 예상되는 부정적 결과

🌱 생생 기출 맛보기

다음 글에서 필자가 주장하는 바로 가장 적절한 것을 고르세요. 고1 모의

As you set about to write, it is worth reminding yourself that while you ought to have a point of view, you should avoid telling your readers what to think. Try to hang a question mark over everything in the essay.

> ❶ 주제문
> (글쓴이의 주장:
> it is worth v-ing,
> should, 명령문(Try to ~))

This way you allow your readers to think for themselves about the points and arguments you're making. As a result, they will feel more involved, finding themselves just as committed to the arguments you've made and the insights you've exposed as you are.

> ❷ Major Detail 1
> (논거 1: 주장 이행으로
> 예상되는 긍정적 결과 1)

You will have written an essay that not only avoids passivity in the reader, but is interesting and gets people to think.

> ❸ Major Detail 2
> (논거 2: 주장 이행으로
> 예상되는 긍정적 결과 2)

① 저자의 독창적인 견해를 드러내야 한다.
② 다양한 표현으로 독자에게 감동을 주어야 한다.
③ 독자가 능동적으로 사고할 수 있도록 글을 써야 한다.
④ 독자에게 가치 판단의 기준점을 명확히 제시해야 한다.
⑤ 주관적 관점을 배제하고 사실을 바탕으로 글을 써야 한다.

대의 파악 견해나 주장을 나타내는 문장 뒤에 이를 뒷받침하는 구체적인 논거가 이어지는지 확인하세요. 양괄식 글일 수도 있으므로 글의 끝 부분에도 주목하세요.

1 **다음 글을 읽고, 아래 물음에 답하세요.** 고1 모의

Storyteller Syd Lieberman suggests that it is the story in history that provides the nail to hang facts on. Students remember historical facts when they are tied to a story. According to a report, a high school in Boulder, Colorado, is currently experimenting with a study of presentation of historical material. Storytellers present material in dramatic context to the students, and group discussion follows. Students are encouraged to read further. In contrast, another group of students is involved in traditional research/report techniques. The study indicates that the material presented by the storytellers has much more interest and personal impact than that gained via the traditional method.

(1) 윗글의 주제문을 모두 찾아 밑줄을 그으세요.

(2) 윗글의 주제로 가장 적절한 것을 고르세요.

    ① why students should learn history
    ② essential elements of historical dramas
    ③ benefits of storytelling in teaching history
    ④ advantages of traditional teaching methods
    ⑤ importance of having balanced views on history

Learn More! **인용문**

글쓴이가 다른 사람의 말을 인용할 때는 그 사람의 이름뿐 아니라 직업이나 연구 분야도 같이 밝히게 됩니다. 이는 인용문과 단락 전체 내용을 이해하는 데 도움을 줄 수 있으므로 흘려 읽지 않도록 합니다.

e.g. • storyteller는 story가 하는 역할을 긍정적으로 서술할 것입니다.
    • business consultant는 기업의 업무 효율을 높이는 방안을 말할 가능성이 큽니다.

다음 글을 읽고, 아래 물음에 답하세요. 고1 모의

Rather than attempting to punish students with a low grade or mark in the hope it will encourage them to give greater effort in the future, teachers can better motivate students by considering their work as incomplete and then requiring additional effort. Teachers at Beachwood Middle School in Beachwood, Ohio, record students' grades as *A, B, C,* or *I* (Incomplete). Students who receive an *I* grade are required to do additional work in order to bring their performance up to an acceptable level. This policy is based on the belief that students perform at a failure level or submit failing work in large part because teachers accept it. The Beachwood teachers reason that if they no longer accept substandard work, students will not submit it. And with appropriate support, they believe students will continue to work until their performance is satisfactory.

(1) 윗글의 주제문에 밑줄을 그으세요.

(2) 윗글에서 필자가 주장하는 바로 가장 적절한 것을 고르세요.

　① 학생에게 평가 결과를 공개하는 것은 학습 동기를 떨어뜨린다.

　② 학생에게 추가 과제를 부여하는 것은 학업 부담을 가중시킨다.

　③ 지속적인 보상은 학업 성취도에 장기적으로 부정적인 영향을 준다.

　④ 학생의 자기 주도적 학습 능력은 정서적으로 안정된 학습 환경에서 향상된다.

　⑤ 학생의 과제가 일정 수준에 도달하도록 개선 기회를 주면 동기 부여에 도움이 된다.

주로 세부 사항인 논거들에 선택지 번호가 있습니다. 정답으로는 주제문과 아예 관련이 없거나 주제문과 정반대되는 주장을 뒷받침하는 논거가 자주 등장합니다.

3-1

다음 주제문을 뒷받침하는 논거가 <u>아닌</u> 것을 고르세요. 고2 모의

주제문 | In addition to controlling temperatures when handling fresh produce, control of the atmosphere is important.

① Some moisture is needed in the air to prevent dehydration during storage, but too much moisture can encourage growth of molds.

② Though living things emit carbon dioxide when they breathe, carbon dioxide is widely considered to be a pollutant.

3-2

다음 글에서 전체 흐름과 관계 <u>없는</u> 문장을 고르세요. 고1 모의

Paying attention to some people and not others doesn't mean you're being dismissive or arrogant. ① It just reflects a hard fact: there are limits on the number of people we can possibly pay attention to or develop a relationship with. ② Some scientists even believe that the number of people with whom we can continue stable social relationships might be limited naturally by our brains. ③ The more people you know of different backgrounds, the more colorful your life becomes. ④ Professor Robin Dunbar has explained that our minds are only really capable of forming meaningful relationships with a maximum of about a hundred and fifty people. ⑤ Whether that's true or not, it's safe to assume that we can't be real friends with everyone.

*dismissive: 무시하는 **arrogant: 거만한

주장 표현이 포함된 문장에 빈칸이 있을 때는 세부 사항으로 쓰인 구체적인 논거를 일반적, 추상적 표현으로 잘 바꾼 것을 찾아야 해요.

4-1

다음 논거가 뒷받침하는 주제문이 되도록 빈칸에 알맞은 것을 고르세요. 고1 모의

주제문 | Make goals based on _____.

논 거 | We set resolutions based on what others think we're supposed to do, rather than what really matters to us. This makes it nearly impossible to stick to the goal.

① your moral duty
② a strict deadline
③ your own values
④ parental guidance
⑤ job market trends

4-2

다음 빈칸에 들어갈 말로 가장 적절한 것을 고르세요.

Getting new customers and creating extra sales is the exciting part of running a business, but if ultimately you just want to make more money then you need to _____. A dollar earned needs to cover the physical cost of the product that was sold. It also must cover the labor cost of the employee who earned it. Ultimately, a dollar earned is little more than ten or twenty cents, if you're lucky, in your back pocket. But a dollar saved is a full dollar in your back pocket. A spoon costing a dollar that is saved from the trash is a full dollar you will have left at the end of the year. Keep this in mind — and in the mind of your staff. Be sure to devote at least as much time to keeping costs down as you do to driving new customers through the door or selling more to your existing ones.

① look at saving costs
② produce the right products
③ keep an eye on marketing trends
④ consider using an account manager
⑤ increase the quality of your services

Chapter 10

도입부 +
주제문(순접) +
세부 사항

Essential Words & Phrases

Stage 1 Concept의 찬찬 이해

p.90 **along the way** 그 과정에서, 도중에
worthy 가치 있는, 훌륭한; ~ 받을 만한
define A as B A를 B로 정의하다
excessive 지나친, 과도한
repetitive 반복적인, 반복되는
trauma (정신적) 외상, 충격적인 경험
face 얼굴 (표정); 마주보다, 직면하다
ongoing 계속 진행 중인
stressor 스트레스 (유발) 요인

p.91 **chemical** 화학 물질; 화학의
cf. **chemistry** 화학; 화학 작용
force O to-v O가 억지로 v하게 만들다[강요하다]
muscular 근육의; 근육이 발달한
be linked to A A와 연결되다
in turn [1] 차례로
          [2] 따라서, 결국
calm down 진정시키다
release [1] 풀어 주다, 해방하다; 방출하다, 놓아주다
        [2] 개봉하다, 공개하다
genuine 진짜의, 진품의(= authentic); 참된, 진정한
forced 강제적인; 진심이 아닌, 억지로 하는
participant 참가자
chopstick 젓가락
crossways 엇갈리게; 옆으로, 가로로
reduce 줄이다, 축소하다(= decrease)
intensity 강렬함; (빛 등의) 강도, 세기
lower 더 낮은[아래] 쪽의; 낮추다
heart rate 심장 박동률, 심박동수
 ⋮ heart beat 심장 박동, 심박
recover 되찾다, 회복하다
선택지 | **necessary evil** 필요악 ((없는 것이 바람직하지만 어쩔 수 없이 요구되는 악))
faked 가짜의; 모조의, 위조의

Stage 2 Concept의 꼼꼼 확인

1 **influence** 영향(을 주다)
leftmost 가장 왼쪽의
 ⋮ rightmost 가장 오른쪽의
digit (0에서 9까지의 아라비아) 숫자
order 순서; 정리(하다); 명령(하다); 주문(하다)
significantly 상당히, 크게; 중요하게
former [1] 이전의; 옛날의
        [2] (둘 중에서) 전자(의)(↔ latter 후자(의))

whereas 반면에(= on the other hand, while)

take advantage of ~을 이용하다; 악용하다(= exploit)

trick ¹ 속임수, 장난; 속이다; 착각, 환각
　　　² 비결; 수법, 편법

impression 인상, 느낌; 감동
cf. impressive 인상적인, 감명 깊은

survey 조사(하다)

retail 소매의
　↕ wholesale 도매의; 대량의

fool 바보; 속이다

monitor 관찰하다; 감시하다

share ¹ 공유하다
　　　² 몫; 점유율

선택지 | **credibility** 신뢰성

causal relationship 인과 관계

2 **rating** 평점; 등급

direct ¹ 직접적인(↔ indirect 간접적인)
　　　² ~로 향하다
　　　³ 지시[지휘]하다; (길을) 안내하다

interpersonal 대인 간의, 대인 관계에 관련된

exchange (의견) 교환; 대화; 교환하다

recommendation 추천; 권고

heavily (양·정도가) 심하게, 아주 많이

be likely to-v v하기 쉽다, v할 가능성이 있다

wide-reaching 폭넓은, 광범위한

regularly 정기[규칙]적으로; 자주

dozens of 수십 명[개]의

reach ¹ 도달하다, ~에 이르다[닿다]
　　　² 손을 뻗다[내밀다]
　　　³ 영향을 미치다

waste ¹ 쓰레기(= trash, rubbish)
　　　² 낭비(하다)

aged (나이가) ~세[살]의; 고령의

3 **by nature** 선천적으로; 본래, 원래

anthropologist 인류학자

bring back ~을 돌려주다; ~을 상기시키다

analyze 분석하다
cf. analysis 분석 (연구)

out of place 제자리에 있지 않은(↔ in place 제자리에 있는)

relative 상대적인; 비교적인

emphasize 강조하다(= stress)

in oneself 그 자체로는, 원래

place 장소, 곳; 놓다, 두다

lie(-lay-lain) 누워 있다; 놓여 있다

outdoor 실외의(↔ indoor 실내의)

upstairs 위층(↔ downstairs 아래층)

sort ¹ 종류, 부류; 분류하다; 가려내다, 골라내다
　　　² 해결[정리]하다

systematic 체계적인

classify 분류[구분]하다

eliminate 없애다, 제거하다(= remove, get rid of)

선택지 | **renewable** 재생 가능한

replace 대체[대신]하다; 바꾸다, 교체하다

in order 적법한; 제대로 된; 알맞은

4 **proverb** 속담

belly 배, 복부

rule 규칙, 원칙; 지배하다, 다스리다

clinically 임상적으로(실제 환자를 대상으로 치료나 연구하여)

bombard A with B A에 B를 퍼붓다

feast 연회; 축제, 향연

trigger ¹ (총의) 방아쇠
　　　² (사건을 유발한) 계기, 도화선
　　　³ 유발하다, 촉발시키다

explosive 폭발성의; 폭발적인; 폭발물

hormonal 호르몬의

chain reaction 연쇄 반응

countless 수많은(= numerous)

state ¹ 상태
　　　² 국가; (미국 등에서) 주(州)
　　　³ 말하다, 진술하다

induce 설득[유도]하다; 유발하다

instinctive 본능에 따른, 본능적인

desire 욕구, 바람; 바라다, 원하다

repay (빌린 돈을) 갚다; 보답하다

executive 경영진; 경영 이사

combine A with B A와 B를 결합하다

lobbyist 로비스트 ((입법에 영향을 줄 목적으로 정당이나 의원을 교섭하는 사람))

politician 정치인

reception 접수처, (호텔의) 프런트; 환영 연회

major ¹ 주요한; 대다수의(↔ minor 사소한; 소수의)
　　　² (대학생의) 전공

occasion 때, 경우; 행사

diplomacy 외교
cf. diplomatic 외교의
cf. diplomat 외교관

sociologist 사회학자

confirm 사실임을 확인해 주다; 확정하다

motivator 동기 요인

선택지 | **interfere** 방해하다, 간섭하다

enhance 높이다, 향상시키다

receptiveness 수용성, 선뜻 받아들임; 감수성

Concept의 찬찬 이해

단락 첫 문장이 주제문인 것보다 주제문 앞에 '도입부(Introduction＝서론)'가 있는 구조를 시험에서 더 자주 볼 수 있어요.

1 도입부

주제문을 좀 더 자연스럽게 이해하도록 돕는 역할을 해요. 글의 흐름이 주제문으로 더 매끄럽게 이어집니다.

(1) 주제문의 핵심 어구와 관련된 정보, 정의(definition) 제시
- 도입부: [1] Any goal you set is going to be difficult to achieve, and you will certainly be disappointed at some points along the way.
- 주제문: [2] So, why not set your goals much higher than you consider worthy from the beginning? 고1 모의

(2) 글을 읽고 싶은 마음이 생기도록 흥미 유발
- 도입부: [3] How funny are you?
- 주제문: [4] While some people are natural humorists, being funny is a set of skills that can be learned.

고1 모의

2 도입부와 주제문

도입부의 첫 문장을 주제문으로 착각하지 않도록 해야 합니다. 도입부도 첫 문장에 대한 간단한 예나 상술 등의 세부 설명이 뒤따를 수 있어요. 하지만 다른 나머지 세부 사항들이 설명하거나 뒷받침하는 또 다른 문장이 있다면 그것이 주제문입니다. 즉 그 세부 사항들은 도입부보다 주제문과 의미상 더 긴밀히 연결됩니다.

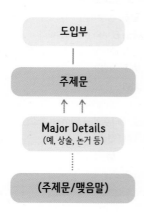

[5] Rumination is defined as excessive, repetitive thinking about the same event. [6] It tends to be sad or dark.

[7] People ruminate for a variety of reasons.

[8] Some common reasons include having a history of emotional or physical trauma and facing ongoing stressors that can't be controlled.

*rumination: 반추 ((어떤 일을 되풀이하여 생각함))

다음 글의 제목으로 가장 적절한 것을 고르세요. 고1 모의

Every event that causes you to smile makes you feel happy and produces feel-good chemicals in your brain.

❶ 도입부
(주제문의 핵심 어구인 smile 관련 정보 제공)

Force your face to smile even when you are stressed or feel unhappy.

❷ 주제문
(글쓴이의 주장: 명령문)

The facial muscular pattern produced by the smile is linked to all the "happy networks" in your brain and will in turn naturally calm you down and change your brain chemistry by releasing the same feel-good chemicals.

❸ Major Detail 1
(논거 1: 주장의 근거)

Researchers studied the effects of a genuine and forced smile on individuals during a stressful event. Participants were made to perform stressful tasks while not smiling, smiling, or holding chopsticks crossways in their mouths (to force the face to form a smile). The results of the study showed that smiling, forced or genuine, during stressful events reduced the intensity of the stress response in the body and lowered heart rate levels after recovering from the stress.

❹ Major Detail 2
(논거 2: 주장을 뒷받침하는 연구 내용과 결과)

① Stress: Necessary Evil for Happiness
② How Body and Brain React to Stress
③ Personal Signs and Patterns of Stress
④ Causes and Effects of Stressful Events
⑤ Do Faked Smiles Also Help Reduce Stress?

대의파악

도입부는 여러 문장으로 구성되어 길이가 다소 길어지기도 합니다. 도입부 첫 문장에 대한 설명(예, 상술 등)이 이어질 수 있기 때문이지요. 이때는 주제문이 글의 중간에 오는 중괄식 단락이 돼요.

1

다음 글을 읽고, 아래 물음에 답하세요. 고1 모의

When we read a number, we are more influenced by the leftmost digit than by the rightmost, since that is the order in which we read, and process, them. The number 799 feels significantly less than 800 because we see the former as 7-something and the latter as 8-something, whereas 798 feels pretty much like 799. Since the nineteenth century, shopkeepers have taken advantage of this trick by choosing prices ending in a 9, to give the impression that a product is cheaper than it is. Surveys show that around a third to two-thirds of all retail prices now end in a 9. Though we are all experienced shoppers, we are still fooled. In 2008, researchers at the University of Southern Brittany monitored a local pizza restaurant that was serving five types of pizza at €8.00 each. When one of the pizzas was reduced in price to €7.99, its share of sales rose from a third of the total to a half.

(1) 윗글의 주제문에 밑줄을 그으세요.

(2) 윗글의 주제로 가장 적절한 것을 고르세요.

① pricing strategy using the way people read numbers
② consumption patterns reflecting local economic trends
③ adding numbers to strengthen the credibility of sellers
④ causal relationship between market sizes and product prices
⑤ sales tricks to fool customers by changing store environments

전체 흐름과 관계 없는 문장을 고르는 문제에서는 주로 '도입부-주제문' 뒤의 세부 사항부터 선택지 번호가 주어져요. 그러므로 번호가 있는 문장들 중에서 주제문을 뒷받침하지 않는 문장을 찾으면 됩니다.

2 다음 글을 읽고, 아래 물음에 답하세요. 고1 모의

In 2006, 81% of surveyed American shoppers said that they considered online customer ratings and reviews important when planning a purchase. Though an online comment — positive or negative — is not as powerful as a direct interpersonal exchange, it can be very important for a business. ① Many people depend on online recommendations. ② And young people rely heavily on them and are very likely to be influenced by the Internet when deciding what movie to see or what album to purchase. ③ These individuals often have wide-reaching social networks and communicate regularly with dozens of others — with the potential to reach thousands. ④ Experts suggest that young people stop wasting their money on unnecessary things and start saving it. ⑤ It has been reported that young people aged six to 24 influence about 50% of all spending in the US.

(1) 윗글의 주제문에 밑줄을 그으세요.

(2) 윗글에서 전체 흐름과 관계 없는 문장을 고르세요.

Learn More! 두 개의 대시(—)

추가로 '삽입된' 정보임을 나타냅니다. 생략하고 읽어도 글을 이해하는 데 큰 지장은 없어요. 대신 괄호를 쓰기도 합니다.

e.g. Instead of music reviews guiding popular opinion toward art (as they did in preinternet times), music reviews began to reflect — **consciously or subconsciously** — public opinion. 수능
(인터넷 이전 시대에 그랬던 것처럼) 음악 비평들이 예술에 대한 여론을 인도하는 것이 아니라, 음악 비평은 **의식적으로든 잠재의식적으로든** 대중의 의견을 반영하기 시작했다.

밑줄 친 어구의 의미를 고르는 문제에서 밑줄 친 어구는 주제문에 있는 경우가 많아요. 대개 세부 사항을 통해 의미를 추론할 수 있습니다. 밑줄 친 어구의 글자 그대로의 의미도 어느 정도 단서가 돼요. 양괄식 단락인 경우 주제문을 재진술한 문장을 통해서도 의미를 파악할 수 있다는 것을 잊지 마세요.

3

밑줄 친 "matter out of place"가 다음 글에서 의미하는 바로 가장 적절한 것을 고르세요. 고1 모의

Nothing is trash by nature. Anthropologist Mary Douglas brings back and analyzes the common saying that dirt is "matter out of place." Dirt is relative, she emphasizes. "Shoes are not dirty in themselves, but it is dirty to place them on the dining-table; food is not dirty in itself, but it is dirty to leave pots and pans in the bedroom, or food all over clothing; similarly, bathroom items in the living room; clothing lying on chairs; outdoor things placed indoors; upstairs things downstairs, and so on." Sorting the dirty from the clean — removing the shoes from the table, putting the dirty clothing in the washing machine — involves systematic ordering and classifying. Eliminating dirt is thus a positive process.

① something that is completely broken
② a tiny dust that nobody notices
③ a dirty but renewable material
④ what can be easily replaced
⑤ a thing that is not in order

빈칸 추론 문제에서 빈칸을 포함한 문장이 글의 중반에 오는 경우, 대체로 빈칸 문장이 주제문, 앞부분이 긴 도입부, 뒷부분이 세부 사항이 됩니다. 직접적인 단서는 글의 앞부분보다 뒤의 세부 사항에 있을 가능성이 큽니다.

4 **다음 빈칸에 들어갈 말로 가장 적절한 것을 고르세요.** 고1 모의

There is a famous Spanish proverb that says, "The belly rules the mind." This is a clinically proven fact. Food is the original mind-controlling drug. Every time we eat, we bombard our brains with a feast of chemicals, triggering an explosive hormonal chain reaction that directly influences the way we think. Countless studies have shown that the positive emotional state induced by a good meal _____. It triggers an instinctive desire to repay the provider. This is why executives regularly combine business meetings with meals, why lobbyists invite politicians to attend receptions, lunches, and dinners, and why major state occasions almost always involve an impressive banquet. Churchill called this "dining diplomacy," and sociologists have confirmed that this principle is a strong motivator across all human cultures. [3점]

*banquet: 연회

① leads us to make a fair judgement
② interferes with cooperation with others
③ does harm to serious diplomatic occasions
④ plays a critical role in improving our health
⑤ enhances our receptiveness to be persuaded

Chapter 11

도입부+
주제문(역접)+
세부 사항

Essential Words & Phrases

Stage 1 Concept의 찬찬 이해

p.98 **suppose** (~일 거라고) 생각하다, 추측하다

regular 정기적인, 규칙적인; 정규의

ultimate 궁극적인; 최고[최악]의

immunity-booster 면역력 촉진제

commons 공유지, 공유 자원

once 한 번; 한때, (과거) 언젠가

watercourse 수로, 운하

boundless 끝이 없는, 무한한(= infinite)

silly 어리석은(= foolish); 우스꽝스러운, 유치한

time and (time) again 몇 번이고, 되풀이해서(= again and again)

community 주민, 지역 사회, 공동체

redefine 재정의하다, 재정립하다

generation ¹ 세대 ((비슷한 연령층)); 대 ((약 30년))
　　　　　　　² 발생, 생성

mention 언급하다, 말하다

algorithm ((컴퓨터)) 알고리즘 ((문제를 해결하기 위한 절차나 방법의 집합))

draw a blank 아무 반응을 얻지 못하다, 실패하다

civilization 문명 (사회); 전 세계 (사람들)

be connected to A A와 연결[연관]되다

p.99 **reach out to A** A에게 연락하다

take notice of ~을 알아차리다

scramble to-v v하려고 서두르다

make repairs 수리하다, 고치다

in ages 오랫동안

rarely 좀처럼 ~ 않는, 드물게(= not very often)

work ¹ 일하다, 근무하다; 노력하다
　　　² (기계 등이) 작동되다
　　　³ 효과가 있다, 작용하다

keep up ~을 지속하다, 계속하다

fix 수리(하다); 해결책

maintenance 정비, 보수 관리

go by (시간이) 지나다, 흐르다

so to speak 말하자면(= as it were)

bother v-ing[to-v] 일부러[애써] v하다

it's been a while since ~한 지 시간이 오래되었다

(it's) just that 단지 ~인 것뿐이다

ideal 이상적인, 가장 알맞은

fall out of touch 연락이 끊기다

consistency 일관성, 한결같음

cf. consistently 일관적으로, 지속적으로

Stage 2 Concept의 꼼꼼 확인

1
praise 칭찬(하다)(= compliment)
intelligence 지능, 지성; 정보, 소식
talent (타고난) 재능, 재주
boost 높이다, 신장시키다; 격려; 증가, 상승
self-esteem 자존감
turn out 모습을 드러내다; ~인 것으로 밝혀지다
backfire 역효과를 내다
colleague 동료
demonstrate 입증하다; (사용법을) 보여주다, 설명하다
effect 결과, 효과
cf. effective 효과적인
a series of 연이은, 일련의(= a chain of)
experimental 실험적인; 실험의
cautious 조심스러운, 신중한
challenge 도전(하다); 과제, 난제
as if 마치 ~인 듯이, ~인 것처럼(= as though)
appraisal (업적에 대한) 평가, 판단
either A or B A나 B나 둘 중 하나
helpless 무력한
what's the point of v-ing v하는 것이 무슨 소용인가
improve 향상하다, 개선되다
indicate 나타내다, 보여주다; 시사하다
lack 부족(하다), 결핍(= shortage)

2
gadget (작은) 기기, 장치
random 무작위의; 닥치는 대로[마구잡이로] 하는
junk 잡동사니; 쓸모없는 물건, 쓰레기
in oneself 원래, 본질적으로, 그 자체로는
would rather ~하고 싶다
pleasure 즐거움, 기쁨
A rather than B B라기보다는 A
satisfaction 만족감
similar 유사한, 비슷한
rush ¹ 서두르다; 재촉하다; 돌진하다
         ² 혼잡, 분주함
         ³ (감정의) 북받침, 기쁨, 황홀감
temporary 일시적인(↔ permanent 영구적인)
craft (수)공예; 기술
end up v-ing 결국 v하게 되다
spend A (in) v-ing v하는 데 A(시간·돈 등)를 쓰다
at least 적어도
collection 수집(품); 더미, 무리
decrease 하락(하다), 감소(하다)(↔ increase 증가(하다))
선택지 | **misconception** (잘못된 정보로 인한) 오해

3
suspicious 의혹을 갖는; 의심스러운, 수상쩍은
rapid 빠른, 급한
go into (시간, 노력 등이) 투입되다; ~하기 시작하다
haste 서두름
leap (껑충) 뛰다; 급증하다
judge ¹ 판사; 심판
         ² 판단하다, 여기다
cf. judg(e)ment 판단
better off 더 나은; (경제적으로) 부유한
gather 모으다, 모이다
as ~ as possible 가능한 한 ~한[하게]
consideration 숙고; 배려
time-driven 시간에 쫓기는
critical ¹ 비판적인, 비난하는
           ² 중대한(= crucial, vital)
           ³ 위급한, 위기의
snap 성급한, 갑작스러운
means 수단, 방법; 돈, 재산
make sense of ~을 파악[이해]하다
survivor 생존자
somehow 어떻게든지 해서, 어쨌든
sharpen 날카롭게 하다; (기량을) 갈고 닦다, 연마하다
선택지 | **steady** 꾸준한, 변함없는; 안정된; 견실한, 착실한

4
alertness 각성(도); 조심성 있음
cf. alert 방심하지 않는, 경계하는
mental 정신의; 정신적인(= psychological)
pain reliever 진통제
treat ¹ 대하다, 취급하다, 대우하다; 대접, 한턱
         ² 치료하다, 처치하다
         ³ 처리하다
positive 긍정적인; (검사 결과가) 양성의; 양[플러스]의
correlation 상관관계
intake 섭취, 흡입
throughout ((장소)) 도처에, 두루; ((시간)) 내내, ~동안 죽
establish 설립하다; (사실을) 밝히다, 규명하다
amount ¹ 총액
          ² 양(= quantity)
typically 보통, 일반적으로
lead to A A로 이어지다, A를 유발하다
reaction 반응
additionally 게다가(= in addition, furthermore, moreover)
score 점수(를 받다)
adequate 적절한, 충분한(↔ inadequate 불충분한)
make up for ~을 보충하다(= compensate for)

Concept의 찬찬 이해

앞선 챕터와 유사한 구조인데, 도입부 내용과 주제문이 서로 '역접' 관계인 것이에요. 시험에 아주 많이 등장해요.

도입부

주제문의 핵심 어구와 관련된 정보이지만 전체 내용은 주제문과 대조되거나 상반됩니다.

(1) 사람들의 근거 없는 믿음(Myth)이나 잘못된 경향
- 도입부: ¹ Many people suppose that to keep bees, it is necessary to have a large garden in the country;
- 주제문: ² but this is a mistake. 고1 모의

(2) 일반적 경향, 사실
- 도입부: ³ If you want to protect yourself from colds and flu, regular exercise may be the ultimate immunity-booster.
- 주제문: ⁴ But when you feel sick, the story changes. 고1 모의

(3) 과거의 일
- 도입부: ⁵ Water is the ultimate commons. [과거] ⁶ Once, watercourses seemed boundless and the idea of protecting water was considered silly.
- 주제문: ⁷ But rules change. [현재] ⁸ Time and again, communities have studied water systems and redefined wise use. 고1 모의

2 글의 구조

주제문은 But이나 However가 이끄는 것이 가장 많아요. 하지만 앞에서 학습했듯이 역접 연결어(⊙ p. 30)는 생략될 수도 있습니다. 연결어 없이 앞선 내용과 대조, 상반되는 주제문이 등장할 가능성을 염두에 두어야 합니다.

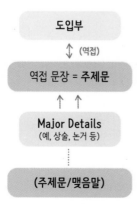

도입부
↕ (역접)
역접 문장 = 주제문
↑ ↑
Major Details
(예, 상술, 논거 등)
(주제문/맺음말)

⁹ Only a generation or two ago, mentioning the word *algorithms* would have drawn a blank from most people.

¹⁰ Today, algorithms appear in every part of civilization. ¹¹ They are connected to everyday life.

¹² They're not just in your cell phone or your laptop but in your car, (이하 생략).

¹³ If every algorithm suddenly stopped working, it would be the end of the world as we know it. 고1 모의

생생 기출 맛보기

다음 글에서 필자가 주장하는 바로 가장 적절한 것을 고르세요. 고1 모의

We tend to go long periods of time without reaching out to the people we know. Then, we suddenly take notice of the distance that has formed and we scramble to make repairs. We call people we haven't spoken to in ages, hoping that one small effort will erase the months and years of distance we've created.

❶ 도입부
(일반적 경향, 사실)

However, this rarely works: relationships aren't kept up with big one-time fixes.

❷ 역접 문장
= 주제문 1

They're kept up with regular maintenance, like a car. In our relationships, we have to make sure that not too much time goes by between oil changes, so to speak.

❸ Major Detail

This isn't to say that you shouldn't bother calling someone just because it's been a while since you've spoken; just that it's more ideal not to let yourself fall out of touch in the first place. Consistency always brings better results.

❹ 주제문 2

① 가까운 사이일수록 적당한 거리를 유지해야 한다.
② 사교성을 기르려면 개방적인 태도를 가져야 한다.
③ 대화를 할 때 상대방의 의견을 먼저 경청해야 한다.
④ 인간관계를 지속하려면 일관된 노력을 기울여야 한다.
⑤ 원활한 의사소통을 위해 솔직하게 감정을 표현해야 한다.

Concept의 꼼꼼 확인

대의 파악 I

<도입부-주제문(역접)-세부 사항> 구조는 대의 파악 문제로 많이 출제돼요. 주제문은 역접 연결어(◎ p. 30)로 쉽게 찾을 수 있는데, 뒤에 나오는 세부 사항이 주제문을 뒷받침하는지를 반드시 확인해야 합니다.

1 **다음 글을 읽고, 아래 물음에 답하세요.** 고1 모의

It might seem that praising your child's intelligence or talent would boost his self-esteem and motivate him. But it turns out that this sort of praise backfires. Carol Dweck and her colleagues have demonstrated the effect in a series of experimental studies: "When we praise kids for their ability, kids become more cautious. They avoid challenges." It's as if they are afraid to do anything that might make them fail and lose your high appraisal. Kids might also get the message that intelligence or talent is something that people either have or don't have. This leaves kids feeling helpless when they make mistakes. What's the point of trying to improve if your mistakes indicate that you lack intelligence?

(1) 윗글의 주제문에 밑줄을 그으세요.

(2) 윗글의 요지로 가장 적절한 것을 고르세요.

　　① 놀이 시간의 부족은 아이의 인지 발달을 지연시킨다.

　　② 구체적인 칭찬은 아이의 자존감 발달에 도움이 된다.

　　③ 아이의 능력에 맞는 도전 과제를 제시할 필요가 있다.

　　④ 자신의 잘못을 인정하는 태도는 꾸준한 대화를 통해 길러진다.

　　⑤ 아이의 지능과 재능에 대한 칭찬은 아이에게 부정적 영향을 끼친다.

Learn More! **근거 없는 믿음(Myth)을 이끄는 어구**

도입부가 사람들의 근거 없는 믿음(Myth)일 때는 주로 다음과 같은 어구로 시작합니다. 뒤에 역접 연결어가 이끄는 주제문이 나올 것으로 예측하고 읽어 내려가는 것이 좋아요.

· Most of us[Many people] believe[think, suppose] ~ 우리들 대부분은[대부분의 사람은] ~라고 믿는다[생각한다, 가정한다]

· Some people believe ~ 몇몇 사람들은 ~라고 믿는다

· While we generally ~ 우리가 일반적으로 ~인 반면에

· You might think ~ 당신은 ~라고 생각할지도 모른다

· It might seem ~ ~처럼 보일지도 모른다

· It is common to assume ~ ~라고 가정하는 것은 일반적이다

역접 연결어는 생략될 수도 있다는 점(➡ p. 31)을 기억해야 합니다. 역접 연결어도 없이 글의 흐름이 갑자기 뒤바뀌지만, 이어지는 세부 사항이 역접 내용의 주제문을 뒷받침하기 때문에 전체 흐름이 그리 어색하지 않아요.

2

다음 글을 읽고, 아래 물음에 답하세요. 고1 모의

Shopping for new gadgets, clothes, or just random junk can turn into a hobby in itself. If you'd rather save your money, try finding pleasure in creating things rather than buying things. We get the same kind of satisfaction from making things that we do from buying things. If you draw something you're proud of or write something you enjoy, you've now got a new thing in your life that makes you happy. Buying a new gadget might give you a similar rush, but it's also probably more temporary. Of course, our recommendation can cost money, too. However, when you can't spend money, you can always learn more about your craft online or practice with what you already have. Even if you end up spending money making things yourself, you're at least building a skill rather than a collection of stuff that's quickly decreasing in value.

(1) 윗글의 주제문에 밑줄을 그으세요.

(2) 윗글의 주제로 가장 적절한 것을 고르세요.

① misconceptions about gadget collecting as a hobby
② why creating things is better than shopping
③ negative effects of expensive hobbies
④ ways to purchase clothing wisely
⑤ shopping for clothes as a hobby

Learn More! **주제문과 정답 선택지**

주제 등의 대의 파악 문제에서 정답 선택지는 종종 주제문과 완전히 다른 말로 축약되어 제시되므로 주의해야 해요. 문제를 풀면서 주제문과 정답 선택지를 좀 더 주의 깊게 비교·대조해보는 습관을 들이는 것이 중요합니다.

e.g. 주제문   We are fascinated when our assumptions are turned inside out and around.
               우리는 우리의 가정이 뒤집힐 때 매료된다.

↓

정답 선택지   inner pleasure driven by viewing the world from different angles 고1 모의
(주제)   세상을 여러 각도로 보는 것에서 나오는 내면의 즐거움

역접 연결어가 이끄는 빈칸 문장이 글의 중반에 있을 때, 앞은 도입부일 가능성이 큽니다. 이때 빈칸 어구는 도입부 내용을 참고하여 이를 역접으로 바꾼 선택지를 찾아서 해결할 수도 있어요. 세부 사항으로 판단이 안 될 때는 도입부를 활용하는 것도 좋은 방법입니다.

3 **다음 빈칸에 들어갈 말로 가장 적절한 것을 고르세요.** 고1 모의

Most of us are suspicious of rapid cognition. We believe that the quality of the decision is directly related to the time and effort that went into making it. That's what we tell our children: "Haste makes waste." "Look before you leap." "Stop and think." "Don't judge a book by its cover." We believe that we are always better off gathering as much information as possible and spending as much time as possible in careful consideration. But there are moments, particularly in time-driven, critical situations, when _____, when our snap judgments and first impressions can offer better means of making sense of the world. Survivors have somehow learned this lesson and have developed and sharpened their skill of rapid cognition. [3점]

*cognition: 인식

① haste does not make waste
② it is never too late to learn
③ many hands make light work
④ slow and steady wins the race
⑤ you don't judge by appearances

Learn More! **콜론(:)의 이해**

콜론 뒤에는 나열이나 인용문이 오기도 합니다.

e.g. • I knew I ate the wrong foods: sweets for breakfast, soda and chips for lunch and second helpings at dinner. 고1 모의
나는 잘못된 음식을 먹었다는 것을 알았는데, 아침으로 단 것, 점심으로 탄산음료와 과자, 저녁에 두 그릇을 먹었다.

• We say to ourselves: "There is plenty of time. I'll manage somehow or other when the time comes for action." 고3 모의
우리는 스스로에게 이렇게 말한다. "시간은 충분해. 나는 행동을 취할 때가 오면 어떻게 해서든 해낼 거야."

주어진 문장에 역접 연결어가 있는 경우가 많아요. 그때는 <도입부-주제문(역접)-세부 사항>의 구조를 제일 먼저 고려해야 합니다. 이 구조에서, 주제문을 뒷받침하는 세부 사항(Major Details)도 도입부와 자연히 역접 관계가 되므로 도입부 내용과 이어지지 않는 Major Detail이 시작되는 부분을 찾으면 됩니다. 그 부분에 주어진 문장을 넣어 전체 맥락이 매끄러워 지는지 확인하세요.

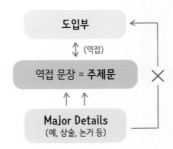

4 **글의 흐름으로 보아, 주어진 문장이 들어가기에 가장 적절한 곳을 고르세요.** 고1 모의

> However, using caffeine to improve alertness and mental performance doesn't replace getting a good night's sleep.

Studies have consistently shown caffeine to be effective when it is used together with a pain reliever to treat headaches. (①) The positive correlation between caffeine intake and staying alert throughout the day has also been well established. (②) As little as 60 mg (the amount typically in one cup of tea) can lead to a faster reaction time. (③) One study from 2018 showed that coffee improved reaction times in those with or without poor sleep, but caffeine seemed to increase errors in the group with little sleep. (④) Additionally, this study showed that even with caffeine, the group with little sleep did not score as well as the one with adequate sleep. (⑤) It suggests that caffeine does not fully make up for inadequate sleep.

Chapter 12

도입부+
세부 사항+
주제문

Essential Words & Phrases

Stage 1 Concept의 찬찬 이해

p.106
social gathering 친목 모임
overhear 우연히 듣다, 엿듣다
inclination 의향, 성향; 경사(도)
survival 생존; 생존을 위한
identify (신원 등을) 확인하다, 알아보다
related to A A와 관련 있는
fail to-v v하지 못하다

p.107
worthless 가치 없는(= valueless)
valuable 귀중한(= precious)
⚠ invaluable 매우 귀중한(= priceless)
customer 고객
⚠ clerk 직원
end up v-ing 결국 v하게 되다
bury 묻다, 매장하다
ensure 확실하게 하다, 보장[보증]하다
accessible 접근[이용] 가능한(↔ inaccessible 접근할 수 없는)
appropriate 적절한(↔ inappropriate 부적절한)
usage (단어의) 용법, 어법; 사용
check-in (공항의) 탑승 수속(대), (호텔의) 숙박 수속
⚠ checkout (슈퍼마켓의) 계산대; (호텔의) 체크아웃
frequently 자주, 흔히
indication 표시, 암시, 징조
recognize A as B A를 B로 인지하다[인식하다]
store ¹ 가게, 상점
　　　　² 저장[보관]하다
prime 가장 중요한; 전성기
utilize 활용[이용]하다(= make use of)
focus on ~에 초점을 맞추다
loyalty 충성(도)
⚠ royalty ¹ 왕족(들)
　　　　² (책의) 인세; 저작권 사용료
goal 목표(= aim)
delightful 즐거운
encourage 격려하다; 장려하다

Stage 2 Concept의 꼼꼼 확인

1
electronic 전자의
equipment 기기, 장비, 설비
estimate 추산[추정]하다; 추정(치), 견적(서)
spend 소비하다, 쓰다
cf. spending 지출
average 평균(의), 보통(의)
billion 10억
approximately 약, 대략
goods 물건, 상품
household 가구, 세대
gather 모으다[모이다], 수집하다
dust (흙)먼지, 티끌; 가루; 먼지를 털다
in the sense of ~라는 의미에서
pure 순수한; 완전한, 순전한
rubbish 쓰레기(= trash), 쓸모없는 물건
author 작가, 저자
observe ¹ 관찰하다
² (법 등을) 준수하다
³ (의견을) 말하다
difference (수·양의) 차; 다름, 차이(점)
stuff ¹ 물건
² (빽빽이) 채워 넣다[채우다]
선택지 | **enable** 가능하게 하다
management 관리, 경영; 처리; 경영진
loneliness 외로움, 고독, 쓸쓸함

2
planet 행성
humanity 인류; 인간성
burning 연소; 불타는
coal 석탄
run out of ~을 고갈시키다, 다 써 버리다(= use up)
source 원천, 근원; (자료의) 출처
finite 한정적인, 유한한(↔ infinite 무한정의)
indeed 사실, 참으로, 실제로; 정말, 대단히
solar 태양의, 태양열을 이용한
preserve 보존[보호]하다(= protect)
cf. preservation 보존, 보호
underground 지하에(↔ overground 지상으로)
fossil fuel 화석 연료
meaningful 의미 있는(↔ meaningless 의미 없는)
efficiently 효율적으로
abundant 풍부한(↔ scarce 부족한)
strike 치다, 때리다; ~에 미치다, 비추다

3
Dutch 네덜란드의, 네덜란드인의
passenger 승객, 동승자
hold on (~을) 계속 잡고 있다
steer 조종하다, 몰다
lean (몸을) 기울이다; ~에 기대다
straight 똑바로, 꼿꼿이; 곧장, 곧바로
literally 문자[말] 그대로; ((강조)) 그야말로, 정말로
a pain in the behind 골칫거리, 성가신 사람
require 필요[요구]하다
lack 부족, 결핍
coordination 협동, 합동, 조화
disastrous 피해가 막심한, 재앙의(= catastrophic)
cf. disaster 재난, 참사; 재앙
선택지 | **mirror** 거울; (거울처럼) 반영하다, 따라 하다
relieve (고통 등을) 없애 주다, 덜어주다
anxiety 불안(감), 염려, 걱정(거리)
monitor 화면, 모니터; (추적) 관찰하다, 주시하다

4
mind ¹ 생각; 마음, 정신
² 주의하다, 조심하다
³ 언짢아하다, 싫어하다
essentially 본질적으로(= basically, fundamentally)
attack 폭행(하다); 공격(하다)(↔ defense 방어, 수비)
analyze 분석하다
cf. analysis 분석 (연구)
be good at ~을 잘하다, ~에 능숙하다
creative 창조적인, 창의적인
place ¹ 장소, 곳; 지점, 자리
² 두다, 놓다
inner 내면의, 내부의(↔ outer 외부의)
stillness 고요, 정적
breakthrough 돌파구, 타개책
nationwide 전국적인, 전국적으로
inquiry 조사, 연구; 질문
mathematician 수학자
method 방법, 방식
brief ¹ (시간이) 짧은(= short); 간단한
² ~에게 보고하다, 알려주다
decisive 결정적인; 결단력 있는(↔ indecisive 우유부단한)
phase (변화 과정상의 한) 단계, 시기; 양상
majority (집단 내의) 가장 많은 수[다수](↔ minority 소수)
not A but B A가 아니라 B
선택지 | **organize** 준비[조직]하다; 정리하다, 체계화하다
interact 상호 작용하다

Stage 1

Concept의 찬찬 이해

정답 및 해설 p. 54

주요 세부 사항이 먼저 나오고 주제문이 단락 끝부분에 나와서 글이 마무리되는 미괄식 구조입니다. 단락 앞에는 주제문의 핵심 어구와 관련된 도입부가 있을 수도 있습니다.

1 글의 구조

대부분 상세한 사례나 글쓴이의 경험, 가상 상황 등 주로 예에 해당하는 주요 세부 사항으로 시작하여 단락의 상당 부분이 전개됩니다. 그러고 나서 글의 끝부분에 주제문이 있어요.

[1] If you were at a social gathering in a large building and you overheard someone say that "the roof is on fire," what would be your reaction? [2] Until you knew more information, your first inclination might be toward safety and survival. (중간 생략)

[3] It is so important for us to identify context related to information because if we fail to do so, we may judge and react too quickly. 고1 모의

2 영어와 국어의 단락 구조

영어는 '주제문 → 세부 사항'의 형식(연역적 구성, 두괄식)으로 내용이 전개되는 것이 일반적이에요. 그래서 영어 시험에서도 미괄식 구조는 보기 드물기 때문에 막상 출제되면 당황할 수 있어요. 주제문이 처음에 보이지 않기 때문이지요. 하지만, 사실 우리에게 미괄식 구조는 꽤나 친숙한 것이에요. 국어에서는 '서론-본론-결론(주제문)'의 형식(귀납적 구성, 미괄식)이 기본이기 때문이에요.

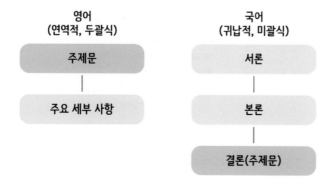

그러므로 단락의 중반 이후까지 세부 사항으로만 글이 전개되면, 마치 국어 문단을 읽을 때처럼 이해하면 됩니다. 즉 이런 세세한 내용을 통해 글쓴이가 말하려는 바가 무엇일까를 생각하면서 읽어 내려가다가 글의 끝부분에 있는 주제문을 통해 확인하는 것입니다.

✔ 생생 기출 맛보기

다음 글의 요지로 가장 적절한 것을 고르세요. 고1 모의

Information is worthless if you never actually use it. — ❶ 도입부

Far too often, companies collect valuable customer information that ends up buried and never used. They must ensure their data is accessible for use at the appropriate times. — ❷ Major Detail 1 예 1: 기업

For a hotel, one appropriate time for data usage is check-in at the front desk. I often check in at a hotel I've visited frequently, only for the people at the front desk to give no indication that they recognize me as a customer. The hotel must have stored a record of my visits, but they don't make that information accessible to the front desk clerks. They are missing a prime opportunity to utilize data to create a better experience focused on customer loyalty. — ❸ Major Detail 2 예 2: 호텔

Whether they have ten customers, ten thousand, or even ten million, the goal is the same: create a delightful customer experience that encourages loyalty. — ❹ 주제문

① 기업 정보의 투명한 공개는 고객 만족도를 향상시킨다.
② 목표 고객층에 대한 분석은 기업의 이익 창출로 이어진다.
③ 고객 충성도를 높이기 위해 고객 정보가 활용될 필요가 있다.
④ 일관성 있는 호텔 서비스 제공을 통해 단골 고객을 확보할 수 있다.
⑤ 사생활 침해에 대한 우려로 고객 정보를 보관하는 데 어려움이 있다.

Concept의 꼼꼼 확인

정답 및 해설 p. 55

대의파악 <도입부-세부 사항-주제문> 구조는 도입부와 세부 사항으로 글이 중반 이후까지 전개되다가 글의 후반에 주제문이 나옵니다. 주제문 뒤에는 맺음말이 나올 수도 있으므로 마지막 문장이 꼭 주제문은 아님에 주의하세요.

1 **다음 글을 읽고, 아래 물음에 답하세요.** 고1 모의

Think, for a moment, about something you bought that you never ended up using. An item of clothing you never ended up wearing? A book you never read? Some piece of electronic equipment that never even made it out of the box? It is estimated that Australians alone spend on average $10.8 billion AUD (approximately $9.99 billion USD) every year on goods they do not use — more than the total government spending on universities and roads. That is an average of $1,250 AUD (approximately $1,156 USD) for each household. All the things we buy that then just sit there gathering dust are waste — a waste of money, a waste of time, and waste in the sense of pure rubbish. As the author Clive Hamilton observes, 'The difference between the stuff we buy and what we use is waste.'

(1) 윗글의 주제문에 밑줄을 그으세요.

(2) 윗글의 제목으로 가장 적절한 것을 고르세요.

① Spending Enables the Economy
② Money Management: Dos and Don'ts
③ Too Much Shopping: A Sign of Loneliness
④ 3R's of Waste: Reduce, Reuse, and Recycle
⑤ What You Buy Is Waste Unless You Use It

Learn More! **주제문 뒤의 맺음말**

양괄식이나 미괄식 구조의 경우, 글의 끝부분이 주제문과 맺음말로 이루어지기도 해요. 도입부가 글의 시작을 매끄럽게 해주듯이 맺음말은 글을 좀 더 완결성 있게 마무리 짓는 느낌을 줍니다. 맺음말로는 주제문에 대한 간단한 보충 설명이나 관련 있는 인용문 등이 자주 등장합니다.

e.g. Just like the expert engineer tapping the boiler, [주제문] effective change does not have to be time-consuming. [맺음말] In fact, it is often simply a question of knowing exactly where to tap. 고1 모의
전문 기사가 보일러를 두드리는 것과 꼭 마찬가지로, [주제문] 효과적인 변화는 많은 시간이 걸릴 필요는 없다. [맺음말] 사실, 대체로 그것은 단지 정확히 어디를 두드려야 할지를 아는 것의 문제이다.

전체 흐름과 관계 없는 문장을 찾는 문제에서 미괄식 구조는 주로 다음과 같은 형태로 출제돼요.

[도입문장] (번호 없음) ~~~~~~~~~~

[세부 사항] ① ~~~~~~~~~~~~~~~~ ② ~~~~~~~~~~~~~~~~

　　　　　　 ③ ~~~~~~~~~~~~~~~~ ④ ~~~~~~~~~~~~~~~~

[주제문] ⑤ ~~~~~~~~~~~~~~~~

당연히 주제문은 정답이 될 수 없기 때문에 무관한 문장은 세부 사항들 중에서 찾아야 합니다.

2

다음 글에서 전체 흐름과 관계 <u>없는</u> 문장을 고르세요. 고1 모의

In a single week, the sun delivers more energy to our planet than humanity has used through the burning of coal, oil, and natural gas through *all of human history*. And the sun will keep shining on our planet for billions of years. ① Our challenge isn't that we're running out of energy. ② It's that we have been focused on the wrong source — the small, finite one that we're using up. ③ Indeed, all the coal, natural gas, and oil we use today is just solar energy from millions of years ago, a very tiny part of which was preserved deep underground. ④ Our efforts to develop technologies that use fossil fuels have shown meaningful results. ⑤ Our challenge, and our opportunity, is to learn to efficiently and cheaply use the *much more abundant* source that is the new energy striking our planet each day from the sun.

Learn More! **말바꿈 어구의 이해**

영어는 단락에서 한번 나온 어구를 반복해서 사용하지 않고 가급적 다른 말로 바꿔 표현합니다. 그래서 대명사가 많이 발달한 언어이기도 해요. 다른 어구로 표현되었지만 결국 같은 의미임을 이해해야 글의 흐름을 잘 이해할 수 있어요.

위의 단락에서도 아래 어구는 모두 같은 의미로 쓰인 것입니다.

· the wrong source = the small, finite one

　　　　　　　　　 = the coal, natural gas, and oil

　　　　　　　　　 = fossil fuels

빈칸이 마지막 문장에 있고, 빈칸 문장과 선택지가 비교적 일반적, 추상적 어구로 구성되어 있다면 그 문장이 주제문일 가능성이 커요. 이 경우, 우선 빈칸 문장을 읽고 무엇을 추론해야 할지 파악한 후에 글을 처음부터 읽어 내려가면서 세부 사항을 통해 빈칸에 가장 적절한 것을 선택하면 됩니다.

3

다음 빈칸에 들어갈 말로 가장 적절한 것을 고르세요. 고1 모의

In Dutch bicycle culture, it is common to have a passenger on the backseat. So as to follow the rider's movements, the person on the backseat needs to hold on tightly. Bicycles turn not just by steering but also by leaning, so the passenger needs to lean the same way as the rider. A passenger who would keep sitting up straight would literally be a pain in the behind. On motorcycles, this is even more critical. Their higher speed requires more leaning on turns, and lack of coordination can be disastrous. The passenger is a true partner in the ride, expected to _____. [3점]

① warn other people of danger
② stop the rider from speeding
③ mirror the rider's every move
④ relieve the rider's emotional anxiety
⑤ monitor the road conditions carefully

4

The mind is essentially a survival machine. Attack and defense against other minds, gathering, storing, and analyzing information — this is what it is good at, but it is not at all creative. All true artists create from a place of no-mind, from inner stillness. Even great scientists have reported that their creative breakthroughs came at a time of mental quietude. The surprising result of a nationwide inquiry among America's most famous mathematicians, including Einstein, to find out their working methods, was that thinking "plays only a subordinate part in the brief, decisive phase of the creative act itself." So I would say that the simple reason why the majority of scientists are not creative is not because they don't know how to think, but because they don't know how to _____!

*quietude: 정적 **subordinate: 부수적인

① organize their ideas
② interact socially
③ stop thinking
④ gather information
⑤ use their imagination

PART

III

답이 보이는 글 읽기
: 특징적 논리 구조

PART II에서는 주제문의 위치와 함께
빈출되는 세부 사항들에 대해 상세히 알아보았어요.
PART III에서는 좀 더 특징적인 단락 구조에 대해 살펴보도록 하겠습니다.

PART II의 기본 구조들 못지않게 자주 등장하는데,
기본 구조와 구별되는 독특한 특성이 있는 것들이에요.

이런 특성들을 잘 알아두면 답을 좀 더 빨리,
그리고 정확하게 찾을 수 있답니다.
자주 쓰이는 연결어와 표현도 함께 잘 알아두세요.

Chapter 13

대조 구조

Stage 1 · Concept의 찬찬 이해

p.116 **goal-oriented** 목표 지향적인
   cf. -oriented 지향적인; 위주의
   mindset 사고방식; 태도
   goal-less 목표가 없는
   monocultural 단일 문화의(↔ multicultural 다문화의)
   cf. mono- 하나의, 단일의(↔ multi- 다수의, 복수의)
   accounting 회계 (업무)
   financing 재정, 재무
   achieve 달성[성취]하다; 얻다, 획득하다
   director (회사의) 임원; 지도자, 관리자; (영화의) 감독
   audience 청중, 관객, 독자

p.117 **journalist** 기자(= reporter)
   report [1] 알리다, 보고하다; 보고(서)
      [2] (기자가) 보도(하다)
   prior to A A 이전에
   submit [1] (서류 등을) 제출하다(= hand in)
      [2] 항복[굴복]하다(= surrender, yield)
   broadcast 방송(하다)
   post [1] 우편(물); (우편물을) 발송하다
      [2] 직책, (일)자리(= position)
      [3] 게시[공고]하다; (웹사이트에) 올리다
   shoot(-shot-shot) [1] (총 등을) 쏘다, 발사하다
      [2] 촬영하다, 찍다
   record [1] 기록(하다)
      [2] 녹음하다
   type [1] 종류, 유형
      [2] 타자 치다, 입력하다; ((인쇄)) 활자
   directly 곧장, 똑바로; 직접적으로
   instantly 즉시, 즉각(= instantaneously)
   location 장소, 위치
   available 이용 가능한
   entire 전체의, 온(= whole)
   cycle [1] 자전거(를 타다)
      [2] 순환, 반복, 주기
   emerge 나타나다, 드러나다
   constant 끊임없이 계속되는 (것)
   선택지 | **mobility** 기동성, 이동성
   sensitivity 민감성; 세심함
   cf. sensitive 세심한; 예민한(↔ insensitive 둔감한)
   accuracy 정확성(↔ inaccuracy 부정확성)

Stage 2 Concept의 꼼꼼 확인

1

be involved in ¹ ~에 연루되다, ~와 관련되다
² ~에 참여하다

back and forth 왔다 갔다 하는, 앞뒤로 움직이는

exchange (의견) 교환(하다)

draw on ~에 의존하다, ~을 이용하다

personal 개인적인; 사적인

pace (걸음) 속도; 서성거리다

process 과정, 절차; 처리[가공]하다

invention 발명(품); (예술적) 창작; 꾸며 낸 이야기

recall ¹ 기억해 내다, 상기하다(= recollect); 상기시키다
² (하자가 있는 제품을) 회수하다

store 가게; 저장[보관]하다

notice ¹ 알아채다, 의식하다; 주목(하다)
² 알림, 통지, 공고문

make up ¹ ~을 이루다[형성하다]
² (이야기 등을) 꾸며 내다, 지어내다(= invent)
³ ~에 대해 보상하다

disbelieve 믿지 않다, 의심하다(↔ believe 믿다)

pause 잠시 멈추다; 멈춤

선택지 | **delay** 지연(시키다), 미루다(= postpone, put off)

white lie 선의의 거짓말(↔ black lie 악의적인 거짓말)

2

appropriate 적절한(↔ inappropriate 부적절한)

vary ¹ (모양·성질을) 바꾸다, 변경하다
² (서로) 다르다, 가지각색이다

except to A A를 제외하고(= apart from A)

in general 일반적으로, 대체로

reach out to A ¹ A에게 연락하다
² A에게 관심을 내보이다

willingness 기꺼이 하려는 마음

care ¹ 돌봄, 보살핌; 돌보다, 보살피다
² 걱정(하다), 염려(하다); 조심, 주의
³ 배려(하다)

view A as B A를 B로 여기다(= regard[think of,
look upon] A as B, consider A B)

harmony 조화, 화합, 일치

essential 필수적인, 아주 중요한(= vital)
(↔ inessential 불필요한)

prevent A from v-ing A가 v하지 못하게 하다

unfavorable 호의적이 아닌; 불리한(↔ favorable 호의적인;
유리한)

표 | **vulnerable** 연약한, 취약한(↔ invulnerable 해칠 수 없는,
안전한)

reluctant 꺼리는, 마지못한, 주저하는(= unwilling)

hasty 서두르는; 급한, 신속한; 경솔한

3

by contrast 이와 대조적으로

classical 고전적인; 전통적인

fairy tale 동화

conflict 갈등, 충돌; 상충하다

permanently 영구적으로(↔ temporarily 일시적으로)

resolve ¹ 해결하다
² 결심[다짐]하다(= determine)

exception 예외, 제외

hero ¹ 영웅
² 남자 주인공(↔ heroine 여자 주인공)

be true of ~에 해당하다

on the edge of one's seat[chair] (이야기 따위에) 완전히
매료되어

throughout 내내, 죽

play 놀이; 희곡, 연극

disappear 사라지다, 없어지다

tool 도구, 연장; (목적을 위한) 수단[도구]

food for thought 사고[생각]할 거리

표 | **fate** 운명, 숙명(= destiny)

confusing 혼란스러운

cf. confuse 혼동하다, 혼란시키다

tragic 비극적인

cf. tragedy 비극(적 사건)

4

athlete (운동) 선수

poor ¹ 가난한(↔ rich 부유한)
² 불쌍한
³ 실력 없는, 형편없는

recreate 재현하다

point out 가리키다; 지적[언급]하다

improve 향상시키다, 개선하다

sure enough ((구어)) 아니나 다를까, 과연

score 득점(하다); 점수; 악보

선택지 | **ineffective** 효과 없는; 유능하지 않은
(↔ effective 효과적인; 유능한)

complete ¹ 완전한
² 완료된; 완료하다, 끝마치다

picture ¹ 그림, 사진
² 마음속에 그리다, 상상하다; 묘사(하다)

ignore 무시하다, (사람을) 못 본 척하다(= disregard)

strength ¹ 힘, 기운; 세력, 영향력
² 강점, 장점(↔ weakness 약점)

Concept의 찬찬 이해

A와 B를 비교하여 그 두 가지 대상의 차이점을 설명하는 구조입니다.

1 대조 대상 A와 B

A와 B는 아래 두 가지로 나눌 수 있어요.

1. A와 B가 각기 다른 대상	2. 하나의 대상이 각기 다른 A와 B 상황에 있는 것
A: ¹ a goal-oriented mindset B: ² a goal-less thinking 고1 모의	³ the golden rule 고1 모의 ⟨ in a monocultural setting (A 상황) in a multicultural setting (B 상황)

2 주제문

단순히 A, B는 다르다는 것을 말하고자 하는 것일 수도 있고, A, B 중에서 어느 하나를 더 긍정적으로 말하고자 하는 것일 수도 있어요. 보통 뒤에 언급하는 B를 긍정적으로 서술하는 것이 많습니다.

주제문 1. A와 B는 다르다.	주제문 2. B는 ~하다.
주제문은 주로 글의 앞부분에 있어요. 주제문을 통해 단락이 대조 구조라는 것과 A, B가 무엇인지를 알 수 있습니다. *e.g.* ⁴ Everyone needs to understand the basic difference between accounting and financing.	주제문은 주로 B 설명을 시작하는 위치에 있어요. 이때 A 설명은 단락의 도입부라 할 수 있습니다.

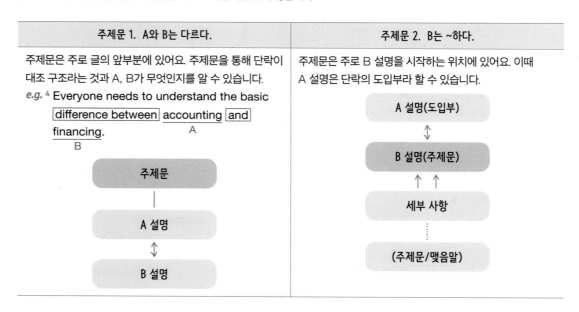

B 설명을 시작하는 문장에는 역접 연결어구(→ p. 30)가 포함됩니다. 또는 이를 생략하고 비교급으로 차이를 나타내기도 해요.

e.g. [A 설명] ⁵ Achieving focus in a movie is easy. ⁶ Directors can simply point the camera at whatever they want the audience to look at. (중간 생략)

　　 [B 설명] ⁷ On stage, focus is **much more difficult** because the audience is free to look wherever they like. 고1 모의 (A: achieving focus in a movie ↔ B: achieving focus on stage)

대조 단락의 가장 중요한 핵심은 A와 B, 그리고 그 둘의 차이점(C)이에요. 빈칸 문제에서 빈칸은 주로 C에 있어요.

다음 빈칸에 들어갈 말로 가장 적절한 것을 고르세요. 고1 모의

_____ provides a change to the environment for journalists.

❶ 주제문
기자들 환경에 변화를 가져온 '차이점(C)'

Newspaper stories, television reports, and even early online reporting (prior to communication technology such as tablets and smartphones) required one central place to which a reporter would submit his or her news story for printing, broadcast, or posting.

❷ A 설명
과거: 기자가 중심지에 가서 기사 제출

Now, though, a reporter can shoot video, record audio, and type directly on their smartphones or tablets and post a news story instantly. Journalists do not need to report to a central location where they all contact sources, type, or edit video. A story can be instantaneously written, shot, and made available to the entire world. The news cycle, and thus the job of the journalist, never takes a break. Thus the "24-hour" news cycle that emerged from the rise of cable TV is now a thing of the past. The news "cycle" is really a constant.

❸ B 설명
현재: 기자가 직접 기사 게시

① Mobility　　　　② Sensitivity
③ Creativity　　　　④ Accuracy
⑤ Responsibility

대의 파악

출제자가 단락의 중심 내용이 단순히 A와 B의 차이점을 설명하는 것이 아니라 B를 강조하는 것으로 본다면, 정답은 B에 대한 것만으로 서술됩니다. 정답에 A가 제외되었다고 해서 정답 선택지에 문제가 있는 것은 아니에요.

1

다음 글을 읽고, 아래 물음에 답하세요. 고1 모의

When two people are involved in an honest and open conversation, there is a back and forth flow of information. It is a smooth exchange. Since each one is drawing on their past personal experiences, the pace of the exchange is as fast as memory. When one person lies, their responses will come more slowly because the brain needs more time to process the details of a new invention than to recall stored facts. As they say, "Timing is everything." You will notice the time lag when you are having a conversation with someone who is making things up as they go. Don't forget that the other person may be reading your body language as well, and if you seem to be disbelieving their story, they will have to pause to process that information, too.

*lag: 지연

(1) 윗글을 내용상 크게 두 부분으로 나눌 때, 두 번째 부분의 첫 네 단어를 쓰세요.

(2) 윗글의 주제로 가장 적절한 것을 고르세요.

　① delayed responses as a sign of lying
　② ways listeners encourage the speaker
　③ necessity of white lies in social settings
　④ difficulties in finding useful information
　⑤ shared experiences as conversation topics

(3) 윗글의 내용을 정리한 다음 표를 보고, 빈칸 (a), (b)에 들어갈 말을 본문에서 찾아 각각 한 단어로 쓰세요. (필요시 어형 변화 가능)

<table>
<tr><th colspan="2">Conversation</th></tr>
<tr><th>In an honest conversation,</th><th>In a dishonest conversation,</th></tr>
<tr><td>the flow of information is (a) _____ .</td><td>the flow of information is (b) _____ .</td></tr>
</table>

대조 구조는 순서 문제로 가장 많이 등장합니다. 주어진 글(주제문)의 내용 또는 (A)~(C) 중에 포함된 역접 연결어를 통해 대조 구조임을 예상하고 순서를 판단하면 좀 더 쉽게 풀 수 있어요. (A)~(C) 중 두 개가 A, B를 각각 설명하는 것이라면, 남은 하나는 A나 B에 대한 추가 설명입니다. 둘 중 어느 것을 뒷받침하는 설명인지를 잘 구별해서 순서를 판단할 수 있어야 합니다.

2

다음 글을 읽고, 아래 물음에 답하세요. 고1 모의

Ideas about how much disclosure is appropriate vary among cultures.

(A) On the other hand, Japanese tend to do little disclosing about themselves to others except to the few people with whom they are very close. In general, Asians do not reach out to strangers.

(B) Those born in the United States tend to be high disclosers, even showing a willingness to disclose information about themselves to strangers. This may explain why Americans seem particularly easy to meet and are good at cocktail-party conversation.

(C) They do, however, show great care for each other, since they view harmony as essential to relationship improvement. They work hard to prevent those they view as outsiders from getting information they believe to be unfavorable. [3점]

*disclosure: (정보의) 공개

(1) 주어진 글 다음에 이어질 글의 순서로 가장 적절한 것을 고르세요.

① (A)–(C)–(B) 　　　　　　② (B)–(A)–(C)

③ (B)–(C)–(A) 　　　　　　④ (C)–(A)–(B)

⑤ (C)–(B)–(A)

(2) 윗글의 내용을 정리한 다음 표를 보고, 빈칸 (a), (b)에 들어갈 말을 <보기>에서 찾아 쓰세요.

Ideas about disclosure

Americans	Japanese
They are (a) _____ about sharing personal information with strangers.	They are (b) _____ to reveal themselves to strangers.

<보기> proud, vulnerable, reluctant, hasty, open

주어진 문장에 역접 연결어가 있으면 대조 구조임을 예상해야 합니다. 주어진 문장은 B 설명을 시작하는 문장일 것이므로 A 설명이 끝나고 글의 흐름이 완전히 뒤바뀌는 부분에 넣어야 해요. 이때 뒤에 이어지는 내용이 주어진 문장을 뒷받침하는 지도 반드시 확인하세요.

3 다음 글을 읽고, 아래 물음에 답하세요. 고1 모의

By contrast, many present-day stories have a less definitive ending.

In the classical fairy tale the conflict is often permanently resolved. Without exception, the hero and heroine live happily ever after. (①) Often the conflict in those stories is only partly resolved, or a new conflict appears making the audience think further. (②) This is particularly true of thriller and horror genres, where audiences are kept on the edge of their seats throughout. (③) Consider Henrik Ibsen's play, *A Doll's House*, where, in the end, Nora leaves her family and marriage. (④) Nora disappears out of the front door and we are left with many unanswered questions such as "Where did Nora go?" and "What will happen to her?" (⑤) An open ending is a powerful tool, providing food for thought that forces the audience to think about what might happen next.

*definitive: 확정적인

(1) 글의 흐름으로 보아, 주어진 문장이 들어가기에 가장 적절한 곳을 고르세요.

(2) 윗글의 내용을 정리한 다음 표를 보고, 빈칸 (A), (B)에 들어갈 말로 가장 적절한 것을 고르세요.

Endings	
classical fairy tales	present-day stories
The audience is _____(A)_____ of the character's fate.	The story doesn't provide a _____(B)_____ ending, leaving the audience with many questions.

	(A)		(B)
①	certain	......	confusing
②	informed	......	clear
③	advised	......	tragic
④	unaware	......	specific
⑤	warned	......	happy

요약문을 통해 글이 대조 구조라는 것과 대조하는 대상이 무엇인지를 알 수 있어요. 즉 요약문에는 대조되는 A, B 그리고 그 둘 간의 차이점이 정리되어 있습니다. 구조상 A 설명 뒤에 B 설명이 이어질 것임을 예상하고 읽으면 빈칸 어구의 단서를 좀 더 쉽게 찾을 수 있어요.

4 **다음 글을 읽고, 아래 물음에 답하세요.** 고1 모의

Have you noticed that some coaches get the most out of their athletes while others don't? A poor coach will tell you what you did wrong and then tell you not to do it again: "Don't drop the ball!" What happens next? The images you see in your head are images of you dropping the ball! Naturally, your mind recreates what it just "saw" based on what it's been told. Not surprisingly, you walk on the court and drop the ball. What does the good coach do? He or she points out what could be improved, but will then tell you how you could or should perform: "I know you'll catch the ball perfectly this time." Sure enough, the next image in your mind is you catching the ball and scoring a goal. Once again, your mind makes your last thoughts part of reality—but this time, that "reality" is positive, not negative.

(1) 윗글을 내용상 크게 두 부분으로 나눌 때, 두 번째 부분의 첫 두 단어를 쓰세요.

(2) 윗글의 내용을 한 문장으로 요약할 때, 빈칸 (A), (B)에 들어갈 말로 가장 적절한 것을 고르세요.

> Unlike ineffective coaches, who focus on players' _____(A)_____, effective coaches help players improve by encouraging them to _____(B)_____ successful plays.

	(A)		(B)
①	scores	......	complete
②	scores	......	remember
③	mistakes	......	picture
④	mistakes	......	ignore
⑤	strengths	......	achieve

Read More! **"~하지 말아야지" vs. "~해야지"**

윗글의 내용처럼 우리의 뇌는 부정의 개념을 이해하지 못한다고 합니다. "~하지 마라"라는 부정적인 말을 하는 순간 강조하는 셈이 되어 상대가 그것에 더 집중하게 만들기 때문이지요. 놀지 말라는 말을 들으면 놀고 싶은 생각이 더 굴뚝같아지는 것과 같습니다.
우리가 뭔가를 결심할 때 이를 반대로 이용해 보면 어떨까요? 바로 "~하지 말아야지" 대신 "~해야지"를 마음속에 그려보는 거예요. 뭔가를 이루는 것은 부정적 결심이 아니라 긍정적 결심을 선택하는 것에서 시작된다는 것을 잊지 마세요.

Chapter 14

열거 구조

Stage 1 Concept의 찬찬 이해

p. 125 **B as well as A** A뿐만 아니라 B도(= not only A but (also) B)

engage in ~에 참여[관여]하다; ~에 종사하다; ~에 몰두하다

survival 생존

cf. **survive** 살아남다, 생존하다; (위기 등을) 견뎌 내다

infancy 유아기; (발달의) 초기

cf. **infant** 유아(의), 갓난아기(의)

serve as ~로 쓰일 수 있다[적합하다]

try out 시도하다, (시험 삼아) 해보다

acquire 습득하다, 얻다, 배우다

values 가치관

cf. **value** 가치; 가치 있게 여기다; (가치를) 평가하다

personality 성격, 인격; 개성

trait (성격상의) 특성, 특징

adulthood 성인기

lead ¹ 이끌다, 안내하다; 선두에 서다
　　　² (어떤 결과에) 이르게 하다

선택지 | **necessity** 필요(성); 필수품

contrast 차이; 대조(하다)

Stage 2 Concept의 꼼꼼 확인

1 **wonder** ¹ 궁금해하다; ~이 아닐까 생각하다
　　　　　² (크게) 놀라다; 경탄(할 만한 것)

be concerned about ~에 대해 걱정하다

cf. **concern** ¹ ~와 관련되다
　　　　　² 걱정[우려](하다); 관심, 배려

overconfidence 지나친 자신감

cf. **confidence** 자신감

indeed 실제로, 정말로; 사실은

succeed 성공[출세]하다; 뒤를 잇다, 계승하다

academic 학문의; 학업의

that said 그렇긴 하지만; 그건 그렇다 치고

consequence 결과, 영향; (결과 따위의) 중대성, 중요성

stem from ~에서 생기다[유래하다]

disconnected 단절된, 동떨어진; 일관성이 없는
　　　　　(↔ connected 연결된, 관계가 있는; 일관된)

disillusioned 환상이 깨진, 환멸을 느끼는

modest ¹ 겸손한, 신중한
　　　　² 적당한, 온당한; 수수한

mistaken 잘못된; 잘못 판단하고 있는

impression 인상; 감명, 감동; (막연한) 생각, 느낌

relatively 비교적[상대적]으로

accurate 정확한, 틀림없는; (기계 등이) 정밀한, 오차가 없는
　　　　(↔ inaccurate 부정확한)

perception 지각; 인식

regarding ~에 관하여
error-prone 오류가 생기기 쉬운
cf. -prone (~하기) 쉬운, ~의 경향이 있는
선택지 | major 주요한, 중대한(↔ minor 중요치 않은; 작은; 미성년자); (대학생의) 전공

2 renewable 재생 가능한; 갱신[연장] 가능한
power source 에너지원
flood ¹ 홍수; (엄청나게) 쏟아짐, 다수[대량](의 것)
² (물에) 잠기게 하다, 침수되다(= drown)
whole 전체[전부](의)(= entire)
community 지역 사회, 공동체
release ¹ 풀어 주다, 해방[석방]하다; 방류[방출]하다
² 발표[공개]하다, (영화를) 개봉하다
downstream (강의) 하류의; 하류로(↔ upstream (강의) 상류의; (강을) 거슬러 올라가)
wash away (물이) ~을 쓸어 가다[유실되게 하다]
observe ¹ 관찰하다; 보다, 목격하다
² 말하다, 진술하다
³ (법 등을) 준수하다
travel 여행(하다); 이동(하다)
lay(-laid-laid) ¹ (조심스럽게) 놓다, 두다
² (알을) 낳다
선택지 | power plant 발전소
popularity 인기, 평판; 대중성

3 take a risk 위험을 감수하다
cf. risk 위험 (요소); 위태롭게 하다
reduce 줄이다, 낮추다(= decrease)
additional 추가적인, 부가적인(= extra)
conduct ¹ (업무를) 수행하다, 실시하다(= carry out, perform)
² 행동(하다), 처신(하다); 품행
³ (악단·군대를) 지휘하다
⁴ ((물리)) (열·빛·전기 등을) 전도[전달]하다
article ¹ (신문·잡지의) 기사, 글
² (계약서의) 조항
³ 물품, 품목
consult (전문가와) 상담하다, 조언을 구하다
expert 전문가(의), 전문적인(↔ amateur 비전문가)
uncertainty 불확실성; 불확실한 것(↔ certainty 확실성; 확실한 것)
cf. certain ¹ 확실한, 틀림없는; 확신하는
² 특정한, 일정한; 어떤, 어느
satisfactory 만족스러운, 충분한
employ ¹ (사람을) 고용하다
² (물건·수단을) 이용하다
result in (결과적으로) ~을 야기하다(= cause, bring about)
❗ result from ~이 원인이다

선택지 | profit 수익[이익](을 얻다)
pursue ¹ 추구하다; 추적하다
² (일·연구에) 종사하다
eagerly 간절히, 열망하여
cf. eager 간절히 바라는, 열망하는

4-1 remain ¹ 계속[여전히] ~이다
² (떠나지 않고) 남다, 머무르다
breathe 호흡하다, 숨 쉬다
ancestor 조상, 선조
❗ descendant 자손, 후손(= offspring)
creature 생물; (신의) 창조물
선택지 | predator 포식자, 포식 동물; 약탈자
habitat (동식물의) 서식지; 거주지
tie (끈 등으로) 묶다; 넥타이, 끈; (강한) 유대[관계](= bond)

4-2 demand 요구(하다); 수요(↔ supply 공급(량); 공급하다)
year-round 연중 계속되는
exotic 외국의, 이국적인; (동식물이) 외국산의, 외래의
widespread 광범위한, 널리 퍼진
climate 기후; 분위기
reliance on ~에 대한 의존
management 경영; 운영; 관리
temperature 온도, 기온; 체온
satellite (인공)위성, 위성 장치
contribute to A A에 기여하다; A의 한 원인이 되다
wastage 낭비(되는 양)
legally 법률상, 법적으로
institutional 제도적인; (공공)시설의
expose 드러내다; 폭로하다; 노출시키다
scandal 스캔들 ((매우 부도덕하고 충격적인 사건·행위))
band (음악) 밴드; 띠, 끈; 무리, 집단
standard 표준(의); (도덕적) 규범
retail sector 소매업 부문
regularly 정기적으로, 규칙적으로; 자주
exceed 초과하다, 초월하다
선택지 | environmental costs 환경 (오염) 비용 ((경제 활동이 실제 또는 잠재적으로 환경에 미치는 영향에 대한 비용. 기업의 환경 경영을 위한 투자, 폐기물 처리 비용뿐만 아니라 지구 온난화 등 거시적 환경 문제와 관련된 비용도 포함))
worsen 악화되다, 악화시키다(= deteriorate)
technological 기술의, 과학 기술상의
advance 전진; 발전; 다가가다; 발전되다
nutrition 영양
diversify 다양화하다
cf. diverse 다양한(= various, varied)

Stage 1

Concept의 찬찬 이해

주제문에 일반적인 의미의 모호한 어구를 제시하고, Major Details에서 그 어구를 분석하여 구체적, 세부적으로 하나하나 열거하는 구조입니다. 주제문의 어구는 General(일반적), 그리고 세부 사항은 Specific(구체적)이라 할 수 있어요.

1 General vs. Specific

General (일반적)		Specific (구체적)
¹ some clothing	→	² shirts and blouses, and dresses
³ a problem		⁴ It was raining and I didn't have an umbrella.

주제문에 제시되는 모호한 어구들을 General Words라고도 합니다. (● p. 127 기출에서 자주 등장하는 General Words)
e.g. advantages 이점들, factors 요인들, ways 방법들

2 글의 구조

열거 구조는 주로 주제문 뒤에 Major Details가 이어지는 두괄식 또는 양괄식 형식을 취하지만, 도입부가 길어지면 주제문이 단락 중간에 위치하는 중괄식이 될 수도 있습니다. 미괄식은 드물어요.

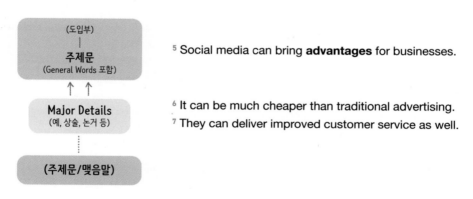

⁵ Social media can bring **advantages** for businesses.

⁶ It can be much cheaper than traditional advertising.
⁷ They can deliver improved customer service as well.

Major Details는 '순서'를 나타내는 어구인 first, second, last 등을 사용하여 열거하는 것보다 '추가, 첨가'를 뜻하는 어구인 also, too, as well, in addition 등을 덧붙이는 글이 더 많습니다. General words와 함께 이 같은 연결어로 열거 구조를 쉽게 판단할 수 있습니다.

🌿 생생 기출 맛보기

주제문의 General Words는 주로 다른 어구로 말바꿈하여 정답 선택지에 표현됩니다.

다음 글을 읽고, 아래 물음에 답하세요. 고1 모의

Animals as well as humans engage in play activities. In animals, play has long been seen as a way of learning and practicing skills and behaviors that are necessary for future survival.

❶ 도입부

In children, too, play has important functions during development.

❷ 주제문

From its earliest beginnings in infancy, play is a way in which children learn about the world and their place in it.

❸ Major Detail 1
유아기의 주변 탐색 학습

Children's play serves as a training ground for developing physical abilities — skills like walking, running, and jumping that are necessary for everyday living.

❹ Major Detail 2
아동기의 신체 능력 발달

Play also allows children to try out and learn social behaviors and to acquire values and personality traits that will be important in adulthood. For example, they learn how to compete and cooperate with others, how to lead and follow, how to make decisions, and so on.

❺ Major Detail 3
성인기에 중요할 사회적 행동 습득

(1) 주제문에서 General Word로 쓰인 한 단어를 찾아 밑줄을 그으세요. (관사나 수식어구는 제외할 것)

(2) 윗글의 주제로 가장 적절한 것을 고르세요.

① necessity of trying out creative ideas

② roles of play in children's development

③ contrasts between human and animal play

④ effects of children's physical abilities on play

⑤ children's needs at various developmental stages

글의 주제 I

열거 구조는 주제나 제목 문제로 가장 많이 출제되며 주제문을 찾는 것이 가장 중요합니다. General Words가 보이면 이어지는 세부 사항이 이를 구체적, 세부적으로 설명하고 있는지를 확인하세요. 정답 선택지는 주제문을 간략하게 줄여서 표현하지만, 주제문의 General Words는 적절한 유사어로 말바꿈된다는 것도 잊지 마세요.

1

다음 글을 읽고, 아래 물음에 답하세요. 고1 모의

One might wonder whether there is any reason to be concerned about overconfidence in students. After all, confidence is often considered a positive trait. Indeed, research suggests that students who are confident about their ability to succeed in school tend to perform better on academic tests than those with less confidence. That said, negative consequences also stem from being too confident in the classroom. Students who are overconfident about their ability to succeed in college end up feeling more disconnected and disillusioned than those with more modest expectations. Overconfidence can also leave students with mistaken impressions that they are fully prepared for tests and no longer need to study. Students who have relatively accurate perceptions regarding their progress in learning tend to use more effective study habits and perform better on tests than do those with more error-prone views of their knowledge.

(1) 윗글에서 주제문을 찾아 밑줄을 긋고, 주제문에 쓰인 General Word를 한 단어로 쓰세요. (관사나 수식어구는 제외할 것)

(2) 윗글의 주제로 가장 적절한 것을 고르세요.

① negative effects of students' overconfidence on school life
② critical factors to consider for choosing a college major
③ useful strategies for building students' confidence
④ changing roles of academic tests in school
⑤ effective ways to change bad study habits

주제문의 General Words가 Major Details에 비해 너무 포괄적인 어구일 때가 있어요. 이때 정답 선택지는 General Words를 단순히 유사어로 말바꿈한 것을 찾아서는 안 되고, Major Details를 종합한 좀 더 구체적인 표현을 찾아야 해요.

2

다음 글을 읽고, 아래 물음에 답하세요. 고1 모의

Hydroelectric power is a clean and renewable power source. However, there are a few things about dams that are important to know. To build a hydroelectric dam, a large area must be flooded behind the dam. Whole communities sometimes have to be moved to another place. Entire forests can be drowned. The water released from the dam can be colder than usual and this can affect the ecosystems in the rivers downstream. It can also wash away riverbanks and destroy life on the river bottoms. The worst effect of dams has been observed on salmon that have to travel upstream to lay their eggs. If they are blocked by a dam, their life cycle cannot be completed.

*hydroelectric: 수력 발전의 **ecosystem: 생태계

(1) 윗글에서 주제문을 찾아 밑줄을 긋고, 주제문에 쓰인 General Word를 한 단어로 쓰세요. (관사나 수식어구는 제외할 것)

(2) 윗글의 주제로 가장 적절한 것을 고르세요.

① necessity of saving energy
② dark sides of hydroelectric dams
③ types of hydroelectric power plants
④ popularity of renewable power sources
⑤ importance of protecting the environment

Learn More! **기출에서 자주 등장하는 General Words**

- advantages 이점[장점]들 (= benefits, merits)
- disadvantages 단점들 (= demerits)
- causes[reasons] 원인[이유]들
- effects[impacts, influences, consequences] 결과[영향]들
- side effects 부작용들 (≒ dark sides 어두운 면들)
- aspects[sides] 측면[양상]들
- challenges 도전[어려움]들 (≒ difficulties)
- characteristics 특징들
- differences[contrasts] 차이점들
- elements 요소들

- factors 요인들
- functions 기능[역할]들 (= roles)
- issues[problems] 문제들
- limitations[limits, constraints, restrictions] 제한[한계]들
- means 방법[수단]들 (= measures, methods, ways)
- misconceptions 오해들
- needs 욕구, 요구
- steps[processes, procedures] 단계[절차]들
- strategies 전략들
- tips 조언들

제목 문제의 정답 선택지는 주제 문제보다 말바꿈의 정도가 더 심한 것이 많으므로 주의하세요.

3 **다음 글을 읽고, 아래 물음에 답하세요.** 고1 모의

Consumers are generally uncomfortable with taking high risks. As a result, they are usually motivated to use a lot of strategies to reduce risk. Consumers can collect additional information by conducting online research, reading news articles, talking to friends or consulting an expert. Consumers also reduce uncertainty by buying the same brand that they did the last time, believing that the product should be at least as satisfactory as their last purchase. In addition, some consumers may employ a simple decision rule that results in a safer choice. For example, someone might buy the most expensive offering or choose a heavily advertised brand in the belief that this brand has higher quality than other brands.

(1) 윗글에서 주제문을 찾아 밑줄을 긋고, 주제문에 쓰인 General Word를 한 단어로 쓰세요. (관사나 수식어구는 제외할 것)

(2) 윗글의 제목으로 가장 적절한 것을 고르세요.

① Lower Prices, Higher Sales
② Too Much Information Causes Stress
③ Advertisement: Noise for TV Viewers
④ Risk-taking: A Source of Bigger Profits
⑤ Safe Purchase: What Consumers Pursue Eagerly

4-1 다음 a~c의 Major Details를 읽고, 주제문의 빈칸에 가장 적절한 단어를 고르세요. 고1 모의응용

주제문 | The frogs still kept many _____ to the water.

a. A frog must remain near the water, for it breathes through its wet skin.

b. Frogs must lay their eggs in water, as their fishlike ancestors did.

c. Eggs laid in the water must develop into water creatures, if they are to survive.

① secrets   ② predators   ③ habitats

④ ties   ⑤ advantages

4-2 다음 빈칸에 들어갈 말로 가장 적절한 것을 고르세요. 고1 모의

The demand for freshness can _____. While freshness is now being used as a term in food marketing as part of a return to nature, the demand for year-round supplies of fresh produce such as soft fruit and exotic vegetables has led to the widespread use of hot houses in cold climates and increasing reliance on total quality control — management by temperature control, use of pesticides and computer/satellite-based logistics. The demand for freshness has also contributed to concerns about food wastage. Use of 'best before', 'sell by' and 'eat by' labels has legally allowed institutional waste. Campaigners have exposed the scandal of over-production and waste. Tristram Stuart, one of the global band of anti-waste campaigners, argues that, with freshly made sandwiches, over-ordering is standard practice across the retail sector to avoid the appearance of empty shelf space, leading to high volumes of waste when supply regularly exceeds demand.

*pesticide: 살충제 **logistics: 물류, 유통

① have hidden environmental costs

② worsen the global hunger problem

③ bring about technological advances

④ improve nutrition and quality of food

⑤ diversify the diet of a local community

Chapter 15

연구 실험문 구조

Essential Words & Phrases

Stage 1 Concept의 찬찬 이해

p.132 **professor** (대학) 교수
recruit (회원·신입 사원을) 모집하다, 뽑다
shape 모양, 형태; 상태; 형성하다
indicate 나타내다, 보여 주다
illustrate 설명하다, 예를 들어 보여주다(= demonstrate);
(책에) 삽화를 넣다

p.133 **fund** 기금[자금](을 대다)
contribution 기부(금); 공헌, 기여
alternately 번갈아, 교대로(= by turns)
cf. **alternative** 대안; 대체 가능한, 대안적인
evolve 발달[진전]시키다; ((생물)) 진화하다
cf. **evolution** ((생물)) 진화; 발전, 진전
cf. **evolutionary** ((생물)) 진화의
psychology 심리(학)
cf. **psychologist** 심리학자
cooperation 협력, 협동
cf. **cooperative** 협력[협동]하는
subtle 미묘한, 감지하기 힘든(↔ obvious 명백한, 분명한)
cue 신호(를 주다), 단서, 암시(= hint)
implication ¹ 함축, 암시
² (예상되는) 영향, 결과
beneficial 유익한, 이로운, 이익이 되는(= advantageous)
outcome 결과, 성과(= result. consequence)
선택지 | **policy** 정책, 방침
self-respect 자기 존중

Stage 2 Concept의 꼼꼼 확인

1 **space shuttle** 우주 왕복선
explode 폭발하다; 폭발시키다
completely 완전히, 전적으로(= totally)
account ¹ 설명, 진술
² (예금) 계좌; (인터넷 등의) 이용 계정
³ 간주하다, 여기다
significant 중요한[중대한], 의미 있는; 상당한
(↔ insignificant 사소한, 하찮은)
witness stand (법정의) 증인석
cf. **(eye)witness** (범행의) 목격자, 증인; 목격하다
crime 범죄, 범행
cf. **criminal** 범인, 범죄자; 범죄의
innocent ¹ 무죄인, 결백한(↔ guilty 유죄의)
² 순결한, 순진한
on the basis of ~에 기초[근거]하여
declare 선고[선언]하다; 단언하다, 분명히 말하다

선택지 | **mission** 임무, 사명; (특별) 사절(단)

investigation 조사, 수사; 연구

2-1 **raise** ¹ (위로) 들어올리다; (가격을) 올리다, 인상하다

² (안건·문제를) 제기하다

³ (아이·동물을) 키우다, 기르다(= bring up)

cage (짐승의) 우리; 새장

inferior 열등한(↔ superior 우월한; 우월군)

cf. inferiority 열등함(↔ superiority 우세, 우월성)

interaction 상호 작용

intellectually 지적으로

cf. intellectual 지능의, 지적인; 지식인

genetically ((생물)) 유전적으로

cf. genetic ((생물)) 유전(학)의

cf. gene ((생물)) 유전자

handicapped (신체적·정신적) 장애가 있는(= disabled)

triumph 승리, 업적; 승리하다

nurture 양육(하다); 교육(하다)

nature 자연; 천성, 본성

선택지 | **free from** ~이 없는, ~을 면한

so as to-v v하기 위해서(= in order to-v)

2-2 **anniversary** 기념일

approach 접근(하다), 다가오다; 접근(법)

peak 최고조(에 달하다); (산의) 꼭대기; 절정기의

surrounding 인근의, 주위의

cf. surroundings 주변(의 상황), 환경

rapidly 빠르게, 급격히

thereafter 그 후에

respondent 응답자

name 이름(을 지어주다); 언급하다

treatment ¹ 치료(법)

² 대우, 취급; (주제·작품 등의) 보도, 다룸

intensify (정도가) 심해지다, 증대하다

identify ¹ (신원을) 확인하다; 알아보다, 식별하다

² 동일시하다; ~와 동질감을 갖다 ((with))

cf. identical 동일한, 똑같은

reportage (취재) 보도(= coverage)

place 놓다, 두다; 생각해내다

make a difference 변화를 가져오다; 중요하다

perceive 인지하다, 알아차리다

cf. perception 인식, 지각, 자각

observer 관찰자; 보는 사람, 목격자

cf. observe 관찰하다; (법 등을) 준수하다; (의견을) 말하다

선택지 | **tone** 음조, 음색; 어조, 말투; (글의) 분위기

3 **colleague** 동료(= co-worker)

in-group ((심리)) 내(內)집단 ((가치관과 행동 양식이 비슷하여 구성원이 애착과 일체감을 느끼는 집단))

to a large degree 대부분

innate 선천적인, 타고난(= inborn) (↔ acquired 후천적인; 취득한)

bunch 다발, 묶음; 무리, 떼

side by side 나란히, 함께

measure ¹ 측정(하다); 치수; (길이 등이) ~이다

² (측정·판단의) 척도, 기준

cf. measures 수단, 조치, 방책

apparently ¹ 명백하게, 분명하게(= obviously)

² 보기에, 외관상

routinely 일상적으로, 언제나

cite 인용하다, 예를 들다

experiment 실험(을 하다)

built-in 붙박이의; 내재된, 내장된

preference 선호(도); 선호되는 것

favorable 호의적인; 찬성하는; 유리한

선택지 | **formal** 격식을 차린; 공식적인(↔ informal 격식을 차리지 않는; 비공식의)

4 **relation** 관계

cf. relative 비교상의, 상대적인; 친척

initial 처음의, 최초의; 이름의 첫 글자

present ¹ 현재(의); 참석[출석]한, 존재하는

² 제시하다, 주다; 선물

calculator 계산기

vendor 판매자, 행상인

available 구할 수 있는, 이용 가능한

promotional 홍보[판촉]의

cf. promotion 승진, 진급; 홍보[판촉] 활동

make one's way 가다, 전진하다

condition 상태; 상황; 조건; 병, 질환

cf. conditions 상황, 사정, 환경

involve 포함[수반]하다; 관련시키다; 참여시키다

value 가치 (있게 여기다); (가치를) 평가하다

선택지 | **absolute** 완전한, 절대적인

modify 수정[변경]하다

Concept의 찬찬 이해

연구(research)나 실험(experiment), 조사(survey) 등을 내용으로 하는 글입니다. 보통 '심리, 행동, 학습'과 관련한 주제를 다루는데, 하나의 연구를 상세히 설명하기도 하고 두세 개를 열거하기도 해요.

1 글의 구성 요소

목적, 배경, 연구자 소개 등
[1] Ciara Kelly, a professor of business at Sheffield University, recruited 129 hobbyists to look at how the time spent on their hobbies shaped their work life. 고2 모의응용   *hobbyist: 취미에 아주 열심인 사람
연구자들의 전문 분야(e.g. psychology, business, physics, language 등)는 이어지는 연구 내용을 이해하는 데 도움이 될 수 있어요.

연구 대상 및 방법(상황, 조건)
대상, 상황, 조건 등의 차이는 연구 결과의 차이를 낳는 '원인'이 됩니다. '결과' 못지않게 '원인'도 글의 핵심 사항에 해당하므로, 연구 내용 부분에서 이를 잘 파악해야 합니다.

결과로 나타난 행동이나 심리 또는 이를 비교·대조

원인과 결과로 내릴 수 있는 결론

2 시사점 = 주제문

연구의 핵심 내용인 원인과 결과를 통해 내릴 수 있는 결론을 한 문장으로 표현한 것이 시사점으로, 곧 주제문이 됩니다. (내용에 따라서는 원인, 결과만 요약 서술해도 주제문이 되기도 합니다.) 시사점은 주로 단락 끝에 등장하지만 단락 앞에도 등장할 수 있으므로, 아래 시사점을 이끄는 어구들을 잘 알아두세요.

- [2] The researcher **suggested[proposed]** that ~
- [3] The researchers **have found[proven]** that ~
- [4] This experiment **shows** that ~
- [5] This study **indicates[reveals]** that ~
- [6] The survey **illustrated[demonstrated]** that ~

다음 글의 제목으로 가장 적절한 것을 고르세요. 고1 모의

Near an honesty box, in which people placed coffee fund contributions, researchers at Newcastle University in the UK alternately displayed images of eyes and of flowers. Each image was displayed for a week at a time.

❶ **도입부(실험 내용)**
이미지를 눈과 꽃으로 각기 다르게 놓아두었으므로 이것이 결과의 차이를 낳는 '원인'이 됨.

During all the weeks in which eyes were displayed, bigger contributions were made than during the weeks when flowers were displayed. Over the ten weeks of the study, contributions during the 'eyes weeks' were almost three times higher than those made during the 'flowers weeks.'

❷ **실험 결과**
눈 이미지(원인)를 놓았을 때 더 많은 기부가 이루어짐(결과).

It was suggested that 'the evolved psychology of cooperation is highly sensitive to subtle cues of being watched,' and that the findings may have implications for how to provide effective nudges toward socially beneficial outcomes.

❸ **주제문 = 시사점**
사회적 이익을 위한 협력을 이끌려면 그 행동을 누군가가 지켜볼 수 있게 하는 것이 필요함.

*nudge: 넌지시 권하기

① Is Honesty the Best Policy?
② Flowers Work Better than Eyes
③ Contributions Can Increase Self-Respect
④ The More Watched, The Less Cooperative
⑤ Eyes: Secret Helper to Make Society Better

 글의 주제

연구, 실험 지문에서는 시사점을 담은 문장이 곧 주제문이라 할 수 있는데, 시사점이 생략되어 있을 수도 있어요. 이때는 연구 내용(특히 결과에 차이를 낳는 원인이 되는 것)과 결과를 보면 됩니다. 정답 선택지는 본문에 쓰인 단어를 말바꿈해서 표현한다는 것에 주의하세요.

1 **다음 글을 읽고, 아래 물음에 답하세요.** 고1 모의

One day after the space shuttle Challenger exploded, Ulric Neisser asked a class of 106 students to write down exactly where they were when they heard the news. Two and a half years later, he asked them the same question. In that second interview, 25 percent of the students gave completely different accounts of where they were. Half had significant errors in their answers and less than 10 percent remembered with any real accuracy. Results such as these are part of the reason people make mistakes on the witness stand when they are asked months later to describe a crime they witnessed. Between 1989 and 2007, 201 prisoners in the United States were proven innocent on the basis of DNA evidence. Seventy-five percent of those prisoners had been declared guilty on the basis of mistaken eyewitness accounts.

(1) 윗글을 크게 두 부분으로 나눌 때, 두 번째 부분의 첫 세 단어를 쓰세요.

(2) 윗글의 주제로 가장 적절한 것을 고르세요.

　　① causes of major space mission failures

　　② inaccuracy of information recalled over time

　　③ importance of protecting witnesses from threats

　　④ factors that improve people's long-term memories

　　⑤ ways to collect DNA evidence in crime investigations

연구 조사의 핵심 내용인 '원인', '결과' 또는 '결론' 부분이 빈칸이 됩니다. 연구 내용, 결과, 시사점에서 해당 부분에 주목하세요.

2-1

다음을 읽고, 빈칸에 들어갈 말로 가장 적절한 것을 고르세요. 고1 모의

연구 내용 | The smart mice were raised in standard cages, while the inferior mice were raised in large cages with toys and exercise wheels and with lots of social interaction.

연구 결과 | At the end of the study, although the intellectually inferior mice were genetically handicapped, they were able to perform just as well as their genetic superiors. This was a real triumph for nurture over nature.

시사점 | Genes are turned on or off _____.

① by themselves for survival
② free from social interaction
③ based on what is around you
④ depending on genetic superiority
⑤ so as to keep ourselves entertained

2-2

다음 빈칸에 들어갈 말로 가장 적절한 것을 고르세요. 고1 모의

As the tenth anniversary of the terrorist attacks of September 11, 2001, approached, 9/11-related media stories peaked in the days immediately surrounding the anniversary date and then dropped off rapidly in the weeks thereafter. Surveys conducted during those times asked citizens to choose two "especially important" events from the past seventy years. Two weeks prior to the anniversary, before the media blitz began, about 30 percent of respondents named 9/11. But as the anniversary drew closer, and the media treatment intensified, survey respondents started identifying 9/11 in increasing numbers — to a high of 65 percent. Two weeks later, though, after reportage had decreased to earlier levels, once again only about 30 percent of the participants placed it among their two especially important events of the past seventy years. Clearly, the _____ of news coverage can make a big difference in the *perceived* significance of an issue among observers as they are exposed to the coverage.

*blitz: 대선전, 집중 공세

① accuracy   ② tone   ③ amount
④ source   ⑤ type

연구, 실험 지문은 요약문 문제로 가장 많이 출제됩니다. 빈칸 문제와 유사하게, 요약문의 빈칸 두 개는 글의 핵심인 원인이나 결과, 결론에 있어요. 요약문과 선택지를 먼저 읽고 어느 부분이 빈칸인지를 먼저 파악한 후에 글에서 해당 부분을 찾아 읽어 내려가세요. 특히 글의 시사점을 이끄는 어구가 포함된 문장에 주목하세요.

3 다음 글을 읽고, 아래 물음에 답하세요. 고1 모의

In their study in 2007 Katherine Kinzler and her colleagues at Harvard showed that our tendency to identify with an in-group to a large degree begins in infancy and may be innate. Kinzler and her team took a bunch of five-month-olds whose families only spoke English and showed the babies two videos. In one video, a woman was speaking English. In the other, a woman was speaking Spanish. Then they were shown a screen with both women side by side, not speaking. In infant psychology research, the standard measure for affinity or interest is attention — babies will apparently stare longer at the things they like more. In Kinzler's study, the babies stared at the English speakers longer. In other studies, researchers have found that infants are more likely to take a toy offered by someone who speaks the same language as them. Psychologists routinely cite these and other experiments as evidence of our built-in evolutionary preference for "our own kind."

*affinity: 애착

> Infants' more favorable responses to those who use a _____(A)_____ language show that there can be a(n) _____(B)_____ tendency to prefer in-group members.

(1) 윗글에서 연구 '시사점'에 해당되는 부분에 밑줄을 그으세요.

(2) 윗글의 내용을 요약할 때, 빈칸 (A), (B)에 들어갈 말로 가장 적절한 것을 고르세요.

	(A)		(B)
①	familiar	......	inborn
②	familiar	......	acquired
③	foreign	......	cultural
④	foreign	......	learned
⑤	formal	......	innate

4 다음 글을 읽고, 아래 물음에 답하세요. ^{고1 모의}

The perception of the same amount of discount on a product depends on its relation to the initial price. In one study, respondents were presented with a purchase situation. The persons put in the situation of buying a calculator that cost $15 found out from the vendor that the same product was available in a different store 20 minutes away and at a promotional price of $10. In this case, 68% of respondents decided to make their way down to the store in order to save $5. In the second condition, which involved buying a jacket for $125, the respondents were also told that the same product was available in a store 20 minutes away and cost $120 there. This time, only 29% of the persons said that they would get the cheaper jacket. In both cases, the product was $5 cheaper, but in the first case, the amount was 1/3 of the price, and in the second, it was 1/25 of the price. What differed in both of these situations was the price context of the purchase.

↓

> When the same amount of discount is given in a purchasing situation, the _____(A)_____ value of the discount affects how people _____(B)_____ its value.

(1) 윗글에서 연구 '시사점'에 해당되는 부분에 밑줄을 그으세요.

(2) 윗글의 내용을 요약할 때, 빈칸 (A), (B)에 들어갈 말로 가장 적절한 것을 고르세요.

(A)		(B)
① absolute	······	modify
② absolute	······	express
③ identical	······	produce
④ relative	······	perceive
⑤ relative	······	advertise

Chapter 16

질문-답변 / 문제-해결 구조

Essential Words & Phrases

Stage 1 Concept의 찬찬 이해

p. 140
fair 공정한, 타당한(↔ unfair 부당한, 불공평한)
stay awake 깨어 있다
stimulant 자극제, 각성제
cf. stimulate 자극하다
be likely to-v v하기 쉽다, v할 것 같다
beneficial 이로운, 유익한, 도움이 되는(↔ detrimental 해로운)

p. 141
wonder 궁금해하다; (크게) 놀라다; 경탄(할 만한 것)
fall over 넘어지다
direction 방향; 경향, 추세
cf. directions 명령, 지시; 사용법, 지시서
bend 휘다, 구부러지다; 굽히다
original ¹ 원래의, 본래의
        ² 독창적인
naturally 자연히; 본래, 타고나기를
movement 움직임; (장소의) 이동; (사회적) 운동
swing 흔들리다, 흔들다
rate 속도; 비율; 요금; 평가하다
prevent 막다, 방해하다; 예방하다
serve ¹ (음식을) 제공하다
        ² 봉사하다, 섬기다; 복무[근무]하다
        ³ 도움이 되다; (목적에) 알맞다
reduce (크기·양을) 줄이다, 축소하다; (가격을) 낮추다
tendency 경향, 추세
off course 경로 밖으로
선택지 | **balance** 균형(을 유지하다); 잔고, 잔액
properly 제대로, 올바르게

Stage 2 Concept의 꼼꼼 확인

1-1
mammal 포유류
strikingly 눈에 띄게, 두드러지게
cf. striking 눈에 띄는, 두드러진
contrast 대비(시키다), 대조(하다)
literally 말[문자] 그대로; 사실상, 정말로
puzzle ¹ 퍼즐, 수수께끼
        ² 곤혹스럽게 하다
century 1세기, 100년

1-2
provide A with B A에게 B를 제공하다(= provide B for A)
complex 복잡한, 까다로운(= complicated)
assign O to-v O가 v하도록 명하다[요구하다]
cf. assign 맡기다, 배정하다; 부여하다
independently 혼자서, 독립적으로
cf. independent 독립적인(↔ dependent 의존적인)

quality [1] 품질; 양질(의), 고급(의)
　　　　　[2] (사람의) 자질; 특성, 특징

❗ **quantity** 양, 수량; 다량, 다수

promote [1] 촉진하다, 증진하다
　　　　　[2] 승진시키다
　　　　　[3] 홍보하다

deepen (인상·감정·지식을) 깊게 하다, 심화시키다; 깊어지다

active 활동적인, 활발한; 적극적인(↔ passive 수동적인)

comprehension 이해(력)

cf. comprehend 이해하다, 파악하다

text-based 텍스트에 근거한

cf. -based ~에 근거를 둔, ~을 바탕으로 한

critical [1] 비판적인, 비난하는
　　　　　[2] 중요한, 결정적인(= crucial)
　　　　　[3] 위급한, 위기의

선택지 | **harmful** 해로운, 유해한(↔ harmless 무해한)

neither (둘 중) 어느 것도 ~아니다

charge [1] (비용을) 청구하다; 청구 금액, 요금
　　　　　[2] 고소하다; (죄·과실을) ~탓으로 돌리다
　　　　　[3] (임무·책임을) 맡기다; 책임, 담당
　　　　　[4] (전기를) 충전하다

gain in popularity 인기를 얻다

especially 특히

reach [1] ~에 도달하다[닿다]; ~에 이르다[달하다]
　　　　　[2] ~와 접촉하다, 연락하다

target audience 광고 대상자

cf. target 목표; (목표로 하는) 대상

otherwise (만약) 그러지 않으면; 다른 방법으로, 달리

선택지 | **fund** 자금(을 대다)

facility 시설, 기관; (타고난) 재능

commercial [1] 상업의, 상업적인
　　　　　　[2] 광고 방송(의)

2　**given** ((전치사)) ~을 고려해 볼 때

　　widespread 널리 퍼진, 만연한

　　electronic 전자의; 전자 공학의

　　character-based 문자 기반의

　　relative to A A에 관하여; A에 비해

　　face-to-face 면대면(의)

　　interpret 해석[이해]하다; 설명하다

　　nonetheless 그럼에도 불구하고

　　indicate 보여 주다, 나타내다; 시사하다

　　reveal 밝혀내다, 드러내다; 나타내다, 보이다

　　attitude 태도, 사고방식

　　attention [1] 주의 (집중), 주목; 주의력; 관심, 흥미
　　　　　　　[2] 보살핌, 치료

　　expression 표현, 표출; 표정

　　definite 확실한, 확고한; 분명한, 뚜렷한(↔ indefinite 분명하지
　　　　　　않은; 정해져 있지 않은)

　　strengthen 강화하다, 튼튼하게 하다(↔ weaken 약화시키다)

　　intensity (성질·감정 등의) 강도, 세기; 강렬함, 격렬함

3　**typically** 보통, 일반적으로

　　afford ~할 여유가 있다, ~할 수 있다

　　get the word out 소문나게 하다, 말을 퍼트리다

　　advertising 광고(업)

　　exchange 교환(하다); 환전(하다)

　　place [1] 장소; 자리, 위치
　　　　　[2] 놓다, 두다
　　　　　[3] (광고를) 게시하다[내다]

　　banner 배너 ((인터넷 홈페이지에 뜨는 막대 모양의 광고))

　　in turn [1] 그 다음에는, 차례로
　　　　　　[2] 따라서, 결국

4　**analyze** 분석하다

cf. analysis 분석 (연구)

　　clarify [1] 분명하게 하다
　　　　　　[2] (액체 등을) 깨끗하게 하다, 정화하다

　　probably 아마도

　　do more harm than good 득보다 실이 많다

　　design [1] 디자인[설계](하다)
　　　　　　[2] 계획(하다), 의도(하다)

　　state [1] 상태, 형세
　　　　　[2] 국가, 나라; (미국의) 주(州)
　　　　　[3] 진술하다, 말하다; (문서로) 명시하다

　　develop [1] 발달시키다, 성장하다
　　　　　　[2] (자원을) 개발하다
　　　　　　[3] (계획·이론을) 진전시키다, 전개하다

　　productivity 생산성

　　drown 물에 빠지다, 익사하다; 물에 빠지게 하다

　　flood 홍수; (엄청나게) 쏟아짐, 쇄도; 침수하다; 쇄도하다

　　waste 낭비(하다); 쓰레기, 폐기물

　　put A down A(글·메모 등)를 적다, 적어 두다

　　focus on ~에 초점을 맞추다; ~에 집중하다

　　brainstorming 브레인스토밍 ((각자가 생각나는 대로 의견을 제
　　　　　　　　　시하는 방법))

Concept의 찬찬 이해

정답 및 해설 p. 78

질문(Question) 뒤에 답변(Answer)이 나오거나 문제점(Problem) 뒤에 해결책(Solution)이 이어집니다.
답변과 해결책 뒤에 이를 구체적으로 뒷받침하는 Major Details가 이어지는 구조예요.

1 글의 구조

질문/문제점은 도입부, 답변/해결책은 주제문입니다. 주제문은 주로 '주장'이므로 Major Details로는 논거(● p. 82)가 등장합니다. 주제문은 단락 끝에 올 수도 있어요.

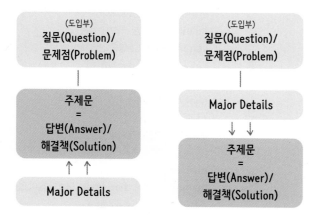

2 도입부의 의문문

의문문이 답변을 구하는 질문이 아닌 경우는 위 구조에 해당하지 않으므로 주의해야 합니다.

(1) 의문문=주제문
뒷받침하는 세부 사항들을 통해 의문문이 곧 주제문임을 알 수 있습니다. 대부분 수사의문문이 이에 해당합니다.
[1] Is it fair for companies to sell a product they know is dangerous?
= [2] It isn't fair for companies to sell a product they know is dangerous.

(2) 답변이 주제문이 아닌 의문문
의문문에 대한 답변이 단락에 아예 없거나, 있더라도 글의 주제문이 아닙니다. 이런 의문문은 대부분 단순히 읽는 이의 흥미를 끌기 위해 나온 것이에요.
[3] Who hasn't used a cup of coffee to help themselves stay awake while studying? 고1 모의
= [4] Many people have used a cup of coffee to help themselves stay awake while studying.
(주제문: [5] You should know that stimulants are as likely to have negative effects on memory as they are to be beneficial.)

✔ 생생 기출 맛보기

다음 글의 주제로 가장 적절한 것을 고르세요. 고1 모의

Have you ever wondered why a dog doesn't fall over when he changes directions while running?

┤ ❶ **도입부**
    질문(Question)

When a dog is running and has to turn quickly, he throws the front part of his body in the direction he wants to go. His back then bends, but his hind part will still continue in the original direction. Naturally, this turning movement might result in the dog's hind part swinging wide. And this could greatly slow his rate of movement or even cause the dog to fall over as he tries to make a high-speed turn.

┤ ❷ **Major Detail**

However, the dog's tail helps to prevent this. Throwing his tail in the same direction that his body is turning serves to reduce the tendency to spin off course.

┤ ❸ **주제문**
    답변(Answer)

*hind: 뒤쪽의

① effects of a dog's weight on its speed
② role of a dog's tail in keeping balance
③ importance of training a dog properly
④ factors causing a dog's bad behaviors
⑤ reasons why a dog jumps on people

대의 파악 답변/해결책이 주제문에 해당하므로 주제나 제목 등의 대의 파악 문제에서 도입부 내용이 질문(Question)일 때는 이에 대한 답변(Answer)을, 문제점(Problem)일 때는 이에 대한 해결책(Solution)을 찾아야 합니다.

1-1 **다음 주어진 도입부에 대한 주제문으로 가장 적절한 것을 고르세요.** 고1 모의

도입부 | Mammals tend to be less colorful than other animal groups, but zebras are strikingly dressed in black-and-white. What purpose do such high contrast patterns serve?

① Stripes can literally save zebras from disease-carrying insects.
② The question has puzzled scientists for more than a century.

1-2 **다음 글을 읽고, 아래 물음에 답하세요.** 고1 모의

Simply providing students with complex texts is not enough for learning to happen. Assigning students to independently read, think about, and then write about a complex text is not enough, either. Quality questions are one way that teachers can check students' understanding of the text. Questions can also promote students' search for evidence and their need to return to the text to deepen their understanding. Teachers take an active role in developing and deepening students' comprehension by asking questions that cause them to read the text again, which results in multiple readings of the same text. In other words, these text-based questions provide students with a purpose for rereading, which is critical for understanding complex texts.

(1) 윗글의 주제문을 모두 찾아 밑줄을 그으세요.

(2) 윗글의 제목으로 가장 적절한 것을 고르세요.

　　① Too Much Homework Is Harmful
　　② Too Many Tests Make Students Tired
　　③ Questioning for Better Comprehension
　　④ Questions That Science Can't Answer Yet
　　⑤ There Is Not Always Just One Right Answer

무관 문장

도입부는 질문/문제점에 해당하고 선택지 번호는 주로 주제문과 세부 사항에 있습니다. 주제문이 정답일 리는 없으므로, 정답은 세부 사항 중에 있어요. 세부 사항이 주제문을 뒷받침하는지 뒷받침하지 않는지를 판단해야 합니다.

2 다음 글을 읽고, 아래 물음에 답하세요. 고1 모의

Given the widespread use of emoticons in electronic communication, an important question is whether they help Internet users to understand emotions in online communication. ① Emoticons, particularly character-based ones, are much more ambiguous relative to face-to-face cues and may end up being interpreted very differently by different users. ② Nonetheless, research indicates that they are useful tools in online text-based communication. ③ One study of 137 instant messaging users revealed that emoticons allowed users to correctly understand the level and direction of emotion, attitude, and attention expression and that emoticons were a definite advantage in non-verbal communication. ④ In fact, there have been few studies on the relationships between verbal and nonverbal communication. ⑤ Similarly, another study showed that emoticons were useful in strengthening the intensity of a verbal message, as well as in the expression of sarcasm.

*ambiguous: 모호한 **verbal: 언어적인 ***sarcasm: 풍자

(1) 윗글의 주제문을 찾아 그 번호를 쓰세요.

(2) 윗글에서 전체 흐름과 관계 <u>없는</u> 문장의 번호를 쓰세요.

Learn More! **도입부의 다양한 형태**

도입부의 질문은 거의 의문문으로 표현되지만 질문의 의미를 함축하는 평서문도 쓰일 수 있어요.

e.g. • We often wonder why some practices are more successful than others.
　　　우리는 종종 어떤 관행이 다른 것보다 더 성공적인 이유를 궁금해한다.

　　• The question is how we can help our students manage their emotions effectively.
　　　문제는 어떻게 우리가 학생들이 감정을 효과적으로 다루도록 도울 수 있는가이다.

빈칸은 주로 답변/해결책에 해당하는 주제문이나 주제문을 재진술한 문장에 있어요. 세부 사항들을 통해 추론하거나 빈칸이 없는 또 다른 주제문을 이용하여 해결하면 됩니다. 주제문을 재진술하는 문장은 주제문의 어구와는 다른 표현으로 말바꿈한다는 것도 잊지 마세요.

3

다음 글을 읽고, 아래 물음에 답하세요. 고1 모의

Although many small businesses have excellent websites, they typically can't afford aggressive online campaigns. One way to get the word out is through an advertising exchange, in which advertisers place banners on each other's websites for free. For example, a company selling beauty products could place its banner on a site that sells women's shoes, and in turn, the shoe company could put a banner on the beauty product site. Neither company charges the other; they simply exchange ad space. Advertising exchanges are gaining in popularity, especially among marketers who do not have much money and who don't have a large sales team. By _____, advertisers find new outlets that reach their target audiences that they would not otherwise be able to afford.

*aggressive: 매우 적극적인 **outlet: (상품의) 판로

(1) 윗글에서 빈칸이 포함된 문장 외에 또 다른 주제문에 밑줄을 그으세요.

(2) 윗글의 빈칸에 들어갈 말로 가장 적절한 것을 고르세요.

① trading space
② getting funded
③ sharing reviews
④ renting factory facilities
⑤ increasing TV commercials

(A)~(C)가 (1) 도입부, (2) 주제문, (3) 세부 사항 중 어느 것에 해당하는지를 명확히 구분해서 연결하도록 합니다. 특히 도입부나 세부 사항은 내용이 길 때 중간을 끊어 서로 다른 문단으로 나뉘는 경우가 많아요. 관사, 대명사, 지시어도 적절히 활용할 수 있어야 합니다.

4 다음 글을 읽고, 아래 물음에 답하세요. 고1 모의

> If you start collecting and analyzing data without first clarifying the question you are trying to answer, you're probably doing yourself more harm than good.

(A) In the design plan, you clarify the issues you are trying to solve, state your hypotheses, and list what is required to prove those hypotheses. Developing this plan before you start researching will greatly increase your problem-solving productivity.

(B) You'll end up drowning in a flood of information and realize only later that most of that research was a waste of time. To avoid this problem, you should develop a problem-solving design plan before you start collecting information.

(C) In addition, putting your plan down on paper will not only clarify your thoughts. If you're working in a group, this plan will also help your team focus on what to do and provide the starting point for your group brainstorming. [3점]

*hypothesis:가설

(1) 주어진 글 다음에 이어질 글의 순서로 가장 적절한 것을 고르세요.
　① (A)–(C)–(B)　　　　　　　② (B)–(A)–(C)
　③ (B)–(C)–(A)　　　　　　　④ (C)–(A)–(B)
　⑤ (C)–(B)–(A)

(2) 윗글의 주제문에 밑줄을 그으세요.

Essential Words & Phrases

Stage 1 Concept의 찬찬 이해

p. 149 **competitive** 경쟁적인; 경쟁력 있는

admission [1] 입장(료); 입학

[2] (잘못에 대한) 시인, 인정

cf. admit 시인[인정]하다; 가입[입학]을 허락하다

application [1] 지원[신청](서)

[2] 적용, 응용

[3] (연고를) 바름, 도포

qualification 자격, 필요조건; 자질

in one's favor ~에 유리하게; ~을 지지하여

cf. favor 호의; 부탁; 찬성; 유리, 이익; (제안에) 찬성하다

valuable 가치 있는, 값비싼; 귀중한(↔ worthless 가치 없는, 쓸모없는)

❗ invaluable 매우 귀중한, 값을 헤아릴 수 없는

lecture 강의(하다); 잔소리[설교](하다)

presentation 발표; 제출; 수여

recall 기억해 내다, 상기하다; (하자가 있는 제품을) 회수하다

chances are good ~할 가능성이 충분하다[높다]

anecdote 일화 ((세상에 잘 알려지지 않은 흥미 있는 이야기))

average 평균(의); 보통의, 일반적인

be flooded with ~이 넘쳐나다

minimal 아주 적은, 최소의(↔ maximal 최대한의, 최고조의)

stand out 튀어나와 있다; 눈에 띄다, 두드러지다; 뛰어나다

meaningful 의미 있는, 중요한(↔ meaningless 의미 없는, 중요하지 않은)

선택지 | **outstanding** 뛰어난, 우수한; 눈에 띄는

accurate 정확한, 틀림없는(↔ inaccurate 부정확한)

term [1] 용어, 말

[2] 학기; (일정한) 기간, 기한

cf. terms (계약의) 조건, 조항; 협약, 약정

capacity 용량, 수용력; 능력

worth 가치가 있는; ~할 가치가 있는

Stage 2 Concept의 꼼꼼 확인

1 **vegetarian eating** 채식

mainstream (사상·견해의) 주류, 대세

say no to A A를 거부[거절]하다

approximately 거의 (정확하게), ~ 가까이

nutritionally 영양학적으로

cf. nutrition 영양 (섭취)

cf. nutritional 영양상의

adequate 적절한, 충분한(↔ inadequate 불충분한)

treatment [1] 치료(법)

[2] 대우, 대접; (사물을) 다룸, 처리

certain ¹ 확실한, 틀림없는
　　　　 ² 특정한
　　　　 ³ 어떤, 어느

right 옳은, 바른; 권리, 권한

statistics 통계

majority (집단 내의) 가장 많은 수[다수] (↔ minority 소수)

confinement 감금, 갇힘; 제한, 한정
cf. confine 감금하다; 제한하다, 한정하다

give up 포기하다

protest 반대[항의](하다)

conditions 상황, 환경
cf. condition ¹ 상태; (몸의) 이상, 질환
　　　　　　 ² 조건, 제약

support 지지하다; 지원[후원]하다

vast (범위·크기가) 방대한, 막대한

grain 곡물; (곡식의) 낟알

선택지 | **go for** ~을 택하다; ~에 찬성하다

maintain ¹ 유지하다, 지속[계속]하다; 보존하다
　　　　　 ² 옳다고 주장하다

balanced 균형 잡힌, 안정된
cf. balance 균형 (상태); 잔고, 잔액

2　**enemy** 적, 원수

essential 필수적인, 아주 중요한(= vital)
　　　　　　 (↔ inessential 불필요한)

drown 물에 빠져죽다, 익사하다

exception 예외, 제외

can never[not] ~ too ... 아무리 ~해도 지나치지 않다
　　　　　　　　　　　　 (= cannot ~ enough[over-])

be yet to-v 아직 v하지 않고 있다

hurt ¹ 다치게[아프게] 하다; 상처를 입은
　　　 ² 피해를 보다

rather ¹ 어느 정도, 다소, 꽤
　　　　 ² 오히려, 차라리

result from ~이 원인이다(= be caused by,
　　　　　　　 be due[owing] to)

lack 부족, 결핍; ~이 없다[부족하다]

keep in mind 명심하다, 염두에 두다(= bear in mind)

long-term 장기의, 장기적인(↔ short-term 단기의, 단기적인)

investment 투자(금)

선택지 | **worse** 더 나쁜, 더 심한[악화된]

past 과거; 지나간, 끝난

3　**guide** 안내(하다), 인도(하다)(= lead)

point out ~을 가리키다; ~을 지적[언급]하다

consider 고려[숙고]하다; (~을 …로) 여기다[생각하다]

grab 붙잡다, 움켜잡다; 마음을 사로잡다

drag (무거운 것을) 끌다; (마우스를) 드래그하다

central 중심이 되는, 주요한; 중앙의

path 길(= route); (행동) 계획

department 부문; (기업의) 부서; (대학의) 학과; (상품별) 매장

checkout (슈퍼마켓의) 계산대; (호텔에서) 체크아웃

선택지 | **improve** 개선하다, 향상시키다

satisfaction 만족(감), (욕구의) 충족

layout (건물 등의) 배치(도), 설계(법); (토지·도로의) 구획

growth 성장, 발전; (크기·수량의) 증가

influence 영향(을 미치다)

leave A alone A를 내버려 두다

stay away 떨어져 있다, 거리를 두다

4　**skill** 능력, 솜씨; 기술, 기능

uniquely 독특하게; 유일하게
cf. unique 독특한; 유일한; 고유의

human 인간(의); 인간적인; 인간이라서 갖게 되는

being 존재, 실재

species ((생물)) 종(種)

display 보이다, 드러내다; 전시[진열](하다)(= exhibit)

decade 10년

acquire 습득하다, 얻다; 획득[취득]하다

artificial intelligence 인공 지능(AI)
cf. artificial 인공의, 인조의; 인위적인

boom 붐, 호황; 갑작스런 인기, 급속한 발전

recognize 인정[승인]하다; 인식하다, 알아보다

translate 번역하다; (다른 형태로) 바꾸다, 옮기다

poem (한 편의) 시, 운문

beat ¹ (게임에서) 이기다(= defeat)
　　　 ² (연달아) 두드리다, 때리다; 맥박; 박자

complicated 복잡한(= complex)

name 이름(을 대다); 이름을 붙이다; (이유 등을) 말하다

all of a sudden 갑자기(= suddenly, all at once)

possibility 가능성, 기회

선택지 | **unrivaled** 경쟁 상대가 없는, 무적의

universal 보편적인, 일반적인; 전 세계적인; 우주의

Concept의 찬찬 이해

지금까지 학습한 내용을 토대로 주제문의 특성을 아래와 같이 정리할 수 있어요.

1. General Words(advantages, problems 등) 포함
2. 글쓴이의 주장 표현(명령문, must 등) 포함
3. 역접 연결어(but, however 등) 포함
4. 예(for example 등) 바로 앞의 문장
5. 질문에 대한 답변, 또는 문제에 대한 해결책
6. '결론, 요약'을 나타내는 연결어(therefore, thus, so, hence, in short 등) 포함
7. 전문가, 저명한 사람, 교수 등의 인용문

그러나 위의 특성이 있다고 해서 무조건 단락의 주제문인 것은 아니에요. 단락의 주제문이 되려면 이를 설명하거나 뒷받침하는 Major Details가 반드시 있어야 합니다. 즉 주제문은 개별 문장의 특성이 아니라 단락을 이루는 다른 문장들과의 관계로 결정되는 것이에요. 어떤 문장에 주제문의 특성이 있더라도 그것만으로 주제문임을 섣불리 단정하지 말아야 합니다.

그러면, 주제문의 특성과 Major Details와의 관계를 정리해봅시다.

주제문	Major Details
General Words 포함	General Words를 세부적으로 하나하나 열거함
글쓴이의 주장 표현 포함	주제문의 주장이 왜 옳은지 논거를 제시함
Myth 등의 도입 내용과 역접인 문장	주제문의 예, 상술, 논거 등을 제시함
예 바로 앞의 문장	주제문의 예, 상술, 논거 등을 제시함
도입부의 질문이나 문제에 대한 답변이나 해결책	답변/해결책에 대한 논거 등을 제시함
'결론, 요약' 연결어 포함	결론, 요약 내용을 포함하여 더 세부적인 사항을 덧붙임
인용문	인용문에 대한 예, 상술, 논거 등을 제시함

다음 글의 제목으로 가장 적절한 것을 고르세요. 고1 모의

In a competitive environment, such as a college admissions process or a job application situation, almost everyone has strong qualifications. Almost everyone has facts in their favor. But how valuable are facts alone? Think back to the most recent lecture or presentation you attended. How many facts do you remember from it? If you're like most people, you can't recall many, if any.

❶ **도입부**
역접 연결어(But)와 명령문(Think~) 포함

Chances are good, however, that you remember stories, anecdotes, and examples from the event, even if you can't think of their exact context.

❷ **주제문**
역접 연결어(however) 포함

The average person today is flooded with facts and data, and we let most of this pass through our brains with minimal retention or reaction — unless something makes the information stand out in a meaningful way. That's where story comes in.

❸ **Major Detail**
주제문의 논거 제시

*retention: 기억

① Make Yourself Outstanding by Using Accurate Terms
② The Power of Story: Why We Need More Than Facts
③ What Is the Key Qualification of a Storyteller?
④ How Big Is Our Average Memory Capacity?
⑤ A Single Fact Is Worth a Whole Story

> 대의 파악

1 다음 글을 읽고, 아래 물음에 답하세요. 고1 모의

Vegetarian eating is moving into the mainstream as more and more young adults say no to meat, poultry, and fish. According to the American Dietetic Association, "approximately planned vegetarian diets are healthful, are nutritionally adequate, and provide health benefits in the prevention and treatment of certain diseases." But health concerns are not the only reason that young adults give for changing their diets. Some make the choice out of concern for animal rights. When faced with the statistics that show the majority of animals raised as food live in confinement, many teens give up meat to protest those conditions. Others turn to vegetarianism to support the environment. Meat production uses vast amounts of water, land, grain, and energy and creates problems with animal waste and resulting pollution.

*poultry : 가금류 ((닭 · 오리 · 거위 등))

(1) 윗글의 주제문에 밑줄을 그으세요.

(2) 윗글의 주제로 가장 적절한 것을 고르세요.

① reasons why young people go for vegetarian diets
② ways to build healthy eating habits for teenagers
③ vegetables that help lower your risk of cancer
④ importance of maintaining a balanced diet
⑤ disadvantages of plant-based diets

2 **다음 글을 읽고, 아래 물음에 답하세요.** 고1 모의

In life, they say that too much of anything is not good for you. In fact, too much of certain things in life can kill you. For example, they say that water has no enemy, because water is essential to all life. But if you take in too much water, like one who is drowning, it could kill you. Education is the exception to this rule. You can never have too much education or knowledge. The reality is that most people will never have enough education in their lifetime. I am yet to find that one person who has been hurt in life by too much education. Rather, we see lots of casualties every day, worldwide, and they result from the lack of education. You must keep in mind that education is a long-term investment of time, money, and effort into humans.

*casualty: 피해자

(1) 윗글의 주제문을 모두 찾아 밑줄을 그으세요.

(2) 윗글의 제목으로 가장 적절한 것을 고르세요.

① All Play and No Work Makes Jack a Smart Boy
② Too Much Education Won't Hurt You
③ Two Heads Are Worse than One
④ Don't Think Twice Before You Act
⑤ Learn from the Future, Not from the Past

3 **다음 글을 읽고, 아래 물음에 답하세요.** 고1 모의응용

Wouldn't it be nice if you could take your customers by the hand and guide each one through your store while pointing out all the great products you would like them to consider buying? ① Most people, however, would not particularly enjoy having a stranger grab their hand and drag them through a store. ② Rather, let the store do it for you. ③ Have a central path that leads shoppers through the store and lets them look at many different departments or product areas. ④ You can use this effect of music on shopping behavior by playing it in the store. ⑤ This path leads your customers from the entrance through the store on the route you want them to take all the way to the checkout.

(1) 윗글의 주제문을 찾아 번호를 쓰세요.

(2) 윗글의 제목으로 가장 적절한 것을 고르세요.

　① How to Improve Customer Satisfaction
　② Guiding Shoppers through the Store Path Layout
　③ Why Customer Experience Is Key to Sales Growth
　④ Influence of Shopping Path Length on Purchase Behavior
　⑤ Leave Customers Alone: Shoppers Want Staff to Stay Away

(3) 윗글에서 전체 흐름과 관계 <u>없는</u> 문장을 고르세요.

4

다음 글을 읽고, 아래 물음에 답하세요. 고1 모의

Creativity is a skill we usually consider uniquely human. For all of human history, we have been the most creative beings on Earth. Birds can make their nests, ants can make their hills, but no other species on Earth comes close to the level of creativity we humans display. However, just in the last decade we have acquired the ability to do amazing things with computers, like developing robots. With the artificial intelligence boom of the 2010s, computers can now recognize faces, translate languages, take calls for you, write poems, and beat players at the world's most complicated board game, to name a few things. All of a sudden, we must face the possibility that our ability to be creative is not _____.

(1) 윗글의 주제문에 밑줄을 그으세요.

(2) 주제문을 뒷받침하는 Major Detail이 시작되는 부분을 찾아 첫 단어를 쓰세요.

(3) 윗글의 빈칸에 들어갈 말로 가장 적절한 것을 고르세요.

 ① unrivaled   ② learned

 ③ universal   ④ ignored

 ⑤ challenged

Chapter 18

순서·삽입 문제 해결

Essential Words & Phrases

Stage 1 Concept의 찬찬 이해

p. 156 **meet** 만나다; (요구 등을) 충족시키다
whole food 자연 식품
absorb 흡수하다, 받아들이다
foreign 외국의; 이질적인, ~와 맞지 않는
substance 물질, 재료
target (공격) 목표로 삼다, 겨냥하다
heavy metal 중금속
on the market (상품이) 시장[시중]에 나와 있는

p. 157 **judg(e)ment** 판단(력); 심판, 판결
relevant 관련된; 적절한, 타당한
matter ¹ 중요하다, 문제되다; 문제, 일
² 물질, 물체; 재료
equally 똑같이, 동등하게
applicable 적용[해당]되는
cf. apply 적용하다, 쓰다; 신청[지원]하다
expression 표현(법); (얼굴) 표정; 표출
impression 인상, (막연한) 느낌; 감명
determine 밝히다, 알아내다; 결정[확정]하다
It takes 시간 for A to-v A가 v하는 데 시간이 걸리다
assess (가치·양을) 평가하다(= evaluate)
individual 각각의, 개별의; 개인(의)
noticeable 두드러진, 뚜렷한; 주목할 만한, 중요한
recruitment 채용, 신규 모집(= employment)
cf. recruiter 신입 사원[회원] 모집자
eventual 최종[궁극]적인
cf. eventually 결국, 드디어, 마침내(= finally)
candidate 후보자; 지원자, 응시자
introduce (처음으로) 도입하다, 들여오다; 소개하다
cf. introduction 도입, 전래; 소개; 입문(서)
competence 능력, 역량; 능숙함(↔ incompetence 무능함)
cf. competent 능숙한, 유능한
appearance ¹ 나타남, 등장
² 외모, 겉모습
tell 말하다, 알려주다; 구별하다
a lack of ~의 부족[결여]
coordination 합동, 조화; (신체) 조정력, 협응력
interpersonal 대인 관계의
painstakingly 공들여, 힘들여
track down ~을 찾아내다[추적하다]
subtle ¹ 미묘한, 감지하기 힘든(↔ obvious 명백한, 분명한)
² (사람·행동이) 교묘한, 영리한
wrinkled 구김살이 생긴, 주름이 있는
spoil 망치다(= ruin); (음식이) 상하다; (아이를) 버릇없게 키우다
noble 숭고한, 고결한; 귀족의

Stage 2 Concept의 꼼꼼 확인

1

clue 단서, 실마리

guess 추측[짐작](하다)

mood 기분, 심기; 분위기

tone [1] 어조, 말투; (글 등의) 분위기, 논조
  [2] 음(조)

shaky 떨리는, 흔들리는

enable O to-v O가 v할 수 있게 하다

spontaneously 자연스럽게, 자연 발생적으로; 자발적으로
(= voluntarily)

particular 특정한; 특별한, 특수한

표| **convey** (생각·감정을) 전달하다; 나르다, 운반하다

various 다양한, 여러 가지의

2

in addition to A A 이외에도, A에 더하여

positive 긍정적인(↔ negative 부정적인)

comment 의견(을 말하다), 논평(하다)

director (회사의) 임원; 관리자; (영화·연극의) 감독

undoubtedly 의심할 여지없이

technical 과학 기술의; ((스포츠·예술)) 기술[기법]의

rehearsal 리허설, 예행연습

review 비평[논평](하다); 재검토(하다)

performance [1] 공연, 연주회
  [2] 실적, 성과; (과제 등의) 수행

mental 마음의, 정신의(↔ physical 신체의; 물질의)

contribution 기부(금); 기여, 공헌

B as well as A A뿐만 아니라 B도
(= not only A but (also) B)

direct [1] 직접적인; 직행[직통]의(↔ indirect 간접적인, 우회하는)
  [2] (노력·주의 등을) ~에 향하다[쏟다]
  [3] 지휘[총괄, 감독]하다

accomplishment 성과, 업적, 성취

nervousness 긴장, 초조

overwhelming 압도적인, 압박하는, 저항할 수 없는

cf. overwhelm 압도하다, 당황하게 하다; 제압하다, 전멸시키다

pressure 압박(감), 압력

last-minute 마지막 순간의

source 근원, 원천, 원인; 출처

suggestion 제안; 시사, 암시

humor [1] 유머, 해학
  [2] 기분, 마음

enthusiasm 열광; 열정, 열의

tackle [1] (어려운 문제를) 다루다; (문제를) 터놓고 이야기하다
  [2] ((스포츠)) 태클(하다) ((상대를 방해하기))

one by one 하나씩, 차례로

3

impact 영향[충격](을 주다)

perceive 인식[인지]하다, 지각하다; 알아차리다

put A at ease A를 편안하게 해 주다

versus (소송·경기 등에서) …대(對); ~에 비해[~와 대조적으로]

shelve 선반에 얹다[두다]

illusion 환상, 환각; 착각, 오해

anxiety 불안(감), 염려

brightness 빛남, 밝음

respectively 각각, 제각기(= each)

dramatic 극적인; 희곡의, 각본의

given that ~라고 가정하면; ~을 고려하면

stable [1] 안정적인(↔ unstable 불안정한); (사람이) 차분한
  [2] 마구간

browse [1] 둘러보다, 훑어보다
  [2] (가축이) 풀을 뜯어 먹다(= graze)

4

major [1] 대다수의
  [2] 주요한, 중대한(↔ minor 중요치 않은)
  [3] (대학생의) 전공

hollow [1] (속이) 빈(= empty)
  [2] 오목한, 움푹 들어간
  [3] 공허한

steel 강철

foam rubber 발포 고무, 스펀지 고무

rule 규칙, 규정; 통치하다, 지배하다

along with ~와 더불어[함께]

bounce (공이) 튀다; 튀기다; 탄력(성)

cf. bouncy 잘 튀는, 탄력이 있는

properly 적절히, 제대로; (사회적·도덕적으로) 올바르게

solid [1] 고체(의); 단단한, 견고한
  [2] 순수한[다른 물질이 섞이지 않은]

clay 점토, 찰흙

Concept의 찬찬 이해

글의 순서나 문장 넣기 문제는 빈칸 추론 문제에 못지않게 오답률이 높습니다. 이를 해결하기 위해 관사, 지시어, 연결어도 물론 잘 활용해야 하지만, 구조적으로 세부 사항의 연결을 잘 살펴야 하는 것들도 출제되고 있어 이를 잘 알아둘 필요가 있습니다.

아래 도식과 같이 Major Details(MD)가 둘 이상 있고 그에 대한 각각의 minor details(md)가 있는 글의 구조를 대표적인 예로 들어볼 수 있어요.

¹ Your nutritional needs should be met through whole foods instead of supplements.

² The large majority of supplements are artificial and may not even be completely absorbed by your body.

³ They are sometimes viewed as foreign substances and targeted for removal from the body.

⁴ Worse, some are contaminated with other substances.

⁵ For example, a recent report found heavy metals in 40 percent of 134 brands of protein powders on the market. 고1 모의응용

*supplement: 보충제 **contaminate: 오염시키다

MD는 모두 주제문을 뒷받침하지만 서로 다른 내용을 서술하는 것입니다. md는 각 MD를 뒷받침하는 예, 상술 등이므로 md1과 md2도 서로 다른 내용을 말하는 것이에요. 따라서 MD1-md1-MD2-md2의 순서로 나열되어야 하며 MD1-md2로 연결된다거나 MD1-md1-md2로 연결되는 것은 자연스럽지 못합니다.

위와 같은 대표적인 구조 외에 MD1-MD2-md2, MD1-md1-MD2, MD1-MD2-MD3 등의 구조도 출제될 수 있으므로 이와 같은 다양한 세부 사항의 연결과 나열에 주의해야 합니다.

생생 기출 맛보기

다음 글을 읽고, 아래 물음에 답하세요. 고1 모의

> In this way, quick judgements are not only relevant in employment matters; they are equally applicable in love and relationship matters too.

❺ MD2
예 2: 사랑과 대인 관계

You've probably heard the expression, "first impressions matter a lot". (①) Life really doesn't give many people a second chance to make a good first impression.

❶ 도입부
첫 인상은 중요하고 두 번째 기회는 없음

(②) It has been determined that it takes only a few seconds for anyone to assess another individual.

❷ 주제문
첫인상은 매우 빨리 결정됨

(③) This is very noticeable in recruitment processes, where top recruiters can predict the direction of their eventual decision on any candidate within a few seconds of introducing themselves.

❸ MD1
예 1: 채용 과정

(④) So, a candidate's CV may 'speak' knowledge and competence, but their appearance and introduction may tell of a lack of coordination, fear, and poor interpersonal skills.

❹ md1
예 1의 예: 외모와 자기소개

(⑤) On a date with a wonderful somebody who you've painstakingly tracked down for months, subtle things like bad breath or wrinkled clothes may spoil your noble efforts.

❻ md2
예2의 예: 구취와 옷 주름

*CV: 이력서(curriculum vitae)

(1) 윗글의 주제문에 밑줄을 그으세요.

(2) 글의 흐름으로 보아, 주어진 문장이 들어가기에 가장 적절한 곳을 고르세요.

문장 넣기

1 다음 글을 읽고, 아래 물음에 답하세요. 고1 모의

> The other main clue you might use to tell what a friend is feeling would be to look at his or her facial expression.

Have you ever thought about how you can tell what somebody else is feeling? (①) Sometimes, friends might tell you that they are feeling happy or sad but, even if they do not tell you, I am sure that you would be able to make a good guess about what kind of mood they are in. (②) You might get a clue from the tone of voice that they use. (③) For example, they may raise their voice if they are angry or talk in a shaky way if they are scared. (④) We have lots of muscles in our faces which enable us to move our face into lots of different positions. (⑤) This happens spontaneously when we feel a particular emotion.

(1) 윗글의 주제문에 밑줄을 그으세요.

(2) 글의 흐름으로 보아, 주어진 문장이 들어가기에 가장 적절한 곳을 고르세요.

(3) 윗글의 내용을 정리한 표를 보고, 빈칸 (a), (b)에 들어갈 말을 본문에서 찾아 쓰세요. (단, 밑줄 하나당 한 단어만 쓸 것)

Guessing other people's moods

1st clue	2nd clue
their (a) _____ _____ _____, such as a raised voice when they are angry	their (b) _____ _____, which conveys various feelings using muscles on the face

다음 글을 읽고, 아래 물음에 답하세요. 고1 모의

> In addition to positive comments, the director and manager will undoubtedly have comments about what still needs work.

After the technical rehearsal, the theater company will meet with the director, technical managers, and stage manager to review the rehearsal. Usually there will be comments about all the good things about the performance. (①) Individuals should make mental and written notes on the positive comments about their own personal contributions as well as those directed toward the crew and the entire company. (②) Building on positive accomplishments can reduce nervousness. (③) Sometimes, these negative comments can seem overwhelming and stressful. (④) Time pressures to make these last-minute changes can be a source of stress. (⑤) Take each suggestion with good humor and enthusiasm and tackle each task one by one.

(1) 윗글의 주제문에 밑줄을 그으세요.

(2) 글의 흐름으로 보아, 주어진 문장이 들어가기에 가장 적절한 곳을 고르세요.

(3) 윗글의 내용을 정리한 표를 보고, 빈칸 (a), (b)에 들어갈 말을 본문에서 찾아 각각 한 단어로 쓰세요.

Reviewing the rehearsal

comments about the good things	comments about what still needs work
They can lower (a) _____.	They can be (b) _____ because of time pressures.

3 다음 글을 읽고, 아래 물음에 답하세요. 고1 모의

Color can impact how you perceive weight. Dark colors look heavy, and bright colors look less so. Interior designers often paint darker colors below brighter colors to put the viewer at ease.

(A) In fact, black is perceived to be twice as heavy as white. Carrying the same product in a black shopping bag, versus a white one, feels heavier. So, small but expensive products like neckties and accessories are often sold in dark-colored shopping bags or cases.

(B) In contrast, shelving dark-colored products on top can create the illusion that they might fall over, which can be a source of anxiety for some shoppers. Black and white, which have a brightness of 0% and 100%, respectively, show the most dramatic difference in perceived weight.

(C) Product displays work the same way. Place bright-colored products higher and dark-colored products lower, given that they are of similar size. This will look more stable and allow customers to comfortably browse the products from top to bottom.

(1) 윗글의 주제문을 모두 찾아 밑줄을 그으세요.

(2) 주어진 글 다음에 이어질 글의 순서로 가장 적절한 것을 고르세요.

① (A)–(C)–(B)　　　　　　② (B)–(A)–(C)
③ (B)–(C)–(A)　　　　　　④ (C)–(A)–(B)
⑤ (C)–(B)–(A)

(3) 윗글의 내용을 정리한 표를 보고, 빈칸 (a), (b)에 들어갈 말을 <보기>에서 찾아 쓰세요.

Examples of how color affects our perception

balancing colors in house decoration

(a) _____ products so that they can be viewed comfortably

(b) _____ products according to their weight and price

<보기> packaging, delivering, customizing, displaying

다음 글을 읽고, 아래 물음에 답하세요.

> Almost all major sporting activities are played with a ball.

(A) A ball might have the correct size and weight but if it is made as a hollow ball of steel it will be too stiff and if it is made from light foam rubber with a heavy center it will be too soft.

(B) The rules of the game always include rules about the type of ball that is allowed, starting with the size and weight of the ball. The ball must also have a certain stiffness.

(C) Similarly, along with stiffness, a ball needs to bounce properly. A solid rubber ball would be too bouncy for most sports, and a solid ball made of clay would not bounce at all.

*stiffness: 단단함

(1) 윗글의 주제문으로 가장 적절한 절에 밑줄을 그으세요.

(2) 주어진 글 다음에 이어질 글의 순서로 가장 적절한 것을 고르세요.

① (A)–(C)–(B)   ② (B)–(A)–(C)

③ (B)–(C)–(A)   ④ (C)–(A)–(B)

⑤ (C)–(B)–(A)

(3) 윗글의 내용을 정리한 표를 보고, 빈칸 (a)~(d)에 들어갈 말을 본문에서 찾아 각각 한 단어로 쓰세요.

Things to consider for a ball-game ball are its

(a) _____

(b) _____

(c) _____

(d) _____

Memo

Memo

고등 기초부터 ────── *New* ────── 수능 준비까지

믿고푸는 독해 4단계

수능 독해의 유형잡고   **모의고사로 적용하고**

기본 다지는
첫단추

① 유형의 기본을 이해하는
**첫단추
독해유형편**

② 기본실력을 점검하는
**첫단추 독해실전편
모의고사 12회**

실력 올리는
파워업

③ 유형별 전략을
탄탄히 하는
파워업 독해유형편

④ 독해실력을 끌어올리는
**파워업 독해실전편
모의고사 15회**

* 위 교재들은 최신 개정판으로 21번 함의추론 신유형이 모두 반영되었습니다.

① 구문
판매 1위 '천일문' 콘텐츠를 활용하여 정확하고 다양한 구문 학습

(끊어읽기) (해석하기) (문장 구조 분석) (해설·해석 제공) (단어 스크램블링) (영작하기)

② 문법·서술형
쎄듀의 모든 문법 문항을 활용하여 내신까지 해결하는 정교한 문법 유형 제공

(객관식과 주관식의 결합) (문법 포인트별 학습) (보기를 활용한 집합 문항) (내신대비 서술형) (어법+서술형 문제)

③ 어휘
초·중·고·공무원까지 방대한 어휘량을 제공하며 오프라인 TEST 인쇄도 가능

(영단어 카드 학습) (단어 ↔ 뜻 유형) (예문 활용 유형) (단어 매칭 게임)

④ 선생님 보유 문항 이용

(Online Test) (OMR Test)

 cafe.naver.com/cedulearnteacher

쎄듀런 학습 정보가 궁금하다면?

쎄듀런 Cafe

· 쎄듀런 사용법 안내 & 학습법 공유
· 공지 및 문의사항 QA
· 할인 쿠폰 증정 등 이벤트 진행

독해비

수능영어독해입문서

Reading
Secrets

| 정답 및 해설 |

수능영어독해입문서

Reading
Secrets

정답 및 해설

Chapter 01　A ⊒ B(예)

Stage 1　Concept의 찬찬 이해　　　　　　　　　　　p.14

1 **해석** ¹당신이 환경친화적이게 되는 것을 도울 수 있는 매우 많은 작은 조치들이 있다. ²예를 들어, 음식물 쓰레기 줄이기, 전등 끄기, 그리고 재활용하기는 훌륭한 출발점이다.

CHECK UP ✔ ③

일란성 쌍둥이들은 독특한 개인들이다. 예를 들어, 내 아이들은 체중에서 항상 25퍼센트 정도의 차이를 보여 왔다. 또한, 아이들은 서로 똑같이 행동하지도 않는다. 한 아이는 춤추는 것을 좋아하고, 다른 아이는 농구 하는 것을 좋아한다.

① 활동적인　② 짝지은　④ 재능이 있는　⑤ 사려 깊은

해설 예는 일란성 쌍둥이들의 서로 다른 점(체중의 차이, 좋아하는 활동의 차이)을 제시하고 있으므로 이를 일반적, 포괄적, 추상적으로 표현할 때 가장 적절한 것은 ③이다.

오답확인 ① 빈칸은 모든 예를 포괄해야 한다. 행동[활동]에 대한 예에서 act, dance, play basketball이 나오기는 했지만, 앞선 또 다른 예는 '체중'에 관한 것이므로 active는 모든 예를 포괄한 것이 아니다. 즉 '체중'은 active를 대표하는 예라고 볼 수 없다. (active ≠ 체중)

2 **해석** ³실험은 사람들이 처음에 먹는 음식을 거의 50퍼센트 더 많이 먹는다는 것을 보여 준다. ⁴만약 디너 롤로 (식사를) 시작한다면, 더 많은 녹말, 더 적은 단백질, 그리고 더 적은 채소를 먹을 것이다.

3 **해석** ⁵경험은 우리에게 이득을 준다. ⁶아주 다양한 사람들을 만날 기회를 갖는 것은 우리가 광범위한(= 다양한) 사회적 상황에서 편안함을 느끼도록 만들지도 모른다.

CHECK UP ✔

1 A mathematician ~ the day., A writer ~ the bin.

해석 날마다 하는 다량의 학문적 작업은 지루하고 반복적이다. 수학자는 연필을 깎고, 증명에 노력을 들이고, 몇몇 접근법을 시도하고서 아무 성과를 못 보고 일과를 마친다. 작가는 책상에 앉아 단어 수백 개를 쓰고서 그것들이 쓸모없다고 판단하고는 쓰레기통에 던져 넣는다.

해설 academic work의 예로 mathematician과 writer가 하는 일이 제시된 것이다.

2 In Northern Asian cultures, ~ a polite smile., The English ~ not touching.

해석 각 문화의 아이들은 자신이 특정 상황에서 어떤 감정을 표현해도 괜찮은지와 어떤 감정을 억누를 것으로 기대되는지를 배우게 된다. 북아시아 문화에서, 대부분의 아이들은 다른 사람들이 있는 데서 예의 바른 미소로 부정적인 감정을 숨기는 것을 배운다. 공개적인 신체 접촉 또한 문화에 의해 통제된다. 영국인들은 그들의 '냉랭함'으로 잘 알려져 있는데, 이는 말 그대로 떨어져 서 있거나 접촉하지 않는 것을 의미한다.

해설 감정을 표현하고 억누르는 예로 북아시아 문화가 제시되었고, 신체 접촉을 통제하는 예로 영국인들이 제시된 것이다.

3 ②

해석 몇몇 속담들은 모순적이다. 우리가 도움을 원할 때는 "백지장도 맞들면 낫다"라고 하고, 차라리 혼자 하겠다고 결심할 때는 "사공이 많으면 배가 산으로 간다"라고 불평한다.

① 간결한　③ 현대적　④ 간접적　⑤ 보편적

해설 예로 제시된 두 속담의 의미가 상반되므로 ②가 적절하다.

Stage 2　Concept의 꼼꼼 확인　　　　　　　　　　　p.16

1 ①　2 ②　3 ①　4 ⑤　5 ③　6 ○　7 ×　8 ○　9 ④　10 ②　11 ①　12 ④

1 ①

해석 당신 삶에서의 모든 향상은 당신의 마음속 그림을 향상시키는 것에서 시작된다. 당신이 성공하고 행복한 사람들에게 말을 건넬 때, 당신은 그들이 자신들의 목표가 실현되었을 때 그것이 어떻게 보일지, 그리고 그들의 꿈이 이루어졌을 때 그것이 어떻게 보일지에 대한 생생하고 흥미진진한 모습을 계속 깊이 생각한다는 것을 알게 된다.

② 신체적 능력　　　　③ 협력하는 태도
④ 학습 환경　　　　　⑤ 학업 성취

해설 삶의 모든 향상이 '무엇'을 향상시키는 것에서 시작되는지를 이어지는 예를 통해 추론해야 한다. When이 이끄는 가상 상황에서, 삶의 향상을 이룬 사람들(성공하고 행복한 사람들)은 '목표와 꿈이 실현된 모습을 생각한다'고 했으므로 빈칸에 가장 적절한 것은 ①이다.

구문 • ~ you find // that they dwell continually on vivid, exciting pictures of what their goals will look like when they are realized, / and what their dreams will look like when they come true.
of는 동격을 이끄는 전치사로 쓰였다.

---

2 ②

해석 믿거나 말거나, 시각적 속임수는 고속도로 사고를 줄일 수 있다. 도로에 페인트로 칠해진 V자 모양의 줄무늬는 운전자들에게 그들이 실제보다 더 빠르게 운전하고 있다는 느낌을 줄 뿐만 아니라 도로가 더 좁아 보이게도 만들어서 고속도로 속도와 교통사고 수의 감소로 이어진다.
① 속도 제한　　　　③ 차량 디자인
④ 더 밝은 페인트　　⑤ 더 좁은 도로

해설 '무엇'이 고속도로 사고를 줄일 수 있는지를 추론해야 한다. 도로에 칠해진 V자 줄무늬가 교통사고를 줄인다는 예를 들었으므로 이를 바꿔 표현하면 ②가 가장 적절하다.

구문 • *V-shaped stripes* (painted on the roads) / not only give drivers the impression // that they are driving faster than they really are / but also make roads appear to be narrower, / leading to a reduction ~.
분사구문(= and this leads to ~)
<not only A but also B>는 'A뿐만 아니라 B도'의 의미이다. leading to는 '결과'를 뜻하는 분사구문이다. 이때 분사구문의 의미상의 주어는 앞에 나온 절 전체이다.

---

3 ①

해석 노력해야 한다는 생각을 자신들의 정서적 삶에 적용시키는 사람들은 많지 않다. 삶에 더 많은 행복이 있기를 진정으로 바란다면 유사한 접근법을 취할 필요가 있다. 행복을 추구하는 것은 노력이 필요하지만, 이 '행복하기 위한 노력'은 당신이 앞으로 할 일들 중에 가장 보람 있는 일일지도 모른다.

---

② 결정 내리기　　　③ 행복한 관계
④ 근무 환경　　　　⑤ 신체적 외모

해설 If가 이끄는 예에서 등장한 삶에서의 행복(happiness)을 포괄적으로 표현하는 것으로 가장 적절한 것은 ①이다.

---

4 ⑤

해석 유기체 발달에서, 지각은 두드러진 구조적 특징을 알아보는 것에서 시작한다는 충분한 증거가 있다. 예를 들어, 두 살 아이와 침팬지가 그들에게 제시된 두 개의 상자 중에서 특정한 크기와 모양의 삼각형이 있는 한 상자에 마음을 끄는 음식이 항상 들어 있다는 것을 학습했을 때, 그들은 아주 다른 모양의 삼각형에 그들의 훈련을 적용하는 데 어려움이 없었다.
① 여러 제스처를 이해하는 것
② 사회적 체제를 확립하는 것
③ 색깔 정보를 식별하는 것
④ 자신을 환경에서 분리하는 것

해설 지각이 '무엇'에서 시작되는지를 추론해야 한다. 삼각형이 있는 상자에 음식이 있다는 것을 학습한 아이와 침팬지는 아주 다른 모양의 삼각형에도 적용할 줄 알았다. 이는 즉 형태의 특징을 지각했다는 것이므로 빈칸에 가장 적절한 것은 ⑤이다.

오답확인 ③ 크기와 모양이 언급되었을 뿐 색깔은 언급되지 않았다.

구문 • There is good evidence // that (in organic development), perception starts ~.
　　　　　　　　　S'　　V'
good evidence와 that절은 동격 관계이며, 동격절에서 that과 주어인 perception 사이에는 부사구가 왔다.
• ~ when two-year-old children and chimpanzees / had learned / that, of *two boxes* (presented to them), the one ~ contained attractive food, // they had no difficulty ~.
접속사　　　　　　　　　O'　　　　　　　　　　S　V
when절에서 동사인 had learned가 목적어 역할을 하는 that절을 이끌고 그 뒤에 주절이 온 형태이다.

---

5 ③

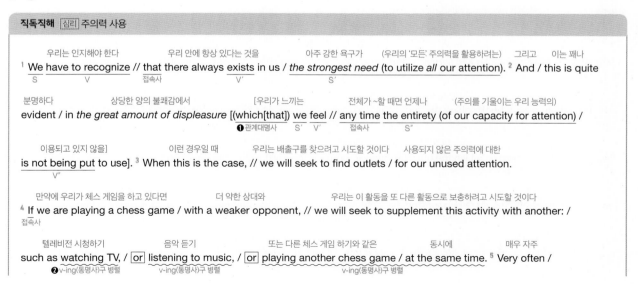

직독직해 심리 주의력 사용

우리는 인지해야 한다　　　우리 안에 항상 있다는 것을　　아주 강한 욕구가　(우리의 '모든' 주의력을 활용하려는)　그리고　이는 꽤나
[1] We have to recognize // that there always exists in us / *the strongest need* (to utilize *all* our attention). [2] And / this is quite
　　S　　V　　접속사　　　　　　V'　　　　　S'

분명하다　　　상당한 양의 불쾌감에서　　[우리가 느끼는]　전체가 ~할 때면 언제나　(주의를 기울이는 우리 능력의)
evident / in *the great amount of displeasure* [(which[that]) we feel // any time the entirety (of our capacity for attention) /
　　　　　　　　　　　　　　❶관계대명사　　S'　V'　접속사　　S''

이용되고 있지 않을]　이런 경우일 때　우리는 배출구를 찾으려고 시도할 것이다　사용되지 않은 주의력에 대한
is not being put to use]. [3] When this is the case, // we will seek to find outlets / for our unused attention.
　　V''

만약에 우리가 체스 게임을 하고 있다면　더 약한 상대와　우리는 이 활동을 또 다른 활동으로 보충하려고 시도할 것이다
[4] If we are playing a chess game / with a weaker opponent, // we will seek to supplement this activity with another: /
접속사

텔레비전 시청하기　　음악 듣기　또는 다른 체스 게임 하기와 같은　동시에　매우 자주
such as watching TV, / or listening to music, / or playing another chess game / at the same time. [5] Very often /
❷v-ing(동명사)구 병렬　v-ing(동명사)구 병렬　v-ing(동명사)구 병렬

이것은 바로 그 자체를 드러내 보인다　무의식적인 움직임으로　　　　자기 손 안의 무언가를 가지고 놀기　　　또는 방을 서성거리기와 같은
this reveals itself / in unconscious movements, / such as underline{playing with something in one's hands} / boxed{or} **pacing around**
　　　　　　　　　　　　　　　　　　　　　　　　　　　v-ing(동명사)구 병렬　　　　　　　　　　　v-ing(동명사)구 병렬

그리고 만약 그런 행동이 ~한다면　　　　기쁨을 증가시키거나 불쾌감을 없애는 데에도 도움이 된(다면)　　　(우리에게) 더욱 좋다
the room; // boxed{and} if such an action / also serves to increase pleasure boxed{or} (to) relieve displeasure, / all the better. ❸
　　　　　　　　접속사　S'　　　　V'　　　　　　to-v구 병렬　　　　　　to-v구 병렬

▶ 구문 ❶ we feel ~ to use는 목적격 관계대명사 which[that]가 생략된 관계사절로 선행사 the great amount of displeasure를 수식한다.
　　　❷ v-ing(동명사)구가 콤마(,)와 or로 연결되어 있다.
　　　❸ all the better는 주절의 주어와 동사가 생략된 표현이다. (← ~ displeasure, (that[it] is) all the better (for us).)

해석 ¹우리는 우리의 '모든' 주의력을 활용하려는 아주 강한 욕구가 우리 안에 항상 있다는 것을 인지해야 한다. ²그리고 이는 주의를 기울이는 우리 능력의 전체가 이용되고 있지 않을 때마다 우리가 느끼는 상당한 양의 불쾌감에서 꽤나 분명하다. ³이런 경우일 때, 우리는 사용되지 않은 주의력에 대한 배출구를 찾으려고 시도할 것이다. ⁴만약 우리가 더 약한 상대와 체스 게임을 하고 있다면, 우리는 이 활동을 또 다른 활동, 즉 텔레비전 보기, 음악 듣기, 또는 동시에 또 다른 체스 게임 하기와 같은 것으로 보충하려고 시도할 것이다. ⁵매우 자주 이것은 자기 손 안의 무언가를 가지고 놀기나 방을 서성거리기와 같은 무의식적인 움직임으로 그 자체를 드러내 보이며, 만약 그런 행동이 기쁨을 증가시키거나 불쾌감을 없애는 데에도 도움이 된다면, 더욱 좋다.

① 우리가 잘하는 것으로 다른 사람들을 기쁘게 해주려고
② 주어진 업무에 더 주의를 집중시키려고
④ 더 강한 상대와 게임하려고
⑤ 우리의 뇌에 짧은 휴식을 주려고

해설 주의력을 전부 쓰지 않아서 불쾌감을 느낄 때 우리가 '무엇'을 하려고 할 것인지를 추론해야 한다. 이어지는 가상 상황의 예에서, 쉬운 체스 게임을 할 때(= 주의력을 전부 쓰지 않을 때) TV 시청하기 등의 다른 활동을 시도할 것이라고 했으므로 이를 적절히 바꿔 표현한 것은 ③이다.
오답확인 ② 남는 주의력을 다른 활동에 사용한다고 했으므로 주어진 업무에 더 집중하는 것과는 거리가 멀다.

---

6 ○
해석 재활용 제품을 만드는 것은 더 적은 에너지가 들기 때문에, 우리는 에너지를 절약한다. 예를 들어, 재활용 알루미늄은 새 알루미늄보다 만드는 데 95% 더 적은 에너지가 든다.
해설 재활용 제품을 만드는 데 더 적은 에너지가 든다는 것의 구체적인 예로 알루미늄을 제시한 것이므로 흐름이 자연스럽다.

---

7 ✕
해석 모든 계획은 일정한 양의 시간이 필요하며, 모두는 서로 다른 속도로 작업한다. 예를 들어, 만약 당신이 방을 잘 정리 정돈하는 데 시간이 한참 걸릴 것으로 생각한다면 당신은 결국 그것을 영영 미루게 될지도 모른다.

해설 주어진 예는 어떤 일을 하는 데 필요한 시간을 길게 예상하면 결국 일을 못하게 될 것이라는 내용의 예로 더 적절하다.

---

8 ○
해석 가장 초기 문명 이후로, 탐험가들과 여행가들은 인쇄된 지도 형태로 된 현지 지식에 의존해왔다. 예를 들어, 초기 북극 탐험가들은 자신들이 공급품이나 대피처를 얻기 위해 갈 수 있는 거주지를 알려주는 에스키모인들의 지도에서 많은 도움을 받았다.
해설 현지 지식을 '공급품이나 대피처를 얻을 거주지'로 예를 들어 설명하고 있으므로 흐름이 자연스럽다.

9 ④

직독직해 [물리] 마찰력의 원리와 작용

마찰력은 힘이다　　두 표면 사이의　　[미끄러지거나 미끄러지려고 하는　　서로 엇갈려]　　예를 들어
¹ **Friction is a force / between *two surfaces* [that are sliding, or trying to slide, / across each other].** ² **For example, /**
　　　　　　　　　　　　　　　　　　　　관계대명사

당신이 책을 쭉 밀려고 할 때　　바닥을 따라서　　마찰력이 이를 어렵게 만든다　　마찰력은 항상 작용한다
when you try to push a book / along the floor, // friction makes this difficult. ³ **Friction always works / in the direction**
접속사　　　　　　　　　　　　　　　　　S　V　　O　　　C

방향의 반대 방향으로　　　　　[물체가 움직이고 있거나 움직이려고 하는]　　그러므로　마찰력은 항상 움직이는 물체의 속도를 늦춘다
opposite to *the direction* [in which the object is moving, or trying to move]. ⁴ **So, / friction always slows a moving object**
　　　　　　　❶ 전치사+관계대명사

마찰력의 양은　　　　　표면 재료에 달려 있다.　　　　표면이 더 거칠수록　　더 많이 마찰력이
down. ⁵ **The amount of friction / depends on the surface materials.** ⁶ **The rougher the surface is, / the more friction**
　　　　　　　　　　　　　　　　　　　❷ the+비교급　S₁　V₁　the+비교급　S₂

생성된다　　마찰력은 또한 열을 일으킨다　　예를 들어　　당신이 손을 모아 빠르게 문지르면　　손은 더 따뜻해질 것이다
is produced. ⁷ **Friction also produces heat.** ⁸ **For example, / if you rub your hands together quickly, // they will get warmer.**
V₂　　　　　　　　　　　　　　　　　　　　接속사　　　　　　　S　　V　　C

마찰력은 유용한 힘일 수 있는데   그것이 우리의 신발이 바닥에서 미끄러지는 것을 방지하기 때문이다   우리가 걸을 때
⁹ Friction can be a useful force // because it prevents our shoes from slipping on the floor / when we walk /
　　　　　　　　　　　　　접속사　　❸V'₁

그리고 자동차 타이어가 도로에서 미끄러지는 것을 막기 때문이다   당신이 걸을 때   마찰력은 발생된다   (당신 신발의) 접지면과
and stops car tires from skidding on the road. ¹⁰ When you walk, // friction is caused / between the tread (on your shoes)
　　V'₂

땅 사이에서   땅을 꽉 붙잡아서 미끄러지는 것을 방지하는 기능을 한다
and the ground, / acting to grip the ground and (to) prevent sliding.
　　　　　　　　　분사구문(= and it acts ~)

▶ 구문 ❶ in which ~ to move는 선행사 the direction을 수식하는 관계사절이다. 관계대명사가 관계사절 내에서 전치사의 목적어로 쓰여 관계대명사 which 앞에 전치사 in이 위치했다.

❷ <the+비교급 ~, the+비교급 ...>은 '~하면 할수록 더 …하다'라는 뜻이다. The surface is rough. Friction is produced much. 문장에서 rough와 much를 비교급으로 바꿔 두 문장을 연결한 것이다.

❸ because절에서 동사 prevents와 stops가 접속사 and로 연결되었으며, <prevent[stop] A from v-ing>는 'A가 v하지 못하게 하다[v하는 것을 막다]'를 의미한다.

해석 ¹마찰력은 서로 엇갈려 미끄러지거나 미끄러지려고 하는 두 표면 사이의 힘이다. ²예를 들어, 당신이 바닥을 따라서 책을 쭉 밀려고 할 때, 마찰력이 이를 어렵게 만든다. ³마찰력은 항상 물체가 움직이고 있거나 움직이려고 하는 방향의 반대 방향으로 작용한다. ⁴그러므로 마찰력은 항상 움직이는 물체의 속도를 늦춘다. ⁵마찰력의 양은 표면 재료에 달려 있다. ⁶표면이 더 거칠수록, 더 많이 마찰력이 생성된다. ⁷마찰력은 또한 열을 일으킨다. ⁸예를 들어, 당신이 손을 모아 빠르게 문지르면, 손은 더 따뜻해질 것이다. ⁹마찰력은 유용한 힘일 수 있는데, 그것이 우리가 걸을 때

우리의 신발이 바닥에서 미끄러지는 것을 방지하고 자동차 타이어가 도로에서 미끄러지는 것을 막기 때문이다. ¹⁰당신이 걸을 때, 마찰력은 당신 신발의 접지면과 땅 사이에서 발생되며, 땅을 꽉 붙잡아서 미끄러지는 것을 방지하는 기능을 한다.

해설 주어진 문장은 손을 빠르게 문지르면 손이 따뜻해진다는 내용의 예인데 ④ 앞에서 마찰은 열을 발생시킨다고 했으므로 ④에 들어가는 것이 가장 적절하다.

10 ②

해석 모든 일자리 분야에는 그 분야만의 특별한 특징이 있고, 이것이 특정한 사람들을 그들 각자의 개인적인 이유로 (그 분야에) 끌어들인다.
① 정치는 주목받고 싶어 하는 사람들을 끌어들여서, 대중의 인정을 추구하는 사람들에게 적합하다.
② 교사들은 학생들의 시야에서 주의를 산만하게 하는 것들을 제거함으로써 학생들의 관심을 끈다.

해설 주어진 문장은 일자리의 특징에 맞는 특정한 사람들이 그 분야로 모인다는 내용이므로, 교사가 학생들의 관심을 끄는 구체적인 방식을 제시하는 ②는 예로 적절하지 않다.

11 ①

해석 사람들은 그들이 자란 환경과 익숙해진 것을 좋아하는 경향이 있다.
① 젊은 사람들은 그들의 가족과 문화에 이질적인 문화적 영향을 받아들일 가능성이 더 많다.
② 우리 아이들은 조부모의 문화로 돌아가야 한다고 들으면 소름 끼쳐할 것이다.

해설 ①은 주어진 문장과 정반대되는 예에 해당하므로 적절하지 않다.

12 ④

직독직해 역사 질병 확산을 막기 위한 도시 정비

건강과 질병의 확산은 매우 밀접하게 연관되어 있다   우리가 어떻게 사는지 그리고 우리 도시가 어떻게 운영되는지와   좋은 소식은 ~이다
¹ Health and the spread of disease are very closely linked / to how we live and how our cities operate. ² The good news is
　　　　S　　　　　　　　　　　　V　　　　　　　　　❶간접의문문 병렬　　　간접의문문 병렬　　　　S　　V

도시들이 믿을 수 없을 만큼 회복력이 있다는 것   많은 도시들은 과거에 유행병을 경험한 적이 있다   그리고 생존했을 뿐만 아니라
// that cities are incredibly resilient. ³ Many cities have experienced epidemics in the past / and have not only survived, /
　　접속사　　　　C　　　　　　　　　　S　　　　V₁　　　　　　　　　　　　　　　❷V₂

진보했다   19세기와 20세기 초에   파괴적으로 발생하는 것을 보았다   (콜레라, 장티푸스,
but (have) advanced. ① ⁴ The nineteenth and early-twentieth centuries / saw destructive outbreaks (of cholera, typhoid,
　　V₃

독감이)   유럽의 도시들에서   의사들은   (영국의 존 스노우, 독일의 루돌프 피르호와 같은)
and influenza) / in European cities. ② ⁵ Doctors (such as Jon Snow, from England, and Rudolf Virchow, of Germany), /
　　　　　　　　　　　　　　　　　　　　　　S

연관성을 발견했다   (열악한 생활 환경, 인구 과밀, 공중 위생과 질병 사이의)   인식은
saw the connection (between poor living conditions, overcrowding, sanitation, and disease). ③ ⁶ A recognition
V　　　　　　　　　　　　　　　　　　　　　　　　　　　　　　　　　　　　　　S

| (이 연관성에 대한) | 재설계와 재건축으로 이어졌다 | (도시의) | 유행병의 확산을 막기 위해 |

(of this connection) / led to the replanning and rebuilding (of cities) / to stop the spread of epidemics.
　　　　　　　　　　　V　　　　　　　　　　　　　　　　　　　　　　　　　　　　　부사적 용법(목적)

재건 노력에도 불구하고　　　　도시들은 많은 지역에서 쇠퇴했다　　　그리고 많은 사람들은 떠나기 시작했다
(④ ⁷ In spite of reconstruction efforts, / cities declined in many areas // and many people started to leave.)
　　　　　　　　　　　　　　　　　　　　S₁　　V₁　　　　　　　　　　　　　　S₂　　V₂

19세기 중반에　　　　　　　런던의 선구적인 하수 처리 시스템은　　　　오늘날에도 여전히 도움이 되는데
⑤ ⁸ In the mid-nineteenth century, / London's pioneering sewer system, // which still serves it today, /
　　　　　　　　　　　　　　　　　　S　　　　　　　　❸ 관계대명사(계속적 용법)　(= London)

중요성을 이해한 결과로서 만들어졌다　　　(깨끗한 물의)　　확산을 막는 데 있어　　(콜레라의)
was built as a result of understanding the importance (of clean water) / in stopping the spread (of cholera).
　V

▶ 구문 ❶ 의문사 how가 이끄는 간접의문문 형태의 명사절 두 개가 전치사 to의 목적어 역할을 하고 있다. 간접의문문은 <의문사+S′+V′>의 어순을 사용한다.
　　❷ <not only A but (also) B>는 'A뿐만 아니라 B도'라는 의미이며, 여기서는 A와 B에 동사 have survived와 advanced가 연결되어 있다. advanced 앞에는 현재완료를 구성하는 조동사 have가 생략되었다.
　　❸ which는 선행사 London's pioneering sewer system을 보충 설명하는 관계사절을 이끌며, and it의 의미를 나타내고 있다.

해석 ¹건강과 질병의 확산은 우리가 어떻게 사는지 그리고 우리 도시가 어떻게 운영되는지와 매우 밀접하게 연관되어 있다. ²좋은 소식은 도시들이 믿을 수 있을 만큼 회복력이 있다는 것이다. ³많은 도시들은 과거에 유행병을 경험한 적이 있고, 생존했을 뿐만 아니라 진보했다. ⁴19세기와 20세기 초에 유럽의 도시들에서 콜레라, 장티푸스, 독감이 파괴적으로 발생하는 것을 보았다. ⁵영국의 존 스노우, 독일의 루돌프 피르호와 같은 의사들은 열악한 생활 환경, 인구 과밀, 공중 위생과 질병 사이의 연관성을 발견했다. ⁶이 연관성에 대한 인식은 유행병의 확산을 막기 위해 도시의 재설계와 재건축으로 이어졌다. (⁷재건 노력에도 불구하고, 도시들은 많은 지역에서 쇠퇴했고 많은 사람들은 떠나기 시작했다.) ⁸19세기 중반에, 런던의 선구적인 하수 처리 시스템은 오늘날에도 여전히 도움이 되는데, 콜레라의 확산을 막는 데 있어 깨끗한 물의 중요성을 이해한 결과로서 만들어졌다.

해설 질병의 확산을 막기 위한 노력으로 도시가 진보하게 되었다는 내용의 글로 ① 이후는 이를 구체적인 사례를 들어 설명하고 있다. ④는 도시가 쇠퇴했다는 내용이므로 도시 진보의 사례와 반대된다.

오답확인 ②, ③ 의사들이 질병과 생활 환경의 연관성을 발견해서 도시를 재건하게 되었다는 내용으로 흐름이 자연스럽다.

Chapter 02 A = B(말바꿈·요약)

Stage 1 Concept의 찬찬 이해

p.22

1 **해석** ¹개구리는 어떤 지역의 환경 건강을 아주 잘 드러내 준다. ²즉, 엄청난 개구리 개체 수를 지탱하는 환경은 깨끗한 물과 공기를 갖고 있을 가능성이 매우 높다. ³노력을 수반하는 다른 어떤 것과 마찬가지로, 동정심은 연습이 필요하다. ⁴우리는 다른 사람들이 어려운 시기에 그들과 함께하는 습관이 몸에 배도록 노력해야 한다. ⁵사회적 운동, 예를 들어 동물 권리 운동, 노동자 운동 ⁶그들이 가장 좋아하는 두 가지 활동, 즉 수영과 달리기

2 **해석** ⁷우리는 종종 말을 하고 이해하는 우리의 능력을 당연한 것으로 여기고, 우리가 보통 우리의 심장, 뇌, 혹은 간의 작용에 큰 관심을 기울이지 않는 것처럼 그것을 많이 생각해보지 않는다. ⁸요약하면, 우리는 말과 그것이 우리에게 갖는 의미를 간과하는 경향이 있다. ⁹오늘날의 기업들은 지식 근로자들의 경력을 이제는 관리하고 있지 않기 때문에 우리는 각각 우리 스스로의 최고 경영자가 되어야 한다. ¹⁰간단히 말하자면, 직장 생활 동안 스스로를 계속 생산적이게 유지하는 것은 당신에게 달려 있다. ¹¹발견의 역사에서, 우리에게 중요한 교훈은 우리가 과학적 발견이 최종적인 답을 준다고 생각하고 싶어 하지만 보통 우리가 그 대신에 얻는 것은 더 많은 의문이라는 것이다. ¹²모든 훌륭한 발견은 예기치 않은 우리의 무지를 드러낸다.

CHECK UP ✓

1 **=**

해석 A: 의사 결정자는 과거에 어떤 일이 다 끝났을 때 무슨 일이 있어났는지에 근거하여, 현재 어떤 일이 끝나면 무슨 일이 일어날 것인지를 예측한다.

B: 의사 결정자는 미래를 예측하는 데 과거를 이용한다.

해설 B 문장은 A 문장의 내용을 짧게 줄여 말한 것이므로 요약에 해당한다.

2 **⊇**

해석 A: 모든 살아 있는 언어는 변하지만, 변화의 속도는 때에 따라 그리고 언어에 따라 다양하다.

B: 현대 아이슬란드인들은 중세 시대의 아이슬란드 영웅 전설을 읽는 것이 그리 어렵지 않다고 생각한다.

해설 B는 현대 아이슬란드 언어가 중세 시대와 비슷하다는 의미이므로 언어 변화의 속도가 느린 예에 해당한다.

1 ②   2 ①   3 ⑤   4 ⑤   5 ③   6 ①   7 ◯   8 ◯   9 ✕   10 ✕   11 ◯   12 ③

1 ②

해석 전보를 보내는 것은 사람들이 적응할 힘을 준다. 전보를 보내는 것은 다가오는 사건이나 상황을 보고 다른 이들에게 그 변화를 처리하고 받아들일 충분한 시간을 주는 기술을 포함한다.
① 통합할 ③ 반대할 ④ 경쟁할 ⑤ 회복할

해설 변화를 처리하고 받아들일 시간을 준다는 것은 '적응할' 힘을 주는 것과 같은 의미이므로 정답은 ②이다.

구문 • Telegraphing involves / the art (of seeing an upcoming event or circumstance and giving others *enough time* (to process and accept the change)).
전치사 of의 목적어로 쓰인 v-ing(동명사)구가 and로 연결되었다.

2 ①

해석 연구는 협조적 환경에 있는 사람들이 전통적이고 '경쟁적'이며, 이기고 지는 환경에 있는 사람들보다 더 잘 수행함을 보여 준다. 즉, 협동은 더 나은 결과를 낳는다.
② 과로는 스트레스의 주된 원인이다
③ 협동은 근무 시간을 줄이지 않는다
④ 경쟁은 시장에서 필수적이다
⑤ 많은 직업은 독립적으로 일하는 능력을 요구한다

해설 협조적 환경의 사람들이 더 잘 수행한다는 것은 협동이 더 나은 결과를 낳는다는 말로 요약해서 표현할 수 있으므로 정답은 ①이다.

3 ⑤

해석 두뇌와 신체가 '최고조의' 시간일 때보다 덜 기민할 때, 창의력이라는 뮤즈가 깨어나 더 자유롭게 거닐게 된다. 즉, '차렷' 자세로 있을 때보다는 정신적 기계가 느슨할 때 창의력이 술술 나온다.
① 정신은 생각을 멈춘다
② 스트레스는 사라질 것이다
③ 계속 기민하게 있는 것은 쉽다
④ 신체는 회복한다

해설 덜 기민할 때라는 것은 정신적 기계가 느슨한 때이고, 그때 창의력이라는 뮤즈가 깨어나 자유롭게 거닌다고 했으므로 이는 ⑤와 같이 요약해서 표현할 수 있다.

4 ⑤

해석 우리의 두뇌는 뛰어난 시뮬레이터라서, 우리 대부분은 다른 사람들의 마음에 들어갈 수 있다. 우리는 다른 사람의 생각, 의도, 그리고 가능한 행동이 무엇일지를 상상하기 위해 그 사람의 입장이 되어 생각할 수 있다.
① 우리의 감정을 통제할
② 추상적 아이디어를 발전시킬
③ 빠른 판단을 내릴
④ 새 환경에 적응할

해설 다른 사람의 생각이나 의도를 상상하기 위해 그 사람의 입장이 되어 생각할 수 있다는 것은 곧 다른 사람들의 마음에 들어갈 수 있다는 것이므로 ⑤가 가장 적절하다.

5 ③

해석 작은 것들에서 큰 것들이 자란다는 것을 아는 것이 중요하다. 다시 말해서, 우리는 겉보기에는 사소한 것들에 있는 힘을 늘 보지는 못할 수 있지만, 사소해 보이는 것은 보통 그렇지(= 사소하지) 않다.
① 큰 것을 생각하고, 큰 목표를 갖고, 지금 행하는
② 원하는 것을 성취하도록 동기 부여되는
④ 환경 문제에 관한 지식을 넓히는
⑤ 좋은 결정이 나쁜 결과로 이어질 수 있다는 것을 기억하는

해설 '무엇'을 하는 것이 중요한지를 In other words가 이끄는 말바꿈 문장을 통해 추론해야 한다. 사소한 것에 힘이 있고 사소해 보이는 것이 그렇지 않다는 것은, 곧 사소한 것을 중요하게 생각해야 한다는 것이다. 이를 바꿔 표현한 것으로 가장 적절한 것은 ③이다.

구문 • ~, we may not always see / the power (in the seemingly insignificant), // but what seems insignificant is often not (insignificant).
(S₁ = we, V₁ = may not always see, O = the power, S₂ = what seems insignificant, V₂ = is often not, C = insignificant)
두 번째 절에서 문장의 보어인 insignificant가 반복되어 생략되었다.

6 ①

해석 만약 당신이 자신의 재능과 기술을 다양화할 수 없다면, 그때는 당신 주변에 보완할 다른 사람들을 두는 것이 아마 아주 효과가 있을 것이다. 모든 새로운 아이디어가 기존 개념들을 창의적인 방식으로 결합하는 것에서 온다고 믿으면서, 기업 컨설턴트인 프란스 요한슨은 기업체에서 가능한 최고의 해결책, 전망, 그리고 혁신을 불러일으키기 위해 직원 채용에 있어 배경, 경험, 그리고 전문 지식의 조합을 활용할 것을 추천한다.
② 스스로를 되돌아볼 시간을 갖는 것
③ 과거의 실수를 바로잡는 것
④ 자신의 강점을 극대화하는 것
⑤ 구체적인 목표를 설정하는 것

해설 자신의 재능과 기술을 다양화할 수 없다면 '어떻게' 하는 것이 효과가 있을지를 추론해야 한다. 전문가의 말을 빌려 기업체에서 여러 배경의 직원들을 채용할 것을 추천한다는 설명과 의미가 같은 것은 ①이다.

구문 • Believing // that all new ideas come from combining existing notions in creative ways, / business consultant Frans Johansson recommends / utilizing a mix of backgrounds, ~ in business.
(접속사 that, S' = all new ideas, V' = come, S = business consultant Frans Johansson, V = recommends, O = utilizing a mix of backgrounds)
Believing은 부대상황의 분사구문을 이끌며, utilizing ~ in business는 recommends의 목적어이다.

7 ○

해석 우리가 텔레비전을 더 많이 볼수록 우리는 사회 연결망 속에서 우리 시간을 자진해서 내거나 사람들과 함께 시간을 보낼 가능성이 더 적다. 다시 말해서, 우리가 '프렌즈' 시트콤에 시간을 더 많이 낼수록, 실제 삶에서 친구를 위한 시간을 덜 가지게 된다.

해설 사회 연결망(인간관계)에 시간을 보낼 가능성이 적은 것은 친구를 위한 시간을 덜 가지게 된다는 것과 흐름이 자연스럽게 이어진다. 말바꿈 연결어 (in other words)가 사용되었지만, For example로 바꿔도 자연스러운 경우이다.

---

8 ○

해석 지혜란 습관적이지 않은 방식으로 상황을 보는 것이라 할 수 있다. 즉, 그것은 다르고 훨씬 영리한 관점으로 오래된 문제를 볼 수 있는 것이다.

해설 That is 이하는 a non-habitual manner에 대한 설명이므로 흐름이 자연스럽다.

---

9 ×

해석 효과적인 글쓰기에 관한 한, 간결함이 핵심이다. 다시 말해, 더 적은 단어를 사용하는 규칙에 한 가지 예외가 있는데, 그것은 무언가를 설명하는 것에 관해서이다.

해설 간결한 글쓰기에 대한 주장 뒤에, 그것에 대한 예외를 설명하는 것이므로 But이나 However가 와야 한다.

---

10 ×

해석 동물의 의사소통은 그 당시만을 위한 것으로 설계된 것 같으며, 그것은 시간과 장소가 멀리 떨어진 일을 말하기 위해서는 효과적으로 사용될 수 없다. 간단히 말해서, 우리의 의사소통은 어느 때, 어느 장소에 대해서도 있을 수 있다.

해설 앞 문장은 동물 의사소통의 한계를 설명한 것인데, 이어지는 내용은 우리 인간의 의사소통은 그렇지 않음을 대조하고 있으므로 In contrast 등이 와야 한다.

---

11 ○

해석 점성학을 믿는 사람들은 점성술이 '들어맞을' 때마다 점성학이 실제로 효과가 있다는 확증으로 받아들이지만, 점성술이 틀릴 때마다 그들은 그것이 점성학이 사기라는 증거는 아니라고 여긴다. 간단히 말해, 사람들은 자신의 믿음을 뒷받침하는 증거는 중요시하고 모순되는 증거는 무시하는 경향이 있다.

해설 점성학을 믿는 사람들은 그것이 들어맞으면 효과가 있다는 확증으로 받아들이지만, 틀리더라도 사기로는 받아들이지 않으므로, 이를 요약하면 믿음을 뒷받침하는 증거를 중요시하고 모순되는 증거는 무시한다는 내용과 잘 연결된다.

---

12 ③

직독직해 [교훈] 성공하려면 현실적인 낙관주의자가 되어야 한다

성공하기 위해서는　　(~을) 이해할 필요가 있다　　중요한 차이점을　　(성공할 것으로 생각하는 것)
¹ To be successful, / you need to understand / the vital difference (between believing (that) you will succeed, /
　부사적 용법(목적)　　　　　　　　　　　　　　　　　　　　❶ v-ing(동명사)구 병렬

그리고 쉽사리 성공할 것으로 생각하는 것 사이의)　　다시 말해서　　그것은 차이점이다　　(현실적인 낙관주의자인 것)
and believing (that) you will succeed easily). (B) ² Put another way, / it's the difference (between being a realistic optimist, /
　　　v-ing(동명사)구 병렬　　　　　　　　　　　　　　　　　　　　　　　　v-ing(동명사)구 병렬

그리고 비현실적인 낙관주의자인 것 사이의)　현실적인 낙관주의자들은 (~라고) 생각한다　자신들이 성공할 것이라고　그러나 또한 (~라고) 생각한다
and (being) an unrealistic optimist). ³ Realistic optimists believe / (that) they will succeed, // but also believe /
　v-ing(동명사)구 병렬　　　　　　　　　　　　S　　V₁　　접속사　S'　　V'　　　　　　V₂

자신들이 성공을 일어나게 해야 한다고　　　일들을 통해서　　(신중한 계획과 적절한 전략을 선택하는 것과 같은)
(that) they have to make success happen— / through things (like careful planning and choosing the right strategies).
접속사　S'　　V'　　O'　C'

그들은 인식한다　필요성을　(곰곰이 생각할　　어떻게 장애물을 처리할지를)　이러한 준비는 증가시킬 뿐이다
(C) ⁴ They recognize / the need (for giving serious thought to / how they will deal with obstacles). ⁵ This preparation only
　　　　　　　　　　　　　　　　　　　　　❷

그들의 자신감을　(능력에 대한　(그들의 일을 완수하는))　비현실적인 낙관주의자들은　　반대로
increases / their confidence (in their own ability (to get things done)). (A) ⁶ Unrealistic optimists, / on the other hand, /
　　　　　　　[　　=　　]　　　　　　　　　　　　S

믿는다　성공이 그들에게 일어날 것임을　　만천하가 그들에게 보상할 것임을　자신들의 모든 긍정적 사고에 대해
believe // that success will happen to them— / that the universe will reward them / for all their positive thinking, /
　V　　접속사　　　O　　　　　　　접속사

또는 어떻게든 자신들이 하루아침에 바뀔 것임을　　(~한) 종류의 사람으로　[장애들이 더 이상 존재하지 않는]
or that somehow they will be transformed overnight / into *the kind of person* [for whom obstacles don't exist anymore].
접속사　　　　　　　　　　　　　　　　　　　　전치사+관계대명사

▶ **구문 ❶** <between A and B>는 'A와 B 사이의'를 의미하며, 여기서는 A와 B 자리에 v-ing(동명사)구가 왔다. believing 뒤에는 접속사 that이 생략되었다.
　　❷ 의문사 how가 이끄는 명사절(간접의문문)이 전치사 to의 목적어 역할을 하고 있다. 의문사가 이끄는 명사절이 목적어로 쓰일 경우 <의문사(how)+S'(they)+V'(will deal with)>의 간접의문문 어순을 사용한다.

해석 ¹성공하기 위해서는, 성공할 것으로 생각하는 것과 쉽사리 성공할 것으로 생각하는 것 사이의 중요한 차이점을 이해할 필요가 있다. (B) ²다시 말해서, 그것은 현실적인 낙관주의자인 것과 비현실적인 낙관주의자인 것 사이의 차이이다. ³현실적인 낙관주의자들은 자신들이 성공할 것이라고 생각하지만, 또한 신중한 계획과 적절한 전략을 선택하는 것과 같은 일들을 통해서 성공이 일어나게 해야 한다고도 생각한다. (C) ⁴그들은 어떻게 장애물을 처리할지를 곰곰이 생각할 필요성을 인식한다. ⁵이런 준비는 그들의 일을 완수하는 능력에 대한 자신감을 증가시킬 뿐이다. (A) ⁶반대로, 비현실적인 낙관주의자들은 성공이 자신들에게 일어날 것, 즉

자신들의 모든 긍정적 사고에 대해 만천하가 보상해줄 것이라거나, 또는 어떻게든 자신들이 하루아침에 장애물이 더 이상 존재하지 않는 종류의 사람으로 바뀔 것임을 믿는다.

해설 (B)는 말바꿈 연결사로 시작하는데 이는 주어진 문장을 바꿔 말한 것이므로 (B)가 맨 처음에 와야 한다. (C)의 They는 문맥상 (B)의 Realistic optimists에 대한 설명과 연결되고, 이에 대비되는 unrealistic optimists에 대한 설명이 (A)에 해당하므로 (B)-(C)-(A)의 순서가 적절하다.

Chapter 03 A ↔ B(역접)

Stage 1 Concept의 찬찬 이해   p.30

1 해석 ¹당신은 표절을 피하기 위해 (사람들이) 잘 아는 말에 대해서는 출처를 밝혀야 할 일이 드문데, 왜냐하면 사람들은 당신이 그것들을 만들지 않았음을 명백하게 알기 때문이다. ²그러나 당신의 것으로 오해받을지도 모르는 빌려온 자료는 어떤 것이라도 그 출처를 반드시 나타내야 한다. ³직원들을 지도하고 효과적인 피드백을 주는 법을 관리자들에게 가르치는 데 매년 수백만 달러와 수천 시간이 들어간다. ⁴그러나 이런 훈련의 상당 부분은 효과적이지 않고, 많은 관리자들은 여전히 형편없는 코치로 남아 있다.

2 해석 ⁵미국에서는, 사람들이 얼음까지 넣은 차가운 음료를 선호한다. ⁶한편, 유럽에서는 그 반대가 사실이다. ⁷너는 식탁을 차리고 장식해도 돼. ⁸그동안에 나는 저녁 식사 요리를 시작할게. ⁹사람들은 좀처럼 수직 운송의 중대한 역할을 고려하지 않는다. ¹⁰사실은[실제로는], 전 세계의 높은 건물에서 매일 70억 번보다 많은 엘리베이터 이동이 이루어진다. ¹¹오페라 가수와 건조한 공기는 잘 어울리지 않는다. ¹²사실, 최고의 전문 성악가들은 정확한 음높이에 이르는 것을 돕기 위해서 습한 환경을 요구한다.

3 해석 ¹³수요의 법칙은 가격이 하락함에 따라 상품과 서비스에 대한 수요가 증가하고, 가격이 상승함에 따라 수요가 감소하는 것이다. ¹⁴'기펜재'는 전통적인 수요의 법칙이 적용되지 않는 특수한 유형의 상품이다.

CHECK UP ✅

1 ②

해석 많은 사람은 과거의 실패에 근거하여 미래에 무슨 일이 일어날지를 생각하고 그것에 갇혀버린다. ① 당신이 이전에 특정 분야에서 실패

한 적이 있다면, 같은 상황에 직면할 때, 당신은 미래에 일어날지도 모를 일을 예상하고, 그렇게 되면 두려움이 당신을 과거에 가둔다. ② 결정의 근거를 과거가 어땠는지에 두지 마라. ③ 당신의 미래는 당신의 과거가 아니고 당신에게는 더 나은 미래가 있다.

해설 ② 앞은 과거의 실패로 인한 두려움이 우리를 과거에 가둔다는 내용이고 뒤는 결정의 근거를 과거에 두지 말라는 것이므로 앞뒤 문맥이 상반된다. 따라서 정답은 ②이다.

오답확인 ① 뒤의 문장은 앞 문장을 상세히 설명한 것이고, ③ 뒤의 문장은 바로 앞 문장의 주장을 뒷받침하는 것이므로 역접이 아니다.

2 ②

해석 어떤 사람들은 사회 과학이 자연 과학에 뒤처지고 있다고 생각한다. ① 그들은 사회 과학이 정확한 법칙을 가지고 있지 않을 뿐만 아니라 인종 차별, 범죄, 가난, 그리고 전쟁과 같은 거대한 사회악을 없애는 데에도 실패했다고 주장한다. ② 그러한 비판자들은 대개 사회 과학의 진정한 본질과 그것의 특수한 문제와 기본적인 한계를 알지 못하고 있다. ③ 비록 사회 과학자들이 사회 발전을 이루기 위해 합리적으로 준수될 수 있는 절차를 찾는다 할지라도 그들은 좀처럼 사회적 행동을 통제할 위치에 있지 않다.

해설 ②의 앞 내용은 사회 과학에 대한 비판인데 뒤는 이를 반박하는 것이므로 내용이 상반된다. 따라서 정답은 ②이다.

오답확인 ① 뒤의 문장은 앞 문장에 대한 근거를 상세히 설명한 것이고, ③ 뒤의 문장은 앞에서 언급한 사회 과학의 특수한 문제와 한계에 대해 상세히 설명하는 것이므로 역접이 아니다.

1 ② → ①　　2 ② → ①　　3 ① → ②　　4 ① → ②　　5 ④　　6 ②　　7 ④　　8 ②　　9 ①　　10 ③

1 ② → ①

해석 비록 용이 인류 역사 내내 많은 이야기에서 중요한 역할을 하지만, 그것들은 항상 인간 상상력의 산물이었고 결코 존재하지 않았다.
② 하지만, 공룡들은 한때 정말로 살았다.
① 비록 인간이 한 번도 보지 못했지만, 그것들은 아주 오랫동안 지구를 거닐었다.
해설 역접 연결어 however 이하의 내용은 공룡이 살았다는 것이므로, 용이 존재하지 않았다는 내용인 주어진 문장 뒤에 와야 한다. ①의 They는 문맥상 공룡을 가리키므로 ② → ①이 자연스럽다.

2 ② → ①

해석 체중을 빼는 것이든, 우승하는 것이든, 어떤 다른 목표를 달성하는 것이든, 우리는 모두가 이야기할 세상을 뒤흔드는 어떤 향상을 이뤄내도록 우리 자신에게 압박을 가한다.
② 한편, 1퍼센트 향상하는 것은 특별히 눈에 띄지는 않지만, 장기적으로는 훨씬 더 의미 있을 수 있다.
① 이 작은 향상이 시간이 지남에 따라 만들 수 있는 차이는 놀랍다.
해설 주어진 문장의 세상을 뒤흔드는 향상은 ②의 1퍼센트 향상과 대조되고 ①의 this tiny improvement는 1퍼센트 향상을 가리키는 것이므로 ② → ①이 자연스럽다.

3 ① → ②

해석 전자 기기에서 나오는 기계 소리와 그룹 활동에서 나오는 사람들의 소음 때문에, 현대의 학교 도서관은 더 이상 한때 그랬던 조용한 구역이 아니다.
① 그래도 도서관은 여전히 공부와 독서를 위해 정숙을 제공해야 하는데, 왜냐하면 많은 우리 학생들이 조용한 공부 환경을 원하기 때문이다.
② 도서관 환경에 대한 이러한 요구를 고려해 볼 때, 원치 않는 소음이 제거되거나 적어도 최소한으로 유지될 수 있는 공간을 고안하는 것이 중요하다.
해설 ①은 역접 연결어인 Yet으로 시작하여 도서관이 조용해야 한다는 내용이므로 앞에는 도서관이 조용하지 않다는 내용, 즉 주어진 문장이 있어야 한다. ②의 this need는 ①의 내용을 대신하는 것이므로 ① → ②가 자연스럽다.
구문 • Considering this need for library surroundings, / it is ⟨가주어⟩
important to design *spaces* [where unwanted noise can be ⟨진주어⟩　⟨관계부사⟩
eliminated or at least kept to a minimum]. ⟨p.p. 병렬⟩　　　⟨p.p. 병렬⟩
it은 가주어, to-v 이하가 진주어이다. 관계부사 where가 이끄는 절은 선행사 spaces를 수식하며 관계부사절에서 can be 뒤에 eliminated와 kept가 or로 연결되어 있다.

4 ① → ②

해석 직장에서 사람들은 자신과 꼭 닮은 사람을 고용하는 경향이 있어 왔다.
① 이것은 과거에는 효과가 있었을지도 모르지만, 오늘날에는 상호 연결된 팀의 업무 과정 때문에 우리는 똑같은 사람들을 원하지 않는다.
② 팀 내에서 어떤 이들은 지도자일 필요가 있고, 어떤 이들은 실천가일 필요가 있으며, 어떤 이들은 창의력을 제공할 필요가 있고, 어떤 이들은 영감을 주는 사람일 필요가 있으며, 어떤 이들은 상상력을 제공할 필요가 있다는 것 등이다.
해설 ①의 This는 주어진 문장의 내용을 받으며, 이어서 이와 대조되는 현재의 경향을 설명하므로 주어진 문장 뒤에 와야 한다. ②는 ①에서 말한 내용을 예를 들어 구체적으로 설명해주는 것이다. 따라서 ① → ②가 자연스럽다.

5 ④

직독직해	사회	개인적 문제 행동의 원인은 개인이 아닌 경제, 사회 문제

당신은 누군가 말하는 것을 들어본 적이 있는가　　　"그는 자신 외에 탓할 사람이 없다"라고　　　어떤 문제에 대해　　　일상생활에서
¹ Have you heard someone say, / "He has no one to blame but himself" / for some problem? ² In everyday life /

우리는 흔히 사람들 탓으로 돌린다　　그들 자신의 문제를 '만들어 내는' 것을　　　비록 개인의 행동이 사회 문제의 원인이 될 수도 있지만
we often blame people / for "creating" their own problems. ³ Although individual behavior can contribute to social
　　　　　　　　　　　　　　　　　　　　　⟨접속사⟩　　　　　S'　　　　　　　V'

　　　　　　우리의 개인적 경험은 흔히 ~이다　　　우리 자신의 통제를 크게 넘어선다　　　그것들은 결정된다　　　사회
problems, // our individual experiences are often / largely beyond our own control. ⁴ They are determined / by society
　　　　　　　　S　　　　　　　V　　　　　　　　　　C　　　　　　　　　　(= our individual experiences)

전체에 의해　　　　즉 사회의 역사적 발달과 구조에 의해　　　만약 어떤 사람이 빚에 빠진다면　　　과소비나
as a whole — / by its historical development and its organization. ⁵ If a person sinks into debt / because of overspending
　　　　　　　　　　　　　　　　　　　　　　　　　　　　　　⟨접속사⟩

신용 카드의 남용 때문에　　다른 사람들은 흔히 그 문제를 (~로) 간주한다　　결과로　　(그 사람의 개인적 실패의)
or credit card abuse, // other people often consider the problem / to be the result (of the individual's personal failings).
　　　　　　　　　　　　S　　　　　　V　　　　　　O　　　　　　C

하지만　　그것을 이런 식으로 생각하는 것은　　빚을 간과한다　　(저소득층에 있는 사람들 사이의　　[빚 이외에는 다른 방법이 없는
⁶ However, / thinking about it this way / overlooks debt (among *people in low-income brackets* [who have no other way than
　　　　　　　❶S　　　　　　　　　　V　　　O　　　　　　　　　　　　　　　　　　　⟨관계대명사⟩

기본 생활 필수품을 얻기 위해])　　대조적으로　　　　중상위 소득 수준에서　　　　　　과소비는

debt / to acquire basic necessities of life]). ⁷ By contrast, / at middle- and upper-income levels, / overspending takes on
　　　　부사적 용법(목적)　　　　　　　　　　　　　　　　　　　　　　　　　　　　　　　　　S　　　V

다양한 의미를 지닌다　　　(보통 영향받는　　사람들이 (~라고) 생각하는 것에　　자신의 행복에 필수적이라고　　　그리고

a variety of meanings (typically influenced / by what people think of / as essential for their well-being / and associated
　　　　❶　　　　　　　　　　　　　❷

소위 '행복한 삶'과 관련된　　　　[아주 많이 광고되는])　　　하지만 소득과 부의 수준 전체에 걸쳐　　　더 큰 규모의 경제적,

with the so-called "good life" [that is so heavily marketed]). ⁸ But across income and wealth levels, / larger-scale economic
　　　　　　　　　　　관계대명사

사회적 문제들은　　　영향을 미칠지도 모른다　　개인의 능력에　　　(소비자 상품과 서비스의 비용을 지불하는)

and social problems / may affect / the person's ability (to pay for consumer goods and services).

▶ **구문 ❶** 동명사(v-ing)가 이끄는 명사구 주어는 단수 취급하므로 단수동사 overlooks가 왔다.
　　❷ 전치사 by의 목적어로 관계대명사 what이 이끄는 명사절이 왔다. influenced와 associated with가 이끄는 두 개의 과거분사구가 and로 연결되어 a variety of meanings를 수식한다.

해석 ¹당신은 어떤 문제에 대해 "그는 자신 외에 탓할 사람이 없다"라고 누군가 말하는 것을 들어본 적이 있는가? ²일상생활에서 우리는 흔히 사람들이 자신의 문제를 '만들어 내는' 것을 그들 탓으로 돌린다. ³비록 개인의 행동이 사회 문제의 원인이 될 수도 있지만, 우리의 개인적 경험은 흔히 우리 자신의 통제를 크게 넘어선다. ⁴그것들은 사회 전체, 즉 사회의 역사적 발달과 구조에 의해 결정된다. ⁵만약 어떤 사람이 과소비나 신용 카드의 남용 때문에 빚에 빠진다면, 다른 사람들은 흔히 그 문제를 그 사람의 개인적인 실패의 결과로 간주한다. ⁶하지만, 그것을 이런 식으로 생각하는 것은 기본 생활 필수품을 얻기 위해 빚 이외에는 다른 방법이 없는 저소득층에 있는 사람들 사이의 빚을 간과한다. ⁷대조적으로, 중상위 소득 수준에서 과소비는 사람들이 보통 자신의 행복에 필수적이라고 생각하는 것에 영향받고, 아주 많이 광고되는 소위 '행복한 삶'과 관련된 다양한 의미를 지닌다. ⁸하지만 소득과 부의 수준 전체에 걸쳐, 더 큰 규모의

경제적, 사회적 문제들이 소비자 상품과 서비스의 비용을 지불하는 개인의 능력에 영향을 미칠지도 모른다.

해설 역접 연결사 However(하지만)가 이끄는 주어진 문장은, 앞 내용이 필수품을 사기 위해 저소득층이 어쩔 수 없이 빚을 지게 되는 상황을 간과하는 '생각'이라는 것이므로, 빚을 과소비 등의 개인적 실패로 '여긴다'는 내용 뒤인 ④가 적절하다. 주어진 문장이 ④에 위치하면 뒤에 By contrast(대조적으로)로 이어지는 중상위 소득 수준에서 생각하는 과소비의 의미가 저소득층 소비와 대조되는 흐름과도 자연스럽다. 따라서 정답은 ④이다.

오답확인 ③ 앞에서는 우리의 개인적 경험이 사회 전체에 의해 결정된다고 했는데, 이는 '생각'에 해당하지 않을 뿐 아니라, 이를 주어진 문장의 thinking about it this way로 넣어 생각하면 흐름이 매우 어색하다.

---

6 ②

해석 중국인들은 쌀값이 떨어질 때 쌀을 덜 구매하는 경향이 있다. 이것의 이유는, 쌀값이 떨어지면 사람들이 고기나 유제품과 같은 다른 종류의 상품에 쓸 돈을 더 많이 가지게 되고, 따라서 소비 패턴을 바꾸기 때문이다. 반면에 쌀값이 오르면, 사람들은 더 많은 쌀을 섭취한다.
① 더 많은 고기를 주문한다
③ 새로운 직업을 찾으려고 노력한다
④ 그들의 저축을 늘린다
⑤ 해외에 투자하기 시작한다

해설 쌀값이 오르면 사람들이 '무엇'을 하는지를 추론해야 한다. 앞에서 쌀값이 떨어지면 '쌀을 덜 구매한다'고 했으므로 '쌀을 더 구매한다'는 내용과 가까운 ②가 적절하다.

오답확인 ① 고기 구매를 늘리는 것은 쌀값이 떨어지는 때이므로 적절하지 않다.
④ price, spend 등의 단어에서 savings가 연상되긴 하지만 이에 대해서는 언급되지 않았다.

구문 • The reason (for this) is, // (that) (when the price of rice
　　　　　　　S　　　　　　　V　　접속사

falls), / people have more money to spend on other types of
　　　　　　　　　V'₁

products (such as meat and dairy) / and, therefore, change
　　　　　　　　　　　　　　　　　　　　　　　　　　V'₂

their spending pattern.

that 이하는 동사 is의 보어로 쓰인 명사절이다. when ~ falls는 설명을 덧붙이기 위해 콤마(,) 사이에 삽입된 절이다. 보어 역할을 하는 명사절에서 동사 have와 change가 and로 연결되었다.

---

7 ④

해석 서구 세계에서, 시간은 일정불변의 것이며 인간의 욕구는 시간의 굽히지 않는 요구에 적응해야 한다. 일은 정확한 시간에 올바른 순서로 처리되어야 한다. 대조적으로, 비서구권 문화에서 시간은 사람들의 필요에 맞추기 위해 굽혀야 하는 하인으로 여겨진다. 일정은 유연한 것으로 이해된다.
① 무한한 ② 엄격한 ③ 일시적인 ⑤ 주요한

해설 비서구권 문화에서 일정이 '어떻게' 이해되는지를 추론해야 한다. 서구 세계에서 일을 정확한 시간에 처리한다는 내용과 역접 관계이므로 비서구권에서는 시간을 변동 가능한 것, 즉 '유연한' 것으로 여긴다는 내용이 되어야 한다.

---

8 ②

해석 당신의 목표는 스스로를 향상시키는 것인가 아니면 다른 사람들보다 더 잘하는 것인가? 다른 사람들보다 더 뛰어나고자 하는 사람들은 더 '부정직'하며 동료들과 정보를 공유할 가능성이 적다. 대조적으로, 스스로를 향상시키려고 노력하는 사람들은 상당히 개방적이다. 만약에 목표가 스스로를 향상시키는 것이라면, 그것을 하는 한 가지 방법은 매우 다른 사람과 협력적이게 되는 것이다.
① 정보를 공개하는 것에 조심스러운
③ 가진 것에 대해 겸손한

④ 직장에서 경쟁적인

⑤ 스스로에 대해 자신감 있는

해설 스스로를 향상시키는 방법이 '무엇'인지를 추론해야 한다. 다른 사람들보다 뛰어나고자 하는 사람의 방법과 역접 관계로 이어지고 있으므로 정직하며 동료들과 정보를 공유한다는 내용이 되어야 한다. 이를 적절히 표현한 것은 ②이다.

구문 • *Those* [who are trying to be superior to others] / are
(= The people)   V

more "dishonest" and less likely to share ~.
        C₁   C₂

those who ~는 '~하는 사람들'이라는 뜻으로 뒤에 나오는 관계사절이 those의 의미를 한정해준다.

---

9 ①

해석 서구의 클래식 음악회에는 침묵에 대한 강조와 움직임, 음식과 음료에 대한 제한이 있다. 좀 더 세계적인 관점에서 보면, 그것은 예외이다. 다른 배경에서는 움직임, 특히 춤, 소리를 낼 자유, 음식과 음료의 섭취는 음악 경험에 있어 흔히 필수적인 것이다.

② 도전 ③ 통찰력 ④ 동기 ⑤ 대안

해설 역접 연결어는 없지만, 문맥상 서구의 클래식 음악회가 다른 문화의 음악회들과 대조된다. 그러므로 세계적인 관점에서 볼 때, 서구의 음악회는 ① '예외'가 적절하다.

구문 • (Being) Viewed from a more global point of view, / that
       분사구문(= If that is viewed ~)   (= 앞 내용 전체)

is an exception.

과거분사 Viewed로 시작하는 분사구문은 '수동'의 의미로 앞에 Being이 생략된 형태이다.

---

10 ③

직독직해 [사회 과학] 편견이 생존에 주는 이로움

¹ 여기 불편한 진실이 있다   즉, 우리는 모두 편향되어 있다는 것이다   모든 인간은 영향을 받는다   무의식적인 편견에 의해   [우리가 (~하도록) 이끄는
¹ Here's the unpleasant truth: // we are all biased. ² Every human being is affected / by *unconscious biases* [that lead us /
   V   S   관계대명사   V'   O'

부정확한 가정을 하도록   다른 사람들에 대해]   모두가 그렇다   어느 정도   편견은 필수적인 생존 기술이다
to make incorrect assumptions / about other people]. ³ Everyone. ⁴ To a certain extent, / bias is a necessary survival skill.
                      C'

당신이 초기의 인류라면   (가령 호모 에렉투스처럼)   (정글을 이리저리 걸어 다니는)   당신은 동물이 다가오고 있는 것을 볼지도 모른다
⁵ If you're *an early human*, / (perhaps *Homo Erectus*), / (walking around the jungles), // you may see an animal approaching.
접속사   ❶   ❷   V   O   C

당신은 매우 빠른 가정을 해야 한다   (그 동물이 무해한지 아닌지에 대해서)   오직 동물의 겉모습만 근거로 하여
⁶ You have to make very fast assumptions (about whether that animal is safe or not), / based solely on its appearance.
                                                        ❸

마찬가지이다   다른 인류에 대해서도   당신은 순간적인 결정을 내린다   (위협에 대해)   충분한 시간을 갖기 위해
⁷ The same is true / of other humans. ⁸ You make split-second decisions (about threats) / in order to have plenty of *time*
                                                                                        부사적 용법(목적)

(도망갈)   필요하다면   이는 한 근원일 수 있다   (우리 성향의)   (다른 사람들을 범주로 나누고 분류하는
(to escape), / if necessary. ⁹ This could be one root (of our tendency (to categorize and label others /
형용사적 용법

그들의 외모와 옷을 근거로 하여))
based on their looks and their clothes)).

▶ **구문** ❶ walking around the jungles는 an early human을 수식한다. 수식받는 명사와 분사의 관계가 능동이므로 현재분사(v-ing)가 쓰였다. 사이에 perhaps *Homo Erectus*가 삽입된 형태이다.

❷ <see+O+v-ing>는 'O가 v하고 있는 것을 보다'의 의미이다. 지각동사 see의 목적격보어로 원형부정사 대신 현재분사(v-ing)가 오면 동작이 계속 진행 중임이 강조된다.

❸ <whether ~ or not>은 '~인지 아닌지'라는 뜻으로, whether 대신 if를 쓸 수 있다.

해석 ¹여기, 우리는 모두 편향되어 있다는 불편한 진실이 있다. ²모든 인간은 다른 사람들에 대해 부정확한 가정을 하도록 이끄는 무의식적인 편견에 의해 영향을 받는다. ³모두가 그렇다. ⁴어느 정도, 편견은 필수적인 생존 기술이다. ⁵당신이, 가령 호모 에렉투스처럼, 정글을 이리저리 걸어 다니는 초기의 인류라면, 당신은 동물이 다가오고 있는 것을 볼지도 모른다. ⁶당신은 오직 동물의 겉모습만 근거로 하여 그 동물이 무해한지 아닌지에 대해서 매우 빠른 가정을 해야 한다. ⁷다른 인류에 대해서도 마찬가지이다. ⁸당신은 필요하다면, 도망갈 충분한 시간을 갖기 위해 위협에 대해 순간적인 결정을 내린다. ⁹이는 다른 사람들의 외모와 옷을 근거로 하여 그들을 범주로 나누고 분류하는 우리 성향의 한 근원일 수 있다.

① 상상력의 근원

② 관계에 대한 장벽

④ 바람직하지 않은 정신 능력

⑤ 도덕적 판단에 대한 도전

해설 빈칸 문장의 앞은 편견 때문에 인간이 부정확한 가정을 한다는 내용이다. 빈칸 문장의 뒤는 if로 '가상 상황'을 예로 들어 편견이 생존과 관련된 위험을 재빠르게 판단하는 데 도움을 준다고 설명한다. 빈칸 문장에는 역접 연결어가 없지만 앞과 뒤가 역접 관계이며 따라서 빈칸에 적절한 것은 if 이하의 가상 상황에서 설명한 것을 적절히 표현한 ③이다.

Chapter 04 A ∴ B(결과) / B ∵ A(원인)

Stage 1 Concept의 찬찬 이해
p.38

1 **해석** [1]패스트푸드를 너무 많이 먹는 것 [2]건강 문제들

CHECK UP ✔ a. E b. C

해석 a. 소비자들은 더 건강한 음식을 요구하기 시작했고, 생산 회사들은 제품 일부를 바꾸기 시작했다.

b. 지난 몇 년간, 대중 매체에서 우리의 전통적인 식습관, 즉 염분과 지방이 높고 섬유질은 적은 것의 위험성을 경고해 왔다.

해설 대중 매체의 경고가 먼저 있었고, 이로 인해 소비자와 생산 회사들의 행동 변화가 시작된 것으로 봐야 하므로 a는 결과(Effect), b는 원인(Cause)이다.

2 **해석** [3]빙판은 흔히 운전자나 그것을 밟는 사람들에게 사실상 보이지 않는다. [4]그러므로, 갑자기 미끄러져 사고로 이어질 위험이 있다. [5]사회성 곤충의 집은 어느 인간 도시만큼 복잡하고 기능적이다. [6]이는 사회성 곤충을 인간 사회에 많이 비유하는 결과를 낳았다. [7]끝으로, 제가 이 행사를 준비하는 것을 도와준 모든 분들께 감사드리고 싶습니다.

3 **해석** [8]지식과 이해는 생각하기와 말하기를 통해 발달된다. [9]말로 옮기는 것은 상황을 더 분명하게 만든다. [10]그러므로, 학생들은 잘못된 무언가를 말하거나 자신들이 옳다는 것을 먼저 확신하지 않고 이야기하는 것을 두려워해서는 안 된다.

4 **해석** [11]운동은 스트레스를 줄일 뿐만 아니라 기분을 좋아지게 한다는 것을 보여 왔다. [12]이는 운동이 긍정적인 감정을 일으키는 것을 돕는다고 알려진 특별한 호르몬의 생산을 증가시킬 수 있기 때문이다.

CHECK UP ✔

1 ✕

해석 좋은 아이디어는 좋은 와인처럼 적절한 숙성, 즉 최고의 향미와 질을 끌어낼 시간이 필요하다. 결과적으로, 많은 회사들이 직원들의 나이, 교육, 그리고 사회적 배경에 상관없이 그들을 채용하고 있다.

해설 좋은 아이디어에 시간이 필요하다는 것과 배경을 고려하지 않는 채용은 서로 관련이 있다고 보기 어렵다. 회사가 아이디어 개발에 충분한 시간을 쏟는다는 등의 내용이 결과로 좀 더 적절할 것이다.

2 ○

해석 누군가와 다정한 대화를 시작하려고 애쓰는데 당신의 질문에 대한 대답으로 얻은 것이라고는 한 단어짜리 대답이 전부였던 경험이 있는가? 이는 아마도 당신이 대화를 계속 굴러가게 할 수 없는 잘못된 종류의 질문을 하고 있었기 때문일 것이다.

해설 대화를 계속 진행시킬 수 없는 질문이 원인이 되어 한 단어짜리 대답을 얻는 결과를 낳는 것은 자연스러운 인과 관계로 볼 수 있다.

Stage 2 Concept의 꼼꼼 확인
p.40

1 ①　 2 ⑤　 3 ②　 4 ②　 5 ①　 6 ②　 7 ④　 8 ⑤

1 ①

해석 교실 내의 소음은 의사소통 양식과 주의를 기울이는 능력에 부정적인 영향을 미친다. 그러므로, 소음에 지속적으로 노출되는 것이 특히 읽기와 읽기 학습에 미치는 해로운 영향에 있어서 아이들의 학업 성취와 관련이 있다는 것은 놀랍지 않다.

② 학습 동기의 부족

③ 잦은 부모의 개입

④ 수업 도중의 미디어 멀티태스킹

⑤ 학습에 대한 부정적인 태도

해설 학업 성취에 해로운 영향을 주는 것이 '무엇'인지 찾아야 한다. 앞 문장에서 말한 '소음'이 부정적인 영향을 미치는 의사소통 양식과 주의를 기울이는 능력은 학업 성취와 관련이 있는 것이므로 빈칸은 ①이 적절하다.

---

2 ⑤

해석 한 가지 연구는 여러분이 자료를 얼마나 '자주' 살펴보는지는 여러분이 하는 (자료) 처리의 '깊이'보다 덜 중요하다는 것을 시사한다. 그러므로, 만약 여러분이 읽은 것을 기억하기를 바란다면, 여러분은 그것의 의미와 충분히 씨름해야 한다. 많은 학생들이 기계적 암기 반복에 시간을 덜 쓰고 읽기 과제의 의미에 실제로 집중하여 분석하는 데 시간을 더 들이면 아마도 이득을 볼 것이다.

① 수업 직후에 그것을 확인해야
② 정말 좋은 복습지를 만들어야
③ 정보 과부하를 처리해야
④ 그것을 복습할 맑은 정신을 가져야

해설 빈도보다 '깊이 있는' 자료 처리가 더 중요하다는 것인데 이것이 무슨 의미인지는 빈칸 문장 뒤에 이어지는 좀 더 구체적인 설명을 통해 판단해야 한다. 그 설명에서 '의미'에 집중하고 분석하는 데 더 시간을 들이는 것이 좋다고 했으므로 빈칸에 가장 적절한 것은 ⑤이다.

---

3 ②

해석 밖에서 걸을 때는 언제나, 한 가지 확실한 것은 매우 다양한 소리에 둘러싸이게 될 것이라는 점이다. 또한 확실한 것은 그렇게 하려는(= 들으려는) 의식적인 노력을 하지 않으면, 대부분의 소리를 듣지 못할 것이라는 점이다. 이는

우리가 소음을 듣는 데 익숙해져서 자연히 그것을 의식하지 못하기 때문이다.
① 주변 환경이 완전히 고요하다는
③ 그것들이 익숙한 소리보다 더 크다는
④ 매우 예민한 청각을 갖고 있다는
⑤ 소리를 식별하도록 배웠다는

해설 빈칸 문장이 결과이고 이어지는 문장이 원인이다. 소음에 익숙해져 그것을 의식하지 못하게 되면 소리를 듣지 못하는 결과가 될 것이라 추론할 수 있다. 따라서 정답은 ②이다.

구문 · What's also certain <u>is</u> <u>that you won't hear the majority</u>
<u>S</u>   <u>V</u>   <u>C</u>
of them, // unless you make *a conscious effort* (to do so).
that 이하는 be동사 is의 보어로 쓰였다. to do so는 a conscious effort 를 수식하는 형용사적 용법의 to-v이며 여기서 do so는 앞 절의 hear the majority of them을 대신한다.

4 ②

> **직독직해** 교육 수업이 이루어지는 것은 많은 사람들의 노력의 산물

잠시 생각 좀 해보라   모든 사람들을   [당신의 수업 참여를 좌우하는]   분명히   수업에는
¹ Just think for a moment / of *all the people* [upon whom your participation in your class depends]. ² Clearly, / the class
❶ 전치사+관계대명사   S'   V'   S

(~이) 필요하다   (그것을 가르치는) 교사와 (그것을 받는) 학생들이   그러나   그것은 또한 ~에 좌우된다   다른 많은 사람들과
requires / a teacher (to teach it) and students (to take it). ³ However, / it also depends on / many other people and
V   O₁   형용사적 용법   O₂   형용사적 용법

기관들   누군가는 (~을) 결정해야 했다   언제 그리고 어느 교실에서 수업이 열릴지를   그 정보를 당신에게 전달해야 했다
organizations. ⁴ Someone had to decide // when the class would be held and in what room, / communicate that information
S   ❷ V₁   O₁   V₂   O₂

그리고 그 수업에 당신을 등록시켜야 했다   누군가는 또한 교과서를 집필해야 했다   그리고 도움으로   (다른 많은
to you, / and enroll you in that class. ⁵ Someone also had to write a textbook, // and with the assistance (of many other
V₃   O₃   S₁   V₁

사람들의)   (인쇄업자들, 편집자들, 판매원들, 그리고 서점 직원들)   그것(= 교과서)은 당신 손에 들어왔다   따라서   수업은
people) / (— printers, editors, salespeople, and bookstore employees—) / it has arrived in your hands. ⁶ Thus, / a class
❸   S₂   V₂

[당신, 당신과 같이 수업받는 학생들, 그리고 선생님만 포함하는 것 같은]   사실 ~이다   결과   (수백 명의 사람들이 노력한)
[that seems to involve just you, your fellow students, and your teacher] / is in fact / the product (of the efforts of hundreds
관계대명사   V   C

of people).

▸ **구문 ❶** upon whom이 이끄는 관계사절은 선행사 all the people을 수식한다. whom your participation in your class depends upon으로도 쓸 수 있다.
  ❷ 조동사 had to 뒤의 동사원형 decide, communicate, enroll이 콤마(,)와 and로 연결되어 있다.
  ❸ 두 개의 대시(—) 사이에 추가로 삽입된 정보이다.

해석 ¹ 당신의 수업 참여를 좌우하는 모든 사람들을 잠시 생각 좀 해보라. ² 분명히, 수업에는 그것을 가르치는 교사와 그것을 받는 학생들이 필요하다. ³ 그러나, 그것은 또한 다른 많은 사람들과 기관들에 좌우된다. ⁴ 누군가는 언제 어느 교실에서 수업이 열릴지를 결정하고, 그 정보를 당신에게 전달하고, 그 수업에 당신을 등록시켜야 했다. ⁵ 누군가는 또한 교과서를 집필해야 했고 다른 많은 사람들, 즉 인쇄업자, 편집자, 판매원, 그리고 서점 직원들의 도움으로 그것은 당신 손에 들어왔다. ⁶ 따라서, 당신, 당신과 같이 수업받는 학생들, 그리고 선생님만 포함하는 것 같은 수업은 사실 수백 명의 사람들이 노력한 결과이다.
① 게임을 하는 것보다 더 흥미로운
③ 온라인 학습과 결합될 때 가장 효과적

④ 학생들이 작문 기술을 향상시킬 수 있는 장소
⑤ 모두가 우승자인 경주

해설 빈칸 문장과 선택지들로 보아 수업이 사실 '무엇'이라고 결론 내릴 수 있는지를 추론해야 한다. However로 이어지는 문장에서 수업이 다른 많은 사람들과 기관들에 좌우된다고 했고, 그 뒤에는 구체적인 예가 나열되고 있다. 따라서 이를 통해 내릴 수 있는 결론은 수업은 실제로 '많은 사람들이 필요하다'라는 것이므로 빈칸에는 ②가 가장 적절하다.

오답확인 ④ 단락의 Someone also had to write a textbook에 write라는 단어가 나오긴 했지만, 수업이 학생들의 작문 기술을 향상시킬 수 있다는 내용은 언급되지 않았다.

5 ①

해석 따라서, 외계 지적 생명체를 찾는 것은 시간과 자원의 낭비일지도 모른다.
① 우주의 크기는 지적 생명체가 그곳에 존재한다는 생각을 증명할 수 있는 주된 이유지만, 역설적이게도, 우리가 아마도 지적 생명체를 절대로 찾지 못할 주된 이유이기도 하다.
② 대다수의 우주 과학자들은 열(에너지원)과 액체 상태의 물이 있는 곳에 생명체가 있을 가능성이 크다는 것에 동의한다.

해설 주어진 문장과 같은 결론을 내릴 수 있는 원인으로 가장 적절한 것은 우주의 방대한 크기에 대한 내용인 ①이다.

6 ②

해석 AI는 소비자 행동에 미치는 영향을 개선시킬 잠재력을 가진 디지털 마케팅에 있어 비교적 새로운 기술이다.
① 결과적으로, AI는 이미 우리가 살아가는 방식에 영향을 미치고 있으며, 미래의 문이 활짝 열려 있다.
② 결과적으로, 많은 기업들은 여전히 그것이 무엇이고 그것이 어떻게 작동하는지에 대해 확신하지 못하고 있다.

해설 AI가 비교적 새로운 마케팅 기술이라는 내용의 결과로는 기업들이 그 기술에 대해 아직 확신하지 못한다는 ②가 적절하다.

---

7 ④

직독직해 [의학] 과거와 현재의 사망 기준의 변화

전통적으로 / 사람들은 사망이 선고되었다 // 심장 박동이 멈추고 / 피의 순환이 멈추고 /
¹ Traditionally, / people were declared dead // when their hearts stopped beating, / their blood stopped circulating /
　　　　　　　　　　　　　　　　　　　　　접속사　　S'₁　　　V'₁　　　　　S'₂　　V'₂

숨을 멈추면 / 그래서 / 의사들은 심장 박동을 듣곤 했다 / 또는 때로는 그 유명한 거울 검사를 하곤 했다
and they stopped breathing. ² So / doctors would listen for a heartbeat, / or occasionally conduct the famous mirror test /
　　S'₃　V'₃　　　　　　　S　　V₁　　　　　　　　　　　V₂

알기 위해 / 어떠한 습기의 흔적이라도 있는지 / 고인이 될 가능성이 있는 사람의 호흡에서 / (~라고) 흔히 알려져 있다
to see // if there were any signs of moisture / from the potential deceased's breath. ³ It is commonly known //
부사적 용법　접속사　　V'　　S'　　　　　　　　　　　　　　　　　　　　❶ 가주어
(목적)

사람들의 심장이 멈추고 / 마지막 숨을 쉬면 / 그들은 사망한 것이라고 그러나 / 지난 반세기 동안
that when people's hearts stop / and they breathe their last, / they are dead. ⁴ But / in the last half-century, /
　　　　　　　　　　　　　　　　　　　　　　　　　진주어

의사들은 몇 번이고 계속해서 (~을) 입증해왔다 / 그들이 많은 환자들을 소생시킬 수 있다는 것을 / [심장이 뛰는 것을 멈춘]
doctors have proved time and time again // that they can revive *many patients* [whose hearts have stopped beating] /
　S　　　V　　　　　　　　　　　　　접속사 S'　V'　　O'　　❷ 관계대명사

여러 가지 기술로 / (심폐 소생술과 같은) / 그러므로 환자는 [심장이 멈춘]
by various techniques (such as cardiopulmonary resuscitation). ⁵ So / *a patient* [whose heart has stopped] /
　　　　　　　　　　　　　　　　　　　　　　　　　　　　　　관계대명사

더는 사망한 것으로 간주될 수 없다 / 대신에 / 그 환자는 (~으로) 표현된다 / '임상적 사망인' 것으로 / 누군가는
can no longer be regarded as dead. ⁶ Instead, / the patient is said / to be 'clinically dead'. ⁷ *Someone*

[단지 임상적으로 사망한] / 종종 되살려질 수 있다
[who is only clinically dead] / can often be brought back to life.
관계대명사

▶ **구문** ❶ It은 가주어이고, 접속사 that이 이끄는 명사절이 진주어이다.
　❷ 선행사 many patients와 관계대명사 뒤의 명사 hearts가 소유 관계이므로 소유격 관계대명사 whose가 쓰였다.

해석 ¹전통적으로, 심장 박동이 멈추고, 피의 순환이 멈추고, 숨을 멈추면, 사람들은 사망이 선고되었다. ²그래서 의사들은 심장 박동을 듣거나, 고인이 될 가능성이 있는 사람의 호흡에서 어떠한 습기의 흔적이라도 있는지 알기 위해 때로는 그 유명한 거울 검사를 하곤 했다. ³사람들의 심장이 멈추고 마지막 숨을 쉬면, 그들은 사망한 것이라고 흔히 알려져 있다. ⁴그러나 지난 반세기 동안, 의사들은 심폐 소생술과 같은 여러 가지 기술로 그들이 심장이 뛰는 것을 멈춘 많은 환자들을 소생시킬 수 있다는 것을 몇 번이고 계속해서 입증해왔다. ⁵그러므로 심장이 멈춘 환자는 더는 사망한 것으로 간주될 수 없다. ⁶대신에, 그 환자는 '임상적 사망인' 것으로 표현된다. ⁷단지 임상적으로 사망한 누군가는 종종 되살려질 수 있다.

해설 So(그러므로)로 시작하는 주어진 문장은 심장이 멈춘 환자가 더는 사망한 것으로 간주될 수 없다는 결과를 나타내므로 이에 대한 원인에 해당하는 문장을 찾아야 한다. ④ 앞 문장은 의사들이 심장이 멈춘 환자를 소생시킬 수 있다는 내용이므로 주어진 문장은 ④에 오는 것이 적절하다. 또한 주어진 문장의 a patient는 다음 문장의 the patient(그 환자)로 자연스럽게 연결된다.

오답확인 ③ 앞은 과거에 심장이 멈추면 사망한 것으로 선고됐다는 내용이다. 다음 문장은 역접 연결어 But(그러나)으로 시작하여 지난 반세기 동안은 심장이 멈춰도 소생시킬 수 있었다는 앞과 상반되는 내용이 이어지므로 연결이 자연스럽다.

직독직해 [역사] 재봉틀이 만들어지게 된 이유

1830년대에 이르기까지　　　　옷은 맞춤 제작되었다　　　　　　　오로지 재단사와 양재사, 그리고 집에서 일하는 봉제사에 의해서
[1] Up until the 1830s, / clothes were custom-made / exclusively by tailors, dressmakers, and home-based needleworkers.

　그러나 이후　　　　근대화와 중산층의 증가는　　　　　　늘어나는 수요로 이어졌다　　　　　(저렴한 기성복에 대한)
[2] But then / modernization and a growing middle class / led to an increasing demand (for cheap, ready-to-wear clothing).
　　　　　　　　　　　　　　S　　　　　　　　　　　　　V

　　　이러한 수요 때문에　　　새로운 사업체들은 바지와 셔츠를 생산했다　　수백 장씩　　　천을 표준 치수로 잘라
(C) [3] Due to this demand, / new businesses produced pants and shirts / by the hundreds, / cutting the fabric to standard
　　　　　　　　　　　　　S　　　　V　　　　　O　　　　　　　　　　　　　　　❶ 분사구문(= as they cut ~ and sent ~)

　　　　　　　그 천 조각들을 보내서　　　　　계약 노동자들에 의해 마무리되도록　　　　그들은 그 조각들을 손으로 바느질했다
sizes / and sending the fabric pieces out / to be finished by contract workers. (B) [4] They hand-stitched the pieces /
　　　　　　　　　　　　　　　　　　　　　부사적 용법(목적)　　　　　　　　　　S　　　　V　　　　O

　옷을 완성하기 위해　　그리고　거의 모든 국면이 ~인 반면에　　(의복 제작 과정의)　　　산업화되어 가고 있었던
to finish the clothes. [5] And / while most aspects (of the clothes production process) / were becoming industrialized, //
　부사적 용법(목적)　　　접속사　　S'　　　　　　　　　　　　　　　　　　　　V'

　이 재봉 노동자들은 더 빨리 바느질할 수가 없었다　그들이 지금까지 (바느질)했던 것보다　그러므로　기계가　[바느질을 할 수 있을 뿐만 아니라
the needleworkers could sew no faster / than they already did. (A) [6] Hence, / a machine [that could not only stitch, /
　　　　　　　　　　　　　　　　　　접속사　　(= sewed)　　　　　　　　　　S　❷ 관계대명사

　어떤 봉제공보다도 더 빠르게 바느질할 수 있는]　확실히 요구되었다　　의류 제조 회사들은 많은 돈을 투자했다
but also stitch faster than any needleworker], / was clearly needed. [7] Clothing manufacturers invested much money /
　　　　　　　　　　　　　　　　　　　　　　　　└──V──┘

　　경쟁에　　(재봉틀을 발명하기 위한)
in the race (to invent a sewing machine).
　　　　　　　형용사적 용법

▸ **구문 ❶** 동시동작을 나타내는 분사구문의 의미상 주어는 문장의 주어인 new businesses이며 절로 바꾸면 as they cut ~ and sent ~가 된다.

　　❷ a machine은 관계사절의 수식을 받으며 관계사절에는 <not only A but also B(A뿐만 아니라 B도)>와 최상급 의미를 나타내는 비교급 표현인 <비교급+than any (other)+단수명사>가 쓰였다.

해석 [1] 1830년대에 이르기까지 옷은 오로지 재단사와 양재사, 그리고 집에서 일하는 봉제사에 의해서 맞춤 제작되었다. [2] 그러나 이후 근대화와 중산층의 증가는 저렴한 기성복에 대한 늘어나는 수요로 이어졌다. (C) [3] 이러한 수요 때문에 새로운 사업체들은 천을 표준 치수로 잘라 그 천 조각들을 계약 노동자들에 의해 마무리되도록 보내서, 바지와 셔츠를 수백 장씩 생산했다. (B) [4] 그들은 옷을 완성하기 위해 그 조각들을 손으로 바느질했다. [5] 그리고 의복 제작 과정의 거의 모든 국면이 산업화되어 가고 있었던 반면에, 이 재봉 노동자들은 그들이 지금까지 했던 것보다 더 빨리 바느질할 수가 없었다. (A) [6] 그러므로, 바느질을 할 수 있을 뿐만 아니라 어떤 봉제공보다도 더 빠르게 바느질할 수 있는 기계가 확실히 요구되었다. [7] 의류 제조 회사들은 재봉틀을 발명하기 위한 경쟁에 많은 돈을 투자했다.

해설 주어진 글은 옷이 맞춤 제작되다가 기성복의 수요가 늘어났다는 내용이다. (C)는 이 수요 때문에 기업들이 옷을 대량 생산하게 되었다는 내용이므로 바로 뒤에 와야 한다. (B)의 They는 (C)의 contract workers를 받으며, needleworkers의 속도 문제를 제기했다. (A)는 그 결과, 이들보다 더 빠르게 바느질하는 기계가 필요하게 되었다는 내용이므로, (C)-(B)-(A)의 순서가 알맞다. 이 글은 하나의 결과가 다른 결과의 원인이 되는 식으로 전개되는 것이 특징이다.

Stage 1　Concept의 찬찬 이해 p.46

1　**해석** [1] 절대 위험을 무릅쓰지 못하는 사람은 아무것도 배울 수 없다. [2] 예를 들어, 만약 당신이 차를 운전하는 위험을 절대 무릅쓰지 않는다면, 당신은 운전하는 법을 절대 배울 수 없다. [3] 마찬가지로, 면접에 참석하는 위험을 무릅쓰지 않음으로써, 당신은 일자리를 절대 얻지 못할 것이다.

CHECK UP ✅

1 ≒

해석 어느 누구도 동시에 두 가지 이상의 일에 정말로 집중할 수는 없다. 만약 당신이 복잡한 기계를 작동시키는 법을 휴대 전화(통화)로 설명하려는 중이라면 걷는 것을 멈출 것이다. 마찬가지로, 만약 당신이 골짜기 위에 밧줄로 만들어진 다리를 건너는 중이라면 말하기를 멈출 것이다.

해설 앞뒤 내용 모두, 동시에 두 가지 일에 집중하지 못하고 한 가지 일만 하게 된다는 내용이므로 '유사' 연결어인 Similarly가 적절하다.

2 ↔

해석 외로움은 흡연, 비만 또는 고혈압보다 전반적인 건강에 더 부정적인 영향을 준다. 반면에, 사회적 친밀감은 우리의 면역 체계를 강화시켜 질병으로부터 더 빨리 회복되는 것을 도울 수 있다.

해설 앞은 사회적 관계 부족이 건강에 부정적 영향을 준다는 것이고, 뒤는 사회적 친밀감이 있으면 건강에 긍정적 영향을 준다는 의미이므로 대조를 이루는 '역접' 연결어인 On the other hand가 적절하다.

3 ≒

해석 6개월이라는 이른 나이에 염분이 들어간 음식을 더 자주 접한 아기들은 염분을 덜 경험한 아기들보다 염분이 들어간 시리얼에 대한 더 강한 선호를 보인다. 마찬가지로, 설탕물을 먹인 6개월 아기들은 이전에 그것을 접하지 않은 아기들보다 그것을 더 많이 마시는 경향이 있다.

해설 앞뒤 내용 모두, 어떤 맛이 나는 음식을 접할수록 그 음식을 더 좋아한다는 예에 해당하므로 '유사' 연결어인 Similarly가 적절하다.

2　**해설** [4] 해외여행 도중에, 항공사가 나의 수하물을 분실했다. [5] 나는 나의 짐을 다시 받기 전까지 내가 이렇게 적은 물건으로 그럭저럭 살아갈 수 있었다는 것에 놀랐다. [6] 이는 이른바 '감정의 짐' 또한 마찬가지이다. [7] 우리가 더 많은 짐을 버리는 법을 배울 수 있다면, 우리의 삶은 훨씬 더 행복할 것이다. [8] 인터넷은 어떤 문제에 대해서도 아주 많은 무료 정보를 이용 가능하도록 만들어서 우리는 어떤 결정을 내리기 위해서는 그것을 모두 고려해야 한다고 생각한다. [9] 그래서 우리는 계속 인터넷에서 답을 검색한다. [10] 이것이 우리를 정보에 눈멀게 만든다. [11] 사람들이 당신에 대해 나쁜 것을 말하면 당신은 당신에게 말해진 것에 반응하는 것을 피해야 한다. [12] 옛 속담에 이르기를, 비방에 관여하면 결국 자기 자신을 더럽히게 될 것이 분명하다.

CHECK UP ✅ ⑤

해석 고양이는 흔히 감정을 소통하기 위해 가르랑거린다. 가르랑거리는 것은 고양이들이 지금 순간에 어떻게 느끼고 있는지에 대해 잘 알고 내린 추측을 하기 위한 맥락 단서를 제공한다는 점에서 사람의 얼굴 표정과 비슷하다.
① 자신들의 존재를 나타내기
② 건강상의 요구를 보여주기
③ 더 이상의 상호 작용을 피하기
④ 사람들의 주의를 끌기

해설 고양이의 가르랑거리는 소리는 사람의 얼굴 표정과 비슷하게 감정을 추측하는 단서를 제공한다고 했으므로 이는 '감정을 소통하기 위해서'라고 할 수 있다. 따라서 빈칸에 가장 적절한 것은 ⑤이다.

Stage 2　Concept의 꼼꼼 확인 p.48

1 ②　2 ①　3 ③　4 ③　5 ④　6 ②　7 ③　8 ⑤

1 ②

해석 비슷하게, 당신은 마코 앵무새가 언제나 조용하고 가만히 있기를 기대하면 안 되는데, 그것들은 본래 시끄럽고 감정적인 생물이다.
① 야생에서 사는 동물에게 생존에 대한 위협은 어디에나 있다. 위험을 피하기 위해, 북극 토끼는 눈에 덮인 환경에 섞여 들 수 있도록 겨울 동안에 털을 흰색으로 바꾼다.
② 당신의 반려동물의 특정한 요구를 인지하고 그것을 존중하는 것이 중요하다. 예를 들어, 만약 당신의 고양이가 수줍음을 타고 겁이 많다면 또 다른 고양이를 집에 받아들이는 것을 꺼릴 것이다.

해설 Similarly(비슷하게)를 포함한 주어진 문장은 천성적으로 시끄러운 마코 앵무새가 조용하길 기대해서는 안 된다는 내용이다. 따라서 앞에는 다른 동물의 천성을 알려주는 ②가 오는 것이 적절하다.

2 ①

해석 마찬가지로, 지도는 혼란스러울 수 있는 세부 사항을 제거해야 한다.
① 광고하는 것과 지도를 만드는 것은 모든 것을 알려줌으로써 그것들의 목적을 달성할 수 없다. 광고는 그것이 광고하는 회사나 서비스의 부정적인 측면을 숨기거나 작게 취급할 것이다.
② 디지털 위성 이미지와 지도는 같은 것이 아니다. 위성 이미지는 특정 시간에 지구 표면의 일부를 보여 준다.

해설 Likewise(마찬가지로)를 포함한 주어진 문장은 지도가 혼란스럽게 하는 세부 사항을 제거해야 한다는 내용이다. 따라서 앞에는 광고에서 세부 사항(부정적인 면)을 숨기거나 축소시킨다는 ①이 오는 것이 적절하다.

3 ③

가장 간단한 방법은　　　(역할을 규정하는　　　(미디어 에이전시의))　　　　낚시로 비유를 드는 것이다　　　　미디어 에이전시는
¹ The simplest way (to define the role (of the media agency)) / is to take an analogy from fishing. ² The media agency
　S　　　　　　　　　　　　　　　　　　　　　　　　　　　　　　　V　　　　　C　　　　　　　　　　　　　S

기업이 (~하도록) 도와야 한다　　　자신들의 상품을 광고하도록　　　'물고기가 있는 곳에서 낚시를 하라'는 격언이다　　[마케팅의 모든 분야에 적용되는]
must help businesses / advertise their products. ³ 'Fish where the fish are' is a maxim [which applies to all areas of
　V　　O　　　　　　C　　　　　　　　　　　　　　　　　　　　　　　　　　　　　　　　　　관계대명사

　　　　　'물고기'는　　　이 비유에서　　　표적 시장이다　　　　(~은) 상식이다　　　어부가 물고기가 있는 곳으로 가는 것은
marketing]. ① ⁴ The 'fish', / in the analogy, / are the target market. ② ⁵ It is common sense / for fishermen to go where
　　　　　　　　　　　　　　　　　　　　　　　　　　　　　　　　　　가주어　　　　❶to-v의 의미상의 주어　　진주어

　　　그렇지 않으면 그들은 아무것도 잡지 못할 것이다　　　(~은) 쉽지 않을 것이다　　이해하는 것은　　이 미디어 에이전시들이 왜
the fish are, // or they won't catch anything. (③ ⁶ It wouldn't be easy / to understand // why these media agencies
　　　　　　　　　　　　　　　　　　　　　　　　　　　　　　가주어　　　　진주어　　❷의문사　　　S'

이 물고기들을 유인해야 하는지를　　　마찬가지로　　기업은 성과가 없을 것이다　　미디어에 마케팅을 하면　　[자신들의
should attract these fish.) ④ ⁷ Likewise, / companies will get nowhere / marketing in media [where none of their
　V'　　　　O'　　　　　　　　　　　　　　　　　　　　　　　　　　　　❸분사구문(= if they market ~)　　관계부사　　S'

　　표적 시장의 그 누구도 그 광고를 보지 않을　　　　최적의 장소를 찾는 것이　　(물고기를 찾을)　　전략상 첫 번째로 중요한 역할이다
target market will see the advertisements]. ⑤ ⁸ Finding the best place (to find the fish) / is the first strategic role
　　　　V'　　　　　O'　　　　　　　　　　　　　　　S　　　　　　　　형용사적 용법　　　V　　　　C

(미디어 에이전시의)
(of the media agency).

▶ 구문 ❶ It은 가주어, to-v구가 진주어이며 for fishermen은 to-v구의 의미상의 주어이다.
　　　❷ 의문사 why가 이끄는 간접의문문 형태의 명사절이 to understand의 목적어로 쓰였다.
　　　❸ marketing은 문장의 주어인 companies를 의미상의 주어로 하는 분사구문으로 부사절로 풀어쓰면 if they market ~이 된다. 관계부사 where가 이끄는 절은 선행사 media를 수식하며 관계부사 뒤에는 완전한 문장이 이어진다.

해석 ¹ 미디어 에이전시의 역할을 규정하는 가장 간단한 방법은 낚시로 비유를 드는 것이다. ² 미디어 에이전시는 기업이 자신들의 상품을 광고하도록 도와야 한다. ³ '물고기가 있는 곳에서 낚시를 하라'는 마케팅의 모든 분야에 적용되는 격언이다. ⁴ 이 비유에서 '물고기'는 표적 시장이다. ⁵ 어부가 물고기가 있는 곳으로 가는 것은 상식이며, 그렇지 않으면 그들은 아무것도 잡지 못할 것이다. (⁶ 이 미디어 에이전시들이 왜 이 물고기들을 유인해야 하는지를 이해하는 것은 쉽지 않을 것이다.) ⁷ 마찬가지로, 기업은 자신들의 표적 시장의 그 누구도 그 광고를 보지 않을 미디어에 마케팅을 하면 성과가 없을 것이다. ⁸ 물고기를 찾을 최적의 장소를 찾는 것이 미디어 에이전시의 전략상 첫 번째로 중요한 역할이다.

해설 기업의 광고를 돕는 미디어 에이전시의 역할을 낚시에 비유하여 설명하는 글이다. 어부는 물고기가 있는 곳에서 낚시를 해야 한다는 비유는 기업이 표적 시장이 있는 곳에서 광고를 해야 한다는 것을 의미한다. ③은 미디어 에이전시가 물고기를 유인해야 하는 이유를 이해하는 것이 어렵다는 내용이므로 글의 흐름과 관계가 없다.

오답확인 ② 앞에서 물고기는 광고의 표적 시장을 의미한다고 언급한 후 물고기가 있는 곳에서 낚시해야 한다고 비유하는 내용 연결은 자연스럽다.

4 ③

　　확실히 박테리아가 전혀 부족하지 않다　　　우리의 장에　　이는 다음의 진술을 (~하게) 만들 수 있다　　　믿기 조금 어렵게
¹ Clearly there is no shortage of bacteria / in our gut, // which can make this next statement / a little hard to believe.
　V　　　S　　　　　　　　　　　　　　　　　　　❶　　　　V'　　　O'　　　　　　　　　C'　　　부사적 용법(형용사 수식)

우리의 장 박테리아는 있어야 한다　　　멸종 위기에 처한 종 목록에　　　일반적인 미국인 성인은 (~을) 가지고 있다　　대략 1,200개의 서로 다른
² Our gut bacteria belong / on the endangered species list. ³ The average American adult has / approximately 1,200 different

　　박테리아 종을　　　(그들의 장에 살고 있는)　　　그것이 많은 것처럼 보일 수도 있다　당신이 (~을) 고려할 때까지는　일반적인 원주민이
species of bacteria (residing in his or her gut). ⁴ That may seem like a lot // until you consider / that the average native
　　　　　　　　　현재분사구　　　　　　　　　　　　　　　　　　접속사　S'　V'　접속사　S'

(베네수엘라의 아마소나스주에 살고 있는)　　대략 1,600종을 가지고 있는 것을　　즉 무려 꽉 찬 1/3이나 더 많이　유사하게　　다른 인간 집단들은
(living in the Amazonas of Venezuela) / has roughly 1,600 species, / a full third more. ⁵ Similarly, / other groups of humans
　　　　　현재분사구　　　　　　　　　　　V'　　　　　　　　　　　　　　　　　　　　　　　　　　　　S

(생활 방식과 식습관을 가진   [우리의 고대 인간 조상들과 더 비슷한])   장에 더 다양한 박테리아를 가지고 있다
(with *lifestyles and diets* [(which[that] are) more similar to our ancient human ancestors]) / **have more varied bacteria in their**
                    ❷

우리 미국인들이 가지고 있는 것보다   왜 이런 일이 일어나고 있는 것일까   우리의 과도하게 가공된 서구 식단, 항생제의 남용,
gut // than we Americans do. [6] **Why is this happening?** [7] **Our overly processed Western diet, overuse of antibiotics,**
        (= have)   S

그리고 소독한 집이 위협하고 있다   건강과 안정성을   (우리 장에 살고 있는 생물의)
and sterilized homes are threatening / **the health and stability (of our gut inhabitants).**
                        V   O

▸ **구문 ❶** which는 앞 절 전체를 선행사로 하는 계속적 용법의 관계대명사로 and this로 바꿔 쓸 수 있다.

　❷ more similar to ~ ancestors는 선행사 lifestyles and diets를 수식하는 형용사구로 앞에 <주격 관계대명사+be동사>인 which[that] are이 생략되었다.

해석 [1] 확실히 우리의 장에 박테리아가 전혀 부족하지 않은데, 이는 다음의 진술을 믿기 조금 어렵게 만들 수 있다. [2] 우리의 장 박테리아는 멸종 위기에 처한 종 목록에 있어야 한다. [3] 일반적인 성인 미국인은 그들의 장에 살고 있는 대략 1,200개의 서로 다른 박테리아 종을 가지고 있다. [4] 당신이 베네수엘라의 아마소나스주에 살고 있는 일반적인 원주민이 대략 1,600종, 즉 무려 꽉 찬 1/3이나 더 많이 가지고 있는 것을 고려할 때까지는 그것이 많은 것처럼 보일 수 있다. [5] 유사하게, 우리의 고대 인간 조상들과 더 비슷한 생활 방식과 식습관을 가진 다른 인간 집단들은 우리 미국인들이 가지고 있는 것보다 장에 더 다양한 박테리아를 가지고 있다. [6] 왜 이런 일이 일어나는 것일까? [7] 우리의 과도하게 가공된 서구 식단, 항생제의 남용, 그리고 소독한 집이 우리 장에 살고 있는 생물의 건강과 안정성을 위협하고 있다.

해설 주어진 문장은 베네수엘라의 원주민이 미국인보다 더 많은 박테리아를 가지고 있다는 것인데, 이는 미국인보다 더 다양한 박테리아를 가지는 사람들이 있다는 ③ 뒤의 내용과 서로 유사하다고 할 수 있다. ③ 뒤에 이어지는 문장은 '유사' 연결어 Similarly가 이끌고 있으므로 주어진 문장은 그 앞인 ③에 들어가야 한다.

5 ④

직독직해 [비즈니스] 협상에서 상대방의 요구사항을 알아보는 것의 중요성

협상에서   사안이 종종 있을 것이다   [당신이 신경 쓰지 않는]   하지만   [상대편은 몹시 신경 쓰는]
[1] **In negotiation, / there often will be *issues* [that you do not care about]—// but [that the other side cares about very much]!**
                            관계대명사   ❶ 관계대명사

(~이) 중요하다   이런 사안을 알아보는 것이   예를 들어   당신은 ~에 대해 신경 쓰지 않을 수도 있다   당신이 새 일자리를 6월에 시작하는지
[2] **It is important / to identify these issues.** (C) [3] **For example, / you may not care about // whether you start your new job**
   가주어   진주어   ❷ 접속사

7월에 시작하는지   하지만 당신의 잠재적인 상사가 강력히 원한다면   당신이 가능한 한 빨리 시작하는 것을   그것은 귀중한
in June or July. [4] **But if your potential boss strongly prefers / that you start as soon as possible, // that's a valuable piece of**
           접속사   S'   V'   접속사   S''   V''

정보이다   이제 당신은 위치에 있다   (그녀에게 무언가를 줄 [그녀가 가치 있게 여기는] (당신에게 아무런 비용 없이)   그리고 답례로
information. (A) [5] **Now you are in *a position* (to give her *something* [that she values] (at no cost to you) / and (to) get something**
                                                    관계대명사

가치 있는 무언가를 받을)   예를 들어   당신은 한 달 더 일찍 시작할지도 모른다   그리고 그렇게 하는 것으로 더 큰 보너스를 받을지도 모른다   유사하게
of value in return). [6] **For example, / you might start a month earlier / and receive a larger bonus for doing so.** (B) [7] **Similarly, /**
❸   V₁   and   V₂

내 집을 매입할 때   나는 (~을) 알았다   판매자가 (~에) 매우 관심이 있다는 것을   그 거래를 가능한 한 빨리 성사시키는 것에
when purchasing my home, / I discovered // that the seller was very interested / in closing the deal as soon as possible.
분사구문(= when I purchased ~)   접속사

그래서 나는 한 달 더 일찍 성사시키는 것에 동의했다   원래 제안되었던 것보다   그리고 그 판매자는 더 낮은 가격에 동의했다
[8] **So I agreed to close one month earlier / than originally offered, // and the seller agreed to a lower price.**

▸ **구문 ❶** issues를 선행사로 하는 두 관계대명사절이 but으로 연결되었다.

　❷ '~인지 아닌지'라는 뜻의 접속사 whether가 이끄는 명사절이 전치사 about의 목적어로 쓰였다.

　❸ <of+추상명사=형용사>로 of value는 valuable과 같다.

해석 [1] 협상에서, 당신이 신경 쓰지 않지만 상대편은 몹시 신경 쓰는 사안이 종종 있을 것이다! [2] 이런 사안을 알아보는 것이 중요하다. (C) [3] 예를 들어, 당신은 당신이 새 일자리를 6월에 시작하는지 7월에 시작하는지에 대해 신경 쓰지 않을 수도 있다. [4] 하지만 당신의 잠재적인 상사가 당신이 가능한 한 빨리 시작하는 것을 강력히 원한다면, 그것은 귀중한 정보이다.

(A) [5] 이제 당신은 (당신에게 아무런 비용 없이) 그녀에게 그녀가 가치 있게 여기는 무언가를 주고 답례로 가치 있는 무언가를 받을 위치에 있다. [6] 예를 들어, 당신은 한 달 더 일찍 시작하고 그렇게 하는 것으로 더 큰 보너스를 받을지도 모른다. (B) [7] 유사하게, 내 집을 매입할 때, 나는 판매자가 그 거래를 가능한 한 빨리 성사시키는 것에 매우 관심이 있다는 것을

알았다. ⁸그래서 나는 원래 제안되었던 것보다 한 달 더 일찍 성사시키는 것에 동의했고, 그 판매자는 더 낮은 가격에 동의했다.

해설 주어진 글은 나에게는 중요하지 않지만 상대편에게는 중요한 사안을 알아보는 것이 협상에서 중요하다는 내용이다. 뒤에는 예가 이어지는데, 근무 시작일이 상사에게는 중요하다는 것이 귀중한 정보라고 예를 드는 (C)가 먼저 나오고 이어서 상사가 원하는 대로 일을 일찍 시작하고 보너스를 더 받을 수도 있다는 (A)가 오는 것이 적절하다. 마지막으로

Similarly(유사하게)로 연결되어 낮은 가격으로 집을 구매할 수 있었던 또 다른 비슷한 예를 덧붙이는 (B)가 오는 것이 자연스럽다.

오답확인 ⑤ (A)는 (C)의 상사가 가능한 한 일찍 근무를 시작하길 바란다는 정보를 어떻게 이용해서 이득을 볼 수 있는지 설명하는 내용이므로 (C) 뒤에 이어져야 한다. (B)는 집을 거래하는 새로운 상황을 추가하는 내용임에 유의한다.

6 ②

해석 당신이 필요로 하는 것을 드러내지 않으면서 친밀한 관계를 맺으려 하는 것은 운전대 없이 자동차를 운전하는 것과 같다. 당신은 빨리 달릴 수는 있지만, 당신이 원하는 방향으로 돌릴 수 없고 도로 위의 구덩이를 피할 수 없다. 두 사람이 서로에게 원하는 것을 분명하게 말하지 않는다면 관계는 무너지고 나빠질 것이다.

① 의견 충돌 없이
③ 당신이 결코 진심으로 편해질 수 없으면서
④ 위협을 느끼거나 형편없는 대접을 받으면서
⑤ 두 사람이 서로를 존중하지 않으면서

해설 운전대가 없는 자동차가 구덩이를 피할 수 없음에 비유하여, 원하는 것을 분명하게 말하지 않는다면 관계가 나빠질 것을 설명한 것이다. 따라서 빈칸에 들어갈 말로 가장 적절한 것은 ②이다.

7 ③

직독직해 [생활] 직접 만들어야 얻을 수 있는 행복

당신은 행복을 위한 조건을 살 수 있다 / 하지만 당신은 행복을 살 수는 없다 / 그것은 테니스를 치는 것과 같다 / 당신은 즐거움을 살 수 없다
¹ You can buy conditions for happiness, // but you can't buy happiness. ² It's like playing tennis. ³ You can't buy the joy
　　　S　V　　　　❶ C

(테니스를 치는) / 가게에서 / 당신은 공과 라켓을 살 수 있다 / 하지만 치는 즐거움을 살 수는 없다
(of playing tennis) / at a store. ⁴ You can buy the ball and the racket, // but you can't buy the joy of playing.

테니스의 즐거움을 경험하기 위해서는 / 당신은 배우고 (테니스를) 치도록 스스로를 훈련시켜야 한다 / 그것은 서예도 마찬가지다
⁵ To experience the joy of tennis, / you have to learn, (have) to train yourself to play. ⁶ It's the same with writing calligraphy.
　　　부사적 용법(목적)　　　　　　　　　　　　　　　　　　　❷

당신은 잉크, 화선지, 붓을 살 수 있다 / 하지만 당신이 서예의 기술을 기르지 않는다면 / 당신은 사실상 서예를 할 수 없다
⁷ You can buy the ink, the rice paper, and the brush, // but if you don't cultivate the art of calligraphy, / you can't really do

그래서 서예는 연습을 필요로 한다 / 그리고 당신은 스스로를 훈련시켜야 한다 / 당신은 서예가로서 행복하다
calligraphy. ⁸ So calligraphy requires practice, // and you have to train yourself. ⁹ You are happy as a calligrapher //

당신이 서예를 할 능력이 있을 때만 / 행복 또한 마찬가지다 / 당신은 행복을 육성해야 한다
only when you have the capacity (to do calligraphy). ¹⁰ Happiness is also like that. ¹¹ You have to foster happiness; //
　　　　　　　　　　　　　＿＿＿＿＿＿ ＝ ＿＿＿＿＿＿

당신은 그것을 가게에서 살 수 없기 때문이다.
you cannot buy it at a store.

▶ **구문** ❶ like는 be동사 is의 보어 역할을 하는 전치사구를 이끌고 있다.
　　　　❷ to learn과 to train yourself to play가 콤마(,)로 연결되었다. <train+O+to-v>는 'O가 v하도록 훈련시키다'의 의미이다.

해석 ¹당신은 행복을 위한 조건을 살 수 있지만, 행복을 살 수는 없다. ²그것은 테니스를 치는 것과 같다. ³당신은 테니스를 치는 즐거움을 가게에서 살 수 없다. ⁴당신은 공과 라켓을 살 수 있지만, 치는 즐거움을 살 수는 없다. ⁵테니스의 즐거움을 경험하기 위해서는 당신은 배우고 (테니스를) 치도록 스스로를 훈련시켜야 한다. ⁶그것은 서예도 마찬가지다. ⁷당신은 잉크, 화선지, 붓을 살 수 있지만, 당신이 서예의 기술을 기르지 않는다면 당신은 사실상 서예를 할 수 없다. ⁸그래서 서예는 연습을 필요로 하고, 당신은 스스로를 훈련시켜야 한다. ⁹당신은 당신이 서예를 할 능력이 있을 때만 서예가로서 행복하다. ¹⁰행복 또한 마찬가지다. ¹¹당신은 행복을 육성해야 하는데, 당신은 그것을 가게에서 살 수 없기 때문이다.

① 모든 행복의 방울을 받을 만하다
② 당신의 행복을 우선시해야 한다
④ 다른 사람들에게 행복을 퍼뜨릴 수 있다
⑤ 그것을 어디서 찾을지 알아낼 필요가 있다

해설 행복을 위한 조건은 살 수 있어도 행복 자체는 살 수는 없다는 내용의 글이다. 이를 테니스와 서예를 하는 것에 비유하여, 필요한 도구는 살 수 있지만 그것들을 행하는 즐거움과 행복감은 직접 배우고 훈련해야 경험할 수 있다고 했다. 따라서 빈칸에 들어갈 말로 가장 적절한 것은 ③이다.

오답확인 ⑤ 행복은 직접 길러가야 한다고 했으므로 찾을 곳을 알아내야 한다는 것은 적절하지 않다.

8 ⑤

구직은 수동적인 일이 아니다　　　　당신이 찾고 있을 때　　　　당신은 대강 훑어보지 않으며　　　'그냥 보지'도 않는다
¹ A job search is not a passive task. ² When you are searching, // you are not browsing, / nor are you "just looking".
　　　❶ be동사　S

훑어보는 것은 효과적인 방법이 아니다　　　(목표에 이르는　　　　[당신이 이르기를 원한다고 주장하는])　　만약 당신이 목적을 가지고 행동한다면
³ Browsing is not *an effective way* (to reach *a goal* [(which[that]) you claim to want to reach]). ⁴ If you are acting with
　 S　　V　　　　C　　　　　　　　　　형용사적 용법　　　　관계대명사

　　　　만약 당신이 어느 것에든 진지하다면　　　　　[당신이 하기로 선택한]　　　　그렇다면 당신은 직접적이고, 집중하고,
purpose, / if you are serious about *anything* [(that) you chose to do], // then you need to be direct, focused and
　　　　　　　　　　　　　　　　　　　　　　　관계대명사

가능하면 언제든 영리할 필요가 있다　　다른 모든 사람들이　　　(구직하는)　　　같은 목표를 가지고·　　　같은 일자리를 위해 경쟁한다
whenever possible, clever. ⁵ *Everyone else* (searching for a job) / has the same goal, / competing for the same jobs.
　　　　　　　　　　　　　　　　　　　S　　　　　　　　　　　　　V　　　　O　　　분사구문(= and they compete ~)

당신은 더 많은 것을 해야 한다　그 무리의 나머지 사람들보다　　　당신에게 시간이 얼마나 걸릴 것이든　　　　일자리를 찾고 얻는 데
⁶ You must do more / than the rest of the herd. ⁷ Regardless of how long it may take you / to find and (to) get *the job*
　　　　　　　　　　　　　　　　　　　　　　　　　　❷ 의문사　S'　　V'　　O'

　　　[당신이 원하는]　　　　주도적인 것이 필연적으로 당신에게 결과를 더 빨리 가져올 것이다　당신이 ~에만 의존하는 때보다　온라인 구인란을 훑어보는 것
[(which[that]) you want], / being proactive will logically get you results faster // than if you rely only on / browsing online
　　　관계대명사　　　　　　　　　　S　　　　　└─ V ─┘　IO　　DO　　　　　　　　　　　　　　　　v-ing(동명사구 병렬)

　　　그리고 이따금씩 이력서를 이메일로 보내는 것　　그러한 활동들은 남겨두어라　　나머지 양들에게
job boards and emailing an occasional resume. ⁸ Leave those activities / to the rest of the sheep.
　　　　　　v-ing(동명사구 병렬)

▶ **구문** ❶ <nor+be동사[조동사]+S>는 'S도 ~않다'의 의미로 접속사 nor(~도 아니다) 뒤에 도치가 일어난다.
　　　❷ 전치사 regardless of(~이든, ~에 상관없이) 뒤에 목적어로 간접의문문 형태의 명사절이 쓰였다.

해석 ¹구직은 수동적인 일이 아니다. ²당신이 찾고 있을 때, 당신은 대강 훑어보지 않으며, '그냥 보지'도 않는다. ³훑어보는 것은 당신이 이르기를 원한다고 주장하는 목표에 이르는 효과적인 방법이 아니다. ⁴만약 당신이 목적을 가지고 행동하고, 만약 당신이 하기로 선택한 어느 것에든 진지하다면, 당신은 직접적이고, 집중하고, 가능하면 언제든 영리할 필요가 있다. ⁵구직하는 다른 모든 사람들이 같은 목표를 가지고 같은 일자리를 위해 경쟁한다. ⁶당신은 그 무리의 나머지 사람들보다 더 많은 것을 해내야 한다. ⁷당신이 원하는 일자리를 찾고 얻는 데 시간이 얼마나 오래 걸릴 것이든, 당신이 온라인 구인란을 훑어보고 이따금씩 이력서를 이메일로 보내는 것에만 의존하는 때보다 주도적인 것이 필연적으로 당신에게 결과를 더 빨리 가져올 것이다. ⁸그러한 활동들은 나머지 양들에게 남겨두어라.

① 다른 구직자들의 마음을 이해하려고 노력하라.
② 침착함을 유지하고 현재의 태도를 고수하라.
③ 구직 경쟁을 두려워하지 말아라.
④ 장래의 고용주에게 이따금씩 이메일을 보내라.
⑤ 다른 구직자들 가운데서 두드러지도록 더 활동적이 되어라.

해설 구직 활동을 주도적으로 해야 한다는 내용의 글이다. 밑줄 친 문장의 those activities(그러한 활동들)는 수동적인 구직 활동으로 언급한 앞 문장의 구직란 훑어보기, 이따금씩 이력서 보내기를 가리키며, the rest of the sheep(나머지 양들)은 수동적인 다른 구직자들을 의미함을 알 수 있다. 따라서 밑줄 친 부분이 의미하는 것은 ⑤이다.

오답확인 ③ 구직하는 다른 모든 사람이 같은 목표를 가지고 경쟁하고 있기 때문에 원하는 것을 얻기 위해서는 더 많은 것을 해내야 한다고 했다. 경쟁에 대한 두려움은 언급되지 않았다.

Stage 1 Concept의 찬찬 이해

p.54

1 **해석** ¹대부분의 젊은이들은 더 많은 영향력, 지위, 그리고 인기를 갖고 싶어 한다. ²이런 목표들은 흔히 권위자나 역할 모델과의 동일시를 통해 성취된다. ³전문가들은 공격적인 행동의 원인이 외부와 단절된 상태에서 일어나지 않는다고 말한다. ⁴그것들은 축적되어 서로 영향을 미친다. ⁵이것을 들으면 놀라겠지만, '비디오'라는 단어는 프랭클린 디 루스벨트가 백악관에 있었을 때(대통령이었을 때) 영화를 묘사하는 데 실제로 사용되었다. ⁶1850년대에, 순 알루미늄이 처음 생산되었을 때, 그것은 금보다 더 값비쌌다.

2 **해석** ⁷만약 대면 면접이 있다면, 적어도 하루 전에 당신이 면접에 가져가야 할 것을 챙겨라. ⁸나는 내일 차를 세차할 거야. ⁹고양이는 흔히 이사 후 첫 몇 주 동안에는 주인의 이전 집으로 돌아가려고 애쓴다. ¹⁰흰색 반바지를 입은 소년

3 **해석** ¹¹대면 소통은 가장 간단한 것에서부터 가장 복잡한 것에 이르기까지 많은 종류의 지식을 공유하는 유례없이 강력한, 그리고 때로는 유일한 방법이다. ¹²또한, 그것은 새로운 사고와 아이디어를 자극할 가장 좋은 방법 중의 하나이다. ¹³대부분의 사람들은 그들이 하루를 제대로 시작하지 못하기 때문에 그들의 최선보다 덜한 것에 만족한다. ¹⁴만약 어떤 사람이 긍정적인 사고방식으로 하루를 시작한다면, 그 사람은 긍정적인 하루를 보낼 가능성이 더 높다. ¹⁵게다가, 한 사람이 하루에 어떻게 접근하는가는 그 사람의 삶에 있는 다른 모든 것들에 영향을 미친

다. ¹⁶햇볕에 태우기는 결국에는 주름과 다른 미용의 문제로 이어질 손상을 피부에 줄 수 있다. ¹⁷더 심각한 것은, 그것은 피부암과 같은 심각한 건강 문제를 유발할 수 있다.

4 **CHECK UP** ✅ (C)-(B)-(A)

해석 변호사, 형사, 그리고 의사와 같은 몇몇 사람들은 전문적인 문제 해결사다.
(C) 이들이 어떤 큰일에 직면했을 때 하는 가장 첫 번째 일은 주요 목표 또는 최선의 결과를 확인하는 것이다.
(B) 그런 다음, 그들은 그 큰 그림을 일련의 더 처리하기 쉬운 단기 목표로 나눈다.
(A) 이것들(단기 목표) 하나하나가 완수되면서 주요 목표는 점점 더 가까워진다.

해설 (C)의 these people(이들)은 주어진 글의 some people을 받아 이들이 큰일에 직면하면 먼저 주요 목표를 세운다고 했다. 그다음에는 Next로 시작해 그 주요 목표를 단기 목표로 나눈다고 설명하는 (B)가 와야 한다. (A)의 these는 (B)의 more manageable short-term goals를 받아 이 단기 목표가 하나씩 완수되면서 목표에 가까워진다고 내용이 마무리되는 것이 자연스럽다. 따라서 글의 순서로 가장 적절한 것은 (C)-(B)-(A)이다.

Stage 2 Concept의 꼼꼼 확인

p.56

1 ②   2 ②   3 ④   4 ③   5 ②   6 (B)-(C)-(A)   7 ⑤   8 ⑤

1 ②

해석 또래 압박은 아이들이 혼자서는 절대로 하지 않을 행동을 하게끔 한다. 어떤 십 대들은 또래 압박에 굴복하여 자신의 삶을 말 그대로 망쳐버린다. 게다가, 그것(또래 압박)에 저항하기를 거부하는 것은 개성의 상실로 이어진다. 당신은 똑같은 옷을 입고, 똑같은 음악을 들으며, 똑같은 행동을 하다가 당신이 정말로 누구인지 더는 알지 못한다는 걸 깨닫는다.

해설 주어진 문장에 첨가를 나타내는 What is more(게다가)가 있고, 개성을 상실하게 된다는 또래 압박의 부정적인 결과를 설명하고 있다. ② 앞에서 또래 압박은 어떤 십 대들의 삶을 망쳐버린다는 부정적인 결과를 말하고 있으므로 주어진 문장이 들어가기에 가장 적절한 곳은 ②이다.

2 ②

해석 당신은 선물에 개인적인 손길을 담기에는 너무 바쁘다. 그래도 아무도 그것에 대해 실제로 신경 쓰거나 불평한 적이 없다. 게다가, 선물에 더 개인적인 손길을 담으려는 당신의 어설픈 노력을 선물을 받는 사람이 놀려댄다면 그것도 그렇게 유쾌한 일은 아닐 것이다. 그러나 선물에 개인적인 손길을 더하는 것은 그렇게 시간이 오래 걸리지도 않으며, 그렇게 어렵지 않을지도 모른다. 당신은 온라인이나 잡지, 책에서 당신의 선물을 위한 영감을 쉽게 얻을 수 있다.

해설 주어진 문장에 첨가를 나타내는 Besides(게다가)가 있고, 선물에 개인적인 손길을 담지 않는 이유를 말하고 있다. ② 앞에서 선물에 개인적인 손길이 없는 것에 아무도 신경을 쓰지 않는다는 이유가 나왔으므로, 주어진 문장이 들어가기에 가장 적절한 곳은 ②이다.

3 ④

당신의 마음속에 그려 보아라　　　좋아하는 회화, 소묘, 만화 캐릭터 중 하나를　　　또는 무언가를　（같은 정도로 복잡한）
¹ Imagine in your mind / one of your favorite paintings, drawings, cartoon characters / or something (equally complex).
　　　V　　　　　　　　　　　O₁　　　　　　　　　　　　　　O₂

이제　　마음속에 있는 그림을 가지고　　그리려고 노력해 봐라　당신의 마음이 보는 것을　　당신이 유별나게 재능이 있는 게 아니라면
² Now, / with that picture in your mind, / try to draw / what your mind sees. ³ Unless you are unusually gifted, //
　　　　　　　　　　　　　　　　　　V　　❶　　　　　　접속사

당신의 그림은 완전히 달라 보일 것이다　　　　　당신이 마음의 눈으로 보고 있는 것과는　　　　그러나　만약 당신이
your drawing will look completely different / from what you are seeing with your mind's eye. ⁴ However, / if you tried
S　　　　　　V　　　　　C　　　　　　　　　　　　　　　　　　　　　　　　　　　❷접속사 S'　V'

원본을 베끼려고 노력한다면　　　상상한 그림 대신에　　　당신은 아마 알게 될 것이다　　지금 그림이 조금 더 낫다는 것을
to copy the original / rather than your imaginary drawing, // you might find / (that) your drawing now was a little better.
　　　　　　　　　　　　　　　　　　　　　　　　S　　V　　접속사

게다가　　만약 당신이 그 그림을 여러 번 베낀다면　　당신은 알게 될 것이다　　　매번 그림이 조금씩 더 나아지고
⁵ Furthermore, / if you copied the picture many times, // you would find / that each time your drawing would get a little better,
　　　❷접속사 S'　V'　　O'　　　　　　S　　V　　접속사　　　S'　　　　V'　비교급 수식 C'₁

조금씩 더 정밀해지는 것을　　연습이 완벽을 만든다　이것은 ~이다　당신이 기술을 발달시키고 있기 때문(이다)　　조화시키는
a little more accurate. ⁶ Practice makes perfect. ⁷ This is // because you are developing the skills of coordinating
비교급 수식　C'₂　　　　　　　　　　　　　　接속사　　　　　　　　　　　　　=

당신의 마음이 인식하는 것과　　움직임을　　（신체 부위의）
what your mind perceives / with the movement (of your body parts).

▶ 구문 ❶ 동사 draw의 목적어로 관계대명사 what이 이끄는 명사절이 왔다.
　　　　❷ 현재 사실과 반대로 가정하거나 현재나 미래에 일어날 가능성이 없다고 보는 일을 나타내는 가정법 과거 <If+S'+동사의 과거형 ~, S+조동사 과거형+동사원형>이 쓰였다.

해석 ¹좋아하는 회화, 소묘, 만화 캐릭터 중 하나 또는 같은 정도로 복잡한 무언가를 당신의 마음속에 그려 보아라. ²이제, 마음속에 있는 그림을 가지고, 당신의 마음이 보는 것을 그리려고 노력해 봐라. ³당신이 유별나게 재능이 있는 게 아니라면, 당신의 그림은 당신이 마음의 눈으로 보고 있는 것과는 완전히 달라 보일 것이다. ⁴그러나, 만약 당신이 상상한 그림 대신에 원본을 베끼려고 노력한다면, 당신은 지금 그림이 조금 더 낫다는 것을 아마 알게 될 것이다. ⁵게다가, 만약 당신이 그 그림을 여러 번 베낀다면, 당신은 매번 그림이 조금씩 더 나아지고 조금씩 더 정밀해지는 것을

알게 될 것이다. ⁶연습이 완벽을 만든다. ⁷이것은 당신이 당신의 마음이 인식하는 것과 신체 부위의 움직임을 조화시키는 기술을 발달시키고 있기 때문이다.

해설 주어진 문장에 첨가를 나타내는 Furthermore(게다가)가 있고, 그림을 여러 번 베끼면 조금씩 더 나아지고 정밀해진다고 했다. 따라서 주어진 문장 앞에도 그림을 베껴 그리면 좋은 결과물을 얻을 수 있다는 유사한 내용이 와야 한다. ④ 앞에서 원본을 베끼려고 하면 그림이 조금 더 나아진다고 했으므로, 주어진 문장이 들어가기에 가장 적절한 곳은 ④이다.

4 ③

우리의 뇌는 끊임없이 문제들을 해결하고 있다　　　　우리가 무언가를 배우거나 기억하거나 이해할 때마다
¹ Our brains are constantly solving problems. ² Every time we learn, or remember, or make sense of something, //
　　　　　　　　　　　　　　　　　　❶접속사　S'　V'₁　　　V'₂　　　V'₃

우리는 문제를 해결한다　　　　몇몇 심리학자들은 모든 유아 언어 학습을 (~로) 간주했다　　　　문제 해결로
we solve a problem. ³ Some psychologists have characterized all infant language-learning / as problem-solving, /

과학적 절차를 어린이에게까지 확장했다　　　'실험에 의한 학습' 또는 '가설 검증'과 같은　　　어른들은
extending to children such scientific procedures / as "learning by experiment," or "hypothesis-testing." ⁴ Grown-ups rarely
❷분사구문(= and they have extended ~)

아이들에게 새 단어의 의미를 좀처럼 설명해주지 않는다　　문법 규칙이 어떻게 작용하는지는 말할 것도 없고　　대신　　그들은 대화에서 단어나
explain the meaning of new words to children, / let alone how grammatical rules work. ⁵ Instead / they use the words or
　　（= grown-ups）

규칙을 사용한다　　그리고 아이들에게 (~을) 맡긴다　　무엇인지 알아내는 것을　　　언어를 배우기 위해서
the rules in conversation / and leave it to children / to figure out what is going on. ⁶ In order to learn language, /
　　　　　　　　　　　　　　❸ 가목적어　　진목적어　　　　　　　부사적 용법(목적)

유아는 맥락을 이해해야 한다 [언어가 발생하는] 즉 문제들은 해결되어야 하는 것이다 우리 모두는
an infant must make sense of *the contexts* [in which language occurs]; // problems must be solved. ⁷ We have all been
　　　　　　　　　　　　　　　　　　　　　전치사+관계대명사　　　　　　　　　　　　　　　　　　　❹

문제들을 해결해오고 있다 (이러한 종류의) 어린 시절부터 보통 인식 없이 (우리가 무엇을 하고 있는지에 대한)
solving problems (of this kind) / since childhood, / usually without awareness (of what we are doing).

▶ 구문 ❶ every time은 '~할 때마다'라는 뜻의 접속사로 whenever로 나타낼 수도 있다.
　　❷ extending은 주절의 주어 Some psychologists를 의미상의 주어로 하는 분사구문으로 절로 바꿔 쓰면 and they have extended ~가 된다. <such A as B>는
　　　<A such as B(B와 같은 A)>와 같은 의미이다.
　　❸ it은 가목적어이고, to-v 이하가 진목적어이다.
　　❹ 현재완료와 잘 쓰이는 부사 since(~이래로, ~부터)가 있고, 현재까지 계속 진행 중임을 강조하기 위해 현재완료 진행형(have been v-ing)이 쓰였다.

해석 ¹우리의 뇌는 끊임없이 문제들을 해결하고 있다. ²우리가 무언가를 배우거나 기억하거나 이해할 때마다, 우리는 문제를 해결한다. ³몇몇 심리학자들은 모든 유아 언어 학습을 문제 해결로 간주했고, '실험에 의한 학습' 또는 '가설 검증'과 같은 과학적 절차를 어린이에게까지 확장했다. ⁴어른들은 아이들에게 문법 규칙이 어떻게 작용하는지는 말할 것도 없고 새 단어의 의미를 좀처럼 설명해주지 않는다. ⁵대신 그들은 대화에서 단어나 규칙을 사용하고 무엇인지 알아내는 것을 아이들에게 맡긴다. ⁶언어를 배우기 위해서, 유아는 언어가 발생하는 맥락을 이해해야 한다. 즉 문제들은 해결되어야 하는 것이다. ⁷우리 모두는 보통 우리가 무엇을 하고

있는지에 대한 인식 없이 어린 시절부터 이러한 종류의 문제들을 해결해오고 있다.

해설 주어진 문장에 뚜렷한 연결 단서가 없는 경우, 대명사, 관사를 통해 위치를 파악할 수 있다. ③ 뒤에 나오는 they는 아이들이 단어와 규칙을 알아내도록 두는 주체여야 하므로 주어진 문장의 Grown-ups를 대신하는 것임을 알 수 있다. 주어진 문장이 ③에 위치하면 ③ 뒤의 the words or the rules는 주어진 문장의 new words와 grammatical rules를 받아, 어른들이 아이들에게 문법 규칙과 단어의 의미를 설명하는 대신 아이들이 스스로 알아내도록 한다는 논리적 흐름이 완성된다.

5 ②

직독직해 [일화] 단어 철자 맞히기 대회의 정직한 소년

몇 년 전 워싱턴 디시에서 있었던 전국 단어 철자 맞히기 대회에서 한 13세 소년이 echolalia의 철자를 말하도록 요구받았다
¹ Some years ago / at the national spelling bee in Washington, D.C., / a thirteen-year-old boy was asked to spell
　　　　　　　　　　　　　　　　　　　　　　　　　　　　　　　　　　　　　　S　　　　　　　　　V　　　　　　C

단어인 [경향을 의미하는] (듣는 것은 무엇이든지 되풀이하는) 그는 그 단어의 철자를 잘못 말했지만
echolalia, a word [that means a tendency (to repeat whatever one hears)]. ² Although he misspelled the word, //
　❶　　　 = 　관계대명사　　　　 =　　　　　　　　　　　　　　　　　　　접속사　 S'　　 V'　　　 O'

심사위원들은 잘못 듣고 그에게 단어의 철자를 올바르게 말했다고 했다 그리고 그가 (다음 단계로) 나아가도록 했다 소년이 알았을 때
the judges misheard him, / told him (that) he had spelled the word right, / and allowed him to advance. ³ When the boy
　　S　　 ❷V₁　　　　　　 V₂　　 접속사 S'　　 V'　　　　 O'　　 C'　　　 V₃　　 O₃　　 C₃

자신이 단어를 잘못 말했다는 것을 그는 심사위원들에게 가서 말했다 그래서 그는 대회에서 탈락되었다
learned / that he had misspelled the word, // he went to the judges and told them. ⁴ So / he was eliminated from
　　　　접속사 ❸

결국 다음날 신문 기사 헤드라인이 그 정직한 소년을 '단어 철자 맞히기 대회 영웅'이라고 칭했다
the competition / after all. ⁵ Newspaper headlines the next day / called the honest young man a "spelling bee hero," //
　　　　　　　　　　　　　　　　　　　　　　　　S₁　　　　　　　　 V　　　　　　 O　　　　　　　 C

그리고 그의 사진은 실렸다 <뉴욕 타임스>에 "심사위원들이 말했어요 제가 아주 정직하다고"라고 소년은 기자들에게 말했다
and his photo appeared / in *The New York Times*. ⁶ "The judges said // (that) I had a lot of honesty," / the boy told reporters.
　　 S₂　　 V₂　　　　　　　　　　　　　　　　　　　　　　　　　　接続사

그는 덧붙였다 그의 동기 중 일부가 ~이었다고 "거짓말쟁이가 되고 싶지 않았다"는 것
⁷ He added // that part of his motive was, / "I didn't want to feel like a liar."
　　　　　　접속사

▶ 구문 ❶ *echolalia*와 a word 이하는 동격 관계이고, a word를 수식하는 관계사절에서 a tendency와 to repeat ~ hears가 동격 관계이다.
　　❷ 과거동사 misheard, told, allowed가 콤마(,)와 and로 연결되었다.
　　❸ 과거완료(had p.p.)는 과거 특정한 때보다 더 이전에 일어난 일을 나타낸다.

해석 ¹몇 년 전 워싱턴 디시에서 있었던 전국 단어 철자 맞히기 대회에서, 한 13세 소년이 듣는 것은 무엇이든지 되풀이하는 경향을 의미하는 단어인 echolalia의 철자를 말하도록 요구받았다. ²그는 그 단어의 철자를 잘못 말했지만, 심사위원들은 잘못 듣고 그에게 단어의 철자를 올바르게 말했다고 했고, 그가 (다음 단계로) 나아가도록 했다. ³자신이 단어를

잘못 말했다는 것을 소년이 알았을 때, 그는 심사위원들에게 가서 말했다. ⁴그래서 그는 결국 대회에서 탈락되었다. ⁵다음날 신문 기사 헤드라인이 그 정직한 소년을 '단어 철자 맞히기 대회 영웅'이라고 칭했고, 그의 사진은 <뉴욕 타임스>에 실렸다. ⁶소년은 기자들에게 "심사위원들이 제가 아주 정직하다고 말했어요"라고 말했다. ⁷그는 그의 동기 중 일부가 "거짓말

쟁이가 되고 싶지 않았다"는 것이었다고 덧붙였다.

해설 주어진 문장은 소년이 철자를 잘못 말했다는 것을 알고 심사위원들에게 사실을 말했다는 내용이다. 따라서 시간 순서상 앞에는 철자를 잘못 말했지만 심사위원이 알아차리지 못했다는 내용이 오고, 뒤에는 심사위원들에게 사실을 말하고 난 뒤의 결과가 이어지는 것이 자연스럽다. ② 다음 문장은 소년이 대회에서 탈락되었다는 결과에 해당하므로 주어진 문장이 들어가기에 가장 적절한 곳은 ②이다.

6 (B)-(C)-(A)

해석 점심을 먹고 나는 자전거를 끌고 마당으로 조용히 몰래 갔다. 나는 집 뒤쪽에 서 있는 떡갈나무 아래의 흙이 있는 곳으로 조심스럽게 이동했다.
(B) 나는 자전거를 나무에 기대어 두고 몸을 굽혔다.

(C) 나는 뜨거운 땅을 신속히 파서 작은 구멍을 만들었고 주머니에서 10달러짜리 지폐를 재빨리 꺼냈다.
(A) 그 돈을 땅속에 넣고 덮고 난 뒤, 나는 깊게 숨을 쉬고 미소를 지었다.

해설 마당의 떡갈나무로 간 다음에 자전거를 기대고 몸을 굽혀 땅을 판 뒤 돈을 넣는 순서가 되어야 하므로 (B)-(C)-(A)가 적절하다.

7 ⑤

직독직해 [역사] 페루의 노예 해방을 이끈 시몬 볼리바르 장군

1824년　　페루는 스페인으로부터 자유를 쟁취했다　　　곧이어　　시몬 볼리바르는　　장군인　　[해방군을 이끈]
[1] In 1824, / Peru won its freedom from Spain. [2] Soon after, / Simón Bolívar, *the general* [who had led the liberating forces], /
　　　　　　　　　　　　　　　　　　　　　　　　　　　　　　　　　　　　S　　　　=　　　　관계대명사

회의를 소집했다　　　　　　헌법 초안을 작성하기 위해　　　　(새로운 국가를 위한)　　　회의 이후에　　　사람들은
called a meeting / to write the first version of the constitution (for the new country). (C) [3] After the meeting, / the people
　　　V　　　　　　부사적 용법(목적)　　　　　　　　　　　　　　　　　　　　　　　　　　　　　　　　　S

볼리바르에게 특별한 무언가를 해주길 원했다　　　　　모든 것에 대한 감사를 표하기 위해　　　[그가 자신들을 위해 해 준]
wanted to do something special for Bolívar / to show their appreciation for *all* [(that) he had done for them], //
　　V　　　O　　　　　　　　　　　　　　　　부사적 용법(목적)　　　　　　　　　　관계대명사

그래서 그들은 그에게 백만 페소 선물을 주었다　　　　　　그 당시에 매우 큰돈인　　　　볼리바르는 이 선물을 받고
so they offered him a gift of one million pesos, / a very large amount of money in those days. (B) [4] Bolívar accepted the gift /
　　　　　　　　　❶└──────┘　　=

"페루에 얼마나 많은 노예가 있나요?"라고 물었다　　　　그는 들었다　　약 3천 명이 있다는 것을
and then asked, "How many slaves are there in Peru?" [5] He was told // (that) there were about three thousand.
　　　　　　　　　　　　　　　　　　　　　　　　　　　　　　　　접속사

"그러면 노예 한 명은 얼마에 팔리나요?"　　　그는 알길 원했다　　"한 사람에 350페소입니다"가 대답이었다
[6] "And how much does a slave sell for?" / he wanted to know. [7] "About 350 pesos for a man," was the answer.

"그렇다면" 볼리바르는 말했다　　제가 이 백만 페소에 필요한 무엇이든 더 하겠습니다　　[여러분이 제게 주신]
(A) [8] "Then," said Bolívar, / "I'll add whatever is necessary to *this million pesos* [(which[that]) you have given me] //
　　　　　　　　　　　　　　❷　　　　　　　　　　　　　　　　　　　　　　　　　　관계대명사

그리고 페루 내의 모든 노예들을 사서　　그들을 해방시키겠습니다.　한 국가를 해방시키는 것은 의미가 없습니다　　모든 시민이
and I will buy all the slaves in Peru / and set them free. [9] It makes no sense to free a nation, // unless all its citizens
　　　　　　　　　　　　　　　　❸ 가주어　　　진주어　　　　접속사

마찬가지로 자유를 누리지 못한다면"
enjoy freedom as well."

▶ **구문** ❶ a gift와 one million pesos 이하로 연결된 동격 관계이며, 콤마(,)로 이어진 a very large ~ days는 one million pesos에 대한 부연 설명이다.
　❷ whatever는 여기서 명사절을 이끄는 복합관계대명사로 '~하는 것은 무엇이든지(= anything that)'의 의미이다. whatever가 이끄는 절이 add의 목적어 역할을 하고 있다.
　❸ It은 가주어, to-v구인 to free a nation이 진주어이다.

해석 [1]1824년, 페루는 스페인으로부터 자유를 쟁취했다. [2]곧이어, 해방군을 이끈 장군인 시몬 볼리바르는 새로운 국가를 위한 헌법 초안을 작성하기 위해 회의를 소집했다. (C) [3]회의 이후에, 사람들은 볼리바르가 자신들을 위해 해 준 모든 것에 대한 감사를 표하기 위해 그에게 특별한 무언가를 해주길 원했고, 그래서 그들은 그에게 그 당시에 매우 큰돈인 백만

페소 선물을 주었다. (B) [4]볼리바르는 이 선물을 받고 "페루에 얼마나 많은 노예가 있나요?"라고 물었다. [5]그는 약 3천 명이 있다는 것을 들었다. [6]"그러면 노예 한 명은 얼마에 팔리나요?" 그는 알길 원했다. [7]"한 사람에 350페소입니다"가 대답이었다. (A) [8]볼리바르는 말했다. "그렇다면, 여러분이 제게 주신 이 백만 페소에 제가 필요한 무엇이든 더해 페루 내의 모

든 노예들을 사서 그들을 해방시키겠습니다. ⁹모든 시민이 마찬가지로 자유를 누리지 못한다면, 한 국가를 해방시키는 것은 의미가 없습니다."

해설 시간 순서와 관사, 지시어의 사용에 주의하여 순서를 파악한다. 주어진 글은 페루가 자유를 쟁취하고 나서 장군 볼리바르가 회의(a meeting)를 소집했다는 내용이다. 다음에는 '그 회의 이후에(After the meeting)' 사람들이 볼리바르에게 백만 페소를 '선물(a gift)'로 주었다는 (C)가 이어져야 한다. 볼리바르가 '그 선물(the gift)'을 받고 노예 한

명이 얼마에 팔리는지를 묻고 답을 듣는 (B)가 다음에 연결되고, '그렇다면(Then)' 자신이 받은 '그 백만 페소(this million pesos)'로 모든 노예를 사서 해방시키겠다고 말하는 (A)가 마지막에 이어지는 것이 자연스럽다. 따라서 글의 순서로 가장 적절한 것은 ⑤이다.

오답확인 ② (B)와 (A)는 볼리바르가 백만 페소를 받고 난 이후의 일이므로, 사람들이 볼리바르에게 백만 페소를 선물로 줬다는 내용의 (C) 다음에 나와야 한다.

8 ⑤

직독직해 [생활] 거울의 이미지 반전을 이용한 비밀 메시지 쓰기

거울과 다른 부드럽고, 빛나는 표면들은 / 빛을 반사한다 / 우리는 그러한 표면들에서 반사를 본다 / 광선이 이미지를
¹ Mirrors and other smooth, shiny surfaces / reflect light. ² We see reflections from such surfaces // because the rays of
　　　　　　　　　　　　S　　　　　　　　　V

형성하기 때문에 / 우리 눈의 망막에 / 그 이미지들은 항상 반전되어 있다 / 거울 속의 자신을 보고
light form an image / on the retina of our eyes. (C) ³ Such images are always reversed. ⁴ Look at yourself in a mirror, /
　　　V₁

오른쪽 눈을 윙크해라 / 그러면 당신의 왼쪽 눈이 당신에게 윙크하는 것처럼 보인다 / 당신은 거울을 사용할 수 있다 / 친구에게 암호화된 메시지를 보내기 위해
wink your right eye // and your left eye seems to wink back at you. ⁵ You can use a mirror / to send a coded message to
　　V₂　　　　　　❶　　　　S₃　　　　V₃　　　　　　　　　　　　　　　　　　　　　　　　　부사적 용법(목적)

탁자 위에 거울을 똑바로 세워라 / 탁자 위에 있는 종이가 한 장이 ~하도록 / 거울 속에 명확히 보일 수 있(도록)
a friend. (B) ⁶ Stand a mirror upright on the table, // so that a piece of paper on the table / can be clearly seen in the mirror.
　　　　　　　V　　　　　　　　　　　　　　❷ 접속사　　　　　　S'　　　　　　　　└──┘　　V'

이제 메시지를 적어라 [정상적으로 보이는 / 거울을 볼 때] / 반사된 이미지에 시선을 두어라
⁷ Now write *a message* [that looks right // when you look in the mirror]. (A) ⁸ Keep your eyes on the reflected image //
　　　　　　　　　　관계대명사

쓰는 동안 / 종이가 아니라 / 약간의 연습 후에 / '거꾸로' 쓰는 것은 더 쉬워질 것이다
while you are writing / and not on your paper. ⁹ After a little practice, / it will be easier to write "backwards."
　접속사　　　　　　　　　　　　　　　　　　　　　　　　　　　❸ 가주어　　　　　　　진주어

당신의 친구가 그런 메시지를 받으면 / 그는 그것을 읽을 수 있을 것이다 / 그 종이를 들어 거울에 비춤으로써
¹⁰ When your friend receives such a message // he will be able to read it / by holding the paper up to a mirror.
　　　　　　　　　　　　　　　　　　　　　　　　　　　　　　　　by v-ing: v함으로써

▶ **구문 ❶** <명령문+and S+V>는 명령문 뒤에 절이 이어진 형태로 '~하라, 그러면 S는 V할 것이다'의 의미이다.
　❷ so (that)는 목적을 나타내는 부사절을 이끌며 '~하기 위해서, ~하도록'의 의미이다. in order that으로 바꿔 쓸 수 있다.
　❸ it은 가주어이고, to-v구가 진주어이다.

해석 ¹거울과 다른 부드럽고, 빛나는 표면들은 빛을 반사한다. ²광선이 우리 눈의 망막에 이미지를 형성하기 때문에 우리는 그러한 표면들에서 반사를 본다. (C) ³그 이미지들은 항상 반전되어 있다. ⁴거울 속의 자신을 보고, 오른쪽 눈을 윙크해라, 그러면 당신의 왼쪽 눈이 당신에게 윙크하는 것처럼 보인다. ⁵당신은 친구에게 암호화된 메시지를 보내기 위해 거울을 사용할 수 있다. (B) ⁶탁자 위에 있는 종이 한 장이 거울 속에 명확히 보일 수 있도록 탁자 위에 거울을 똑바로 세워라. ⁷이제 거울을 볼 때 정상적으로 보이는 메시지를 적어라. (A) ⁸쓰는 동안 종이가 아니라 반사된 이미지에 시선을 두어라. ⁹약간의 연습 후에, '거꾸로' 쓰는 것은 더 쉬워질 것이다. ¹⁰당신의 친구가 그런 메시지를 받으면, 그는 그 종이를 들어 거울에 비춤으로써 그것을 읽을 수 있을 것이다.

해설 주어진 글은 거울과 같은 표면에서 우리가 '이미지(an image)'를 본다는 내용이다. 다음에는 '그 이미지들(Such images)'은 항상 반전되어 있어서, 거울을 이용해서 암호화된 메시지를 보낼 수 있다는 (C)가 오는 것이 적절하다. 이후에는 그 암호화된 메시지를 작성하는 과정이 구체적으로 이어지는데, 탁자에 거울을 세워 거울 속에 비춰진 이미지를 적으라는 (B)가 나오고 나서, 그 메시지를 받은 친구가 종이를 거울에 비춰서 읽을 수 있을 것이라는 (A)가 마지막에 연결되는 것이 자연스럽다. 따라서 글의 순서로 가장 적절한 것은 ⑤이다.

오답확인 ③ (B)와 (A)는 거울의 이미지가 반전되는 것을 이용하여 암호화된 메시지를 만드는 절차를 구체적으로 설명하는 것이므로, 거울을 사용해 암호화된 메시지를 보낼 수 있음을 언급하는 (C) 다음에 와야 한다.

Chapter 07 주제문+세부 사항(예)

Stage 1 Concept의 찬찬 이해

p.66

1 **해석** ¹사람들이 쇼핑을 하러 갈 때, 하나의 구매가 또 다른 것(구매)으로 이어지는 경향이 있다. ²드레스를 사면 어울리는 새 구두와 귀걸이를 사야 한다. ³자녀를 위한 장난감을 하나 사면 곧 그것과 어울리는 모든 딸린 물건들을 사고 있는 자신을 깨닫는다. ⁴새 소유물을 얻는 것은 추가 구매로 이어지는 소비의 악순환을 자주 일으킨다.

2 **해석** ⁵시(詩)는 우리의 감각을 더 강렬하게 하여 삶을 더욱 완전하게 인식하게 한다. ⁶잠시 동안, 당신이 당신의 친구 중 한 명을 묘사하려 하고 있다고 상상해 보자. 당신은 그 친구가 키가 크고 푸른 눈을 가지고 ~ (중간 생략) 있다고 말할 수 있을 것이다. ⁷훌륭한 시는 삶을 정말 그런 식으로 묘사하며, 그래서 당신이 세상을 알고 사랑하도록 돕는다.

🖋 생생 기출 맛보기 ②

직독직해 & 지문구조 [심리] 호기심의 이로운 효과

주제문 1 호기심은 힘든 문제를 흥미로운 도전으로 여기도록 해 줌

호기심은 우리가 (~할) 가능성이 훨씬 더 많아지게 한다 　　힘든 문제를 (~로) 여길 　　흥미로운 도전으로 　　(떠맡아야 할)
¹ Curiosity makes us much more likely / to view a tough problem / as *an interesting challenge* (to take on).
　 S 　　　　V 　　O 　　　　　　　　　　　　　　　　　　　　　　　　　　　　C 　　　　　　　　　　　　　　　형용사적 용법

예 1~3 호기심이 힘든 문제를 흥미로운 도전으로 여기게 하는 구체적인 예 세 가지

스트레스를 받는 회의는 　　(상사와의) 　　기회가 된다 　　(배울) 　　긴장되는 첫 데이트는 　　설레는 밤 외출이 된다
² A stressful meeting (with our boss) / becomes an opportunity (to learn). ³ A nervous first date / becomes an exciting night out
　 S 　　　　　　　　　　　　　　　V 　　　C └—————┘

(새로운 사람과 하는) 　　주방용 체는 모자가 된다
(with a new person). ⁴ A colander becomes a hat.
　　　　　　　　　　　　　　　❶

▶ Tip ❶ 주방용 체의 모양이 모자와 비슷하므로 호기심에 그것이 모자가 될 수 있는지 써보는 상황을 말한다. 이는 우스운 상황을 연출하는 것인데, 글쓴이가 마지막 예로 재미난 것을 덧붙인 것으로 이해할 수 있다.

주제문 2 호기심은 스트레스를 도전으로 여기도록 동기를 부여함

일반적으로 　　호기심은 우리가 (~하도록) 동기를 부여한다 　스트레스 받는 상황을 (~로) 여기도록 　　위협이라기보다는 도전으로 　　어려움을 더 터놓고 말하도록
⁵ In general, / curiosity motivates us / to view stressful situations / as challenges rather than threats, / to talk about difficulties
　　　　　　　　 S 　　　❶ V 　　O 　　　　　　　　　　　　　　C₁ (to-v구 병렬) 　　　　　　　　　　　　C₂ (to-v구 병렬)

그리고 새로운 접근법을 시도하도록 　　문제를 해결하는 것에
more openly, / and to try new approaches / to solving problems.
　　　　　　　　　　　　　C₃ (to-v구 병렬)

▶ 구문 ❶ <motivate+O+to-v>는 'O가 v하도록 동기를 부여하다'라는 뜻이다. 여기서 목적어는 us이고 목적격보어 to view ~ threats, to talk about ~ openly, to try ~ problems가 콤마(,)와 and로 연결되었다.

주제문 2의 추가 설명 호기심은 스트레스에 대한 방어적인 반응을 낮춰 공격성이 줄어들게 함

실제로 　　호기심은 (~와) 관련이 있다 　　스트레스에 대한 방어적인 반응이 줄어드는 것과 　　그리고 그 결과 　　공격성이 줄어드는 것과
⁶ In fact, / curiosity is associated / with a less defensive reaction to stress / and, as a result, / less aggression //
　　　　　　　　　　　　　　　　　　　　　　　　　　　　　❷

우리가 짜증에 반응할 때
when we respond to irritation.

▶ 구문 ❷ 전치사 with의 목적어로 a less defensive reaction to stress와 less aggression ~ to irritation이 and로 연결되었다.

해석 ¹호기심은 우리가 힘든 문제를 떠맡아야 할 흥미로운 도전으로 여길 가능성이 훨씬 더 많아지게 한다. ²상사와의 스트레스를 받는 회의는 배울 기회가 된다. ³긴장되는 첫 데이트는 새로운 사람과 하는 설레는 밤 외출이 된다. ⁴주방용 체는 모자가 된다. ⁵일반적으로, 호기심은 우리가 스트레스 받는 상황을 위협이라기보다는 도전으로 여기도록, 어려움을 더 터놓고 말하도록, 그리고 문제를 해결하는 것에 새로운 접근법을 시도하도록 동기를 부여한다. ⁶실제로 호기심은 스트레스에 대한 방어적인 반응이 줄어들고, 그 결과 우리가 짜증에 반응할 때 공격성이 줄어드는 것과 관련이 있다.

① 힘든 상황에서 방어적인 반응의 중요성
② 긍정적으로 재구성하는 숨겨진 힘인 호기심
③ 직장에서 스트레스에 대처하는 것의 어려움
④ 호기심에 의해 야기되는 잠재적 위험들
⑤ 인간의 호기심을 줄이는 요인들

해설 스트레스를 받는 회의, 긴장되는 첫 데이트 등의 예를 통해 스트레스를 흥미로운 도전으로 여기게 하고, 어려움을 터놓고 말하도록 하며, 새로운 접근법을 시도하도록 동기를 부여한다는 호기심의 긍정적인 측면을 설명하고 있다. 따라서 주제로 가장 적절한 것은 ②이다.

오답확인 ④ 첫 문장인 주제문에서 호기심의 긍정적 측면을 다룰 것임을 예상할 수 있으므로 정답이 될 수 없다. 두 번째 주제문에서도 호기심이 위협을 유발하는 것이 아니라 위협을 도전으로 여기도록 동기를 부여한다고 했으므로 글의 중심 내용과 반대됨을 알 수 있다.

Stage 2 Concept의 꼼꼼 확인

p.68

1-1 ①　　1-2 (1) Give children options ~ have. (2) ⑤　　2-1 ②　　2-2 ②　　3-1 ①　　3-2 ⑤　　4-1 ⑤　　4-2 ②

1-1 ①

해석 문화는 많은 중요한 일을 할 적절한 때, 예를 들어 데이트를 시작하거나 대학을 마치거나 자기 집을 사거나 아이를 가질 적절한 때에 대한 '스케줄'을 유지한다.

① 사회적 시계는 피할 수 없는 압박
② 시간 관리는 모두의 관심사

해설 문화에 의해 많은 중요한 일을 할 적절한 때가 정해진다는 의미이므로 제목으로 가장 적절한 것은 ①이다.

1-2 (1) Give children options ~ have. (2) ⑤

직독직해 & 지문구조 교육 아이들에게 음식에 대한 자립심을 가르치는 교육

> **주제문** 음식을 먹는 것에 관해 아이들에게 선택권을 줘야 함

　　아이들에게 선택권을 줘라　　　　그리고 그들이 (~에 대한) 결정을 스스로 하게 두어라　　　　그들이 얼마나 많이 먹고 싶은지에 대한
¹ Give children options / and allow them to make their own decisions — / on how much they would like to eat, /
　　　 V₁　　 IO　　　 DO　　　　　　V₂　　 O　　　　　 C　　　　　　　　　❶

　　그들이 먹고 싶은지 또는 아닌지(에 대한)　　　그리고 그들이 무엇을 먹고 싶은지(에 대한)
whether they want to eat or not, / and what they would like to have.

▸ **구문 ❶** 전치사 on의 목적어로 쓰인 명사절 세 개가 콤마(,)와 and로 연결되었다. <whether A or B>가 명사절을 이끌어 'A인지 B인지'를 의미한다.

> **예** 메뉴와 식사량을 결정하는 데 아이들의 의견을 반영하는 예

　　예를 들어　　　그들을 포함시켜라　　　의사 결정 과정에　　　 (여러분이 생각하고 있는 것에 대한　　　저녁 식사로 만들려고)
² For example, / include them / in the decision-making process (of what you are thinking / of making for dinner) — /
　　　　　　　　 V　　 O

　　　　"리사, 파스타와 미트볼을 먹고 싶니 아니면 닭고기와 구운 감자를 먹고 싶니?"라고　　　　　논의한 후에　　　아이들이 저녁 식사 동안
"Lisa, would you like to have pasta and meatballs, or chicken and a baked potato?" ³ After discussing / how much they
　　　　　　　　　　　　　　　　　　　　　　　　　　　　　　　　　　　　　　분사구문(= After you discuss ~)

　　얼마나 먹어야 할지를　　　　그들에게 적당한 양의 음식을 차려 줘라　　만약 그들(아이들)이 주장하면　　여전히 '배고프다'고　　그들이 (식사를) 끝낸 후에
should eat during dinner, / serve them a reasonable amount; // if they claim / (that) they are still "hungry" / after they are
　　　　　　　　　　　 V₂　 IO₂　　 DO₂　　 접속사 S'　 V'　 접속사　　S'　V'　 C'

　　　5분에서 10분 동안 기다리라고 하라　　　　그래도 그들이 계속 허기를 느끼면　　그때 그들은 두 번째 접시의 음식을 먹을 수 있다
through, / ask them to wait five to ten minutes, // and if they continue to feel hunger, / then they can have a second plate
　　　　 V₂　 O₂　　　 C₂　　　　　 접속사 S'　 V'　　 O'　　　　 S₃　 V₃　　 O₃
of food.

이것들은 멋진 행동이다   [제대로 배우면]   훌륭한 자신감과 자제심을 가르쳐주는]
⁴ These are *fantastic behaviors* [that, when taught properly, // teach brilliant self-confidence and self-control].
                  ❷ 관계대명사   분사구문(= when these are thought ~)   V′   O′

▶ 구문 ❷ 관계대명사 that이 이끄는 절이 선행사 fantastic behaviors를 수식하고 있다. 관계사절 내에는 접속사를 남긴 분사구문이 쓰였는데 when과 taught 사이에 being이 생략된 것으로 볼 수 있다.

해석 ¹ 아이들에게 선택권을 주고 그들이 얼마나 많이 먹고 싶은지, 먹고 싶은지 또는 아닌지, 그리고 무엇을 먹고 싶은지에 대한 결정을 그들이 스스로 하게 두어라. ² 예를 들어 "리사, 파스타와 미트볼을 먹고 싶니 아니면 닭고기와 구운 감자를 먹고 싶니?"라고 여러분이 저녁 식사로 만들려고 생각하고 있는 것에 대한 의사 결정 과정에 아이들을 포함시켜라. ³ 아이들이 저녁 식사 동안 얼마나 먹어야 할지를 논의한 후에, 그들에게 적당한 양의 음식을 차려 줘라. 만약 아이들이 (식사를) 끝낸 후에 여전히 '배고프다'고 주장하면, 5분에서 10분 동안 기다리라고 하고, 그래도 계속 허기를 느끼면, 그때 그들은 두 번째 접시의 음식을 먹을 수 있다. ⁴ 이것들은 제대로 배우면, 훌륭한 자신감과 자제심을 가르쳐주는 멋진 행동이다.
① 자녀들에게 역할 모델이 되라
② 허기는 아이들에게 최고의 반찬
③ 충분한 영양 섭취는 아이들의 지력

④ 식사 예절은 중요한가?
⑤ 아이들에게 음식에 대한 자립심을 가르쳐라
해설 (1) 아이들이 음식에 대해 스스로 결정을 하게 두라는 내용의 첫 번째 문장이 주제문이다. 뒤의 문장들은 가상의 상황을 예로 들어 첫 번째 문장을 뒷받침하고 있다.
(2) 주제문에서 아이들에게 음식을 먹는 것에 관해 스스로 결정하도록 선택권을 주라고 했고 이를 실천하는 방법을 예를 통해 보여준 후, 이는 아이들에게 자신감과 자제심을 가르쳐준다고 했다. 따라서 제목으로 가장 적절한 것은 ⑤이다.
오답확인 (2) ② 아이들이 식사를 마치고 나서 5분에서 10분 후에도 허기를 느끼면 음식을 한 접시 더 먹게 하라고는 했지만, 허기가 아이들에게 최고의 반찬이라는 내용은 언급되지 않았다.

2-1 ②

해석 예: 부모가 자영업을 한 사람들은 사업가가 될 가능성이 더 높다.
① 연구들은 누구도 사업가로 '타고나지' 않으며, 모든 사람이 사업가가 될 잠재력이 있다는 것을 보여 준다.
② 사업가와 관련된 성격적 특성은 개인의 사회적 배경으로부터 발달한다.

해설 자식이 사업가가 되는 데 부모의 직업적 특성이 영향을 줄 수 있다는 내용은 사업가의 특성이 사회적 배경에서 발달된다고 일반적으로 표현한 문장의 예로 적절하다.

2-2 ②

직독직해 & 지문구조 [학문] 예술과 과학의 기반인 협업

주제문 협업은 기초 예술과 과학의 기반임

협업은 기반이다   (대부분의 기초 예술과 과학의)
¹ Collaboration is the basis (for most of the foundational arts and sciences).
    S   V   C

예 1 예술 분야에서 셰익스피어의 협업과 레오나르도 다빈치의 협업

흔히 (~라고) 생각된다   셰익스피어는   그(가 살던) 시대 대부분의 극작가처럼   늘 혼자 작품을 썼던 것은 아니라고
(B) ² It is often believed / that Shakespeare, / like most playwrights of his period, / did not always write alone, //
   ❶ 가주어 V₁   진주어   S′   V′

그리고 그가 쓴 많은 희곡이   협업을 한 것으로 여겨진다   혹은 개작되었다   최초의 작문 이후에
and many of his plays / are considered collaborative / or were rewritten / after their original composition.
    S₂   V₂   C   V₃

레오나르도 다빈치는 스케치를 개인적으로 그렸다   그러나 그는 다른 사람들과 협업했다   더 세밀한 세부 묘사를 더하기 위해
³ Leonardo Da Vinci made his sketches individually, // but he collaborated with other people / to add the finer details.
                                     부사적 용법(목적)

예를 들어   그의 스케치는 (인체의 해부학적 구조를 그린)   공동 작업물이었다   마르칸토니오 델라 토레와의
(A) ⁴ For example, / his sketches (of human anatomy) / were a collaboration / with Marcantonio della Torre, an anatomist
             S   V   C   =

파비아 대학의 해부학자인   그들의 협업은 중요하다   예술가를 과학자와 결합시키기 때문에
from the University of Pavia. ⁵ Their collaboration is important // because it marries the artist with the scientist.
                        S   V   C   접속사   S′   V′

▶ 구문 ❶ it은 가주어이고, 접속사 that이 이끄는 명사절이 진주어이다.

마찬가지로   마리 퀴리의 남편은 원래 자신이 하던 연구를 중단했다   그리고 마리의 연구에 합류했다

(C) ⁶ Similarly, / Marie Curie's husband stopped his original research / and joined Marie in hers.

S   V₁   V₂   (= her research)

그들은 이어서 협업하여 라듐을 발견했다   그리고 그것은 기존 개념들을 뒤집었다   (물리학과 화학에서의)

⁷ They went on to collaboratively discover radium, // which overturned old ideas (in physics and chemistry).

❷ 관계대명사(계속적 용법)   V'   O'

▶ 구문 ❷ which는 선행사인 앞 문장 전체를 보충 설명하는 계속적 용법의 관계대명사이다. 계속적 용법은 앞에서부터 차례대로 해석하며, 이때 관계대명사는 <접속사+대명사>의 의미를 가진다.

해석 ¹협업은 대부분의 기초 예술과 과학의 기반이다. (B) ²셰익스피어는, 그 시대 대부분의 극작가처럼, 늘 혼자 작품을 썼던 것은 아니라고 흔히 생각되며, 그가 쓴 많은 희곡이 협업을 한 것으로 여겨지거나 최초의 작문 이후에 개작되었다. ³레오나르도 다빈치는 스케치를 개인적으로(다른 사람들과 떨어져서) 그렸지만, 더 세밀한 세부 묘사를 더하기 위해 다른 사람들과 협업했다. (A) ⁴예를 들어, 인체의 해부학적 구조를 그린 그의 스케치는 파비아 대학의 해부학자인 마르칸토니오 델라 토레와의 공동 작업물이었다. ⁵그들의 협업은 예술가를 과학자와 결합시키기 때문에 중요하다. (C) ⁶마찬가지로, 마리 퀴리의 남편은 원래 자신이 하던 연구를 중단하고 마리의 연구에 합류했다. ⁷그들은 이어서 협업하여 라듐을 발견했는데, 그것은 물리학과 화학에서의 기존 개념들을 뒤집었다.

해설 협업이 대부분의 기초 예술과 과학의 기반이라는 주어진 문장 다음에는 예술과 과학에서 협업이 이루어진 사례가 차례대로 이어지는 것이 적절하다. 따라서 셰익스피어와 레오나르도 다빈치를 예로 들어 예술 분야의 협업을 제시하는 (B)가 주어진 글 다음에 이어져야 한다. (B) 후반부의 레오나르도 다빈치의 스케치를 (A)에서 his sketches로 받아 해부학적 구조를 그린 스케치가 예술가와 과학자가 결합한 협업이라는 추가 설명을 덧붙인다. 이후에 Similarly로 연결되며 과학 분야의 협업으로 마리 퀴리 부부의 라듐 발견을 언급하는 (C)가 오는 것이 자연스럽다.

3-1 ①

해석 주제문: 때때로 기업에 경쟁 우위를 주는 것은 더 단순한 제품이다.
예: 최근까지, 자전거는 최고급이라고 여겨지기 위해 보통 15개나 20개의 많은 기어를 가지고 있어야 했다. 그러나 최소한의 특징을 가지고 있는 고정식 기어 자전거들은 그것들을 사는 사람들이 훨씬 적은 것(특징)에 대해 기꺼이 더 지불함에 따라 더 인기를 얻게 되었다.

② 알맞은 가격   ③ 고객 충성도
④ 맞춤형 디자인   ⑤ 친환경 기술

해설 특징이 많은 것보다 적은 자전거가 인기를 얻었다는 예를 통해 기업에 경쟁 우위를 주는 것은 ① '더 단순한 제품'이라고 추론할 수 있다.

3-2 ⑤

직독직해 & 지문구조 교육 답을 스스로 찾는 학습의 중요성

주제문 우리는 무언가에 관해 듣는 것보다 스스로 발견할 때 더 잘 기억함

지난 20년간의 연구는   (학습 과학에 관한)   확실하게 보여 주었다   우리가 더 잘, 그리고 더 오래 기억한다는 것을

¹ The last two decades of research (on the science of learning) / have shown conclusively // that we remember things better,

S   V   접속사 S"   V'   O'

만약 우리가 그것들을 스스로 발견한다면   (그것들을) 듣는 것보다

and longer, / if we discover them ourselves / rather than being told them.

접속사 S"   V"   O"

예 학생들이 스스로 정답을 찾도록 장려하는 에릭 마주르의 교수법

이것은 교수법이다   (물리학 교수인 에릭 마주르에 의해 실행되는)   그는 강의하지 않는다   하버드 대학에서 하는 자신의 수업에서

² This is *the teaching method* (practiced by physics professor Eric Mazur). ³ He doesn't lecture / in his classes at Harvard.

❶ 과거분사구

대신에   그는 학생들에게 어려운 질문을 한다   학생들의 독서 과제에 기반하여   [그들이 정보 자료를 모으도록 하는

⁴ Instead, / he asks students *difficult questions*, / based on their homework reading, / [that require them to pull together

S   V   IO   DO   관계대명사 V'   O'   C'

문제를 해결하기 위해]   마주르는 그들에게 답을 주지 않는다   대신에   그는 학생들에게 요구한다

sources of information / to solve a problem]. ⁵ Mazur doesn't give them the answer; // instead, / he asks the students /

부사적 용법(목적)   S   V   IO   DO   S ❷ V   O

소그룹으로 나누도록   그리고 그들 스스로 문제를 토론하도록

to break off into small groups / and (to) discuss the problem among themselves.

C₁ (to-v구 병렬)   C₂ (to-v구 병렬)

결국,　　　　거의 모든 사람들이　　　(학급의)　　　　　　맞는 답을 낸다　　　　　　　그리고 개념들은 그들에게 오래 기억된다
⁶ Eventually, / nearly everyone (in the class) / gets the answer right, // [and] the concepts stick with them /
　　　　　　　　　　　　S₁　　　　　　　　　V₁　　　　O₁　　C₁　　　　　　　　S₂　　　　　V₂

그들이 발견해야 했기 때문에　　　　자기 자신의 길을　　(정답으로 가는)
because they had to find / their own way (to the answer).
　접속사　S'　　V'　　　　　　O'

▶ **구문 ❶** 과거분사구가 수동의 의미로 the teaching method를 수식하고 있다.
　　❷ <ask+O+to-v>는 'O가 v하도록 요구[요청, 부탁]하다'라는 뜻이다. 여기서 목적어는 the students이고 목적격보어 to break off ~ groups와 (to) discuss ~ themselves
　　가 and로 연결되었다. 이때 두 번째로 나오는 to-v구의 to는 생략 가능하다.

해석 ¹학습 과학에 관한 지난 20년간의 연구는 만약 우리가 듣는 것보다 그것들을 스스로 발견한다면 우리가 더 잘, 그리고 더 오래 기억한다는 것을 확실하게 보여 주었다. ²이것은 물리학 교수인 에릭 마주르에 의해 실행되는 교수법이다. ³그는 하버드 대학에서 하는 자신의 수업에서 강의하지 않는다. ⁴대신에, 그는 학생들의 독서 과제에 기반하여 학생들에게 문제를 해결하기 위해 정보 자료를 모으도록 하는 어려운 질문을 한다. ⁵마주르는 그들에게 답을 주지 않으며 대신에, 그는 학생들에게 소그룹으로 나누고 그들 스스로 문제를 토론하도록 요구한다. ⁶결국, 학급의 거의 모든 사람들이 맞는 답을 내고, 그들이 정답으로 가는 자기 자신의 길을 발견해야 했기 때문에 개념들은 그들에게 오래 기억된다.

① 그것들이 수업에서 반복적으로 가르쳐진다면
② 우리가 어떠한 산만함도 없이 그것들에 온전히 집중한다면
③ 과제를 완수하는 데 동등한 기회가 주어진다면
④ 어떤 주제에 대해 배우는 데 옳고 그른 방법이 없다면

해설 우리가 어떤 조건이면 더 잘, 그리고 더 오래 기억하는지를 빈칸 문장 뒤에 이어지는 물리학 교수 에릭 마주르의 교수법 사례를 통해 추론해야 한다. 학생들에게 강의하지 않고 토론을 통해 스스로 답을 발견하도록 했을 때 개념이 오래 기억된다고 했으므로, 빈칸에 들어갈 말로 가장 적절한 것은 ⑤이다.
오답확인 ④ 학습 내용이 오래 기억되는 것과 학습에 옳고 그른 방법이 없는 것은 관련이 없다.

4-1 ⑤

해석 a. 학문적인 언어를 일상 언어로 옮기는 것은 여러분이 작가로서 자신의 생각을 스스로에게 명확하게 하는 데 필수적일 수 있다.
b. 여러분의 생각을 더 평범하고 더 간단한 말로 옮기는 것은 여러분의 생각이 실제로 무엇인지 알아내도록 도울 수 있다.
① 글쓰기를 빨리 끝내는
② 문장 오류를 줄이는

③ 다양한 독자의 흥미를 끄는
④ 창의적인 아이디어를 생각해 내는

해설 b에서 생각을 쉬운 말로 바꾸는 것이 '실제 생각이 무엇인지를 알아내는 데' 도움이 된다고 했으므로 a는 학문적인 언어를 일상 언어로 바꾸는 것이 '자신의 생각을 스스로에게 명확하게 한다'라는 내용이 되어야 한다.

4-2 ②

직독직해 & 지문구조 [생활] 상당한 노력을 불러일으키는 동기 부여

> **주제문** 동기 부여의 한 결과는 상당한 노력을 필요로 하는 행동임
>
> 한 가지 결과는　　(동기 부여의)　　행동이다　　[상당한 노력을 필요로 하는]
> ¹ One outcome (of motivation) / is *behavior* [that takes considerable effort].
> 　　S　　　　　　　　　　V　　C　　관계대명사　V'　　O'

> **예 1** 좋은 차를 사려고 할 때
>
> 예를 들어　　　　만약 좋은 차를 사려는 동기가 있다면　　　당신은 온라인으로 차량을 검색하고, 광고를 들여다보며, 자동차 대리점을 방문하는 일
> ² For example, / if you are motivated to buy a good car, // you will research vehicles online, look at ads, visit dealerships,
> 　　　　　　　접속사 S'　　V'　　　　　C'　　　　　S　　V₁　　　　　　　　　V₂　　　　　　V₃
>
> 등을 할 것이다
> and so on.

> **예 2** 몸무게를 줄이려고 할 때
>
> 마찬가지로　　　몸무게를 줄이려는 동기가 있다면　　　당신은 저지방 식품을 사고, 더 적은 양을 먹으며, 운동을 할 것이다
> ³ Likewise, / if you are motivated to lose weight, // you will buy low-fat foods, eat smaller portions, [and] exercise.
> 　　　　　접속사 S'　　V'　　　　　C'　　　　S　　V₁　　　　　　V₂　　　　　　　V₃

동기 부여는 최종 행동을 이끌 뿐만 아니라   [목표를 더 가까이 가져오는]   또한 기꺼이 (~하려는) 마음이 생기도록 한다

[4] Motivation not only drives *the final behaviors* [that bring a goal closer] / but also creates willingness (to expend
   S   ❶   V₁   관계대명사   V₂   ❷   = =

(시간과 에너지를 쓰려는   준비 행동에)

time and energy / on preparatory behaviors).

▶ 구문 ❶ <not only A but also B>는 'A뿐만 아니라 B도'라는 뜻으로 문법적으로 대등한 A, B를 연결한다. 여기서는 두 동사구가 연결되었다.
        ❷ willingness와 to-v구는 동격 관계이다.

따라서   사람은   (새 스마트폰을 사고자 하는 동기가 있는)   그것을 위해 돈을 추가로 벌고   상점에 가기 위해 폭풍을 뚫고 운전하며

[5] Thus, / *someone* (motivated to buy a new smartphone) / may earn extra money for it, / drive through a storm to reach
        S   과거분사구   V₁   V₂   부사적 용법(목적)

그것을 사려고 줄을 서서 기다릴지도 모른다

the store, / and then wait in line to buy it.
            V₃   부사적 용법(목적)

해석 [1] 동기 부여의 한 가지 결과는 상당한 노력을 필요로 하는 행동이다. [2] 예를 들어, 만약 좋은 차를 사려는 동기가 있다면, 당신은 온라인으로 차량을 검색하고, 광고를 들여다보며, 자동차 대리점을 방문하는 일 등을 할 것이다. [3] 마찬가지로, 몸무게를 줄이려는 동기가 있다면, 당신은 저지방 식품을 사고, 더 적은 양을 먹으며, 운동을 할 것이다. [4] 동기 부여는 목표를 더 가까이 가져오는 최종 행동을 이끌 뿐만 아니라 또한 준비 행동에 시간과 에너지를 기꺼이 쓰려는 마음이 생기도록 한다. [5] 따라서 새 스마트폰을 사고자 하는 동기가 있는 사람은 그것을 위해 돈을 추가로 벌고, 상점에 가기 위해 폭풍을 뚫고 운전하며, 그것을 사려고 줄을 서서 기다릴지도 모른다.
① 위험 ③ 기억 ④ 운 ⑤ 경험

해설 동기 부여가 상당한 '어떤' 것을 필요로 하는 행동인지를 추론해야 한다. 뒤에 이어지는 예를 종합하면 무엇을 하고자 할 때 여러 노력이 필요함을 알 수 있고, 동기 부여가 준비 행동에도 기꺼이 '시간과 에너지'를 쓰게 한다고 했으므로 빈칸에 들어갈 말로 가장 적절한 것은 ②이다.

오답확인 ① 동사 take를 보고 자주 쓰이는 숙어 표현인 take a risk(위험을 무릅쓰다)가 익숙하다는 이유로 정답으로 속단하지 않도록 주의한다.
⑤ 동기 부여로 목표를 이루기 위해 하는 행동들은 시간과 에너지를 쓰게 한다는 점에서 '경험'이 아닌 '노력'으로 보는 것이 적절하다.

Chapter 08   주제문+세부 사항(상술)

Stage 1   Concept의 찬찬 이해   p.74

1 **해석** [1] 지구 온난화는 종 분화에 좋을 수도 있다. [2] 따뜻한 시기는 많은 새로운 종의 발생을 신장시켜서 지구가 생물 다양성을 떠받칠 가능성이 더 클지도 모른다.

2 **해석** [3] 매장 내에서, 벽은 매장의 뒤쪽을 나타내지만, 마케팅의 끝을 나타내지는 않는다.(매장의 앞은 주로 유리로 되어 있어 안이 훤히 들여다보이므로 고객을 끌어들이는 역할을 할 수 있는 한편 매장 뒤쪽에 세워지는 벽은 그러한 역할을 할 수는 없지만 마케팅으로 활용할 수 있다는 의미.) [4] 판매 촉진 담당자는 종종 뒷벽을 마음을 끄는 것으로 사용하는데, 이것은 사람들이 (뒷벽에 가기 위해) 매장 전체를 죽 걸어야 한다는 것을 의미하기 때문이다. [5] 이것은 좋은 것인데, 왜냐하면 이동 거리는 다른 주목할 만한 소비자 변수(소비자 행동에 관계되는 변수)보다 들어온 고객당 판매에 더 직접적으로 관계가 있기 때문이다. [6] 때로, 벽의 마음을 끌어당기는 힘은 단순히 감각에 호소하는 것, 즉 시선을 끄는 벽 장식이나 귀를 기울이게 하는 소리이다.

🖋 생생 기출 맛보기 (1) it has incredible hearing (2) ④

직독직해 & 지문구조 [생물] 눈올빼미의 놀라운 청력

주제문 눈올빼미의 놀라운 청력

눈올빼미의 귀는　　　　　　겉에서 보이지 않는다　　　　그러나 눈올빼미는 믿기 어려운 청력을 가지고 있다
¹ A snowy owl's ears / are not visible from the outsides, // but it has incredible hearing.
　　S₁　　　　　 V₁　　　 C　　　　　　　　　　　　 S₂ V₂　　　O

상술 눈올빼미는 소리를 구분하고 동시에 들을 수 있으며 듣고 싶은 소리를 더 잘 들을 수도 있음

깃털은　　　(눈올빼미의 얼굴에 있는)　　　소리를 귀로 이끌어 준다　　눈올빼미에게 능력을 주면서　((어떤) 것을 듣는　[사람이 들을 수 없는])
² The feathers (on a snowy owl's face) / guide sounds to its ears, / giving it the ability (to hear *things* [(that) humans cannot (hear)]).
　　S　　　　　　　　　　　　　 V　　　　　　　　　　분사구문 ❶_____ = _____ 관계대명사
　　　　　　　　　　　　　　　　　　　　　　　　　　　(= and they give ~)

각각의 귀는　　　다른 크기이다　　그리고 하나는 다른 것보다 더 높이 있다　　　다른 크기와 위치는　(각 귀의)
① ³ Each of its ears / is a different size, // and one is higher than the other. ② ⁴ The differing size and location (of each ear) /
　　　S

올빼미가 소리를 구별하도록 도와준다　　눈올빼미는 (~을) 동시에 들을 수 있다　멀리서 들리는 발굽 소리　(커다란 사슴의)
helps the owl distinguish between sounds. ③ ⁵ It can hear at the same time / the distant hoofbeats (of a large deer), /
　 V　　　O　　　　 C　　　　　　　　　　 S　V　　　 ❷　　　　　　　　　　　　O₁

퍼덕거리는 것　(위에서 새의 날개가)　그리고 (땅을) 파는 것　(아래에서 작은 동물이)　사실　눈올빼미는 뛰어난 시력을 가지고 있다
the flap (of a bird's wings above it), / and the digging (of a small animal below it). (④ ⁶ In fact, / it has excellent vision /
O₂　　　　　(= a snowy owl)　　　　　O₃

어둠 속과 거리가 떨어져 있을 때 모두　　선택한 뒤에　어떤 소리가 가장 흥미를 끄는지를　눈올빼미는 머리를 움직인다
both in the dark and at a distance.) ⑤ ⁷ After choosing / which sound interests it most, / the snowy owl moves its head /
　　전치사구 병렬　　전치사구 병렬　분사구문(= After it chooses ~) 의문형용사　　　　　　 S　　　　 V

커다란 원형 안테나처럼　소리가 가장 잘 들리는 상태를 알아내기 위해
like a large circular antenna / to pick up the best reception.
　　　　　　　　　　　　　부사적 용법(목적)

▸ **구문 ❶** the ability와 to-v 이하는 동격 관계이다. humans cannot은 목적격 관계대명사 that이 생략되어 선행사 things를 수식하며 cannot 뒤에는 hear가 생략되었다.
❷ 목적어가 길고 상대적으로 부사구가 짧은 경우, 문장의 의미 이해를 돕기 위해 목적어를 부사구 뒤로 보낸다. 따라서 at the same time이 동사와 목적어 사이에 위치했다.

해석 ¹ 눈올빼미의 귀는 겉에서 보이지 않지만 눈올빼미는 믿기 힘든 청력을 가지고 있다. ² 눈올빼미의 얼굴에 있는 깃털은 소리를 귀로 이끌어 주는데, 눈올빼미에게 사람이 들을 수 없는 것을 듣는 능력을 준다. ³ 눈올빼미의 귀는 각각 다른 크기이며, 하나는 다른 것보다 더 높이 있다. ⁴ 각 귀의 다른 크기와 위치는 올빼미가 소리를 구별하도록 도와준다. ⁵ 눈올빼미는 멀리서 들리는 커다란 사슴의 발굽 소리, 위에서 새의 날개가 퍼덕거리는 것, 그리고 아래에서 작은 동물이 (땅을) 파는 것을 동시에 들을 수 있다. (⁶ 사실, 눈올빼미는 어둠 속과 거리가 떨어져 있을 때 모두 뛰어난 시력을 가지고 있다.) ⁷ 어떤 소리가 가장 흥미를 끄는지를 선택한 뒤에, 눈올빼미는 소리가 가장 잘 들리는 상태를 알아내기 위해 커다란 원형 안테나처럼 머리를 움직인다.

해설 (1) 주제문인 첫 문장 뒤에 이어지는 주요 세부 사항들은 눈올빼미의 뛰어난 청력을 설명하고 있다. 이를 주제문의 네 단어로 표현하면 it has incredible hearing이 적절하다.
(2) 나머지 문장들은 모두 눈올빼미의 믿기 힘든 청력을 상술하는 세부 사항인데, ④는 시력을 설명하고 있으므로 글의 흐름과 관련이 없다.

오답확인 ①은 눈올빼미 귀의 크기와 위치에 대한 것으로 청력 자체를 설명하고 있지는 않다. 그러나 이것은 ②에서 설명하고 있는 눈올빼미의 소리 구별 능력을 돕는 요인에 해당하므로 글의 전체 흐름상 자연스럽다.

Stage 2 Concept의 꼼꼼 확인
p.76

1-1 ②　　1-2 ④　　2 ④　　3-1 ①　　3-2 ⑤　　4 ④

1-1 ②

해석 아시아와 많은 아메리카 원주민 문화에서는 침묵을 사회적 상호 작용의 중요한 일부분으로 여긴다.
① 그들은 또 다른 화자에게 응답을 내놓기 전에 흔히 침묵의 순간을 이용한다.
② 침묵은 흔히 분열과 분리를 야기하여 관계에 심각한 문제를 만들어 낸다.

해설 주어진 문장에서 사회적 상호 작용은 사람들 간의 의사소통을 뜻하는 것이므로 대화 상황에서 침묵을 이용한다는 내용의 ①은 상술로 적절하다. ②는 침묵으로 인한 부정적 결과를 서술한 것이므로 주어진 문장의 상술로 적절하지 않다.

1-2 ④

직독직해 & 지문구조 [심리] 바넘 효과

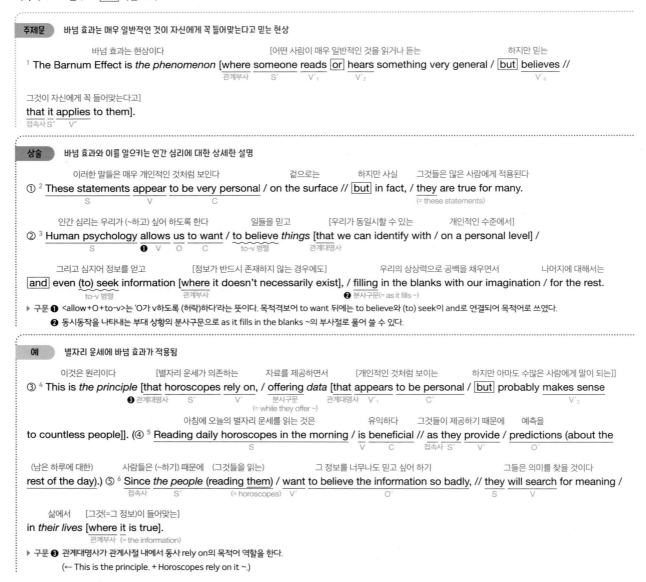

주제문 바넘 효과는 매우 일반적인 것이 자신에게 꼭 들어맞는다고 믿는 현상

바넘 효과는 현상이다 　　　　　　[어떤 사람이 매우 일반적인 것을 읽거나 듣는 　　　　　하지만 믿는
¹ The Barnum Effect is *the phenomenon* [where someone reads or hears something very general / but believes //
　　　　　　　　　　　　　　　　관계부사　　　S′　　　V′₁　　　V′₂　　　　　　　　V′₃

그것이 자신에게 꼭 들어맞는다고]
that it applies to them].
접속사 S″ V″

상술 바넘 효과와 이를 일으키는 인간 심리에 대한 상세한 설명

이러한 말들은 매우 개인적인 것처럼 보인다　　　　　　겉으로는　　　하지만 사실　　그것들은 많은 사람에게 적용된다
① ² These statements appear to be very personal / on the surface // but in fact, / they are true for many.
　　　S　　　　　V　　　　　C　　　　　　　　　　　　　　　　　　　(= these statements)

인간 심리는 우리가 (~하고) 싶어 하도록 한다　　　일들을 믿고　　[우리가 동일시할 수 있는　　개인적인 수준에서]
② ³ Human psychology allows us to want / to believe *things* [that we can identify with / on a personal level] /
　　　S　　　　　❶　V　O　　C　　to-v 병렬　　　관계대명사

그리고 심지어 정보를 얻고　　[정보가 반드시 존재하지 않는 경우에도]　　우리의 상상력으로 공백을 채우면서　　나머지에 대해서는
and even (to) seek information [where it doesn't necessarily exist], / filling in the blanks with our imagination / for the rest.
　　　　to-v 병렬　　　관계부사　　　　　　　　　❷ 분사구문(= as it fills ~)

▶ 구문 ❶ <allow+O+to-v>는 'O가 v하도록 (허락)하다'라는 뜻이다. 목적격보어 to want 뒤에는 to believe와 (to) seek이 and로 연결되어 목적어로 쓰였다.
　　　❷ 동시동작을 나타내는 부대 상황의 분사구문으로 as it fills in the blanks ~의 부사절로 풀어 쓸 수 있다.

예 별자리 운세에 바넘 효과가 적용됨

이것은 원리이다　　[별자리 운세가 의존하는　　자료를 제공하면서　　[개인적인 것처럼 보이는　　하지만 아마도 수많은 사람에게 말이 되는]]
③ ⁴ This is *the principle* [that horoscopes rely on, / offering *data* [that appears to be personal / but probably makes sense
　　　　　　　　❸ 관계대명사　　S′　V′　　분사구문　　관계대명사　V′₁　　　C′　　　　V′₂
　　　　　　　　　　　　　　　　　(= while they offer ~)

아침에 오늘의 별자리 운세를 읽는 것은　　유익하다　　그것들이 제공하기 때문에　예측을
to countless people]]. (④ ⁵ Reading daily horoscopes in the morning / is beneficial // as they provide / predictions (about the
　　　　　　　　　　S　　　　　　　　　　　　　V　　C　　접속사 S′　　V′

(남은 하루에 대한)　사람들은 (~하기) 때문에 　(그것들을 읽는)　그 정보를 너무나도 믿고 싶어 하기　　그들은 의미를 찾을 것이다
rest of the day).) ⑤ ⁶ Since *the people* (reading them) / want to believe the information so badly, // they will search for meaning /
　　　　　　　　　접속사　　　S′　(= horoscopes)　V′　　　　　O′　　　　　　　　　S　　　V

삶에서　　[그것(=그 정보)이 들어맞는]
in *their* lives [where it is true].
　　　　　　관계부사 (= the information)

▶ 구문 ❸ 관계대명사가 관계사절 내에서 동사 rely on의 목적어 역할을 한다.
　　　(← This is the principle. + Horoscopes rely on it ~.)

해석 ¹바넘 효과는 어떤 사람이 매우 일반적인 것을 읽거나 듣지만 그것이 자신에게 꼭 들어맞는다고 믿는 현상이다. ²이러한 말들은 겉으로는 매우 개인적인(특정 개인에게만 해당하는) 것처럼 보이지만, 사실 그것들은 많은 사람에게 적용된다. ³인간 심리는 우리가 개인적인 수준에서 동일시할 수 있는 일들을 믿고, 심지어 정보가 반드시 존재하지 않는 경우에도 나머지에 대해서는 우리의 상상력으로 공백을 채우면서 정보를 얻고 싶어 하도록 한다. ⁴이것은 별자리 운세가 개인적인 것처럼 보이지만 아마도 수많은 사람에게 말이 되는 자료를 제공하면서 의존하는 원리이다. (⁵아침에 오늘의 별자리 운세를 읽는 것은 그것들이 남은 하루에 대한 예측을 제공하기 때문에 유익하다.) ⁶그것들을 읽는 사람들은 그 정보를 너무나도 믿고 싶어 하기 때문에, 그들은 그것(= 그 정보)이 들어맞는 삶에서 의미를 찾을 것이다.

해설 첫 번째 문장인 주제문에서 바넘 효과가 어떤 현상인지를 먼저 서술하고 그에 대한 상세한 설명이 이어지는 구조이다. 즉 세부 사항은 바넘 효과가 인간의 심리 때문임을 설명하고 별자리 운세를 보는 사람들에게도 바넘 효과가 작용한다는 것을 예로 들고 있다. ④는 별자리 운세를 보는 것이 유익하다는 내용이므로 글의 흐름과 관계가 없다.

오답확인 ③ This는 앞 문장 내용을 대신하며 바넘 효과는 별자리 운세가 의존하는 원리임을 설명하고 있다. 이는 앞 문장에서 인간의 심리가 바넘 효과를 일으킨다는 내용을 설명하는 예에 해당하므로 글의 흐름에 적절하다.

2 ④

직독직해 & 지문구조 [생활] 패션의 의의와 역할

주제문 패션의 의의, 즉 패션은 우리 삶에 기여하고 중요한 사회적 가치를 발달시키고 나타내는 수단을 제공

마거리트 라 케이즈에 따르면　　　패션은 우리의 삶에 기여한다　　　그리고 수단을 제공한다　　(우리가 중요한 사회적 가치를
¹ According to Marguerite La Caze, / fashion contributes to our lives / and provides *a medium* (for us to develop and exhibit
　　　　　　　　　　　　　　S　　　V₁　　　　　　　V₂　　　O　　❶ to-v의　　　형용사적 용법
　　　　　　　　　　　　　　　　　　　　　　　　　　　　　　　　　　　의미상의 주어

발달시키고 나타내는)
important social virtues).

▶ **구문 ❶** for us는 to-v구의 의미상의 주어이고, to-v구는 a medium을 수식하는 형용사적 용법으로 쓰였다.

상술 패션이 우리 삶에 기여하는 것과 사회적 가치를 발달시켜주는 것에 대한 설명

　　　　　패션은 아름답고, 혁신적이며, 유용할지도 모른다　　　즉, 우리는 창의성과 훌륭한 감각을 드러낼 수 있다　　우리가 패션을 선택하는 데 있어서
① ² Fashion may be beautiful, innovative, and useful; // we can display creativity and good taste / in our fashion choices.

　　　　　그리고 옷을 감각 있고 주의 깊게 입을 때　　　　우리는 자기 존중과 염려 둘 다를 나타낸다　　　　다른 사람들의 즐거움에 대한
② ³ And in dressing with taste and care, / we represent both self-respect and a concern / for the pleasure of others.

　(~라는 것에) 의심의 여지가 없다　패션이 원천이 될 수 있다는 것에　(흥미와 즐거움의)　[우리를 서로에게 연결시키는]　　비록
③ ⁴ There is no doubt // that fashion can be *a source* (of interest and pleasure) [which links us to each other]. (④ ⁵ Although
　　　　　　　　　└──── = ────┘　　　　　　　　　　　❷관계대명사

　패션 산업이 처음 발달했지만　　　유럽과 미국에서　　오늘날　　패션 산업은 국제적이며 대단히 세계화된 산업이다
the fashion industry developed first / in Europe and America, // today / it is an international and highly globalized industry.)

▶ **구문 ❷** doubt와 that절 이하는 동격 관계이다. which ~ each other는 선행사 a source를 수식하는 관계사절이다. 관계사절은 선행사 바로 뒤에 오는 것이 원칙이지만 선행사 뒤에 수식어구가 있는 경우 선행사와 관계사는 떨어질 수 있다.

주제문 재진술 스스로를 다르게 표현할 기회와 함께 사교적 역할을 수행하는 패션

　즉, 패션은 사교적인 면을 제공한다　　　　기회와 더불어　　　(스스로를 다르게 상상하는　　다른 정체성을 시도해 볼)
⑤ ⁶ That is, fashion provides a sociable aspect / along with opportunities (to imagine oneself differently — / to try on different
　　　　　　　　　　　　　　　　　　　　　　　　　　　　　　└── = ──┘

identities).

해석 ¹ 마거리트 라 케이즈에 따르면, 패션은 우리의 삶에 기여하고 우리가 중요한 사회적 가치를 발달시키고 나타내는 수단을 제공한다. ² 패션은 아름답고, 혁신적이며, 유용할지도 모르는데 즉, 우리는 우리가 패션을 선택하는 데 있어서 창의성과 훌륭한 감각을 드러낼 수 있다. ³ 그리고 옷을 감각 있고 주의 깊게 입을 때, 우리는 자기 존중과 다른 사람들의 즐거움에 대한 염려 둘 다를 나타낸다. ⁴ 패션이 우리를 서로에게 연결시키는 흥미와 즐거움의 원천이 될 수 있다는 것에 의심의 여지가 없다. (⁵ 비록 패션 산업이 유럽과 미국에서 처음 발달했지만, 오늘날 패션 산업은 국제적이며 대단히 세계화된 산업이다.) ⁶ 즉, 패션은 스스로를 다르게 상상하는, 다른 정체성을 시도해 볼 기회와 더불어 사교적인 면을 제공한다.

해설 첫 문장에서 패션은 우리 삶에 기여하고 사회적 가치를 발달시킬 수 있다고 패션의 의의와 역할을 밝혔다. 이어서 이를 상세히 설명하는 세부 내용이 뒤따르는데, ④는 패션이 국제적인 산업이라는 내용으로 글의 주제와는 무관하다.

오답확인 ②는 자기 존중과 타인의 즐거움에 대한 염려를 언급했고, ③은 서로를 연결해준다고 했다. 이는 주제문에서 언급된 '패션의 의의와 역할'에 부합하므로 흐름이 자연스럽다.

3-1 ①

해석 주제문: 교향악단은 자신의 DNA 안에 사냥의 유산을 지니고 있다.
상술: 교향악 악기들의 초기 형태는 동물(뿔, 가죽, 내장, 뼈) 또는 동물을 제압하는 데 사용된 무기(막대, 활)로 만들어졌다.
② 법　③ 자선　④ 치료법　⑤ 춤

해설 교향악단이 '어떤' 유산을 DNA 내부에 가지고 있다는 것인지를 추론해야 한다. 상술 문장에서 악기의 기원이 동물 뼈나 뿔, 혹은 동물을 제압했던 무기라고 했으므로 이는 곧 '사냥의 유산'임을 추론할 수 있다.

직독직해 & 지문구조 [언어] 경제적인 이유로 발달한 인간의 언어

주제문 진화 생물학자들은 인간이 경제적 이유로 언어를 발달시켰다고 주장

많은 진화 생물학자들은 (~라고) 주장한다 　　　　인간이 언어를 발달시켰다고 　　　경제적인 이유로
¹ Many evolutionary biologists argue // that humans developed language / for economic reasons.
　　　　　　S　　　　　　　　V　　접속사　　S'　　V'　　　O'

상술 상업적 거래에 필요한 신뢰 구축에 언어가 필요했음

우리는 거래해야 했다　　　그리고 우리는 신뢰를 구축해야 했다　　거래하기 위해서　　언어는 매우 편리하다　　당신이
² We needed to trade, // and we needed to establish trust / in order to trade. ³ Language is very handy // when you
　S₁　V₁　　　　　　　S₂　　V₂　　　　부사적 용법(목적)　　S　V　C　접속사　S'

누군가와 거래를 하기 위해 애쓰고 있을 때　　　초창기의 두 인간은 (~하기로) 합의할 수 있었을 뿐만 아니라　나무 그릇 세 개를 (~와) 맞바꾸기로
are trying to conduct business with someone. ⁴ Two early humans could not only agree / to trade three wooden bowls /
　V'　　　　　O'　　　　　　　S　　　　V₁　　　　O₁

바나나 여섯 송이와　　　　규칙을 세울 수도 있었다　　그 그릇들을 만드는 데 어떤 나무가 쓰였나?　그 바나나를 어디서 얻었나?
for six bunches of bananas // but establish rules as well. ⁵ What wood was used for the bowls? ⁶ Where did you get
　　　　　　　　　　　　　　V₂　　O₂

그 상거래는 거의 불가능했을 것이다　　　몸짓과 혼란스러운 소음만으로는
the bananas? ⁷ That business deal would have been nearly impossible / with only gestures and confusing noises, //
　　　　　　　S₁　　　❶ V₁　　　C

그리고 그것을 수행하는 것은　　조건에 따라　　(합의된)　신뢰라는 유대를 만들어 낸다
and carrying it out / according to *terms* (agreed upon) / creates a bond of trust.
　　　S₂ (= business deal)　　　　　　　　　　　　　　V₂　　O

▶ 구문 ❶ 과거 사실과 반대로 가정하는 가정법 과거완료 표현인 <would have p.p.>가 쓰였으며, 부사구인 with ~ noises가 조건의 뜻을 함축한다. (= if they had used only ~)

맺음말 표현을 분명하게 해주는 언어의 중요한 역할

언어는 우리가 명확해지도록 한다　　그리고 이것이 ~이다　　대화가 중요한 역할을 하는 요소
⁸ Language allows us to be specific, // and this is / (the point) where conversation plays a key role.
　　S　　V₁　O　C　　　S₂ V₂　　　❷ 관계부사　　　C₂

▶ 구문 ❷ 관계부사 where 앞에는 장소를 나타내는 선행사가 생략되었으며, 선행사가 생략되면 관계부사는 명사절을 이끌게 된다. 관계부사의 선행사가 the time, the place, the reason 등의 일반적인 시간·장소·이유를 나타낼 때는 관계부사 또는 선행사가 흔히 생략된다. 여기서는 the point(점, 사항, 요소)를 생략된 선행사로 보는 것이 적절하다.

해석 ¹많은 진화 생물학자들은 인간이 경제적인 이유로 언어를 발달시켰다고 주장한다. ²우리는 거래해야 했고, 거래하기 위해서 우리는 신뢰를 구축해야 했다. ³당신이 누군가와 거래를 하기 위해 애쓰고 있을 때 언어는 매우 편리하다. ⁴초창기의 두 인간은 나무 그릇 세 개를 바나나 여섯 송이와 맞바꾸기로 합의할 수 있었을 뿐만 아니라 규칙을 세울 수도 있었다. ⁵그 그릇들을 만드는 데 어떤 나무가 쓰였나? ⁶그 바나나를 어디서 얻었나? ⁷몸짓과 혼란스러운 소음만으로는 그 상거래는 거의 불가능했을 것이고, 합의된 조건에 따라 그것을 수행하는 것은 신뢰라는 유대를 만들어 낸다. ⁸언어는 우리가 명확해지도록 하며, 이것이 대화가 중요한 역할을 하는 요소이다.

① 의사소통하기 위해 몸짓 언어를 사용했다
② 누구에게 의지해야 할지 본능적으로 알았다
③ 자신의 필요를 위해 종종 규칙을 바꿨다
④ 자신의 생존을 위해 독자적으로 살았다

해설 빈칸으로 보아, 진화 생물학자들이 인간이 어떠했다고 주장하는지 상술을 통해 추론해야 한다. 이어지는 내용에서 우리는 거래, 즉 경제 활동을 위한 신뢰 구축에 언어[대화]가 필요했음을 설명하고 있다. 그러므로 빈칸에 들어갈 말로 가장 적절한 것은 ⑤이다.

오답확인 ① 지문에 사용된 with only gestures를 활용한 오답이다. 몸짓만으로는 상업 거래가 불가능했을 것이라고 했으므로 정답이 될 수 없다.

4 ④

직독직해 & 지문구조 生物 동물을 잘 보살피는 조건

주제문　동물의 욕구가 일관되고 예측 가능하게 충족되는 것이 중요

　　　　가장 중요한 측면 중 하나는　　　　　(좋은 보살핌을 제공하는 것의)　　확실히 하는 것이다　　　　동물의 욕구가 충족되고 있는 것을
¹ One of the most important aspects (of providing good care) / is making sure // that an animal's needs are being met /
　　S　　　　　　　　　　　　　　　　　　　　　　　　　　　　　V　　　C　　　접속사　　　　　　S'　　　　　　V'

　일관되게 그리고 예측 가능하게
consistently and predictably.

상술　동물의 통제감 충족: 환경을 예측 가능하도록 보장

　사람과 마찬가지로　　　　동물은 통제감을 필요로 한다　　　그러므로　동물은　　[충분한 음식을 받고 있는　　　　　하지만 모르는
² Like humans, / animals need a sense of control. ³ So / an animal [who may get enough food / but doesn't know /
　　　　　　　　S　　　　V　　　O　　　　　　　　　　　　　　　　　관계대명사　　V'₁　　　　　　V'₂

　음식이 언제 나타날지　　　　　그리고 어떤 일관된 일정도 알 수 없는]　　괴로움을 겪을지도 모른다　　우리는
when the food will appear / and can see no consistent schedule] / may experience distress. ⁴ We can provide
　　O'(명사절 목적어)　　　　　　　　　　V'₃　　　　　　　　　　　　　　　V　　　O　　　S　　　V

통제감을 줄 수 있다　　보장함으로써　　우리 동물의 환경이 예측 가능한 것을
a sense of control / by ensuring / that our animal's environment is predictable: //
　　O　　　　　by v-ing: v함으로써　접속사　　　　S'　　　　　　　　　V'　　C'

예 1　음식과 물 항시 제공

　　즉, 마실 수 있는 물이 늘 있고　　　　늘 같은 곳에 있는 것이다　　　　　음식이 늘 있다　　　　　아침에 일어날 때
there is always water available / and always in the same place. ⁵ There is always food // when we get up in the morning /
　V　　　　　S　　　　　　　　　　　　　　　　　　　　　　　　　　V　　　　S　　　접속사　S'　V'

　　그리고 저녁 산책을 한 후에
and after our evening walk.

예 2　배설할 시간과 장소 항시 제공

　　　　시간과 장소가 늘 있을 것이다　　　(배설할)　　　　불편할 정도로 참아야 할 필요 없이
⁶ There will always be a time and place (to eliminate), / without having to hold things in to the point of discomfort.
　　　　　　V　　　　　S　　　　　형용사적 용법

예 3　일관된 정서적 지지 제공

　　　　　반려인은 일관된 정서적 지지를 보이는 것이 좋다　　　　　　　한순간 애정을 주기보다는
⁷ Human companions can display consistent emotional support, / rather than providing love one moment /
　　　　　S　　　　V　　　　　O　　　　　　　　　　　❶　　　v-ing(동명사)구 병렬

　그리고 그다음에는 애정을 주지 않기(보다는)　　동물은 무엇을 예상할지를 알고 있을 때　　　그들은 더 많은 자신감과 차분함을 느낄 수 있다
and withholding love the next. ⁸ When animals know what to expect, // they can feel more confident and calm.
　　v-ing(동명사)구 병렬　　　　접속사　　S'　　V'　❷ O'(명사구 목적어)　　S　　V　　　　　　C

▶ 구문 ❶ rather than은 '~보다는'의 뜻으로 뒤에 v-ing(동명사)구인 providing ~ moment와 withholding ~ next가 and로 연결되어 있다.
　　❷ <의문사+to-v> 형태의 명사구인 what to-v는 '무엇을 v할지'라는 뜻으로 동사 know의 목적어로 쓰였다.

해석 ¹좋은 보살핌을 제공하는 것의 가장 중요한 측면 중 하나는 동물의 욕구가 일관되고 예측 가능하게 충족되고 있는 것을 확실히 하는 것이다. ²사람과 마찬가지로, 동물은 통제감을 필요로 한다. ³그러므로 충분한 음식을 받고 있지만 음식이 언제 나타날지 모르고, 어떤 일관된 일정도 알 수 없는 동물은 괴로움을 겪을지도 모른다. ⁴우리는 우리 동물의 환경이 예측 가능한 것을 보장함으로써 통제감을 줄 수 있다. 즉, 마실 수 있는 물이 늘 있고, 늘 같은 곳에 있는 것이다. ⁵아침에 일어날 때 그리고 저녁 산책을 한 후에 음식이 늘 있다. ⁶불편할 정도로 참아야 할 필요 없이 배설할 시간과 장소가 늘 있을 것이다. ⁷반려인은 한순간 애정을 주고 그다음에는 애정을 주지 않기보다는 일관된 정서적 지지를 보이는 것이 좋다. ⁸동물은 무엇을 예상할지를 알고 있을 때, 더 많은 자신감과 차분함을 느낄 수 있다.

① 지체 없이 처리된다
② 정신적 또는 신체적 상태로부터 발생한다
③ 진화 이론에 의해 정보를 얻어야 한다
⑤ 상황에 따라 다양할 수 있다

해설 좋은 보살핌을 제공한다고 할 때 동물의 욕구가 '어떻게' 되어야 하는지를 추론해야 한다. 상술과 예를 통해, 동물이 필요로 하는 통제감을 주기 위해서는 동물의 욕구인 음식, 물, 배설, 애정 등이 일관되고 예측 가능하게 충족되어야 함을 알 수 있다. 따라서 빈칸에 들어갈 말로 가장 적절한 것은 ④이다.

오답확인 ① 동물을 보살피는 데 있어 동물의 욕구가 바로 즉시 처리되는 것은 중요할 수 있지만, 지문은 동물이 통제감을 느낄 수 있도록 일관적이고 예측 가능한 환경을 제공하는 것에 관한 내용이므로 정답이 될 수 없다.

Stage 1 Concept의 찬찬 이해

p.82

1 **해석** [1]산에서 보낸 우리의 휴가는 완벽했다. [2]그들은 가족 휴가를 산으로 가야 한다. [3]벤자민 프랭클린은 한때 ~을 시사했다. [4]연구들은 ~을 보여 준다.

2 **해석** [5]도와준 모든 사람들에게 감사해야 한다. [6]감사는 다른 이들과 관계를 유지시키는 접착제이다.

생생 기출 맛보기 ③

직독직해 & 지문구조 [문학] 독자가 능동적으로 사고할 수 있도록 글을 써야 하는 이유

주제문 1 글을 쓸 때 독자가 생각해야 할 것을 말해주지 말아야 함

당신이 글쓰기를 시작할 때 　　자신에게 상기시키는 것은 가치가 있다 　　　　관점을 가져야 하지만
[1] As you set about to write, // it is worth reminding yourself / that while you ought to have a point of view, /
접속사 　　　　❶ 　　　　❷ 　　　　접속사 접속사 S″ V″ O″

피해야 함을 　　독자에게 무엇을 생각해야 할지 말하는 것을 　　물음표를 달도록 노력해라 　　글 안의 모든 것에
you should avoid / telling your readers what to think. [2] Try to hang a question mark / over everything in the essay.
S″ V″ O″ IO″ DO″

▶ **구문 ❶** <it is worth v-ing>는 'v하는 것은 가치가 있다'라는 뜻으로 동명사구를 진주어로 하는 관용 표현이다.
　❷ <remind+O+that절>은 'O에게 ~임을 상기시키다'라는 뜻이다.

논거 1 긍정적 결과 1: 독자가 스스로 생각하고 글에 몰입하게 됨

이런 방식으로 　　당신은 독자들이 그들 스스로 생각할 수 있도록 한다 　　요점과 주장들에 대해 　　[당신이 만들고 있는]
[3] This way / you allow your readers to think for themselves / about *the points and arguments* [(which[that])] you're making].
S V O C 　관계대명사

결과적으로 　　그들은 더 몰두한 느낌을 받게 될 것이다 　　자신이 (~에) 전념하는 것을 발견하면서 　　주장에 　　[당신이 해 온]
[4] As a result, / they will feel more involved, / finding themselves just as committed to / *the arguments* [(which[that])] you've
S V C 　분사구문(= as they find ~) 　❸ 　관계대명사

그리고 통찰력에 　　[당신이 드러내 온] 　　당신만큼이나
made] / and *the insights* [(which[that])] you've exposed] / as you are (committed to).
　관계대명사

▶ **구문 ❸** <(just) as ... as ~>는 '~만큼 …하다'라는 뜻의 비교 표현이다.

논거 2 긍정적 결과 2: 독자는 능동적이게 되고, 글은 흥미롭고, 생각하게 만드는 것이 됨

당신은 글을 쓰게 될 것이다 　　[독자들의 수동성을 피할 뿐만 아니라 　　흥미롭고 사람들이 생각하게 하는]
[5] You will have written *an essay* [that not only avoids passivity in the reader, / but is interesting and gets people to think].
❹ 　관계대명사 V'₁ V'₂ O'₃ C'₃

▶ **구문 ❹** 미래완료(will have p.p.)가 쓰여 '~하게 될 것이다'라는 결과를 나타낸다. 선행사 an essay를 수식하는 관계사절 내에 단수동사 avoids, is, gets가 <not only A but (also) B>와 and로 연결되어 있다.

해석 [1]당신이 글쓰기를 시작할 때, 관점을 가져야 하지만, 독자에게 무엇을 생각해야 할지 말하는 것을 피해야 함을 자신에게 상기시키는 것은 가치가 있다. [2]글 안의 모든 것에 물음표를 달도록 노력해라. [3]이런 방식으로 당신은 당신이 만들고 있는 요점과 주장들에 대해 독자들이 그들 스스로 생각할 수 있도록 한다. [4]결과적으로, 그들은 당신만큼이나 당신이 해 온 주장과 당신이 드러내 온 통찰력에 자신이 전념하는 것을 발견하면서, 더 몰두한 느낌을 받게 될 것이다. [5]당신은 독자들의 수동성을 피할 뿐만 아니라 흥미롭고 사람들이 생각하게 하는 글을 쓰게 될 것이다.

해설 작가는 독자들이 요점과 주장을 스스로 생각할 수 있도록 글을 써야 한다는 내용의 글로 첫 번째 문장과 두 번째 문장에 필자의 주장이 나타나 있다. 따라서 필자의 주장으로 가장 적절한 것은 ③이다.

오답확인 ① 저자는 관점[견해]을 가져야 한다고는 했지만 그것이 독창적이어야 한다는 내용은 없다.

1 (1) (Storyteller ~ suggests that) it is ~ facts on., (The study indicates that) the material ~ method. (2) ③
2 (1) (Rather than ~ in the future,) teachers can ~ additional effort. (2) ⑤ 3-1 ② 3-2 ③ 4-1 ③ 4-2 ①

1 (1) (Storyteller ~ suggests that) it is ~ facts on., (The study indicates that) the material ~ method. (2) ③

직독직해 & 지문구조 교육 역사를 가르칠 때 스토리텔링의 이점

주제문 1 역사 속의 이야기가 사실을 걸 수 있는 못을 제공함

스토리텔러 시드 리버만은 말한다　　　바로 역사 속의 이야기라고　　　못을 제공하는 것이　　(사실을 걸 수 있는)
¹ Storyteller Syd Lieberman suggests // that it is the story in history / that provides *the nail* (to hang facts on).
　　　　　　　　　　　　　　　접속사 ❶ └─── 강조구문 ───┘　V'　O'　❶ 형용사적 용법

▶ 구문 ❶ 「It is ~ that ...」 강조구문은 '···인 것은 바로 ~이다'의 의미다. the story in history provides the nail to hang facts on에서 주어인 the story in history가 강조되었다. 강조되는 자리에는 주어, 목적어, 부사(구, 절)가 올 수 있다.

▶ Tip ❶ 마치 벽에 박힌 못이 액자를 고정시키듯이, 이야기는 사실이 우리 마음에서 떨어지지 않도록 한다, 즉 기억을 돕는다는 의미이다.

논거 연구 보고서 결과(학생들이 역사가 이야기와 결합되어 있을 때 기억함)와 연구 내용

학생들은 역사적 사실을 기억한다　　　그것들이 이야기와 결합되어 있을 때　　한 보고서에 따르면　　　콜라라도주 볼더시에 있는
² Students remember historical facts // when they are tied to a story. ³ According to a report, / a high school in Boulder,
　　　　　　　　　　　　　　　　　　접속사 S'　V'　　　　　　　　　　　　　　　　　　　　　　S

한 고등학교가 현재 실험하고 있다　　　연구로　　(역사 자료 제시에 대한)　　　스토리텔러들은 자료를 제시한다
Colorado, is currently experimenting / with a study (of presentation of historical material). ⁴ Storytellers present material
　　　　　　　　　 V　　　　　　　　　　　　　　　　　　　　　　　　　　　　　　　　　　S₁　V₁　O₁

(연극 같은 맥락의)　　　학생들에게　　　그리고 그룹 토의가 뒤따른다　　　학생들은 (자료를) 더욱 깊이 읽도록 장려된다
(in dramatic context) / to the students, // and group discussion follows. ⁵ Students are encouraged to read further.
　　　　　　　　　　　　　　　　　　　　　S₂　　V₂

이와는 대조적으로　　또 다른 그룹의 학생들은 (~에) 참여한다　　　전통적인 조사/보고 기법에
⁶ In contrast, / another group of students is involved / in traditional research/report techniques.

주제문 2 연구 시사점: 맥락이 결합된 자료가 조사/보고를 통한 자료보다 효과적임

이 연구는 (~을) 보여 준다　　　자료가　　(스토리텔러들에 의해서 제시된)　　훨씬 더 많은 흥미와 개인적인 영향을 지닌다는 것을
⁷ The study indicates // that *the material* (presented by the storytellers) / has much more interest and personal impact /
　　　　　　　　　　　접속사　S'　　　　　　　　　　　　　　　　　　　　　　　V'　비교급 강조 ❷

것(=자료)보다　　(전통적인 방법을 통해서 얻은)
than *that* (gained via the traditional method).
(= the material)

▶ 구문 ❷ <A 비교급 than B>는 'A는 B보다 더 ~한[하게]'의 의미로 비교 대상인 A와 B는 문법적으로나 의미적으로 서로 대등한 것이어야 한다. 따라서 A의 the material을 받아 B에 단수대명사 that이 쓰였다. much는 비교급을 강조하는 부사로 '훨씬'이라고 해석하며 같은 역할을 하는 것으로는 even, still, far, a lot 등이 있다.

해석 ¹스토리텔러 시드 리버만은 사실을 걸 수 있는 못을 제공하는 것이 바로 역사 속의 이야기라고 말한다. ²학생들은 역사적 사실이 이야기와 결합되어 있을 때 그것들을 기억한다. ³한 보고서에 따르면, 콜라라도주 볼더시에 있는 한 고등학교가 현재 역사 자료 제시에 대한 연구로 실험하고 있다. ⁴스토리텔러들은 학생들에게 연극 같은 맥락의 자료를 제시하고, 그룹 토의가 뒤따른다. ⁵학생들은 (자료를) 더욱 깊이 읽도록 장려된다. ⁶이와는 대조적으로, 또 다른 그룹의 학생들은 전통적인 조사/보고 기법에 참여한다. ⁷이 연구는 스토리텔러들에 의해서 제시된 자료가 전통적인 방법을 통해서 얻은 자료보다 훨씬 더 많은 흥미와 개인적인 영향을 지닌다는 것을 보여 준다.

① 학생들이 역사를 배워야 하는 이유
② 사극의 필수 요소
③ 역사를 가르칠 때 스토리텔링의 이점
④ 전통적인 교수법의 장점
⑤ 역사에 대한 균형 잡힌 시각을 가지는 것의 중요성

해설 (1), (2) 첫 문장에서 인용문으로 주장(역사는 이야기로 가르치는 것이 효과적이다)을 나타냈다. 이 주장은 이어지는 논거인 연구 내용과 결과를 통해 뒷받침된다. 단락 마지막의 연구 시사점은 주제문을 다시 한번 제시한 것이다. 마지막 문장에서 이야기와 결합된 자료가 much more interest and personal impact를 지닌다고 좀 더 구체적으로 서술되었는데, 이를 정답 ③에서 일반적, 추상적 어구인 benefits로 말바꿈했다.

오답확인 ④ 역사 수업에서 전통적인 자료 조사/보고 기법은 이야기와 결합한 자료 제시보다 효과적이지 않았다는 내용의 글이므로 글의 주제와 정반대이다.

2 (1) (Rather than ~ in the future,) teachers can ~ additional effort. (2) ⑤

직독직해 & 지문구조 교육 학생들의 학습 동기 부여를 위한 개선 기회 주기

주제문 교사는 학생의 과제에 낮은 점수를 주는 대신 추가적 노력을 요구하여 학생에게 동기 부여를 더 잘할 수 있음

학생을 벌주려고 하기보다는　　　　　　　　낮은 성적이나 점수로　　　　바람으로　　그것이 학생이 (~하도록) 장려할 것이라는
¹ Rather than attempting to punish students / with a low grade or mark / in the hope // (that) it will encourage them /
❶ (= Instead of)　　　　　　　　　　　　　　　　　　　　　　　❷　　　=　　　　S'　　V'　　O'

미래에 더 많은 노력을 기울이도록　　　　　　교사는 학생들에게 동기 부여를 더 잘할 수 있다　　　　그들의 과제가 불완전하다고 여김으로써
to give greater effort in the future, / teachers can better motivate students / by considering their work as incomplete /
　　　　　　C'　　　　　　　　　　　　　S　　　　　V　　　　　　　　　　❸ v-ing(동명사)구 병렬

그러고는 추가적인 노력을 요구함으로써
and then (by) requiring additional effort.
　　　　　v-ing(동명사)구 병렬

▶ 구문 ❶ <rather than+v-ing>는 부사구로 문장 앞에 잘 쓰인다.
　　 ❷ the hope와 that절은 동격 관계이며 여기서 접속사 that은 생략되었다. that절의 <encourage+O+to-v>는 'O가 v하도록 장려하다'의 뜻이다.
　　 ❸ 전치사 by의 목적어로 동명사(v-ing)구 considering ~ incomplete와 requiring ~ effort가 접속사 and then으로 연결되어 있다. <by+v-ing>는 'V함으로써'를 의미한다.
　　 <consider+O+C>에서 C 앞에는 as나 to be가 들어가기도 한다.

논거 교사가 기준 미달 과제를 낸 학생에게 추가 과제를 요구하여 수행 수준을 높이고 있는 학교 사례

교사들은　　　　　(오하이오주 비치우드시의 비치우드 중학교의)　　　학생의 성적을 기록한다　　A, B, C 또는 I (불완전 이수)로
² Teachers (at Beachwood Middle School in Beachwood, Ohio), / record students'grades / as A, B, C, or I (Incomplete).
　　S　　　　　　　　　　　　　　　　　　　　　　　　　　　V

학생들은　　　　[I 성적을 받는]　　　추가적인 과제를 하도록 요구받는다　　　　　그들의 성적을 끌어올리기 위해서
³ Students [who receive an I grade] / are required to do additional work / in order to bring their performance up /
　S　　　　관계대명사　　　　　　　　V　　　　　　　　C　　　　　　　　　부사적 용법(목적)

수용 가능(기준에 맞는) 수준으로　　이런 방침은 믿음에 근거한다　　　　학생들이 낙제 수준으로 수행한다는　　　또는 낙제 과제를 제출한다는
to an acceptable level. ⁴ This policy is based on the belief // that students perform at a failure level / or submit failing work /
　　　　　　　　　　　　　　　　　　　　　=　　　　S'₁　　V'₁　　　　　V'₂

대체로 교사들이 그것을 받아들이기 때문에　　비치우드의 교사들은 (~라고) 생각한다　　만약 그들이 기준 이하의 과제를 더 받아들이지 않는다면 /
in large part because teachers accept it. ⁵ The Beachwood teachers reason // that if they no longer accept substandard work, /
　　　　　접속사　S'　V'　O'　　　　　　　S　　　　　　V　　접속사 접속사 S'　　　V'　　　O'

학생이 그것을 제출하지 않을 것이라고　　　그리고 적절한 도움이 있다면　　　그들은 믿는다　　학생들이 계속 노력할 것이라고
students will not submit it. ⁶ And with appropriate support, / they believe // (that) students will continue to work /
　S'　　V'　　O'　　　　　　　　　　　　　　　　　　　　　　　　접속사

자신의 수행이 만족스러울 때까지
until their performance is satisfactory.
접속사　　S"　　　V"　C"

해석 ¹학생이 미래에 더 많은 노력을 기울이도록 장려할 것이라는 바람으로 낮은 성적이나 점수로 학생을 벌주려고 하기보다는, 교사는 학생들의 과제가 불완전하다고 여기고는 추가적인 노력을 요구함으로써 학생들에게 동기 부여를 더 잘할 수 있다. ²오하이오주 비치우드시의 비치우드 중학교 교사는 학생의 성적을 A, B, C 또는 I (불완전 이수)로 기록한다. ³I 성적을 받는 학생들은 그들의 성적을 수용 가능(기준에 맞는) 수준으로 끌어올리기 위해서 추가적인 과제를 하도록 요구받는다. ⁴이런 방침은 대체로 교사들이 그것을 받아들이기 때문에 학생들이 낙제 수준으로 수행하거나 낙제 과제를 제출한다는 믿음에 근거한다. ⁵비치우드의 교사들은 만약 그들이 기준 이하의 과제를 더

는 받아들이지 않는다면, 학생이 그것을 제출하지 않을 것이라고 생각한다. ⁶그리고 적절한 도움이 있다면, 그들은 학생들이 자신의 수행이 만족스러울 때까지 계속 노력할 것이라고 믿는다.

해설 (1), (2) 첫 문장에 주장 표현인 can이 있고 이 내용을 뒷받침하는 학교의 사례를 논거로 제시하고 있으므로 첫 문장이 주제문이다. 이를 잘 요약한 것은 ⑤이다.

오답확인 ①의 동기, ②의 추가 과제라는 어구는 단락에 있긴 하지만, 각 선택지 내용은 지문과 관련이 없다. ③의 보상, ④의 자기 주도적 학습, 정서적 안정 등은 언급되지 않은 내용이다.

3-1 ②

해석 주제문: 신선한 농산물을 취급할 때 온도를 관리하는 것뿐만 아니라 공기의 관리도 중요하다.
① 저장하는 동안 건조를 막기 위해 공기 중에 약간의 습기가 필요하지만, 너무 많은 습기는 곰팡이의 증식을 조장할 수 있다.
② 살아 있는 생명체가 숨을 쉴 때 이산화탄소를 방출하지만, 이산화탄소는 오

염 물질로 널리 간주된다.

해설 주제문의 농산물 취급 시 공기 관리가 중요하다는 주장은 ①의 공기 중 습도가 적절해야 한다는 논거와 연결된다. ②의 생명체가 내뿜는 이산화탄소가 오염 물질로 간주된다는 것은 주제문과 무관하다.

3-2 ③

직독직해 & 지문구조 [생활] 모든 사람과 친구가 될 수 없는 이유

주제문 1 일부 사람들에게만 주의를 기울이는 것이 나쁜 것은 아님

일부 사람들에게 주의를 기울이고 다른 사람들에게는 그렇게 하지 않는 것이 의미하지는 않는다 여러분이 남을 무시한다거나 거만하게 굴고 있다는 것을

¹ Paying attention to some people and not others / doesn't mean // (that) you're being dismissive or arrogant.

　　　　　　　　　　　　　S　　　　　　　　　　　　　　　　　V　　　　접속사

논거 1 그 이유는 집중할 수 있는 사람의 수에 한계가 있기 때문임

　　그것은 단지 명백한 사실을 나타낼 뿐인데　　　　　　사람의 수에는 한계가 있다　　　　　　　　[우리가 어떻게든지 주의를 기울일 수 있는

① ² It just reflects a hard fact: // there are limits on the number of *people* [(who(m)[that]) we can possibly pay attention to /
　　S₁　V₁　　　　　　　　　　　　V₂　　　　　　　　S₂　　　　　　　　관계대명사　　　　S'　　　　V'₁

　　또는 관계를 발전시킬 수 있는]

or (can) develop a relationship with].
　　V'₂

논거 2 과학적 근거: 뇌는 관계를 지속할 사람의 수를 제한한다는 과학자들의 생각

　　심지어 어떤 과학자들은 (~라고) 생각한다　　　　　　사람의 수가　　　　　　　[우리가 안정된 사회 관계를 지속할 수 있는]

② ³ Some scientists even believe // that the number of *people* [with whom we can continue stable social relationships] /
　　　　　　　　　　　　　　　　　접속사　　　　　　S'　　　　전치사+관계대명사

자연스럽게 제한되는 것일지도 모른다고　우리의 뇌에 의해　　　　여러분이 다양한 배경의 사람들을 알면 알수록　　　　여러분의 삶은

might be limited naturally / by our brains. (③ ⁴ The more people you know of different backgrounds, / the more colorful
　　V'　　　　　　　　　　　　　　　　　　　❶ the+비교급　S₁　V₁　　　　　　　　　　　　　　the+비교급

더욱 다채로워진다

your life becomes.)
　　S₂　V₂

▶ **구문 ❶** <the+비교급 ~, the+비교급 …>은 '~하면 할수록 더욱 …하다'의 의미이다.
　　(= As you know more people of different backgrounds, your life becomes more colorful.)

논거 3 전문가의 말: 의미 있는 관계 형성이 가능한 것은 최대 150명뿐임

　　　　　　　　로빈 던바 교수는 설명했다　　　　　　　　우리의 두뇌는 의미 있는 관계를 정말로 형성할 수 있을 뿐이라고

④ ⁵ Professor Robin Dunbar has explained // that our minds are only really capable of forming meaningful relationships /
　　　　　　S　　　　　　　V　　　접속사　　S'　V'　　　　　　C'

　　　　　　최대 약 150명의 사람과

with a maximum of about a hundred and fifty people.

주제문 2 모든 사람과 진정한 친구가 될 수는 없음

　　　　그것이 사실이든 아니든　　　　가정해도 무방하다　　우리가 모든 사람과 진정한 친구가 될 수는 없다고

⑤ ⁶ Whether that's true or not, // it's safe to assume / that we can't be real friends with everyone.
　　❷ 접속사　S' V' C'　❸ 가주어　V　진주어　접속사

▶ **구문 ❷** <whether A or B>는 'A이든지 B이든지 간에'라는 뜻의 접속사이다.
　　❸ it은 가주어이고, to-v구가 진주어이다.

해석 ¹일부 사람들에게 주의를 기울이고 다른 사람들에게는 그렇게 하지 않는 것이 여러분이 남을 무시한다거나 거만하게 굴고 있다는 것을 의미하지는 않는다. ²그것은 단지 명백한 사실을 나타낼 뿐인데, 우리가 어떻게든지 주의를 기울이거나 관계를 발전시킬 수 있는 사람의 수에는 한계가 있다는 것이다. ³심지어 어떤 과학자들은 우리가 안정된 사회 관계를 지속할 수 있는 사람의 수가 우리의 뇌에 의해 자연스럽게 제한되는 것일지도 모른다고 생각한다. (⁴여러분이 다양한 배경의 사람들을 알면 알수록, 여러분의 삶은 더욱 다채로워진다.) ⁵로빈 던바 교수는 우리의 두뇌는 최대 약 150명의 사람과 의미 있는 관계를 정말로 형성할 수 있을 뿐이라고 설명했다. ⁶그것이 사실이든 아니든, 우리가 모든 사람과 진정한 친구가 될 수는 없다고 가정해도 무방하다.

해설 첫 문장은 일부 사람들에게만 주의를 기울이는 것이 남을 무시한다거나 거만하게 구는 것이 아니라는 견해가 드러나 있는 주제문이다. 이후 이를 뒷받침하는 논거가 나열되고 있는데, 모두 우리가 의미 있는 관계를 형성할 수 있는 사람의 수가 제한되어 있다는 내용이다. 그런데, ③은 이와 정반대로, 다양한 배경의 사람을 알면 알수록 삶이 더욱 다채로워진다는 내용이므로 글의 흐름과 무관하다. 마지막 문장은 주제문인 첫 문장을 다른 말로 바꿔 표현한 또 다른 주제문이다.

4-1 ③

해석 주제문: 자신의 가치관에 근거하여 목표를 세워라.
논거: 우리는 우리에게 정말로 중요한 것보다는 다른 사람들이 우리가 해야 한다고 생각하는 것에 근거하여 결심을 한다. 이는 그 목표를 지키는 것을 거의 불가능하게 만든다.
① 자신의 도덕적 의무
② 엄격한 마감 시간
④ 부모의 지도
⑤ 고용 시장의 트렌트

해설 다른 사람들의 생각에 따라 결심하는 것은 부정적인 결과(그 목표를 지키는 것을 거의 불가능하게 만듦)를 낳는다는 논거는 자신의 가치관에 따라 목표를 세우라는 ③의 주장을 뒷받침한다.

4-2 ①

직독직해 & 지문구조 [비즈니스] 사업 수익을 증가시키는 핵심은 매출 창출이 아닌 비용 절감

주제문 1 사업으로 더 많은 돈을 벌고 싶다면 비용 절감을 고려해야 함

신규 고객을 확보하고 추가 매출을 창출하는 것은 / 흥미진진한 부분이다 / (사업 운영의) / 하지만 궁극적으로 단지
¹ Getting new customers and creating extra sales / is the exciting part (of running a business), // but if ultimately you just
S₁ · V₁ · C₁ · 접속사 · S'

더 많은 돈을 벌고 싶다면 / 비용 절감을 고려해야 한다
want to make more money / then you need to look at saving costs.
V' · S₂ · V₂

논거 벌어들인 1달러에서 원가를 차감하면 남는 것은 거의 없기 때문임

1달러는 (벌어들인) / 물리적 비용을 충당할 필요가 있다 / (상품의) [판매된] / 그것(= 벌어들인 1달러)은 또한 (~을) 충당해야 한다
² A dollar (earned) / needs to cover the physical cost (of the product [that was sold]). ³ It also must cover /
S · V · 관계대명사 · S · V

인건비를 (직원의) [그것을 번] / 결국 1달러는 (벌어들인) / 10센트나 20센트에 지나지 않는다
the labor cost (of the employee [who earned it]). ⁴ Ultimately, / a dollar (earned) / is little more than ten or twenty cents, /
O · 관계대명사 (= the dollar) · S · V · C

(운이 좋다면) / 당신의 뒷주머니에 들어갈 / 하지만 1달러는 (절약된) / 온전한 1달러이다 / 당신의 뒷주머니에 들어갈 / 숟가락은 (1달러짜리인
(if you're lucky), / in your back pocket. ⁵ But a dollar (saved) / is a full dollar / in your back pocket. ⁶ A spoon (costing a dollar
❶ · S · V · C · ❷ S

[쓰레기에서 구한]) / 온전한 1달러이다 [당신이 가지고 있을] / 연말에도] / 이 점을 명심해라
[that is saved from the trash]) / is a full dollar [(that) you will have left / at the end of the year]. ⁷ Keep this in mind — /
관계대명사 · V · C · 관계대명사

그리고 당신의 직원의 마음에도 (명심하게 하라)
and in the mind of your staff.

▸ **구문** ❶ if you're lucky는 콤마(,) 사이에 위치한 삽입구문이다.
　　❷ A spoon은 현재분사구 costing ~ trash의 수식을 받으며, 현재분사구 내의 a dollar는 관계대명사절(that ~ trash)의 수식을 받는다.

주제문 2 판매 촉진에 쓰는 시간만큼 비용 절감에도 시간을 할애해야 함

반드시 ~해라 / 적어도 많은 시간을 할애하도록 / 비용을 낮추는 데 / 당신이 할애하는 것만큼 / 신규 고객을 유치하는 데
⁸ Be sure / to devote at least as much time / to keeping costs down // as you do / to driving new customers through the
V · C · ❸ 부사적 용법(형용사 수식) ❹ · (= devote) · v-ing(동명사)구 병렬

또는 기존 고객을 대상으로 더 많은 판매를 하는 데
door / or selling more to your existing ones.
v-ing(동명사)구 병렬 · (= customers)

▸ **구문** ❸ to devote는 형용사 sure를 수식하는 부사적 용법으로 쓰인 to-v이다. <devote A to B>는 'A를 B에 할애하다[바치다]'의 뜻으로 여기서 to는 전치사이므로 뒤에 동명사가 쓰였다.
　　❹ <as many/much+명사 as>는 '…만큼 많은 ~'을 의미한다.

해석 [1]신규 고객을 확보하고 추가 매출을 창출하는 것은 사업 운영의 흥미진진한 부분이지만, 궁극적으로 단지 더 많은 돈을 벌고 싶다면 비용 절감을 고려해야 한다. [2]벌어들인 1달러는 판매된 상품의 물리적 비용을 충당할 필요가 있다. [3]그것(벌어들인 1달러)은 또한 그것을 번 직원의 인건비를 충당해야 한다. [4]결국, 벌어들인 1달러는 운이 좋다면, 당신의 뒷주머니에 들어갈(당신이 챙길 수 있는) 10센트나 20센트에 지나지 않는다. [5]하지만 절약한 1달러는 당신의 뒷주머니에 들어갈(당신이 챙길 수 있는) 온전한 1달러이다. [6]쓰레기에서 구한 1달러짜리인 숟가락은 당신이 연말에도 가지고 있을 온전한 1달러이다. [7]이 점을 명심해라. 그리고 당신의 직원도 명심하게 하라. [8]적어도 신규 고객을 유치하거나 기존 고객을 대상으로 더 많은 판매를 하는 데 당신이 할애하는 것만큼 비용을 낮추는 데 반드시 많은 시간을 할애하도록 해라.

② 제대로 된 상품을 생산해야
③ 마케팅 트렌드를 계속 지켜봐야
④ 회계 담당자를 이용하는 것을 고려해야
⑤ 서비스의 품질을 높여야

해설 사업으로 더 많은 돈을 벌고 싶다면 무엇을 해야 하는지를 논거를 통해 추론해야 한다. 이어지는 논거의 내용은 벌어들인 1달러에서 그것을 벌기 위해 쓰인 비용을 차감하면 얼마 남지 않지만 1달러를 절약하면 1달러가 고스란히 남는 돈이 된다는 것이다. 또한 마지막 문장(주제문 재진술)에서 더 많은 판매에 시간을 들이는 만큼 '비용을 낮추는 데' 시간을 들이라고 했으므로 빈칸에 들어갈 말로 가장 적절한 것은 ①이다.

Chapter 10 · 도입부+주제문(순접)+세부 사항

Stage 1 Concept의 찬찬 이해 p.90

1 **해석** [1]어떤 목표를 세우든지 달성하기란 어려울 것이고, (달성하는) 도중에 어느 순간에서는 틀림없이 실망하게 될 것이다. [2]그러므로, 처음부터 가치 있다고 여기는 것보다 훨씬 더 높게 목표를 세우는 것이 어떤가? [3]당신은 얼마나 우스운[웃음을 주는] 사람인가? [4]어떤 사람들은 타고난 익살꾼이지만, 웃음을 주는 것은 학습될 수 있는 일련의 기술이다.

2 **해석** [5]반추는 같은 일에 대한 과도하고 반복적인 생각으로 정의된다. [6]그것은 슬프거나 암울한 경향이 있다. [7]사람들은 여러 가지 이유로 반추한다. [8]몇몇 흔한 이유는 정서적 또는 신체적 외상의 내력을 가지고 있는 것과 통제될 수 없는 계속 진행되는 스트레스 요인들을 마주하는 것을 포함한다.

🌱 생생 기출 맛보기 ⑤

직독직해 & 지문구조 [건강] 미소의 긍정적인 효과

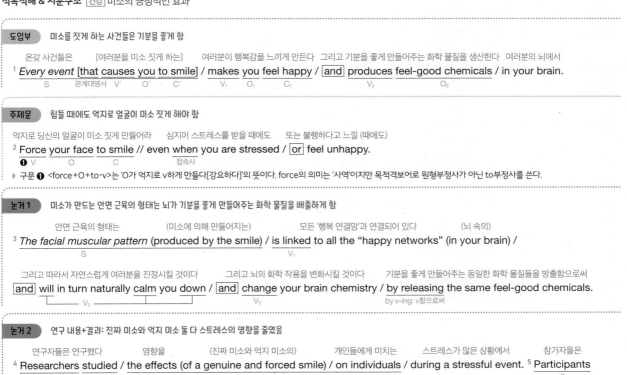

도입부 미소를 짓게 하는 사건들은 기분을 좋게 함

온갖 사건들은　　[여러분을 미소 짓게 하는]　　여러분이 행복감을 느끼게 만든다　　그리고 기분을 좋게 만들어주는 화학 물질을 생산한다　여러분의 뇌에서
[1] *Every event* [that causes you to smile] / makes you feel happy / and produces feel-good chemicals / in your brain.
　　S　　관계대명사 V'　O'　C'　　V₁　O₁　C₁　　V₂　O₂

주제문 힘들 때에도 억지로 얼굴이 미소 짓게 해야 함

억지로 당신의 얼굴이 미소 짓게 만들어라　　심지어 스트레스를 받을 때에도　　또는 불행하다고 느낄 (때에도)
[2] Force your face to smile // even when you are stressed / or feel unhappy.
　❶ V　　O　　C　　접속사
▶ **구문 ❶** <force+O+to-v>는 'O가 억지로 v하게 만들다[강요하다]'의 뜻이다. force의 의미는 '사역'이지만 목적격보어로 원형부정사가 아닌 to부정사를 쓴다.

논거 1 미소가 만드는 안면 근육의 형태는 뇌가 기분을 좋게 만들어주는 화학 물질을 배출하게 함

안면 근육의 형태는　　(미소에 의해 만들어지는)　　모든 '행복 연결망'과 연결되어 있다　　(뇌 속의)
[3] *The facial muscular pattern* (produced by the smile) / is linked to all the "happy networks" (in your brain) /
　　S　　V₁

그리고 따라서 자연스럽게 여러분을 진정시킬 것이다　　그리고 뇌의 화학 작용을 변화시킬 것이다　　기분을 좋게 만들어주는 동일한 화학 물질들을 방출함으로써
and will in turn naturally calm you down / and change your brain chemistry / by releasing the same feel-good chemicals.
　　V₂　　V₃　　by v-ing: v함으로써

논거 2 연구 내용+결과: 진짜 미소와 억지 미소 둘 다 스트레스의 영향을 줄였음

연구자들은 연구했다　　영향을　　(진짜 미소와 억지 미소의)　　개인들에게 미치는　　스트레스가 많은 상황에서　　참가자들은
[4] Researchers studied / the effects (of a genuine and forced smile) / on individuals / during a stressful event. [5] Participants
　　S　　V　　O　　S

스트레스가 많은 과업을 수행하도록 되었다 　　　　　　　　미소 짓지 않거나, 미소 짓거나, 입에 젓가락을 엇갈리게 물고서

were made to **perform stressful tasks** / while **not smiling, smiling, or holding chopsticks crossways in their mouths** /
　❷ V　　　　　　　　　　C

(억지로 얼굴이 미소를 짓게 만들기 위해) 　　　연구의 결과는 (~을) 보여 주었다 　　　　미소가 　　(억지이든 진정한 것이든) 　스트레스가 많은 상황에서

(to **force the face to form a smile**). ⁶ **The results of the study showed** // that **smiling, (forced or genuine),** / during **stressful**
　　부사적 용법(목적)　　　　　　　　　S　　　　　　V　　접속사　　S'

　　　강도를 줄였다는 것을 　　　　(신체 스트레스 반응의) 　　　그리고 심박동수의 수준을 낮추었다는 것을 　　스트레스로부터 회복한 후의

events / **reduced the intensity** (of the stress response in the body) / **and lowered heart rate levels** / after **recovering from the**
　　　V'₁　　　O'₁　　　　　　　　　　　　　　　　　　V'₂　　　O'₂

stress.

▶ 구문 ❷ SVOC 문형의 수동태는 <S+be p.p.+C> 형태로 쓴다. 단, 능동태에서 C가 원형부정사(v)인 경우 수동태에서는 to부정사로 바뀌는 것에 주의해야 한다.

해석 ¹여러분을 미소 짓게 하는 온갖 사건들은 여러분이 행복감을 느끼게 만들고, 여러분의 뇌에서 기분을 좋게 만들어주는 화학 물질을 생산한다. ²심지어 스트레스를 받거나 불행하다고 느낄 때에도 억지로 당신의 얼굴이 미소 짓게 만들어라. ³미소에 의해 만들어지는 안면 근육의 형태는 뇌 속의 모든 '행복 연결망'과 연결되어 있고, 따라서 자연스럽게 여러분을 진정시키고 기분을 좋게 만들어주는 동일한 화학 물질들을 방출함으로써 뇌의 화학 작용을 변화시킬 것이다. ⁴연구자들은 스트레스가 많은 상황에서 개인들에게 미치는 진짜 미소와 억지 미소의 영향을 연구했다. ⁵참가자들은 미소 짓지 않거나, 미소 짓거나, (억지로 얼굴이 미소를 짓게 만들기 위해) 입에 젓가락을 엇갈리게 물고서 스트레스가 많은 과업을 수행하도록 되었다. ⁶연구의 결과는 미소가 억지이든 진정한 것이든, 스트레스가 많은 상황에서 신체 스트레스 반응의 강도를 줄였고, 스트레스로부터 회복한 후의 심박동수의 수준을 낮추었다는 것을 보여 주었다.

① 스트레스는 행복의 필요악
② 신체와 정신이 스트레스에 반응하는 방식
③ 스트레스의 개인적인 징후와 양상
④ 스트레스 상황의 원인과 결과
⑤ 가짜 미소도 스트레스를 줄이는 데 도움이 될까?

해설 스트레스를 받거나 불행하다고 느낄 때에도 억지로 미소를 지으라는 주제문을 뒷받침하는 논거가 두 개 나열되었다. 미소를 만드는 안면 근육이 기분을 좋게 만드는 화학 물질을 배출하고, 진짜 미소와 억지 미소 모두 스트레스의 영향을 줄인다는 연구 결과가 있다는 것이다. 그러므로 글의 제목으로 가장 적절한 것은 ⑤이다.

오답확인 ② 스트레스에 대한 인체의 반응과 기분을 좋게 하는 화학 물질이 뇌에서 배출된다는 언급은 있지만 뇌가 스트레스에 반응하는 방식에 대한 언급은 없다.

Stage 2 Concept의 꼼꼼 확인

p.92

1-1 (1) (Since the nineteenth century,) shopkeepers have taken advantage ~ than it is. (2) ①
2 (1) Though an online comment ~ business. (2) ④　　**3** ⑤　　**4** ⑤

---

1 (1) (Since the nineteenth century,) shopkeepers have taken advantage ~ than it is. (2) ①

직독직해 & 지문구조 [심리] 숫자 인식의 착각을 이용한 가격 책정

도입부 우리는 숫자를 읽을 때 가장 왼쪽 숫자에 더 영향을 받음

우리가 숫자를 읽을 때 　　　　　우리는 가장 왼쪽에 있는 숫자에 의해 더 영향을 받는다 　　　가장 오른쪽보다 　　그것이 순서이기 때문이다

¹ **When we read a number,** // we **are more influenced by the leftmost digit** / than by **the rightmost,** // since **that is** *the order*
　접속사　　　　　　　　S　　　 V　　　　　　　　　　　　　　　　　　　　　 접속사

[우리가 숫자를 읽고 처리하는] 　　　　숫자 799가 800보다 현저히 더 작게 느껴진다 　　우리가 전자(799)를 7로 시작하는 어떤 것으로 인식하고

[in which **we read, and process, them**]. ² **The number 799 feels significantly less than 800** // because **we see the former**
❶ 전치사+관계대명사　　　　　　　　　　　　　　 S　　　　V　　　　C　　　　　접속사

　　　후자(800)를 8로 시작하는 어떤 것으로 인식하기 때문에 　　　그에 반하여 798은 799와 거의 비슷하게 느껴진다

as 7-something and the latter as 8-something, // whereas **798 feels pretty much like 799.**
　　　　　　　　　　　　　　　　　　　　　 접속사

▶ 구문 ❶ that is the order와 we read, and process, them in the order를 관계대명사를 이용하여 결합한 문장이다.
(= that is the order which we read, and process, them in)

주제문 가게 주인들은 저렴하다는 인상을 주기 위해 9로 끝나는 가격을 선택함

19세기 이래　　　　　　　가게 주인들은 이 착각을 이용해 왔다　　　　가격을 선택함으로써　　(9로 끝나는)
[3] Since the nineteenth century, / shopkeepers have taken advantage of this trick / by choosing *prices* (ending in a 9), /
　　　　　　　　　　　　　　　　　　　　　　　　　　　　　　　❷

인상을 주기 위해　　　　　상품이 실제보다 더 저렴하다는
to give the impression // that a product is cheaper than it is.
부사적 용법(목적)　　　　　=

▶ **구문 ❷** 현재완료와 잘 쓰이는 부사 Since(~이래로, ~부터)가 있고, 과거부터 현재까지 가게 주인들이 이 착각을 이용해 온 것이므로 '계속'을 의미하는 현재완료(have p.p.)가 쓰였다. the impression과 that 이하는 동격 관계이다.

논거 1 조사에 의하면 현재 대부분의 소매 가격이 9로 끝남

조사는 보여 준다　　　　　1/3에서 2/3 정도가　　　(모든 소매 가격의)　현재 9로 끝난다는 것을
[4] Surveys show // that around a third to two-thirds (of all retail prices) / now end in a 9.
　　　　　　접속사　　　　S′　　　　　　　　　　　　　　　　V′

논거 2 소비자는 숫자 전략에 속기 쉽다는 연구 사례: 피자 가격이 8유로에서 7.99유로로 인하되었을 때 판매율이 증가함

우리가 모두 경험이 많은 쇼핑객일지라도　　　　　우리는 여전히 속는다　　2008년에　　연구자들이　　(서던 브리타니 대학의)
[5] Though we are all experienced shoppers, // we are still fooled. [6] In 2008, / researchers (at the University of Southern
　　접속사　　S′ V′　　　　　　C′　　　　　　　S　　 V　　　　　　S

지역의 한 피자 음식점을 관찰했다　　　　[8.00유로씩인 다섯 종류의 피자를 제공하고 있던]　　　그 피자 중 하나가
Brittany) / monitored *a local pizza restaurant* [that was serving five types of pizza at €8.00 each]. [7] When one of the pizzas
　　　　　V　　　　　　　O　　　　　　　　관계대명사　　V′　　　　　　　　　　　　　　　　접속사　　　S′

인하되었을 때　　가격이 7.99유로로　　그 피자의 판매 점유율은 증가했다　　　　전체의 1/3에서 1/2로
was reduced / in price to €7.99, // its share of sales rose / from a third of the total to a half.
　V′　　　　　　　　　　　　　　　　S　　　　　　V

해석 [1] 우리가 숫자를 읽을 때 우리는 가장 오른쪽보다 가장 왼쪽에 있는 숫자에 의해 더 영향을 받는데, 그것이 우리가 숫자를 읽고 처리하는 순서이기 때문이다. [2] 숫자 799가 800보다 현저히 더 작게 느껴지는데, 우리가 전자(799)를 7로 시작하는 어떤 것으로, 후자(800)를 8로 시작하는 어떤 것으로 인식하기 때문이며, 그에 반하여 798은 799와 거의 비슷하게 느껴진다. [3] 19세기 이래, 가게 주인들은 상품이 실제보다 더 저렴하다는 인상을 주기 위해 9로 끝나는 가격을 선택함으로써 이 착각을 이용해 왔다. [4] 조사는 모든 소매 가격의 1/3에서 2/3 정도가 현재 9로 끝난다는 것을 보여 준다. [5] 우리가 모두 경험이 많은 쇼핑객일지라도, 우리는 여전히 속는다. [6] 2008년에 서던 브리타니 대학의 연구자들이 8.00유로씩인 다섯 종류의 피자를 제공하고 있던 지역의 한 피자 음식점을 관찰했다. [7] 그 피자 중 하나가 7.99유로로 가격이 인하되었을 때, 그 피자의 판매 점유율은 전체의 1/3에서 1/2로 증가했다.

① 사람들이 숫자를 읽는 방식을 사용하는 가격 전략
② 지역 경제 추세를 반영하는 소비 패턴
③ 판매자의 신뢰성을 강화시키는 숫자 더하기
④ 시장 규모와 상품 가격 간의 인과 관계
⑤ 가게 환경을 변화시킴으로써 고객을 속이는 판매 속임수

해설 (1), (2) 사람들이 숫자를 읽을 때 가장 왼쪽 숫자에 영향을 받는다는 것을 도입부에서 구체적인 예와 함께 설명했다. 그 뒤에 가게 주인들이 가격 책정 시 이런 점을 이용한다는 주제문이 나오고 이를 뒷받침하는 조사 결과와 연구 관찰 결과가 뒤따르고 있다. 그러므로 글의 주제로 가장 적절한 것은 ①이다.

오답확인 (2) ⑤ 고객을 속이는 판매 전략이 언급되긴 했지만 그 내용이 가게 환경을 바꾸는 것이 아니라 숫자 인식의 착각을 이용한 가격 전략이므로 오답이다.

---

2 (1) Though an online comment ~ business. (2) ④

직독직해 & 지문구조 [비즈니스] 온라인 고객 평점과 후기의 중요성

도입부 미국 소비자는 구매 계획 시 온라인 고객 평점과 후기를 중요하게 여김

2006년에　　　　조사에 응한 미국 쇼핑객의 81%가 말했다　　　　　　온라인 고객 평점과 후기를 중요하게 여긴다고
[1] In 2006, / 81% of surveyed American shoppers said // that they considered online customer ratings and reviews important /
　　　　　　　S　　　　　　　　　　　　　　　　V　　　　접속사　S′　　V′　　　　　　　　　　　　　　O′　　　　　　　　C′

구매를 계획할 때
when planning a purchase.
❶ 분사구문(= when they planned ~)

▶ **구문 ❶** when planning 이하는 의미를 명확하게 하려고 접속사를 생략하지 않은 분사구문이다. 부사절로 나타내면 when they planned ~로 쓸 수 있다.

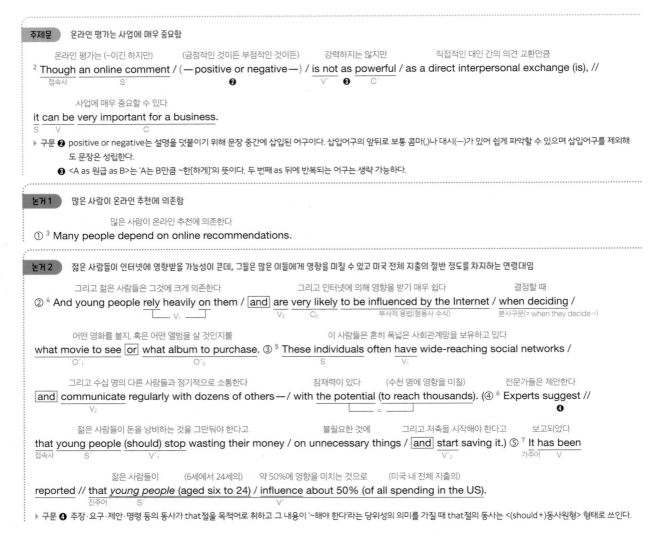

주제문 온라인 평가는 사업에 매우 중요함

온라인 평가는 (~이긴 하지만)　　(긍정적인 것이든 부정적인 것이든)　　강력하지는 않지만　　직접적인 대인 간의 의견 교환만큼

² Though an online comment / (—positive or negative—) / is not as powerful / as a direct interpersonal exchange (is), //
　接속사　　　　　　S'　　　　　　　　　　　　❷　　　　　　　V'　❸　C'

사업에 매우 중요할 수 있다

it can be very important for a business.
S　V　　　　　　　C

▸ 구문 ❷ positive or negative는 설명을 덧붙이기 위해 문장 중간에 삽입된 어구이다. 삽입어구의 앞뒤로 보통 콤마(,)나 대시(—)가 있어 쉽게 파악할 수 있으며 삽입어구를 제외해도 문장은 성립한다.

　❸ <A as 원급 as B>는 'A는 B만큼 ~한[하게]'의 뜻이다. 두 번째 as 뒤에 반복되는 어구는 생략 가능하다.

논거 1 많은 사람이 온라인 추천에 의존함

많은 사람이 온라인 추천에 의존한다

① ³ Many people depend on online recommendations.

논거 2 젊은 사람들이 인터넷에 영향받을 가능성이 큰데, 그들은 많은 이들에게 영향을 미칠 수 있고 미국 전체 지출의 절반 정도를 차지하는 연령대임

그리고 젊은 사람들은 그것에 크게 의존한다　　　　　그리고 인터넷에 의해 영향을 받기 매우 쉽다　　　　결정할 때

② ⁴ And young people rely heavily on them / and are very likely to be influenced by the Internet / when deciding /
　　　　　　　　　　V₁　　　　　　　　　V₂　　C₂　　　부사적 용법(형용사 수식)　　분사구문(= when they decide ~)

어떤 영화를 볼지, 혹은 어떤 앨범을 살 것인지를　　　이 사람들은 흔히 폭넓은 사회관계망을 보유하고 있다

what movie to see or what album to purchase. ③ ⁵ These individuals often have wide-reaching social networks /
O'₁　　　　　　O'₂　　　　　　　　　　　　S　　　　　　　　V₁

그리고 수십 명의 다른 사람들과 정기적으로 소통한다　　잠재력이 있다　(수천 명에 영향을 미칠)　전문가들은 제안한다

and communicate regularly with dozens of others—/ with the potential (to reach thousands). (④ ⁶ Experts suggest //
　　　　　V₂　　　　　　　　　　　　　　　　=　　　　　　　　　　　　　　　　　　❹

젊은 사람들이 돈을 낭비하는 것을 그만둬야 한다고　　불필요한 것에　그리고 저축을 시작해야 한다고　보고되었다

that young people (should) stop wasting their money / on unnecessary things / and start saving it.) ⑤ ⁷ It has been
접속사　　S'　　　V'₁　　　　　　　　　　　　　　　　　　V'₂　　　　가주어　V

젊은 사람들이　(6세에서 24세의)　약 50%에 영향을 미치는 것으로　(미국 내 전체 지출의)

reported // that young people (aged six to 24) / influence about 50% (of all spending in the US).
　　　　진주어　S'　　　　　　　　　　　　V'

▸ 구문 ❹ 주장·요구·제안·명령 등의 동사가 that절을 목적어로 취하고 그 내용이 '~해야 한다'라는 당위성의 의미를 가질 때 that절의 동사는 <(should +)동사원형> 형태로 쓰인다.

해석 ¹ 2006년에, 조사에 응한 미국 쇼핑객의 81%가 구매를 계획할 때 온라인 고객 평점과 후기를 중요하게 여긴다고 말했다. ² 온라인 평가는 긍정적인 것이든 부정적인 것이든 직접적인 대인 간의 의견 교환만큼 강력하지는 않지만, 사업에 매우 중요할 수 있다. ³ 많은 사람이 온라인 추천에 의존한다. ⁴ 그리고 젊은 사람들은 그것에 크게 의존하고, 어떤 영화를 볼지, 혹은 어떤 앨범을 살 것인지를 결정할 때 인터넷에 의해 영향을 받기 매우 쉽다. ⁵ 이 사람들은 흔히 폭넓은 사회관계망을 보유하고 있으며 수십 명의 다른 사람들과 정기적으로 소통하는데, 수천 명에 영향을 미칠 잠재력이 있다. (⁶ 전문가들은 젊은 사람들이 불필요한 것에 돈을 낭비하는 것을 그만두고 저축을 시작해야 한다고 제안한다.) ⁷ 6세에서 24세의 젊은 사람들이 미국 내 전체 지출의 약 50%에 영향을 미치는 것으로 보고되었다.

해설 (1), (2) 구매를 계획할 때 온라인 평가를 중요하게 여기는 사람이 많다는 도입문 뒤에 온라인 평가가 사업에 매우 중요하다고 주장하는 주제문이 나왔다. 이어지는 내용들은 온라인 평가가 왜 중요한지를 설명하는 논거에 해당하는데, ④는 젊은 사람들이 저축을 해야 한다는 내용이므로 글의 주제에서 벗어난다.

오답확인 (2) ③의 These individuals는 앞 문장의 young people을 가리킨다. 젊은 사람들이 인터넷의 영향을 받기 쉽다는 앞 내용에 이어 그들이 폭넓은 사회관계망으로 수천 명에게 영향을 미칠 수 있음을 설명하는 내용은 흐름상 자연스럽다.

---

3 ⑤

직독직해 & 지문구조 [생활] 제자리에 있지 않는 것이 물체를 쓰레기로 만든다

도입부 원래 쓰레기인 것은 없음

어떤 것도 원래 쓰레기인 것은 없다

¹ Nothing is trash by nature.

인류학자 매리 더글러스는　　　　　상기시키고 분석한다　　　　흔한 표현을　　　　더러운 것은 '제자리에 있지 않은 물체'라는

² Anthropologist Mary Douglas / brings back and analyzes / the common saying // that dirt is "matter out of place."
　　　　　　　S　　　　　　　　　V₁　　　V₂　　　　　　O ❶ └──────┘접속사

▶ **구문 ❶** the common saying과 that절은 동격 관계이다.

상술+예　더러운 것은 상대적인 것임

더러운 것은 상대적인 것이라고　그녀는 강조한다　　"신발은 그 자체로는 더럽지 않다　　하지만 더럽다　　그것을 식탁 위에 두는 것은

³ Dirt is relative, // she emphasizes. ⁴ "Shoes are not dirty in themselves, / but it is dirty / to place them on the dining-table; //
　S'　V'　C'　　　S　　V　　　　　　　　　　　　　　　　　　　　　❷ 가주어　　　진주어

음식은 그 자체로는 더럽지 않다　　하지만 더럽다　　냄비와 팬을 침실에 두는 것은　　혹은 음식이 옷 곳곳에 묻어 있게 두는 것은

food is not dirty in itself, / but it is dirty / to leave pots and pans in the bedroom, / or ((to) leave) food all over clothing; //
　　　　　　　　　　　　　　　　가주어　　　　　진주어

유사하게　　　거실에 있는 욕실 용품　　　의자 위에 놓여 있는 옷　　　실내에 있는 실외 물품들

similarly, / bathroom items in the living room; / clothing lying on chairs; / outdoor things placed indoors; / upstairs things

아래층에 있는 위층 물건들 등이"

downstairs, and so on."

▶ **구문 ❷** it은 가주어이고, to-v구가 진주어로 쓰였다.

주제문 재진술　더러운 것을 깨끗한 것으로부터 가려내는 것은 체계적인 정리와 분류를 포함함

더러운 것을 깨끗한 것으로부터 가려내는 것　　즉 식탁에서 신발을 치우는 것　　더러운 옷을 세탁기에 넣는 것은

⁵ Sorting the dirty from the clean — / removing the shoes from the table, / putting the dirty clothing in the washing machine
　S

체계적인 정리와 분류를 포함한다

—/ involves systematic ordering and classifying.
　　V

맺음말　더러운 것을 제거하는 것은 긍정적인 과정임

더러운 것을 제거하는 것은 그러므로 긍정적인 과정이다

⁶ Eliminating dirt is thus a positive process.
　　S　　　V　　　C

해석 ¹어떤 것도 원래 쓰레기인 것은 없다. ²인류학자 매리 더글러스는 더러운 것은 '제자리에 있지 않은 물체'라는 흔한 표현을 상기시키고 분석한다. ³더러운 것은 상대적인 것이라고 그녀는 강조한다. ⁴"신발은 그 자체로는 더럽지 않지만, 그것을 식탁 위에 두는 것은 더럽고, 음식은 그 자체로는 더럽지 않지만, 냄비와 팬을 침실에 두는 것, 혹은 음식이 옷 곳곳에 묻어 있게 두는 것, 유사하게, 거실에 있는 욕실 용품, 의자 위에 놓여 있는 옷, 실내에 있는 실외 물품들, 아래층에 있는 위층 물건들 등이 더러운 것이다." ⁵더러운 것을 깨끗한 것으로부터 가려내는 것, 즉 식탁에서 신발을 치우는 것, 더러운 옷을 세탁기에 넣는 것은 체계적인 정리와 분류를 포함한다. ⁶더러운 것을 제거하는 것은 그러므로 긍정적인 과정이다.

① 완전히 부서진 것
② 누구도 알아차릴 수 없는 작은 먼지
③ 더럽지만 재생 가능한 물질
④ 쉽게 대체될 수 있는 것
⑤ 제대로 되어 있지 않은 것

해설 인용한 인류학자의 말에서 밑줄 친 '제자리에 있지 않은 물체'는 더러운 것이라고 했고, 이어지는 내용에서 이들을 구체적으로 식탁 위의 신발, 침실에 있는 냄비와 팬과 같이 있어야 할 곳에 있지 않은 물건들로 설명했다. 즉, 있어야 할 곳에 있지 않은 것이 더러운 것이므로 밑줄 친 부분이 의미하는 것은 ⑤이다.

오답확인 ③ 첫 문장에서 쓰레기가 언급되긴 했지만, 단락에서 재생 가능한 물질은 언급되지 않았다.

④ 더러운 것을 가려낸다거나 정리하고 분류하는 것이 언급되긴 했지만 더러운 것이 쉽게 대체될 수 있는 것이라는 내용은 언급되지 않았다.

---

4 ⑤

직독직해 & 지문구조 생활 설득력을 높이는 식사

도입부　음식은 우리가 생각하는 방식에 영향을 미침

유명한 스페인 속담이 있다　　　['배가 마음을 다스린다'라고 하는]　　　이것은 임상적으로 증명된 사실이다

¹ There is *a famous Spanish proverb* [that says, "The belly rules the mind."] ² This is a clinically proven fact.
　　　V　　　S　　　　　　　　　　관계대명사

음식은 원래 사고를 제어하는 약이다   우리가 먹을 때마다   우리는 우리 두뇌에 (~을) 퍼부어서   화학 물질의 향연을

³ Food is the original mind-controlling drug. ⁴ Every time we eat, // we bombard our brains / with a feast of chemicals, /
                                      접속사   S′   V′

폭발적인 호르몬의 연쇄 반응을 유발한다   [[우리가 생각하는] 방식에 직접적으로 영향을 미치는]

triggering *an explosive hormonal chain reaction* [that directly influences *the way* [we think]].
❶ 분사구문(= and it triggers ~ = which triggers ~)   관계대명사   **❷**

▶ **구문 ❶** 의미상의 주어가 앞에 나온 어구나 절 전체이고 분사구문이 '결과'를 나타내는 경우 주절의 주어와 일치하지 않아도 의미상의 주어는 생략될 수 있다.
        ❷ we think는 the way를 수식하는 관계부사절이다. 관계부사 how와 the way는 함께 쓰일 수 없으므로 둘 중 하나는 반드시 생략되어야 한다.

주제문   좋은 식사는 긍정적인 감정 상태를 유발하여 우리의 설득되는 수용성을 높임

수많은 연구는 보여주고 있다   긍정적인 감정 상태가   (좋은 식사로 유발된)

⁵ Countless studies have shown // that *the positive emotional state* (induced by a good meal) /
  S   V   접속사   S′

우리의 수용성을 높인다는 것을   (설득되는)

enhances *our receptiveness* (to be persuaded).
   V′   O′   =

논거 1   음식은 음식의 제공자에게 보답하려는 본능적인 욕구를 유발함

그것은 본능적인 욕구를 유발한다   (그 제공자에게 보답하려는)   이것이 ~이다   경영진이 정기적으로 업무 회의와 식사를 결합하는 이유

⁶ It triggers *an instinctive desire* (to repay the provider). ⁷ This is // why executives regularly combine business meetings
                     =   **❸** 명사절 병렬

로비스트들이 정치인들을 초대하는 이유   환영 연회, 점심 식사, 저녁 식사에 참석하도록   그리고 주요 국가 행사가

with meals, / why lobbyists invite politicians / to attend receptions, lunches, and dinners, / and why major state occasions
                    명사절 병렬   명사절 병렬

거의 항상 인상적인 연회를 포함하는 이유

almost always involve an impressive banquet.

▶ **구문 ❸** 선행사 the reason이 생략된 관계부사절 세 개가 보어 역할을 하는 명사절로 쓰였으며, 콤마(,)와 and로 연결되어 있다.

논거 2   식사를 통한 외교는 매우 효과적임

처칠은 이것을 '식사 외교'라고 불렀다   그리고 사회학자들은 확인해 왔다   이 원리가 강력한 동기 요인이라는 것을

⁸ Churchill called this "dining diplomacy," // and sociologists have confirmed / that this principle is a strong motivator /
   S₁   V₁   O   C   S₂   V₂   접속사   S′   V′   C′

모든 인류 문화에 걸쳐

across all human cultures.

해석 ¹ 배가 마음을 다스린다'라고 하는 유명한 스페인 속담이 있다. ² 이것은 임상적으로 증명된 사실이다. ³ 음식은 원래 사고를 제어하는 약이다. ⁴ 우리가 먹을 때마다, 우리는 우리 두뇌에 화학 물질의 향연을 퍼부어서 우리가 생각하는 방식에 직접적으로 영향을 미치는 폭발적인 호르몬의 연쇄 반응을 유발한다. ⁵ 수많은 연구는 좋은 식사로 유발된 긍정적인 감정 상태가 우리의 설득되는 수용성을 높인다는 것을 보여주고 있다. ⁶ 그것은 그 제공자에게 보답하려는 본능적인 욕구를 유발한다. ⁷ 이것이 경영진이 정기적으로 업무 회의와 식사를 결합하는 이유이고, 로비스트들이 정치인들을 환영 연회, 점심 식사, 저녁 식사에 참석하도록 초대하는 이유이고, 주요 국가 행사가 거의 항상 인상적인 연회를 포함하는 이유이다. ⁸ 처칠은 이것을 '식사 외교'라고 불렀고, 사회학자들은 이 원리가 모든 인류 문화에 걸쳐 강력한 동기 요인이라는 것을 확인해 왔다.

① 우리가 공정한 판단을 내리도록 유도한다
② 다른 사람들과의 협력을 방해한다
③ 진지한 외교 행사에 해를 끼친다
④ 우리의 건강을 증진시키는 데 중요한 역할을 한다

해설 빈칸 문장과 선택지로 보아, 좋은 식사가 기분을 좋게 만들어 어떤 결과를 낳는지를 추론해야 한다. 이어지는 내용에서 좋은 식사는 음식 제공자에게 보답하려는 욕구를 유발한다고 했고, 그래서 경영진, 로비스트 등이 음식을 제공하며 이를 이용한다는 예를 들고 있다. 이는 곧 음식 제공자들에게 설득되어 그들이 원하는 것을 들어주고 싶은 마음이 들게 한다는 의미이므로 이를 빈칸에 들어갈 말로 가장 적절히 표현한 것은 ⑤이다.

오답확인 ① 음식을 대접받아 보답하려는 것은 공정한 판단을 하는 것과는 거리가 멀다.
② 경영진이나 로비스트 등의 다른 사람들이 언급되긴 했지만 그들과의 협력에 대한 언급은 없으므로 오답이다.

Stage 1　Concept의 찬찬 이해　　　　　　　　　　　　　　　　　　　p.98

1 **해석** ¹많은 사람들이 벌을 치기 위해서는 시골에 넓은 정원을 가지고 있는 것이 필수적이라고 생각한다. ²그러나, 이는 잘못된 생각이다. ³감기나 독감으로부터 자신을 보호하고 싶다면 규칙적인 운동이 최고의 면역력 촉진제일지도 모른다. ⁴그러나 몸이 아플 때는 얘기가 달라진다. ⁵물은 궁극적으로 공유 자원이다. ⁶한때, 수로는 무한하다고 생각되어 물을 보호한다는 개념은 어리석다고 생각되었다. ⁷그러나 규칙은 바뀐다. ⁸몇 번이고, 지역 사회들은 급수 체계를 연구하고 현명한 사용을 재정립해왔다.

2 **해석** ⁹한두 세대 전만 해도, '알고리즘'이라는 단어를 언급하는 것은 대부분의 사람들로부터 아무 반응도 얻지 못했다. ¹⁰오늘날, 알고리즘은 문명 사회의 모든 부분에서 나타난다. ¹¹알고리즘은 일상생활과 연결되어 있다. ¹²그것들은 휴대전화나 노트북뿐만 아니라 자동차, (이하 생략)에도 있다. ¹³모든 알고리즘이 갑자기 작동을 멈춘다면 우리가 알고 있는 세계의 종말이 될 것이다.

🌱 생생 기출 맛보기 ④

직독직해 & 지문구조 [생활] 인간관계의 지속에는 일관된 노력이 요구됨

도입부　일반적 경향, 사실: 우리는 사람들과 연락 없이 오래 지내다가 갑자기 연락함

　　　　우리는 오랜 기간을 보내는 경향이 있다　　　　사람들에게 연락하지 않고　　　[우리가 알고 있는]　　　그러고 나서　　우리는
¹ We tend to go long periods of time / without reaching out to *the people* [(who(m)[that]) we know]. ² Then, / we suddenly
　　　　　　　　　　　　　　　　　　　　　　　　　　　　　　❶ 관계대명사　　　　　　　　　　　　　　　　　Sᵢ

　　거리감을 갑자기 알아차린다　　　[생겨 버린]　　　그리고 우리는 회복하려고 서두른다　　　우리는 사람들에게 전화한다　　[우리가 이야기하지 못했던
take notice of *the distance* [that has formed] // and we scramble to make repairs. ³ We call *people* [(who(m)[that]) we haven't
　　V₁　　　　　　　　　　　　관계대명사　　　　　　　　　S₂　V₂　　부사적 용법(목적)　　　　　　　　　　　관계대명사

　　오랫동안]　　바라면서　　　작은 노력 하나가　　　몇 달과 몇 년의 거리를 없애기를　　　[우리가 만들어 낸]
spoken to / in ages], / hoping // that one small effort / will erase *the months and years of distance* [(which[that]) we've created].
　　　　　　　❷ 분사구문　　접속사　　S'　　　　　　V'　　　　　O'　　　　　　　　　　　　　관계대명사
　　　　　　　(= while[as] we hope ~)

▸ **구문** ❶ 선행사 the people을 수식하는 관계사절에서 목적격 관계대명사 who(m)[that]이 생략되었다.
　　　　 ❷ 동시동작을 나타내는 분사구문으로 while[as] we hope ~의 부사절로 나타낼 수 있다.

주제문　뒤늦은 한 번의 연락으로는 관계를 지속할 수 없음

　　그러나　　이것은 거의 효과가 없는데　　관계가 지속되지 않기 때문이다　　크게 일회성으로 바로잡는 것으로
⁴ However, / this rarely works: // relationships aren't kept up / with big one-time fixes.
　　　　　　　S　　　V

세부 사항　관계는 자동차 정비처럼 지속적이어야 함

　　그것들은 지속된다　　　정기적인 정비로　　자동차처럼　　우리의 관계들에서　　우리는 반드시 ~ 해야 한다
⁵ They're kept up / with regular maintenance, / like a car. ⁶ In our relationships, / we have to make sure //
　　　　　　　　　　　　　　　　　　　　　　　　　　　　　　　　　　S　　　V

　　너무 많은 시간이 지나지 않도록　　엔진 오일 교체 사이에　　말하자면
that not too much time goes by / between oil changes, / so to speak.
접속사　　S'　　　V'

주제문 재진술　연락이 끊기지 않게 하는 것(일관성)이 중요함

이는 말하는 것이 아니다　　애써 누군가에게 전화해서는 안 된다고　　단지 오래되었기 때문에　　여러분이 이야기한 지
⁷ This isn't to say / that you shouldn't bother calling someone / just because it's been a while / since you've spoken; //
　　　　　　　　　접속사

　　더 이상적일 뿐이다　　스스로가 연락이 끊기도록 놔두지 않는 것이　　우선　　일관성은 언제나 더 나은 결과를 가져온다
(it's) just that it's more ideal / not to let yourself fall out of touch / in the first place. ⁸ Consistency always brings better results.
　　접속사 가주어　　　　　　　　진주어　　　　　　　　　　　　　　　　　S　　　V　　　O

해석 ¹우리는 우리가 알고 있는 사람들에게 연락하지 않고 오랜 기간을 보내는 경향이 있다. ²그러고 나서, 우리는 생겨 버린 거리감을 갑자기 알아차리고 회복하려고 서두른다. ³우리는 작은 노력 하나가 우리가 만들어 낸 몇 달과 몇 년의 거리를 없애기를 바라면서, 우리가 오랫동안 이야기하지 못했던 사람들에게 전화한다. ⁴그러나, 이것은 거의 효과가 없는데, 관계가 크게 일회성으로 바로잡는 것으로 지속되지 않기 때문이다. ⁵그것들은 자동차처럼 정기적인 정비로 지속된다. ⁶말하자면, 우리의 관계들에서 우리는 반드시 엔진 오일 교체 사이에 너무 많은 시간이 지나지 않도록 해야 한다. ⁷이는 단지 여러분이 이야기한 지 오래되었기 때문에 애써 누군가에게 전화해서는 안 된다고 말하는 것이 아니다. 우선 스스로가 연락이 끊기도록 놔두지 않는 것이 더 이상적일 뿐이다. ⁸일관성은 언제나 더 나은 결과를 가져온다.

해설 도입부와 역접으로 이어지는 주제문에서 관계는 일회성으로 바로잡는 것으로는 지속되지 않는다고 했고 세부 사항에서 관계를 자동차 정비에 비유하여 애초에 연락이 끊기지 않도록 하는 일관성이 중요하다고 했다. 따라서 필자의 주장으로 가장 적절한 것은 ④이다.

오답확인 ① 지문에 언급된 distance를 활용한 그럴듯한 오답이다. 멀어진 관계를 회복하려고 갑자기 연락하는 것보다 꾸준한 연락이 중요하다는 글의 중심 내용과 반대되므로 정답이 될 수 없다.

Stage 2 Concept의 꼼꼼 확인 p.100

---

1 (1) But it turns out ~ backfires. (2) ⑤　　**2** (1) If you'd rather save ~ buying things. (2) ②　　**3** ①　　**4** ③

---

1 (1) But it turns out ~ backfires. (2) ⑤

직독직해 & 지문구조 교육 지능과 재능에 대한 칭찬이 아이에게 끼치는 부정적 영향

도입부 근거 없는 믿음: 아이의 지능이나 재능을 칭찬하는 것이 좋은 것처럼 보임

(~처럼) 보일지도 모른다　　당신의 아이의 지능이나 재능을 칭찬하는 것이　　그의 자존감을 높이고　　그에게 동기를 부여할 것처럼
¹ It might seem // that praising your child's intelligence or talent / would boost his self-esteem / and motivate him.
　　　　　　접속사　　　　　　　　　　　　S　　　　　　　　　　　　　V₁　　　　　　　　　V₂

주제문 사실: 아이의 지능과 재능을 칭찬하는 것은 역효과를 일으킴

그러나　　밝혀진다　　이런 종류의 칭찬은 역효과를 일으키는 것으로
² But / it turns out // that this sort of praise backfires.
　　　　　　　　접속사　　　　S'　　　　　　V'

논거 실험에서 아이들의 지능과 재능을 칭찬하는 것이 역효과를 낸다는 사실을 입증함

캐롤 드웩과 그녀의 동료들은　　　　그 영향을 입증했다　　　　연이은 실험 연구들에서
³ Carol Dweck and her colleagues / have demonstrated the effect / in a series of experimental studies: //
　　　　　　　S　　　　　　　　　　　　V　　　　　　　O

실험 결과 1 칭찬을 받으면 아이들은 조심하게 되고 도전을 피함

"우리가 그들의 능력에 대해 아이들을 칭찬하면　　　아이들은 더 조심하게 된다　　　그들은 도전을 피한다"　　그들은 마치 두려워하는 것 같다
"When we praise kids for their ability, / kids become more cautious. ⁴ They avoid challenges." ⁵ It's as if they are afraid /
　　접속사　　S'　　V'　　O'　　　　　　　　　　S　　　V　　　　　C

어떤 것도 하길　　[자신들이 실패하게 만들지도 모를　　그리고 높은 평가를 잃게 만들지도 모를]
to do *anything* [that might make them fail / and lose your high appraisal].
부사적 용법(형용사 수식) 관계대명사　　❶
▶ **구문 ❶** <make+O+원형부정사(v)>는 'O가 v하게 만들다'의 뜻이다. 여기서 목적격보어로 쓰인 원형부정사 fail과 lose가 and로 연결되어 있다.

실험 결과 2 아이들은 실수할 때 무력하다고 느낌

아이들은 또한 메시지를 받을지도 모른다　　　지능이나 재능이 어떤 것이라는　　　[사람들이 가지거나 가지고 있지 않은]
⁶ Kids might also get the message // that intelligence or talent is *something* [that people either have or don't have].
　　　　　　　　　　　　　　└─ = ─┘접속사　　　　　　　　　　　　　　관계대명사　　either A or B: A나 B나 둘 중 하나

이것은 아이들이 무력하다고 느끼게 한다　　　그들이 실수할 때　　　향상하려고 노력하는 것이 무슨 소용이겠는가　　만약 당신의 실수가
⁷ This leaves kids feeling helpless // when they make mistakes. ⁸ What's the point of trying to improve // if your mistakes
　　S　　V　　O　　　　C　　　접속사　　　　　　　　　　　　　　　　　　　　❷　　　　　　　　　　　　접속사　　S'

나타낸다면　　당신이 지능이 부족하다는 것을
indicate / that you lack intelligence?
　V'　　　接속사　S"　V"　O"
▶ **구문 ❷** <What's the point of v-ing>는 수사의문문으로서 <There is no point of v-ing>와 의미가 같다.
　　(What's the point of trying to improve ~ = There is no point of trying to improve ~)

해석 [1] 당신의 아이의 지능이나 재능을 칭찬하는 것이 그의 자존감을 높이고 그에게 동기를 부여할 것처럼 보일지도 모른다. [2] 그러나 이런 종류의 칭찬은 역효과를 일으키는 것으로 밝혀진다. [3] 캐롤 드웩과 그녀의 동료들은 연이은 실험 연구들에서 그 영향을 입증했다. "우리가 그들의 능력에 대해 아이들을 칭찬하면, 아이들은 더 조심하게 된다. [4] 그들은 도전을 피한다." [5] 그들은 마치 자신들이 실패하게 만들고 높은 평가를 잃게 만들지도 모를 어떤 것도 하기 두려워하는 것 같다. [6] 아이들은 또한 지능이나 재능이 사람들이 가지거나 가지고 있지 않은 어떤 것이라는 메시지를 받을지도 모른다. [7] 이것은 아이들이 실수할 때 무력하다고 느끼게 한다. [8] 만약 당신의 실수가 당신이 지능이 부족하다는 것을 나타낸다면 향상하려고 노력하는 것이 무슨 소용이겠는가?

해설 (1) 첫 문장인 도입부는 아이의 지능과 재능을 칭찬하는 것이 좋은 것처럼 보인다는 내용이고, But(그러나)이 이끄는 다음 문장은 그런 칭찬이 좋지 않다는 내용으로 앞의 도입부와 상반된다. 이 내용은 뒤에 이어지는 세부 사항인 실험 연구 내용으로 뒷받침되고 있으므로 주제문은 But it turns out ~ backfires.가 적절하다.
(2) 도입부와 역접으로 연결된 주제문에서 지능과 재능에 대한 칭찬은 역효과가 있다고 서술했다. 이어지는 세부 사항은 실험 결과를 제시하며 역효과 내용을 좀 더 구체적으로 서술하여 이를 뒷받침하고 있다. 그러므로 글의 요지로 가장 적절한 것은 ⑤이다.
오답확인 (2) ③ 칭찬의 역효과로 아이들이 실패할까 봐 어떤 도전도 하기 피하게 된다고는 했지만 아이의 능력에 맞는 도전 과제를 제시할 필요성은 언급되지 않았다.

---

2 (1) If you'd rather save ~ buying things. (2) ②

직독직해 & 지문구조 [생활] 물건을 사는 것보다 만드는 것의 이점

도입부 쇼핑은 취미가 될 수 있음

사는 것은 (새로운 기기, 옷, 혹은 마구잡이로 쓸모없는 물건을) 그 자체로도 취미가 될 수 있다
[1] Shopping (for new gadgets, clothes, or just random junk) / can turn into a hobby in itself.
　　　S　　　　　　　　　　　　　　　　　　　　　　　　　　V

주제문 돈 절약을 위해 물건을 만드는 것을 권유

여러분이 돈을 절약하고 싶다면　즐거움을 찾는 것을 시도해 보아라　물건들을 만드는 데서　물건들을 사기보다는
[2] If you'd rather save your money, // try finding pleasure / in creating things / rather than buying things.
접속사 S'　V'　　　　　　　　　　　V　　　O　　v-ing(동명사)구 병렬　❶　v-ing(동명사)구 병렬
▸ **구문** ❶ <A rather than B>는 'B라기보다는 A'의 의미이다. 비교 대상 A, B는 문법적으로 대등해야 하므로 A(creating things)와 B(buying things) 자리에 모두 동명사구가 왔다.

논거1 물건을 사는 것과 똑같은 만족을 얻을 수 있음

우리는 똑같은 종류의 만족감을 얻는다　(물건들을 만드는 것에서)　[물건들을 사는 것에서 얻는 것과]
[3] We get *the same kind of satisfaction* (from making things) [that we do from buying things].
　　S　V　　　　O　　　　　　　　　　　　　❷관계대명사　　(= get)
▸ **구문** ❷ 관계사절은 선행사 바로 뒤에 오는 것이 원칙이지만 선행사 뒤에 수식어구가 있는 경우 선행사와 관계사가 떨어질 수 있다.

예 창작 활동(그림, 글)을 통한 행복 찾기

만약에 여러분이 무언가를 그린다면　[자랑스러워하는]　또는 무언가를 글로 쓴다면　[즐기는]　이제 새로운 것을 얻은 것이다
[4] If you draw *something* [(that) you're proud of] / or write *something* [(that) you enjoy], // you've now got *a new thing*
접속사 S'　V'₁　　　　관계대명사　　　　　　V'₂　　　　　관계대명사　　　　S　　V

(삶에서)　[여러분을 행복하게 만드는]
(in your life) [that makes you happy].
　　　　　　관계대명사

논거2 물건을 사는 것의 기쁨은 일시적임

새로운 기기를 사는 것이　여러분에게 유사한 기쁨을 줄지도 모른다　하지만 그것은 또한 아마도 더 일시적일 것이다
[5] Buying a new gadget / might give you a similar rush, // but it's also probably more temporary.
　　S　　　　　　　　　V　　IO　　DO

논거3 물건을 만드는 데는 경제적인 방법이 있음

물론　우리가 추천하는 것 또한 돈이 들 수 있다　그러나　여러분이 돈을 쓸 수 없다면
[6] Of course, / our recommendation can cost money, too. [7] However, / when you can't spend money, //
　　　　　　　　　　　　　　　　　　　　　　　　　　　　　　접속사

여러분은 언제나 온라인으로 공예에 관해서 더 배울 수 있다　또는 여러분이 이미 가지고 있는 것으로 실행할 수 있다
you can always learn more about your craft online / or practice with what you already have.
S　　　　　　　V₁　　　　　　　　　　　　　　　　　　　V₂　　　　❸관계대명사　O'
▸ **구문** ❸ 관계대명사 what은 '~하는 것'으로 해석되며 문장에서 주어, 목적어, 보어 역할을 하는 명사절을 이끈다. 여기서는 전치사 with의 목적어 역할을 한다.

비록 여러분이 결국 돈을 쓰게 될지라도   무언가를 스스로 만드는 데   적어도 여러분은 기술을 쌓고 있는 것이다   물건의 더미 대신에
⁸ Even if you end up spending money / making things yourself, // you're at least building a skill / rather than a collection of
　接続詞

[가치가 급격히 하락하고 있는]
stuff [that's quickly decreasing in value].
　関係代名詞

해석 ¹새로운 기기, 옷, 혹은 마구잡이로 쓸모없는 물건을 사는 것은 그 자체로도 취미가 될 수 있다. ²여러분이 돈을 절약하고 싶다면, 물건들을 사기보다는 물건들을 만드는 데서 즐거움을 찾는 것을 시도해 보라. ³우리는 물건들을 사는 것에서 얻는 것과 똑같은 종류의 만족감을 물건들을 만드는 것에서 얻는다. ⁴만약에 여러분이 자랑스러워하는 무언가를 그리거나, 즐기는 무언가를 글로 쓴다면, 이제 여러분을 행복하게 만드는 새로운 것을 삶에서 얻은 것이다. ⁵새로운 기기를 사는 것이 여러분에게 유사한 기쁨을 줄지도 모르지만, 그것은 또한 아마도 더 일시적일 것이다. ⁶물론, 우리가 추천하는 것 또한 돈이 들 수 있다. ⁷그러나, 여러분이 돈을 쓸 수 없다면, 여러분은 언제나 온라인으로 공예에 관해서 더 배우거나 여러분이 이미 가지고 있는 것으로 실행할 수 있다. ⁸비록 여러분이 무언가를 스스로 만드는 데 결국 돈을 쓰게 될지라도, 적어도 여러분은 가치가 급격히 하락하고 있는 물건의 더미 대신에 기술을 쌓고 있는 것이다.
① 취미로서 기기를 수집하는 것에 대한 오해들
② 물건들을 만드는 것이 쇼핑하는 것보다 나은 이유

③ 비싼 취미의 부정적인 결과들
④ 옷을 현명하게 구매하는 방법들
⑤ 취미로서 옷 쇼핑하기

해설 (1) 첫 문장인 도입부는 쇼핑은 취미가 될 수 있다는 내용이고, rather than(~보다는)을 포함한 다음 문장은 쇼핑하기보다는 물건을 만들라는 내용으로 도입부와 상반된다. 이 내용은 세부 사항에서 물건을 만드는 것의 이점을 나열해 뒷받침하고 있으므로 주제문은 If you'd rather save ~ buying things.가 적절하다.
(2) 물건을 사기보다는 물건을 만드는 데서 즐거움을 찾는 것을 시도해 보라는 주제문에 이어서 물건을 만드는 것의 이점을 논거로 나열하고 있으므로 글의 주제로 가장 적절한 것은 ②이다.
오답확인 (2) ③ 물건을 만드는 취미가 돈이 들 수 있다는 내용은 있지만, 비싼 취미의 부정적인 결과들이 아닌 무언가를 만드는 데서 즐거움을 찾는 것의 이점에 대한 내용이다.

---

3 ①

직독직해 & 지문구조 [생활] 때때로 필요한 서두름과 성급함

도입부 일반적 경향, 사실: 시간과 노력을 들여야 더 나은 결정을 할 수 있음

우리 대부분은 빠르게 인식하는 것에 의혹을 갖는다   우리는 생각한다   결정의 질이   시간과 노력에 직접적으로 관련되어 있다고
¹ Most of us are suspicious of rapid cognition. ² We believe // that the quality of the decision / is directly related to *the time*
　S　V　C　　　　　　　　　　　接続詞　　S'　　　　　　　V'

[결정을 내리는 데 들어간]   그게 우리가 자녀들에게 말하는 것인데   "서두르면 일을 망친다."   "돌다리도 두드려 보고 건너라."
and effort [that went into making it]. ³ That's what we tell our children: // "Haste makes waste." / "Look before you leap." /
　　　　　　関係代名詞　　　　　　S　V 関係代名詞　　　C

"멈춰서 생각하라."   "겉만 보고 판단하지 마라."이다   우리는 생각한다   우리가 늘 더 나을 것이라고
"Stop and think." / "Don't judge a book by its cover." ⁴ We believe // that we are always better off / gathering as much
　　　　　　　　　　　　　　　　　　　　　　　　　　接続詞　　　　　　❶ 분사구문 (= if we gather ~ and spend ~)

가능한 한 많은 정보를 모으면   그리고 가능한 한 많은 시간을 보내면   주의 깊게 숙고하는 데
information as possible / and spending as much time as possible / in careful consideration.
　　　　　　　　　　　　❷

▶ **구문 ❶** 조건을 나타내는 분사구문이 and로 연결되어 있으며 if we gather ~ and spend ~의 부사절로 바꿀 수 있다.
　　❷ <as ~ as possible>은 '가능한 한 ~한[하게]'라는 의미의 비교 표현이다.

주제문 예외적 사실: 서두름이 필요한 순간이 있음

하지만   순간이 있다   특히 시간에 쫓기는 위기의 상황 속에서는   서두름이 일을 망치지 않는
⁵ But / there are *moments*, / particularly in time-driven, critical situations, // when haste does not make waste, /
　　V　S　　　　　　　　　　　　　　　　　　　　❸ 관계부사(계속적 용법) S'　　V'　　O'

즉 우리의 성급한 판단과 첫인상이   더 나은 수단을 제공할 수 있는   (세상을 파악하는)
when our snap judgments and first impressions / can offer better means (of making sense of the world).
관계부사(계속적 용법)　　　　　S'　　　　　　　　　　V'　　　O'

▶ **구문 ❸** when이 이끄는 계속적 용법의 관계부사절 두 개가 콤마(,)로 연결되어 선행사 moments를 보충 설명하고 있다.

논거 생존자들은 빠른 인식 기술을 연마해 옴

생존자들은 어떻게 해서 이 교훈을 알았다 　　　　그리고 (~을) 발전시키고 연마해 왔다 　　　　빠르게 인식하는 기술을
⁶ Survivors have somehow learned this lesson / and have developed and (have) sharpened / their skill of rapid cognition.
　　S　　　└─── V₁ ───┘　　　　　　└───── V₂ ─────┘　　　└─── V₃ ───┘　　　O　　└ = ┘

해석 ¹ 우리 대부분은 빠르게 인식하는 것에 의혹을 갖는다. ² 우리는 결정의 질이 결정을 내리는 데 들어간 시간과 노력에 직접적으로 관련되어 있다고 생각한다. ³ 그게 우리가 자녀들에게 말하는 것인데, "서두르면 일을 망친다." "돌다리도 두드려 보고 건너라." "멈춰서 생각하라." "겉만 보고 판단하지 마라."이다. ⁴ 우리는 가능한 한 많은 정보를 모으고 주의 깊게 숙고하는 데 가능한 한 많은 시간을 보내면 우리가 늘 더 나을 것이라고 생각한다. ⁵ 하지만 특히 시간에 쫓기는 위기의 상황 속에서는 서두름이 일을 망치지 않는, 즉 우리의 성급한 판단과 첫인상이 세상을 파악하는 더 나은 수단을 제공할 수 있는 순간이 있다. ⁶ 생존자들은 어떻게 해서 이 교훈을 알았고, 빠르게 인식하는 기술을 발전시키고 연마해 왔다.

② 배움에 절대 늦음이 없는

③ 일손이 많아지면 일거리를 더는

④ 느려도 착실하면 이기는

⑤ 외모로 판단하지 않는

해설 시간에 쫓기는 위급한 상황 속에서 우리의 성급한 판단과 첫인상이 더 나은 어떤 순간이 있는지를 추론해야 한다. 먼저 도입부에서 우리 대부분은 결정을 내리는 데 주의 깊게 숙고하는 것이 낫다고 생각한다고 했다. 다음에 나오는 빈칸이 있는 문장이 역접 접속사 But(하지만)으로 연결되므로 도입부와 내용상 상반되는 ①이 가장 적절하다.

오답확인 ⑤ '섣불리 판단하지 말라'는 도입부에서 마지막으로 제시된 속담인 "Don't judge a book by its cover."의 의미이다. 빈칸이 있는 주제문은 이와 역접으로 연결되어 상반되는 내용이어야 하므로 정답이 될 수 없다.

---

4 ③

직독직해 & 지문구조 [생활] 숙면을 대체할 수 없는 카페인

도입부 일반적 사실: 카페인이 효과적임

연구는 카페인이 효과적이라는 것을 일관적으로 증명하고 있다 　　　　진통제와 함께 이용될 때 　　　　두통을 치료하기 위해
¹ Studies have consistently shown caffeine to be effective // when it is used together with a pain reliever / to treat headaches.
　　S　　　　　　V　　　　　❶　　　　O　　　　　C　　접속사 (= caffeine)　　　　　　　　부사적 용법(목적)

양의 상관관계는 　　　　(카페인 섭취와 하루 종일 각성한 상태로 있는 것 사이의) 　　　　또한 완전히 규명되었다
² The positive correlation (between caffeine intake and staying alert throughout the day) / has also been well established.
　　　　S　　　　　　　　　　　　　　　　　　　　　　　　　　　　　└────── V ──────┘

60mg(일반적으로 차 한 잔에 들어 있는 양) 만큼의 적은 양으로도 　　　　더 빠른 반응 시간을 유발할 수 있다
³ As little as 60 mg (the amount typically in one cup of tea) / can lead to a faster reaction time.

▶ **구문 ❶** <show+O+(to be) C>는 'O가 C라고 증명하다'의 의미이다.

주제문 새로운 사실: 카페인이 숙면을 대체하지 못함

하지만 　　카페인을 사용하는 것은 　　각성도와 정신적 수행 능력을 향상시키기 위해 　　숙면을 취하는 것을 대체하지 못한다
⁴ However, / using caffeine / to improve alertness and mental performance / doesn't replace getting a good night's sleep.
　　　　　　　S　　　　　　　부사적 용법(목적)　　　　　　　　V　　　　　　O

논거 연구 결과: 수면이 부족한 사람에게 카페인이 효과적이지 않음

2018년 한 연구는 보여 주었다 　　　커피는 반응 시간을 개선시켰다는 것을 　　　수면이 부족한 사람이나 부족하지 않은 사람의
⁵ One study from 2018 showed // that coffee improved reaction times / in those with or without poor sleep, /
　　S　　　　　　　V　　接속사　　S'₁　　V'₁　　O'

하지만 카페인은 오류를 증가시키는 것 같다는 것을 　　수면을 거의 취하지 못한 집단 내에서는 　　게다가 　　이 연구는 보여 주었다
but (that) caffeine seemed to increase errors / in the group with little sleep. ⁶ Additionally, / this study showed //
접속사　S'₂　　V'₂　　　C'

카페인을 섭취하더라도 　　수면을 거의 취하지 못한 그룹은 　　점수를 잘 받지 못했다는 것을 　　적절한 수면을 취한 집단만큼
that even with caffeine, / the group with little sleep / did not score as well / as the one with adequate sleep.
접속사　　　　　　　　　　　　S'　　　　　　　V'　　　　　❷

▶ **구문 ❷** <A as 형용사/부사 as B>는 원급 비교구문으로 'A는 B만큼 ~한[하게]'을 의미한다. 원급의 '형용사/부사'의 구별은 as가 없을 때 문장 구조상 적절한 것을 찾으면 된다. 여기서는 <주어+동사>로 이루어진 SV문형이므로 동사를 수식하는 부사 well이 쓰였다. 두 번째 as뒤의 부정대명사 one은 group을 가리킨다.

그것은 시사한다   카페인이 수면 부족을 완전히 보충하지는 못한다는 것을
7 It suggests // that caffeine does not fully make up for inadequate sleep.
　　　　　　❸ 접속사　　S'　　　　　　　　　V'
▶ **구문 ❸** suggest가 '제안하다'의 의미가 아니라 '시사하다, 암시하다'의 의미일 경우, that절이 '당위성'을 나타내지 않으므로 that절에 <(should +)동사원형>을 쓰지 않고 동사를 주어의 인칭과 수, 그리고 시제에 맞게 써야 한다.

해석 ¹연구는 카페인이 두통을 치료하기 위해 진통제와 함께 이용될 때 효과적이라는 것을 일관적으로 증명하고 있다. ²또한 카페인 섭취와 하루 종일 각성된 상태로 있는 것 사이의 양의 상관관계는 완전히 규명되었다 ³60mg(일반적으로 차 한 잔에 들어 있는 양) 만큼의 적은 양으로도 더 빠른 반응 시간을 유발할 수 있다. ⁴하지만, 각성도와 정신적 수행 능력을 향상시키기 위해 카페인을 사용하는 것은 숙면을 취하는 것을 대체하지 못한다. ⁵2018년 한 연구는 커피는 수면이 부족한 사람이나 부족하지 않은 사람의 반응 시간을 개선시켰지만, 카페인은 수면을 거의 취하지 못한 집단 내에서는 오류를 증가시키는 것 같다는 것을 보여 주었다. ⁶게다가, 이 연구는 카페인을 섭취하더라도, 수면을 거의 취하지 못한 그룹은 적절한 수면을 취한 집단만큼 점수를 잘 받지 못했다는 것을 보여 주었다. ⁷그것은 카페인이 수면 부족을 완전히 보충하지는 못한다는 것을 시사한다.

해설 역접의 접속사 However(하지만)를 포함한 주어진 문장은 카페인이 숙면을 취하는 것을 대체하지 못한다는 부정적인 내용이다. 이는 카페인에 대한 긍정적인 내용이 서술된 뒤에 나와야 적절할 것이고, 그 뒤에는 주어진 문장을 구체적으로 뒷받침하는 세부 사항이 이어질 것이다. 이렇게 예측하고 지문을 읽어보면 ③ 앞 각성된 상태와 빠른 반응 시간을 유발할 수 있다는 카페인의 긍정적인 효과를 말하고, 뒤부터 카페인이 불충분한 숙면을 보충하지 못한다는 연구 내용을 제시했으므로, 주어진 문장이 들어가기에 가장 적절한 곳은 ③이다.

오답확인 ④ 접속부사 additionally(게다가)는 앞 문장과 유사한 또 다른 내용을 덧붙일 때 사용한다. ④ 앞 문장은 카페인이 오류를 증가시켰다는 부정적 내용이고, 이어서 카페인을 섭취해도 효과가 없었다는 또 다른 부정적인 연구 내용이 이어지므로 흐름이 자연스럽다.

Chapter 12 도입부+세부 사항+주제문

Stage 1 Concept의 찬찬 이해   p.106

1 **해석** ¹당신이 큰 빌딩에서 친목 모임을 하고 있는데 누군가 "옥상에 불이 났어요"라고 말하는 것을 우연히 듣는다면, 당신의 반응은 어떨까? ²더 많은 정보를 알게 될 때까지, 당신의 맨 처음 의향은 안전과 생존을 향할지도 모른다. ³우리가 정보와 관련된 배경을 확인하는 것은 아주 중요한데, 우리가 그러지 못한다면 너무나 성급하게 판단하고 반응할지 모르기 때문이다.

🌱 생생 기출 맛보기 ③

직독직해 & 지문구조 경영 고객 충성도를 높이기 위해 고객 정보를 활용할 필요성

도입부 정보는 사용하지 않으면 가치가 없음

정보는 가치가 없다   만약 여러분이 실제로 그것을 전혀 사용하지 않는다면
1 Information is worthless // if you never actually use it.
　　　　S　　V　　C　　접속사

예1 기업이 고객 정보를 수집만 하고 사용하지 않음

너무나 자주   기업은 귀중한 고객 정보를 수집한다   [결국 묻혀서 절대로 사용되지 않는]
2 Far too often, / companies collect *valuable customer information* [that ends up (being) buried and never used].
　　　　　　　　　S　　V　　　　　　O　　　　　　　　　V'　　　　　p.p. 병렬　　　　　p.p. 병렬

그들은 반드시 (~하도록) 해야 한다   그들의 정보가 사용하기에 접근 가능하도록   적절한 때에
3 They must ensure // (that) their data is accessible for use / at the appropriate times.
　　　　　　　　　접속사

호텔의 경우   한 번의 적절한 때는   (정보 사용을 위한)   프런트 데스크에서의 체크인이다   나는 호텔에 종종 체크인하지만

⁴ For a hotel, / one appropriate time (for data usage) / is check-in at the front desk. ⁵ I often check in at *a hotel* [(which[that])
    S   V   C   ❶ 관계대명사

[내가 자주 방문해온]   프런트 데스크에 있는 사람들은 표시를 보이지 않을 뿐이다   그들이 나를 고객으로 인지한다는

I've visited frequently], / only for the people at the front desk to give no indication // that they recognize me as a customer.
              to-v의 의미상의 주어   ❷ 부사적 용법(결과) └────────┘ ＝

그 호텔은 내 방문 기록을 저장했음이 분명하다   하지만 그들은 그 정보가 접근 가능하도록 하지 않는다   프런트 데스크 직원들에게

⁶ The hotel must have stored a record of my visits, // but they don't make that information accessible / to the front desk
    S₁   ❸ V₁   O₁   S₂   V₂   O₂   C₂

그들은 가장 중요한 기회를 놓치고 있다   (정보를 활용할   더 나은 경험을 만들기 위해   (고객 충성도에 초점을 맞춘))

clerks. ⁷ They are missing a prime opportunity (to utilize data / to create *a better experience* (focused on customer loyalty)).
                   └────┘ ＝ └────┘   부사적 용법(목적)

▶ 구문 ❶ 목적격 관계대명사 which[that]가 생략된 관계사절이 선행사 a hotel을 수식하고 있다.

       ❷ <only to-v>는 결과를 나타내는 to-v의 부사적 용법으로 '(그러나 결국) v할 뿐이다'의 뜻이다. 실망, 놀라움을 나타낸다.

       ❸ <must have p.p.>는 '~했음이 틀림없다'라는 강한 긍정적 추측을 의미한다.

주제문   고객 충성도를 높이기 위해 (고객 정보를 활용해서) 고객을 즐겁게 해야 함

그들이 열 명, 만 명, 혹은 심지어 천만 명의 고객을 가지고 있든   목표는 동일하다   즐거운 고객 경험을 만드는 것이다

⁸ Whether they have ten customers, ten thousand, or even ten million, // the goal is the same: / create *a delightful customer*
    ❹ 접속사   S'   V'   S   V   C

[충성을 장려하는]

experience [that encourages loyalty].
       관계대명사

▶ 구문 ❹ <whether A or B>는 'A든지 B든지'라는 의미로 양보를 나타내는 부사절을 이끈다.

해석 ¹만약 여러분이 실제로 전혀 사용하지 않는다면 정보는 가치가 없다. ²너무나 자주 기업은 결국 묻혀서 절대로 사용되지 않는 귀중한 고객 정보를 수집한다. ³그들은 반드시 적절한 때에 그들의 정보가 사용하기에 접근 가능하도록 해야 한다. ⁴호텔의 경우, 정보 사용을 위한 한 번의 적절한 때는 프런트 데스크에서의 체크인이다. ⁵나는 내가 자주 방문해온 호텔에 종종 체크인하지만, 프런트 데스크에 있는 사람들은 그들이 나를 고객으로 인지한다는 표시를 보이지 않을 뿐이다. ⁶그 호텔은 내 방문 기록을 저장했음이 분명하지만, 그들은 그 정보가 프런트 데스크 직원들에게 접근 가능하도록 하지 않는다. ⁷그들은 고객 충성도에 초점을 맞춘 더 나은 경험을 만들기 위해 정보를 활용할 가장 중요한 기회를 놓치고 있다. ⁸그들이 열 명, 만 명, 혹은 심지어 천만 명

의 고객을 가지고 있든 목표는 동일하다. 충성을 장려하는 즐거운 고객 경험을 만드는 것이다.

해설 기업과 호텔에서 고객 정보를 사용하지 않는 두 가지 예를 제시한 후 고객의 충성도를 높이기 위해 즐거운 고객 경험을 만들어야 한다는 주장으로 끝을 맺었다. 앞의 예를 보면, 즐거운 고객 경험이란 기업이나 호텔 측에서 고객 정보를 활용해 서비스를 제공하는 것을 의미하므로 글의 요지로 가장 적절한 것은 ③이다.

오답확인 ② 단락의 내용은 목표 고객층에 대한 분석이 아닌 고객들의 정보를 적절하게 활용해서 고객 충성도를 높이는 것에 관한 것이다.

Stage 2   Concept의 꼼꼼 확인
p.108

1 (1) All the things ~ pure rubbish. (2) ⑤   2 ④   3 ③   4 ③

---

1 (1) All the things ~ pure rubbish. (2) ⑤

직독직해 & 지문구조 생활 물건을 구매해놓고 사용하지 않는 낭비

도입부   사 놓고 사용하지 않는 물건들이 있다는 것과 이에 대한 다양한 예

잠시 생각해 봐라   어떤 물건에 대해   [여러분이 사 놓은]   [결국 한 번도 사용하지 않게 된]

¹ Think, for a moment, / about *something* [(that) you bought] [that you never ended up using].
   V   ❶ 관계대명사   관계대명사

옷 한 벌　[여러분이 결국 한 번도 입지 않게 된]　책 한 권　[여러분이 한 번도 읽지 않은]　어떤 전자 기기

² *An item of clothing* [(that) you never ended up wearing]? ³ *A book* [(that) you never read]? ⁴ *Some piece of electronic*
관계대명사　　　　　　　　　　　　　관계대명사

[심지어 상자에서 꺼내 보지도 않은]

equipment [that never even made it out of the box]?
관계대명사

▶ **구문 ❶** 두 개의 관계대명사절이 하나의 선행사를 수식할 경우 연달아 이어지기도 한다. 이때 두 번째 오는 관계대명사절은 자연히 선행사와 떨어지게 되며 처음 오는 관계대명사는 목적격이면 거의 생략된다.

예　호주인들이 사용하지 않는 물건에 낭비하는 높은 비용

추산된다　　호주인들만 해도 소비하는 것으로　　　매년 평균적으로 108억 호주 달러(약 99억 9천 미국 달러)를

⁵ It is estimated // that Australians alone spend / on average $10.8 billion AUD (approximately $9.99 billion USD) every year /
가주어　V　　진주어

물건에　　[사용하지 않는]　　　정부의 총지출보다 더 많은 것이다　　(대학과 도로에 쓰는)

on *goods* [(that) they do not use] — / more than the total government spending (on universities and roads).
관계대명사

그 금액은 평균 1,250 호주 달러(약 1,156 미국 달러)이다　　　각 가구당

⁶ That is an average of $1,250 AUD (approximately $1,156 USD) / for each household.

주제문　구매하고 나서 사용하지 않는 물건은 낭비임

모든 물건은　[우리가 구매한]　[이후에 먼지를 모으며 그냥 방치되어 있는]　　낭비이다　　돈 낭비, 시간 낭비,

⁷ All the things [(that) we buy] [that then just sit there gathering dust] / are waste — / a waste of money, a waste of time,
S　관계대명사　　　관계대명사　　　V　C

그리고 순전히 쓸모없는 물건이라는 의미에서 낭비

and waste in the sense of pure rubbish.

맺음말　인용문: 구입하고 사용하지 않는 것은 낭비임

작가인 클라이브 해밀턴이 말하는 것처럼　　　"우리가 사는 물건에서 우리가 사용하는 것을 뺀 나머지는 낭비이다."

⁸ As the author Clive Hamilton observes, // 'The difference between the stuff [(that) we buy] and what we use is waste.'
접속사　S'　V'　　S　　관계대명사　　V　C

해석 ¹여러분이 사 놓고 결국 한 번도 사용하지 않게 된 어떤 물건에 대해 잠시 생각해 봐라. ²여러분이 결국 한 번도 입지 않게 된 옷 한 벌? ³여러분이 한 번도 읽지 않은 책 한 권? ⁴심지어 상자에서 꺼내 보지도 않은 어떤 전자 기기? ⁵호주인들만 해도 사용하지 않는 물건에 매년 평균적으로 108억 호주 달러(약 99억 9천 미국 달러)를 소비하는 것으로 추산되는데, 대학과 도로에 쓰는 정부 총지출보다 더 많은 것이다. ⁶그 금액은 각 가구당 평균 1,250 호주 달러(약 1,156 미국 달러)이다. ⁷우리가 구매하고 이후에 먼지를 모으며 그냥 방치되어 있는 모든 물건은 낭비인데, 돈 낭비, 시간 낭비, 그리고 순전히 쓸모없는 물건이라는 의미에서 낭비이다. ⁸작가인 클라이브 해밀턴이 말하는 것처럼 "우리가 사는 물건에서 우리가 사용하는 것을 뺀 나머지는 낭비이다."

① 소비가 경제를 가능하게 한다
② 돈 관리에 해야 할 것들과 하지 말아야 할 것들
③ 과도한 쇼핑은 외로움의 증세
④ 쓰레기의 3R은 줄이기, 재사용하기, 재활용하기
⑤ 사용하지 않는다면 당신이 사는 것은 낭비이다

해설 (1), (2) 글의 전반부에 사 놓고 한 번도 사용하지 않게 된 물건에 대해 생각해 보라고 주의를 환기한 후, 호주인들이 사 놓고 쓰지 않는 물건에 소비하는 막대한 비용을 예로 제시한다. 이어지는 주제문에서 구매한 이후에 그냥 방치되어 있는 모든 물건은 낭비라고 했으므로, 글의 제목으로 가장 적절한 것은 ⑤이다.

---

2 ④

직독직해 & 지문구조　환경 태양 에너지를 사용해야 할 필요성

도입부　태양 에너지는 방대하고 무한함

일주일 만에　　　태양은 더 많은 에너지를 지구에 전달한다　　인류가 사용해 온 것보다　　연소를 통해　　(석탄, 석유,

¹ In a single week, / the sun delivers more energy to our planet // than humanity has used / through the burning (of coal, oil,
S　V　O　　접속사　S'　V'

그리고 천연가스의)　'인류 역사를 통틀어'　　그리고 태양은 계속해서 지구를 비출 것이다　　수십억 년 동안

and natural gas) / through *all of human history*. ² And the sun will keep shining on our planet / for billions of years.

문제점: 우리는 한정적인 에너지원에 집중하고 있음

우리의 문제는 ~이 아니다　　　우리가 에너지를 고갈시키고 있다는 것　　　그것은 ~이다　　　우리가 잘못된 (에너지) 원천에 집중하고 있다는 것
① ³Our challenge isn't // that we're running out of energy. ② ⁴It's // that we have been focused on the wrong source— /
　　　　　　　　　　　　　　❶ 접속사 S'　　V'　　　　　　　　　　　　　　　　　접속사 S'　　　V'

즉 적고, 한정적인 것에　　[우리가 다 써 버리고 있는]　　　사실　　　모든 석탄, 천연가스, 그리고 석유는　　[우리가 오늘날 사용하는]　　바로
the small, finite one [that we're using up]. ③ ⁵Indeed, / all the coal, natural gas, and oil [(that) we use today] / is just
　　　　　　　　　　　　관계대명사　　　　　　　　　　　　　　　　　S　　　　　　　　　　　　　　　　　관계대명사　　　　　V

태양 에너지이다　　(수백만 년 전에 온)　　　　　그리고 그것의 극히 일부분만이 보존되었다　　　　　깊은 지하에　　　우리의 노력은
solar energy (from millions of years ago), // a very tiny part of which was preserved / deep underground. (④ ⁶Our efforts
　　　　　　　　　　　　　　　　　　　　　　　　❷ 관계대명사(계속적 용법)　　　　　　　　　　　　　　　　　　　　　　S

(기술을 개발하려는　　　[화석 연료를 사용하는])　　　의미 있는 결과를 보여 왔다
(to develop technologies [that use fossil fuels]) / have shown meaningful results.)
형용사적 용법　　　　　관계대명사　　　　　　　　　　V　　　　　O
▶ 구문 ❶ 접속사 that이 이끄는 명사절이 보어로 사용되었다.
　　　❷ which는 앞에서 언급된 solar energy를 보충 설명하는 계속적 용법의 관계대명사이다.

태양 에너지를 사용해야 함

우리의 과제이자 기회는　　　효율적으로 그리고 값싸게 사용하는 법을 알게 되는 것이다　　'훨씬 더 풍부한' (에너지) 원천을
⑤ ⁷Our challenge, and our opportunity, / is to learn to efficiently and cheaply use / the much more abundant source
　　　　S　　　　　　　　　　　　　V　　　　　　　　　C　　　　　　　　　　　　　　　　　비교급 수식

[새로운 에너지인　　　　　　(태양으로부터 매일 지구에 도달하는)]
[that is the new energy (striking our planet each day from the sun)].
관계대명사　　　　　　　　❸
▶ 구문 ❸ striking 이하는 the new energy를 수식하는 현재분사구이다. 수식받는 명사와 분사가 능동 관계이면 현재분사를, 수동 관계이면 과거분사를 쓴다.

해석 ¹일주일 만에, 태양은 '인류 역사를 통틀어' 인류가 석탄, 석유, 그리고 천연가스의 연소를 통해 사용해 온 것보다 더 많은 에너지를 지구에 전달한다. ²그리고 태양은 수십억 년 동안 계속해서 지구를 비출 것이다. ³우리의 문제는 우리가 에너지를 고갈시키고 있다는 것이 아니다. ⁴그것은 우리가 잘못된 (에너지) 원천, 즉 우리가 다 써 버리고 있는 적고, 한정적인 것에 집중하고 있다는 것이다. ⁵사실, 우리가 오늘날 사용하는 모든 석탄, 천연가스, 그리고 석유는 바로 수백만 년 전에 온 태양 에너지이며, 그것의 극히 일부분이 깊은 지하에 보존되었다. (⁶화석 연료를 사용하는 기술을 개발하려는 우리의 노력은 의미 있는 결과를 보여 왔다.) ⁷우리의 과제이자 기회는 태양으로부터 매일 지구에 도달하는 새로운 에너지인 '훨씬 더 풍부한' (에너지) 원천을 효율적으로 그리고 값싸게 사용하는 법을 알게 되는 것이다.

해설 태양 에너지의 극히 일부분인 한정된 석탄, 석유, 천연가스(즉, 화석 연료)에 의존하지 말고, 매일 지구에 도달하는 막대한 양의 태양 에너지를 활용해야 한다는 내용의 글이다. 화석 연료를 사용하는 기술을 개발하려는 우리의 노력이 의미 있는 결과를 보여 왔다는 것은 글의 중심 내용과 반대되므로, 글의 흐름과 무관한 것은 ④이다.

오답확인 ② It은 앞 문장의 our challenge를 가리킨다. 앞에서 우리의 문제는 에너지 고갈이 아니라고 했으므로, 우리가 적고 한정적인 자원에 집중하고 있는 것이 문제라는 흐름은 자연스럽다.
③ 앞 문장의 잘못된 원천(the wrong source), 즉 석탄, 천연가스, 석유도 바로 태양 에너지에서 온 것이라는 의미이다. 이는 태양 에너지를 이용해야 한다는 주장을 뒷받침하는 것이므로 글의 전체 흐름상 자연스럽다.

---

3 ③

직독직해 & 지문구조 [생활] 자전거나 오토바이 운전자와 동승자의 협동

네덜란드에서는 자전거 동승자가 흔함

네덜란드의 자전거 문화에서　　　　　　　　　뒷좌석에 동승자가 있는 것은 흔하다
¹ In Dutch bicycle culture, / it is common to have a passenger on the backseat.
　　　　　　　　　　　　　　❶ 가주어 V　C　　　진주어
▶ 구문 ❶ it은 가주어이고, to-v구가 진주어로 쓰였다.

자전거를 탈 때 동승자의 협동이 필요함

자전거 운전자의 움직임을 따르기 위해서　　　　　　　(뒷좌석에 앉은) 사람은 계속 꽉 잡을 필요가 있다
² So as to follow the rider's movements, / the person (on the backseat) needs to hold on tightly.
　　so as to-v: ~하기 위해서(목적)　　　　　　　S　　　　　　　　　　　V

자전거는 핸들을 조종하는 것뿐만 아니라 몸을 기울이는 것에 의해서도 방향을 바꾼다　그래서 동승자는 몸을 기울일 필요가 있다　자전거 운전자와 같은 방향으로
³ Bicycles turn [not just] by steering [but also] by leaning, // so the passenger needs to lean / the same way as the rider.
　　　　　　　❷ 전치사구 병렬　　　　　　　전치사구 병렬　　접속사

동승자는   [뒷좌석에서 계속 꼿꼿이 앉아 있는]   그야말로 골칫거리가 될 것이다

⁴ *A passenger* [who would keep sitting up straight] / would literally be a pain in the behind.
     S   관계대명사   V   C

▸ **구문 ❷** <not just A but also B> 구문은 'A뿐만 아니라 B도'의 의미로 <B as well as A>와 같다. 여기서 A와 B에 전치사구(by v-ing)가 연결되었다.

세부 사항 2   오토바이를 탈 때 동승자의 협동이 필요함

오토바이에서는, 이것이 훨씬 더 위험하다   오토바이의 더 빠른 속도는 방향 전환에 몸을 더 많이 기울일 것을 요구한다   그리고 협동이 없으면

⁵ On motorcycles, this is even more critical. ⁶ Their higher speed requires more leaning on turns, // and lack of coordination
       비교급 강조   S₁   V₁   O₁   S₂

피해가 막심할 수 있다
can be disastrous.
  V₂   C

주제문   동승자는 운전자의 움직임을 따라 해야 함

동승자는 주행 시 진정한 동반자이며   운전자의 모든 움직임을 따라 할 것으로 기대된다

⁷ The passenger is a true partner in the ride, / expected to mirror the rider's every move.
       ❸ 분사구문(= and he or she is expected ~)

▸ **구문 ❸** 동시에 발생하는 상황을 나타내는 분사구문이다. and he or she is expected ~로 바꿔 쓸 수 있다.

해석 ¹네덜란드의 자전거 문화에서, 뒷좌석에 동승자가 있는 것은 흔하다. ²자전거 운전자의 움직임을 따르기 위해서, 뒷좌석에 앉은 사람은 계속 꽉 잡을 필요가 있다. ³자전거는 핸들을 조종하는 것뿐만 아니라 몸을 기울이는 것에 의해서도 방향을 바꿔서 동승자는 자전거 운전자와 같은 방향으로 몸을 기울일 필요가 있다. ⁴뒷좌석에서 계속 꼿꼿이 앉아 있는 동승자는 그야말로 골칫거리가 될 것이다. ⁵오토바이에서는, 이것이(= 계속 꼿꼿이 앉아 있는 것이) 훨씬 더 위험하다. ⁶오토바이의 더 빠른 속도는 방향 전환에 몸을 더 많이 기울일 것을 요구하고, 협동이 없으면 피해가 막심할 수 있다. ⁷동승자는 주행 시 진정한 동반자이며 운전자의 모든 움직임을 따라 할 것으로 기대된다.

① 다른 사람들에게 위험을 경고할 것으로
② 운전자가 속도 내는 것을 막을 것으로
④ 운전자의 정서적인 불안감을 덜어줄 것으로
⑤ 도로의 상황을 주의 깊게 살펴볼 것으로

해설 주행 시 동승자가 무엇을 할 것으로 기대되는지를 추론해야 한다. 세부 사항에서 자전거와 오토바이는 핸들을 조종하는 것뿐만 아니라 몸을 기울이는 것에 의해서도 방향을 바꾸기 때문에 동승자는 운전자와 같은 방향으로 몸을 기울여야 한다고 했다. 따라서 빈칸에 들어갈 말로 가장 적절한 것은 ③이다.

오답확인 ② 오토바이의 속도가 빠르다는 것은 언급되었지만 동승자가 속도 내는 것을 막아야 한다는 내용은 없다.

---

4 ③

직독직해 & 지문구조 [인지] 대다수의 과학자들이 창의적이지 않은 이유

도입부   생각은 창의적이지 않음

생각은 본질적으로 생존을 위한 기계이다   다른 생각에 대한 공격과 수비   즉 정보를 수집하고, 저장하고, 분석하는 것

¹ The mind is essentially a survival machine. ² Attack and defense against other minds, / gathering, storing, and analyzing
       ❶   =

이것은 생각이 잘하는 것이다   하지만 전혀 창의적이지 않다
information— / this is what it is good at, // but it is not at all creative.
       관계대명사 (= the mind)

▸ **구문 ❶** Attack ~ minds와 gathering ~ information은 콤마(,)로 연결된 동격 관계이다.

예 1   진정한 예술가들은 생각 없이 창작함

모든 진정한 예술가들은 창작한다   생각이 없는 지점에서   즉 내면의 고요함 속에서
³ All true artists create / from a place of no-mind, / from inner stillness.

예 2   위대한 과학자들도 생각 없이 창작함

심지어 위대한 과학자들조차도 말했다   그들의 창의적 돌파구는 생겨났다고   마음이 정적일 때
⁴ Even great scientists have reported // that their creative breakthroughs came / at a time of mental quietude.
     S   V   접속사   S'   V'

예3 유명한 수학자들도 생각은 창의적인 행동에서 부수적인 역할을 할 뿐이라고 함

전국적인 조사의 놀라운 결과는   (미국의 가장 유명한 수학자들을 대상으로 하는   아인슈타인을 포함한)

⁵ The surprising result of *a nationwide inquiry* (among America's most famous mathematicians, / including Einstein), /
         S

(그들의 작업 방식을 알아내기 위한)   (~라는 것)이었다   생각은 '단지 부수적인 역할만 할 뿐이다   짧고, 결정적인 단계에서

(to find out their working methods), / was // that thinking "plays only a subordinate part / in the brief, decisive phase
     형용사적 용법   V   접속사   S′   V′

(창의적인 행동 그 자체의)'

(of the creative act itself)."

주제문 대다수의 과학자들은 생각을 멈추는 법을 몰라서 창의적이지 않은 것임 (즉, 과학자가 창의적이려면 생각을 멈추는 법을 알아야 함)

그래서 나는 말하고 싶다   단순한 이유는   [대다수의 과학자들이 창의적이지 않은]   그들이 생각하는 방법을 몰라서가 아니라

⁶ So I would say // that *the simple reason* [why the majority of scientists are not creative] / is not because they don't know
     접속사   S′   관계부사   V ❷   부사절 병렬

그들이 생각을 멈추는 방법을 모르기 때문이라고

how to think, / but because they don't know how to stop thinking!
                          부사절 병렬

▸ **구문 ❷** <not A but B> 구문은 'A가 아니라 B'의 의미이다. 여기서는 A와 B에 접속사 because가 이끄는 절이 연결되었다.

해석 ¹생각은 본질적으로 생존을 위한 기계이다. ²다른 생각에 대한 공격과 수비, 즉 정보를 수집하고, 저장하고, 분석하는 것인데, 이것은 생각이 잘하는 것이지만, 전혀 창의적이지 않다. ³모든 진정한 예술가들은 생각이 없는 지점, 즉 내면의 고요함 속에서 창작한다. ⁴심지어 위대한 과학자들조차도 그들의 창의적 돌파구는 마음의 정적일 때 생겨났다고 말했다. ⁵아인슈타인을 포함한 미국의 가장 유명한 수학자들을 대상으로 하는 그들의 작업 방식을 알아내기 위한 전국적인 조사의 놀라운 결과는 생각이 '창의적인 행동 그 자체의 짧고, 결정적인 단계에서 단지 부수적인 역할만 할 뿐이다.'라는 것이었다. ⁶그래서 나는 대다수의 과학자들이 창의적이지 않은 단순한 이유는 그들이 생각하는 방법을 몰라서가 아니라 생각을 멈추는 방법을 모르기 때문이라고 말하고 싶다!

① 생각을 정리하는
② 사회적으로 상호 작용하는
④ 정보를 수집하는
⑤ 상상력을 사용하는

해설 대다수의 과학자들이 창의적이지 않은 이유가 생각하는 방법을 몰라서가 아니라면 무엇 때문인지 추론해야 한다. 도입부에서 생각이란 인간의 생존을 돕는 것이지 창의적인 것은 아니라고 했다. 이어지는 예술가, 과학자, 수학자의 예시를 통해, 창의성은 생각이 없는 상태에서 생겨나고 생각은 부수적 역할만 한다고 했으므로, 빈칸에 들어갈 말로 가장 적절한 것은 ③이다. 이 글은 우리가 흔히 창의성은 생각(mind or thinking)에서 나온다고 여기지만 그것은 사실이 아니며, 좀 더 창의적이고 싶은 과학자들은 생각을 덜 하려고 애써야 함을 주장하는 것이다.

오답확인 ⑤ imagination(상상력)이 창의성과 관련 있어 정답이라고 생각할 수 있지만 정답은 언제나 지문에 근거하여 판단해야 한다. 창의성은 생각이 없는 상태에서 생긴다는 것이 글의 중심 내용이므로 정답이 될 수 없다.

PART Ⅲ │ 답이 보이는 글 읽기: 특징적 논리 구조

Chapter 13 대조 구조

Stage 1 Concept의 찬찬 이해

p.116

1 해석 ¹목표 지향적인 사고방식 ²목표가 없는 사고 ³단일 문화 환경의 황금률 / 다문화 환경의 황금률

2 해석 ⁴모든 사람은 회계와 재무의 기본적인 차이를 이해할 필요가 있다. ⁵영화에서 (관객의) 주목을 얻는 것은 쉽다. ⁶감독은 그저 관객이 바라보기를 원하는 어떤 것이든 그것에 카메라를 향하게 할 수 있다. ⁷(연극) 무대 위라면, (관객의) 주목이 훨씬 더 어려운데, 그 이유는 관객은 자신이 원하는 곳을 어디든 자유롭게 보기 때문이다. (A: 영화에서 주목을 얻기 ↔ B: 무대에서 주목을 얻기)

🌿 생생 기출 맛보기 ①

직독직해 & 지문구조 [사회] 기자들의 환경에 변화를 주는 기동성

주제문 기동성이 기자들의 환경에 변화를 제공함

기동성은 변화를 제공한다　　　환경에　　　(기자들의)
¹ Mobility provides a change / to the environment (for journalists).

대조 A 과거: 통신 기술 이전에 기자는 기사를 제출할 하나의 중심지를 필요로 했음

신문 기사, 텔레비전 보도, 그리고 초기의 온라인 보도조차　　(통신 기술 이전에
² Newspaper stories, television reports, and even early online reporting / (prior to communication technology
　S

(태블릿과 스마트폰과 같은))　　하나의 중심지를 필요로 했다　　[기자가 자신의 뉴스 기사를 제출할
(such as tablets and smartphones)) / required *one central place* [to which a reporter would submit his or her news story /
　　　　　　　　　　V　　　　　❶전치사+관계대명사　S'　　　　V'　　　　　O'

인쇄, 방송, 또는 게시를 위해]
for printing, broadcast, or posting].

▶ **구문 ❶** to which가 이끄는 관계사절은 선행사 one central place를 수식한다. 관계대명사가 관계사절 내에서 전치사 to의 목적어로 쓰여 관계대명사 which 앞에 전치사 to가 위치했다.

대조 B 현재: 기자는 직접 기사를 낼 수 있으므로 거쳐야 할 중심지가 필요하지 않음

이제　　　그러나　　　기자는 영상을 촬영하고, 오디오를 녹음하고, 입력할 수 있다　　자신의 스마트폰 또는 태블릿으로 직접
³ Now, / though, / a reporter can shoot video, record audio, and type / directly on their smartphones or tablets /
　　　　　　　　　　　　S　❷ V₁　　　　　V₂　　　　　V₃

그리고 즉시 뉴스 기사를 게시할 수 있다　　　기자들은 보고할 필요가 없다　　중심 장소에　　[그들 모두가 (기사) 출처에 연락하거나,
and post a news story instantly. ⁴ Journalists do not need to report / to a central location [where they all contact sources,
　V₄　　　　　　　　　　　　　S　　　　　　　　　　　　　　　　　관계부사　　V'₁

입력하거나, 영상을 편집하는]　　기사는 즉시 작성되고, 촬영되고　　전 세계에서 이용하게(= 볼 수 있게) 될 수 있다
type, or edit video]. ⁵ A story can be instantaneously written, shot, / and made available to the entire world.
V'₂　　V'₃　　　　　　　　　　　　　V₁　　　　V₂　　V₃　　C₃

뉴스의 순환　　　그래서 기자의 일은　　　절대 멈추지 않는다　　그러므로　　'24시간' 뉴스 순환 (반복)은
⁶ The news cycle, / and thus the job of the journalist, / never takes a break. ⁷ Thus / the "24-hour" news cycle
　　　　　　　　　　　　　　S　　　　　　　　　　V

[출현에서 나온　　(케이블 TV의)]　　이제 (과거의) 것이다　　뉴스 '순환'은 정말로 끊임없이 계속되는 것이다
[that emerged from the rise (of cable TV)] / is now a thing (of the past). ⁸ The news "cycle" is really a constant.
관계대명사　　　　　　　　　　　　　V　　C

▶ **구문 ❷** 조동사 can에 동사 shoot, record, type, post가 콤마(,)와 접속사 and로 연결되어 있다.

해석 [1]기동성은 기자들의 환경에 변화를 제공한다. [2]신문 기사, 텔레비전 보도, 그리고 초기의 온라인 보도조차 (태블릿과 스마트폰과 같은 통신 기술 이전에) 기자가 인쇄, 방송, 또는 게시를 위해 자신의 뉴스 기사를 제출할 하나의 중심지를 필요로 했다. [3]그러나 이제 기자는 자신의 스마트폰 또는 태블릿으로 직접 영상을 촬영하고, 오디오를 녹음하고, 입력해서 즉시 뉴스 기사를 게시할 수 있다. [4]기자들은 그들 모두가 (기사) 출처에 연락하거나, 입력하거나, 영상을 편집하는 중심 장소에 보고할 필요가 없다. [5]기사는 즉시 작성되고, 촬영되고, 전 세계에서 이용하게(= 볼 수 있게) 될 수 있다. [6]뉴스의 순환, 그래서 기자의 일은, 절대 멈추지 않는다. [7]그러므로 케이블 TV의 출현에서 나온

'24시간' 뉴스 순환 (반복)은 이제 과거의 것이다. [8]뉴스 '순환'은 정말로 끊임없이 계속되는 것이다.
② 민감성 ③ 창조성 ④ 정확성 ⑤ 책임감

해설 빈칸 문장으로 보아, 기자들의 환경에 변화를 제공하는 차이점이 '무엇'인지를 추론해야 한다. 통신 기술이 발달하기 이전과 이후를 대조하며 예전에는 기자가 중심 장소에 기사를 제출했던 반면, 오늘날 기자들은 장소에 얽매이지 않고 바로 뉴스 기사를 작성하고 직접 게시할 수 있다고 했다. 즉 과거와 다르게 기동성 있게 기사를 보낼 수 있는 것이다. 따라서 빈칸에 들어갈 말로 가장 적절한 것은 ①이다.

Stage 2 Concept의 꼼꼼 확인

1 (1) When one person lies (2) ① (3) (a) smooth 또는 fast (b) slow   2 (1) ② (2) (a) open (b) reluctant
3 (1) ① (2) ②   4 (1) What does (2) ③

---

1 (1) When one person lies (2) ① (3) (a) smooth 또는 fast (b) slow

직독직해 & 지문구조 [심리] 대화에서 거짓말의 신호

대조 A (도입부)   솔직한 대화를 할 때 의견 교환 속도는 기억만큼 빠름

　　　　　두 사람이 (~에) 참여할 때　　　　　솔직하고 진솔한 대화에　　　　　왔다 갔다 하는 흐름이 있다　　　　(정보의)
[1] When two people are involved / in an honest and open conversation, // there is a back and forth flow (of information).
　　접속사　 S'　　　　V'　　　　　　　　　　　　　　　　　　　　　　　　　　　　　　　V　　　　　S

　　그것은 원활한 (의견) 교환이다　　각자가 ~에 의존하고 있기 때문에　　자신의 개인적인 과거 경험(에)　　　(의견) 교환의 속도는
[2] It is a smooth exchange. [3] Since each one is drawing on / their past personal experiences, // the pace of the exchange is
　　　　　　　　　　　　❶ 접속사　　S'　　　　　V'　　　　　　　　　　　　　　　　　　　　　　　　S　　　　　　　V

빠르다　　기억만큼
as fast / as memory.
　❷　　C

▶ **구문 ❶** 접속사 since는 '~한 이후로', '~ 때문에'라는 의미를 나타낸다. 여기서는 문맥상 이유를 나타내는 '~ 때문에'의 의미로 쓰였다.
　　 ❷ <A as 원급 as B>는 'A는 B만큼 ~한[하게]'을 뜻하는 원급 구문이다.

대조 B (주제문)   거짓말을 할 때는 반응이 느림

　　어떤 사람이 거짓말을 하면　　　그 사람의 반응은 더 느리게 나올 것인데
[4] When one person lies, / their responses will come more slowly //
　　접속사　S'　　V'　　　　S　　　　　　　V

논거 1   이야기를 꾸며 내고 있는 사람은 세부 사항 처리에 많은 시간이 필요해서 대화 시 시간의 지연이 있음

　　뇌가 더 많은 시간을 필요로 하기 때문이다　　세부 사항을 처리하기 위해　(새로 꾸며 낸 이야기의)　저장된 사실을 기억해 내는 것보다
because the brain needs more time / to process the details (of a new invention) / than to recall stored facts.
　　접속사　　　　　　　　　　　　　　　　부사적 용법(목적)　　　　　　　　　　　　부사적 용법(목적)

　　사람들이 말하듯이　　　"타이밍이 전부이다"　　여러분은 시간 지연을 알아차릴 것이다　　　대화를 하고 있을 때
[5] As they say, // "Timing is everything." [6] You will notice the time lag // when you are having a conversation /
　　❶　　　　　　　　　　　　　　　　　S　　　V　　　　O　　　　접속사　S'　　　V'　　　O'

　　누군가와　　[이야기를 꾸며 내고 있는　　말을 하면서]
with *someone* [who is making things up / as they go].
　　　　　　　관계대명사　　　　　　　　접속사

▶ **Tip ❶** 모든 일에 타이밍이 중요한 것처럼 대화할 때 반응 타이밍이 느리면 거짓말임을 알아차릴 수 있다는 의미이다.

CHAPTER 13 대조 구조 **61**

잊지 말아라 　　상대방이 여러분의 몸짓 언어 역시 읽고 있을지도 모른다는 것을 　　그리고 만약 여러분이 상대의 이야기를 믿지 않고 있는 것처럼 보이면

7 Don't forget // that the other person may be reading your body language as well, / and (that) if you seem to be disbelieving
　　V　　접속사　　S'₁　　V'₁　　접속사 접속사 S"　V"　　C"

그 사람은 잠시 멈춰야 한다는 것을 　그 정보를 처리하기 위해 　또한

their story, / they will have to pause / to process that information, / too.
　S'₂　　V'₂　　부사적 용법(목적)

해석 ¹ 두 사람이 솔직하고 진술한 대화에 참여할 때 왔다 갔다 하는 정보의 흐름이 있다. ² 그것은 원활한 (의견) 교환이다. ³ 각자가 자신의 개인적인 과거 경험에 의존하고 있기 때문에, (의견) 교환의 속도는 기억만큼 빠르다. ⁴ 어떤 사람이 거짓말을 하면, 그 사람의 반응은 더 느리게 나올 것인데 뇌가 저장된 사실을 기억해 내는 것보다 새로 꾸며 낸 이야기의 세부 사항을 처리하기 위해 더 많은 시간을 필요로 하기 때문이다. ⁵ 사람들이 말하듯이 "타이밍이 전부이다." ⁶ 말을 하면서 이야기를 꾸며 내고 있는 누군가와 대화를 하고 있을 때, 여러분은 시간의 지연을 알아차릴 것이다. ⁷ 상대방이 여러분의 몸짓 언어 역시 읽고 있을지도 모른다는 것과 만약 여러분이 상대의 이야기를 믿지 않고 있는 것처럼 보이면, 그 사람은 그 정보를 처리하기 위해 잠시 멈춰야 한다는 것을 또한 잊지 말아라.

① 거짓말 신호인 지연 반응
② 청자가 화자의 용기를 북돋우는 방법들
③ 사회적 상황에서 선의의 거짓말의 필요성
④ 유용한 정보를 찾는 것의 어려움
⑤ 대화 주제로서 공유된 경험

(3)

대화	
솔직한 대화에서,	솔직하지 않은 대화에서,
정보의 흐름은 (a) 원활하다[빠르다].	정보의 흐름은 (b) 느리다.

해설 (1) 솔직한 대화의 흐름 속도(A)와 솔직하지 않은 대화의 흐름 속도(B)를 대조하는 글이므로, 솔직한 대화에 대한 내용이 끝나고 솔직하지 않은 대화에 대한 내용이 시작되는 부분에서 글을 나누는 것이 적절하다.
(2) 솔직하지 않은 대화의 흐름 속도인 B에 좀 더 초점을 두어 서술한 글이라 볼 수 있다. 솔직하지 않은 대화에서는 거짓말을 꾸미고 상대방의 몸짓 언어를 해석하느라 반응 속도가 느려진다는 내용이므로, 글의 주제로 가장 적절한 것은 ①이다.
(3) 솔직한 대화는 실제 경험에 기반하므로 정보의 흐름이 원활하거나 (smooth) 빠르고(fast), 솔직하지 않은 대화는 거짓말을 꾸며내느라 정보 흐름이 느리다고(slow) 했다.

2 (1) ② (2) (a) open (b) reluctant

직독직해 & 지문구조 문화 문화별 정보 공개에 대한 생각의 차이

주제문　어느 정도의 정보 공개가 적절한지에 관한 생각은 문화에 따라 다름

생각은 　(어느 정도의 정보 공개가 적절한지에 관한) 　　문화마다 다르다

¹ Ideas (about how much disclosure is appropriate) / vary among cultures.
　S　　　　　　　　　V

대조 A　미국인들은 자신에 관한 정보를 잘 공개함

사람들은 　(미국에서 태어난) 　　정보를 잘 공개하는 경향이 있고 　(기꺼이 ~하려는) 의향을 보이기도 한다 　(자기 자신에 관한 정보를 공개하려는

(B) ² *Those* (born in the United States) / tend to be high disclosers, / even showing a willingness (to disclose information about
　S　　　　　　　　V　　분사구문(= and they even show ~)　　=

낯선 이에게) 　이것은 설명할지도 모른다 　　왜 미국인이 만나기 특히 쉬워 보이는지를 　　그리고 (왜 그들이)

themselves / to strangers). ³ This may explain // why Americans seem particularly easy to meet / and are good
　　　　　　　S　V　❶의문사　S'　V'₁　C'₁　부사적 용법(형용사 수식)　V'₂　C'₂

칵테일파티 대화에 능숙한지를

at cocktail-party conversation.

▶ 구문 ❶ 동사 may explain의 목적어로 의문사 why가 이끄는 간접의문문 형태의 명사절이 왔다. 간접의문문은 <의문사+S'+V'>의 어순을 따른다.

대조 B　일본인들은 자신에 관한 정보를 거의 공개하지 않음

반면에 　　일본인들은 자신에 대해 거의 공개하지 않는 경향이 있다 　　타인에게 　소수의 사람들을 제외하고는

(A) ⁴ On the other hand, / Japanese tend to do little disclosing about themselves / to others / except to *the few people*

[자신과 매우 가까운] 　　일반적으로 　아시아인들은 낯선 사람들에게 관심을 내보이지 않는다 　　그러나 그들은 정말로 서로 많은 배려를 보인다

[with whom they are very close]. ⁵ In general, / Asians do not reach out to strangers. (C) ⁶ They do, however, show great
전치사+관계대명사　　　　　　　　　　　　　　　　　　　　　　　　　　❷　V

조화를 (~라고) 여기기 때문에　　　　　관계 발전에 필수적이라고　　　　그들은 열심히 노력한다

care for each other, // since they view harmony / as essential to relationship improvement. ⁷ They work hard /
　　　　　　　　　　　　접속사　S'　V'　　O'　　　　　　　　　　　　　　C'

사람들이 (~하지) 못하게 하려고　[그들이 외부인이라고 여기는]　　　정보를 얻지　　　[자신들이 불리하다고 생각하는]

to prevent *those* [(who(m)) they view as outsiders] / from getting *information* [(which[that]) they believe to be unfavorable].
　부사적 용법(목적)　❸ 관계대명사　　　　　　　　　　　　　　　　　　　관계대명사

▸ **구문** ❷ 동사를 강조할 때는 동사 앞에 do[does, did]를 쓴다. '정말[꼭] ~하다'라는 의미이다.

　　　❸ <prevent A from v-ing>는 'A가 v하지 못하게 하다'라는 뜻이다. those와 information은 각각 관계사절의 수식을 받으며 관계사절에는 각각 <view A as B (A를 B로 여기다)>와 <believe O (to be) C (O가 C라고 생각하다)> 구문이 쓰였다.

해석 ¹어느 정도의 정보 공개가 적절한지에 관한 생각은 문화마다 다르다. (B) ²미국에서 태어난 사람들은 정보를 잘 공개하는 경향이 있고, 낯선 이에게 자기 자신에 관한 정보를 기꺼이 공개하려는 의향을 보이기도 한다. ³이것은 왜 미국인이 만나기 특히 쉬워 보이는지와 칵테일파티 대화에 능숙한지를 설명할지도 모른다. (A) ⁴반면에, 일본인들은 자신과 매우 가까운 소수의 사람들을 제외하고는 타인에게 자신에 대해 거의 공개하지 않는 경향이 있다. ⁵일반적으로 아시아인들은 낯선 사람들에게 관심을 내보이지 않는다. (C) ⁶그러나 그들은 조화를 관계 발전에 필수적이라고 여기기 때문에 정말로 서로 많은 배려를 보인다. ⁷그들은 자신들이 불리하다고 생각하는 정보를 그들이 외부인이라고 여기는 사람들이 얻지 못하게 하려고 열심히 노력한다.

(2)

정보 공개에 관한 생각

미국인	일본인
그들은 낯선 사람들과 개인적인 정보를 공유하는 것에 (a) 개방적이다.	그들은 낯선 사람들에게 자신을 드러내는 것을 (b) 꺼린다.

해설 (1) 문화에 따라 차이가 있는 정보 공개에 대한 생각을 미국인과 일본인을 예로 들어 대조하는 글이다. 미국인의 예를 설명하는 (B) 뒤에 이와 대조를 이루어 일본인을 예로 드는 (A)가 오는 것이 적절하다. (C)의 첫 문장에 있는 They는 문맥으로 보아 (A)의 마지막 문장에서 언급된 Asians를 가리키는 것이므로 글의 순서로 가장 적절한 것은 ②이다.

(2) 미국인들이 낯선 사람들에게 자신에 관한 정보를 잘 공개한다는 것에서 그들이 정보 공유에 '개방적(open)'임을 알 수 있다. 반면에, 일본인들은 가까운 소수를 제외하고 타인에게 자신에 관한 정보를 공개하지 않는다고 했으므로 자신을 낯선 사람들에게 드러내는 것을 '꺼리는(reluctant)' 것이 적절하다.

오답확인 (1) ③ (C)를 일본인의 예가 아니라 미국인의 예에 대한 추가 설명으로 오인한 것이다. (C)의 문맥은 외부인이 정보를 얻지 못하게 한다는 내용이므로 정보를 공개하지 않으려고 하는 일본인, 즉 아시아인들에 대한 설명이 이어지는 것으로 봐야 한다.

---

3 (1) ① (2) ②

직독직해 & 지문구조 문학 고전 동화와 오늘날 이야기의 차이

대조 A (도입부)　고전 동화에서 갈등은 영구적으로 해결됨

　　　　고전 동화에서　　　　　　　갈등은 흔히 영구적으로 해결된다　　　예외 없이　　남자 주인공과 여자 주인공은

¹ In the classical fairy tale / the conflict is often permanently resolved. ² Without exception, / the hero and heroine /

영원히 행복하게 산다

live happily ever after.

대조 B (주제문)　오늘날 이야기들은 덜 확정된 결말을 가짐

　　　대조적으로　　　많은 오늘날의 이야기들은　　　덜 확정적인 결말을 갖는다　　흔히　　갈등은　　(이러한 이야기 속의)

³ By contrast, / many present-day stories / have a less definitive ending. ⁴ Often / the conflict (in those stories) /
　　　　　　　　　　S　　　　　　　　　　　V　　　　O　　　　　　　　　　　　　　S₁

부분적으로만 해결된다　　　또는 새로운 갈등이 등장해서　　관객들이 더 생각하도록 만든다

is only partly resolved, // or a new conflict appears / making the audience think further.
　　V₁　　　　　　　　　　S₂　　　　　V₂　　❶ 분사구문(= and this makes ~)

▸ **구문** ❶ 결과를 나타내는 분사구문이 쓰였으며 '~하여 (그 결과) …하다'로 해석한다.

예　덜 확정적인 결말을 가지는 이야기의 예

　이것은 특히 (~에) 해당하는데　　스릴러와 공포물 장르에　　　　이런 장르에서 관객들은 내내 (이야기에) 완전히 매료된다

⁵ This is particularly true / of *thriller and horror genres*, // where audiences are kept on the edge of their seats throughout.
　　　　　　　　　　　　　　　　　　　　　　❷ 관계부사(계속적 용법)

　　헨릭 입센의 희곡인 <A Doll's House>를 생각해 보라　　그 작품에서 결국　　　노라는 가정과 결혼 생활을 떠난다

⁶ Consider Henrik Ibsen's play, *A Doll's House*, // where, in the end, / Nora leaves her family and marriage.
　　V　　　　　　　　　　　　　　　　　　　　❷ 관계부사(계속적 용법)

노라는 현관 밖으로 사라진다   그리고 우리에게는 (~이) 남는다   답을 얻지 못한 많은 질문들이   ("노라는 어디로 갔을까?",

[7] Nora disappears out of the front door // and we are left / with many unanswered questions (such as "Where did Nora go?"
    S₁   V₁   S₂   V₂

"그녀에게 무슨 일이 일어날까?"와 같은)

and "What will happen to her?")

▶ 구문 ❷ 관계부사 where가 선행사를 보충 설명하는 계속적 용법으로 쓰였다. 관계부사 뒤에는 완전한 절이 이어진다.

맺음말   열린 결말은 생각할 거리를 제공함

열린 결말은 강력한 도구이며   사고할 거리를 제공한다   [관객이 생각하게 하는   다음에 무슨 일이 일어날지에 대해]

[8] An open ending is a powerful tool, / providing *food for thought* [that forces the audience to think / about what might
                    분사구문(= and it provides ~)   관계대명사 ❸ V'   O'   C'

happen next].

▶ 구문 ❸ <force+O+to-v>는 'O가 v하게 하다'의 의미이다. 전치사 about 뒤에는 의문사 what이 이끄는 명사절이 목적어 역할을 한다.

해석 [1] 고전 동화에서 갈등은 흔히 영구적으로 해결된다. [2] 예외 없이, 남자 주인공과 여자 주인공은 영원히 행복하게 산다. [3] <u>대조적으로, 많은 오늘날의 이야기들은 덜 확정적인 결말을 갖는다.</u> [4] 흔히 이러한 이야기 속의 갈등은 부분적으로만 해결되거나, 새로운 갈등이 등장해서 관객들이 더 생각하도록 만든다. [5] 이것은 특히 스릴러와 공포물 장르에 해당하는데, 이런 장르에서 관객들은 내내 (이야기에) 완전히 매료된다. [6] 헨릭 입센의 희곡 <A Doll's House>를 생각해 보라, 그 작품에서 결국 노라는 가정과 결혼 생활을 떠난다. [7] 노라는 현관 밖으로 사라지고, 우리에게는 "노라는 어디로 갔을까?", "그녀에게 무슨 일이 일어날까?"와 같은 답을 얻지 못한 많은 질문들이 남는다. [8] 열린 결말은 강력한 도구이며, 관객이 다음에 무슨 일이 일어날지에 대해 생각하게 하는 사고할 거리를 제공한다.

(2)

결말

고전 동화	오늘날의 이야기
관객들은 등장인물의 운명에 대해 (A) 알려진다.	이야기는 (B) 확실한 결말을 제공하지 않고, 관객들에게 많은 의문을 남긴다.

	(A)	(B)		(A)	(B)
①	확신한	혼란스러운	②	알려진	확실한
③	조언받는	비극적인	④	알지 못하는	구체적인
⑤	경고받는	행복한			

해설 (1) 주어진 문장이 역접 연결어(By contrast)로 시작하고 오늘날 이야기들의 결말이 덜 확정적이라고 했으므로 앞 내용을 추론하면 과거의 이야기는 결말이 확정적이라는 내용이어야 한다. ① 앞 문장은 고전 동화에서 갈등이 영구적으로 해결된다는 내용이므로 추론 내용과 일치한다. ① 다음 문장부터는 갈등이 완전히 해소되지 않는다는 내용이 이어져서 글의 흐름이 뒤바뀌므로 정답은 ①이다. 또한 주어진 문장의 many present-day stories를 ① 다음 문장에서 those stories로 받고 있는 것을 확인할 수 있다.

(2) 고전 동화에서 관객들은 이야기의 결말을 알게 되지만(informed) 오늘날 이야기는 확실한(clear) 결말이 없어서 관객들이 생각하게 만든다는 차이점이 대조되었다.

오답확인 (1) ③ 헨릭 입센의 <A Doll's House>는 열린 결말로 끝나서 답이 없는 질문들이 남는 이야기로 소개되었는데, 이는 바로 앞 문장에서 언급된 관객들을 매료시키는 이야기에 대한 예시로 자연스럽게 연결된다.

---

4   (1) What does   (2) ③

직독직해 & 지문구조   스포츠   유능한 코치와 유능하지 않은 코치의 차이

도입부   코치들의 차이에 대한 의문

알아챘는가   어떤 코치들은 최대한의 것을 이끌어 내는 것을   선수들에게서   반면 다른 코치들은 그렇지 않은 것을

[1] Have you noticed // that some coaches get the most / out of their athletes / while others don't?
        V   접속사   ❶접속사

▶ 구문 ❶ while은 대조를 나타내어 '~인 반면에'라는 뜻으로 쓰였으며 whereas를 써도 의미는 같다. while은 시간의 부사절을 이끌어 '~하는 동안'의 의미로도 쓰이므로 문맥을 잘 살펴 의미를 판단해야 한다.

대조 A   실력 없는 코치

실력 없는 코치는 당신에게 당신이 무엇을 잘못했는지를 알려줄 것이다   그러고 나서 다시는 그러지 말라고 말할 것이다   "공을 떨어뜨리지 마라!"와 같이

[2] A poor coach will tell you what you did wrong / and then tell you not to do it again: // "Don't drop the ball!"
   S   V₁   IO   DO   V₂   O   ❷   C

그 다음엔 무슨 일이 일어날까   이미지는   [당신이 머릿속에서 보는]   이미지이다   (당신이 공을 떨어뜨리는)

[3] What happens next? [4] *The images* [(which[that]) you see in your head] / are images (of you dropping the ball)!
                            S   관계대명사   V   C   ❸ v-ing의 의미상의 주어

자연스럽게　　　당신의 마음은 방금 '봤던' 것을 재현한다　　　　그것이 들은 것을 바탕으로　　　놀랄 것도 없이　　　당신은 코트에 걸어가서
⁵ Naturally, / your mind recreates what it just "saw" / based on what it's been told. ⁶ Not surprisingly, / you walk on the court
　　　　　　　　S　　　V　　　　　　　O　　　　　　　　　　　　　　　　　　　　　　　　　　　　　　　　　　　V₁

공을 떨어뜨린다
and drop the ball.
　　 V₂

▶ 구문 ❷ <tell+O+to-v>는 'O가 v하도록 말하다[명하다]'라는 의미이다. to-v의 부정형은 앞에 not[never]을 붙여 <not[never]+to-v>로 쓴다.
　　❸ 동명사의 의미상의 주어를 나타낼 때는 '소유격(my, your, his 등)'을 쓰는데 구어체에서는 '목적격(me, you, him 등)'을 많이 쓴다.

대조 B　좋은 코치

　　　　　좋은 코치는 무엇을 하는가　　　　　　　그 사람은 개선될 수 있는 것을 지적한다　　　　　하지만 그러고 나서 당신에게 말할 것이다
⁷ What does the good coach do? ⁸ He or she points out what could be improved, / but will then tell you /
　　　　　　　　　　　　　　　S₁　　　V₁　　　　　　O　　　　　　　　　　　　　V₂　　IO

당신이 어떻게 할 수 있는지 또는 어떻게 해야 하는지를　 즉 "나는 알아　　 네가 이번에는 공을 완벽하게 잡을 거라는 걸"라고　　　아니나 다를까
how you could or should perform: // "I know / (that) you'll catch the ball perfectly this time." ⁹ Sure enough, /
　　　　DO　　　　　　　　　　　　　　　　　　　　　　　접속사

　　다음 이미지는　　(당신의 마음 속)　　　　　당신이 공을 잡아 득점하는 것이다　　　　다시 한번　　당신의 마음은 (~을 ~로) 만든다
the next image (in your mind) / is you catching the ball and scoring a goal. ¹⁰ Once again, / your mind makes /
　　　S　　　　　　　　　　　V v-ing의 의미상의 주어　　　　　C　　　　　　　　　　　　　　　　S₁　　V₁

　　당신의 마지막 생각을 현실의 일부로　　　　하지만 이번에는　　　그 '현실'은 부정적이지 않고 긍정적이다
your last thoughts part of reality — // but this time, / that "reality" is positive, not negative.
　　O　　　　　　　C　　　　　　　　　　　　　　S₂　　V₂　　　　C

↓

　　　유능하지 않은 코치들과 달리　　　　　선수들의 (A) 실수에 초점을 두는　　　　유능한 코치들은 선수들이 향상되도록 돕는다
¹¹ Unlike *ineffective coaches*, // who focus on players' (A) mistakes, / effective coaches help players improve /
　　　　　　　　　　　　관계대명사(계속적 용법)　　　　　　　　　　　　　　S　　　V　　O　　C

그들이 (~하도록) 격려함으로써　　성공적인 경기를 (B) 마음에 그리도록
by encouraging them / to (B) picture successful plays.
　by v-ing: v함으로써

해석 ¹어떤 코치들은 선수들에게서 최대한의 것을 이끌어 내는 반면 다른 코치들은 그렇지 않은 것을 알아챘는가? ²실력 없는 코치는 당신에게 당신이 무엇을 잘못했는지를 알려주고 나서 "공을 떨어뜨리지 마라"와 같이 다시는 그러지 말라고 말할 것이다. ³그 다음엔 무슨 일이 일어날까? ⁴당신이 머릿속에서 보는 이미지는 당신이 공을 떨어뜨리는 이미지이다! ⁵자연스럽게, 당신의 마음은 그것이 들은 것을 바탕으로 방금 '봤던' 것을 재현한다. ⁶놀랄 것도 없이, 당신은 코트에 걸어가서 공을 떨어뜨린다. ⁷좋은 코치는 무엇을 하는가? ⁸그 사람은 개선될 수 있는 것을 지적하지만, 그러고 나서 당신에게 당신이 어떻게 할 수 있는지 또는 어떻게 해야 하는지를 말할 것이다. 즉 "나는 네가 이번에는 공을 완벽하게 잡을 거라는 걸 알아."라고. ⁹아니나 다를까, 당신의 마음 속 다음 이미지는 당신이 공을 잡아 득점하는 것이다. ¹⁰다시 한번, 당신의 마음은 당신의 마지막 생각을 현실의 일부로 만들지만, 이번에는, 그 '현실'은 부정적이지 않고, 긍정적이다.

↓

¹¹선수들의 (A) 실수에 초점을 두는 유능하지 않은 코치들과 달리, 유능한 코치들은 선수들이 성공적인 경기를 (B) 마음에 그리도록 격려함으로써 그들이 향상되도록 돕는다.

(A)	(B)		(A)	(B)
① 득점	- 끝마치다		② 득점	- 기억하다
③ 실수	- 마음에 그리다		④ 실수	- 무시하다
⑤ 강점	- 성취하다			

해설 (1) 실력 없는 코치(A)와 좋은 코치(B)를 대조하는 글이므로, 실력 없는 코치에 대한 내용이 끝나고 좋은 코치에 대한 내용이 시작되는 부분에서 글을 나누는 것이 적절하다.

(2) 요약문을 통해 유능하지 않은 코치와 유능한 코치의 서로 다른 지도 방식을 대조하는 글임을 알 수 있다. 유능하지 않은 코치들이 선수들에게 잘못한 점을 지적한다는 내용을 통해 그들은 실수(mistake)에 초점을 둔다고 할 수 있다. 이에 반해, 유능한 코치들은 선수들이 할 수 있거나 해야 하는 일(성공적인 플레이)을 마음속에 이미지화하도록, 즉 마음에 그리도록(picture) 한다. 그러므로, 정답은 ③이다.

오답확인 (2) ① 유능하지 않은 코치는 득점(scores)에 중점을 두고, 유능한 코치는 성공적인 경기를 끝마치도록(complete) 격려한다는 것은 그럴듯해 보이긴 하지만 단락에서 언급된 바 없다.

Stage 1 Concept의 찬찬 이해

p.124

1 **해석** ¹몇몇 의류 ²셔츠와 블라우스, 그리고 원피스 ³어떤 문제 ⁴비가 내리고 있었고 나는 우산이 없었다.

2 **해석** ⁵소셜 미디어는 기업들에게 이점을 가져다줄 수 있다. ⁶그것은 전통적인 광고보다 훨씬 더 저렴할 수 있다. ⁷그것들은 향상된 고객 서비스도 전달할 수 있다.

생생 기출 맛보기 (1) functions (2) ②

직독직해 & 지문구조 [심리] 아이들의 발달에 영향을 미치는 놀이의 기능

도입부 동물에게 중요한 놀이의 역할

인간뿐만 아니라 동물도 　　　　놀이 활동에 참여한다 　　　동물에게 　놀이는 오랫동안 (~로) 여겨져 왔다 　방식으로
¹ Animals [as well as] humans / engage in play activities. ² In animals, / play has long been seen / as a way
　　　S 　　　　　　　　　　　　　　V 　　　　　　　　　　　　　　　　S 　　　　 V

　　　(기술과 행동을 배우고 연습하는 　　　　　　　[미래 생존에 필요한])
(of learning and practicing *skills and behaviors* [that are necessary for future survival]).
　　　　　　　　　　　　　　　　　　　　　　　관계대명사

주제문 아이들에게 중요한 놀이의 기능

　　아이들에게도 　　　　　발달하는 동안에 놀이는 중요한 기능들이 있다
³ In children, too, / play has important functions during development.

세부 사항 1 놀이의 기능 1: 유아기의 주변 탐색 학습

　　가장 초기에서부터 　　　(유아기의) 　　　놀이는 방법이다 　[아이들이 배우는 　　세상과 세상에서 자신들의 위치에 대해]
⁴ From its earliest beginnings (in infancy), / play is *a way* [in which children learn / about the world and their place in it].
　　　　　　　　　　　　　　　　　　　　　　　❶ 전치사+관계대명사

▶ **구문 ❶** 선행사 a way가 <전치사+관계대명사>가 이끄는 관계사절의 수식을 받고 있다.

세부 사항 2 놀이의 기능 2: 아동기의 신체 능력 발달

　아이들의 놀이는 　　　　훈련장으로 적합하다 　　(신체 능력을 발달시키기 위한) 　즉 기술들을 　(걷기, 달리기, 그리고 점프하기와 같은)
⁵ Children's play / serves as a training ground (for developing physical abilities) — / *skills* (like walking, running, and jumping)

　　[일상생활에 필요한]
[that are necessary for everyday living].
관계대명사

세부 사항 3 놀이의 기능 3: 성인기에 중요할 사회적 행동 습득

　놀이는 또한 아이들이 (~하도록) 한다 　　사회적 행동을 시도하고 배우도록 　　　　그리고 가치관과 성격 특성을 습득하도록
⁶ Play also allows children / to try out [and] learn social behaviors / [and] to acquire *values and personality traits*
　　S 　　❷ V 　　　　　O 　　　C₁ 　　　　　C₂ 　　　　　　　　C₃

　　[성인기에 중요할] 　　　예를 들어 　그들은 배운다 　　다른 사람들과 경쟁하고 협력하는 방법을
[that will be important in adulthood]. ⁷ For example, / they learn // how to compete [and] cooperate with others, /
관계대명사 　　　　　　　　　　　　　　　　　　　　S 　　V 　　　　　❸ O₁

　　이끌고 따르는 방법을 　　　　　결정을 내리는 방법 등을
how to lead [and] follow, / how to make decisions, and so on.
　　O₂ 　　　　　　　　　O₃

▶ **구문 ❷** <allow+O+to-v>는 'O가 v하도록 하다[두다]'의 의미이며 목적격보어로 쓰인 to try out, (to) learn, to acquire이 접속사 and로 연결되어 있다.

　❸ 동사 learn의 목적어 역할을 하는 <how to-v (~하는 방법)> 명사구 세 개가 콤마(,)로 연결되어 있다.

해석 [1] 인간뿐만 아니라 동물도 놀이 활동에 참여한다. [2] 동물에게 놀이는 오랫동안 미래 생존에 필요한 기술과 행동을 배우고 연습하는 방식으로 여겨져 왔다. [3] 아이들에게도 발달하는 동안에 놀이는 중요한 기능들이 있다. [4] 유아기의 가장 초기에서부터, 놀이는 아이들이 세상과 세상에서 자신들의 위치에 대해 배우는 방법이다. [5] 아이들의 놀이는 신체 능력, 즉 일상생활에 필요한 걷기, 달리기, 그리고 점프하기와 같은 기술들을 발달시키기 위한 훈련장으로 적합하다. [6] 놀이는 또한 아이들이 사회적 행동을 시도하고 배우며, 성인기에 중요할 가치관과 성격 특성을 습득하도록 한다. [7] 예를 들어, 그들은 다른 사람들과 경쟁하고 협력하는 방법과, 이끌고 따르는 방법과, 결정을 내리는 방법 등을 배운다.

① 창의적인 발상을 시도하는 것의 필요성
② 아이들의 발달에서 놀이의 역할
③ 인간과 동물 놀이 사이의 차이
④ 아이들의 신체 능력이 놀이에 미치는 영향
⑤ 다양한 발달 단계에서 아이들의 요구

해설 (1), (2) 놀이에는 아이들의 발달에 중요한 기능들이 있다고 했고 이어지는 내용에서 구체적으로 그 기능을 열거하고 있다. 즉 놀이는 아이들의 발달 단계에 따라 주변 탐색, 신체 능력 발달, 사회적 행동 습득 등의 기능을 한다. 그러므로 General Word는 functions이고, 글의 주제로 가장 적절한 것은 ②이다.

오답확인 (2) ④ 아이들의 놀이가 걷기, 달리기 등과 같은 신체 능력을 발달시키는 역할을 한다고 했지만 반대로 아이들의 신체 능력이 놀이에 미치는 영향은 언급되지 않았다.

Stage 2 Concept의 꼼꼼 확인

p.126

> **1** (1) 주제문: That said, ~ in the classroom., General Word: consequences (2) ①
> **2** (1) 주제문: However, ~ to know., General Word: things (2) ②
> **3** (1) 주제문: As a result, ~ reduce risk., General Word: strategies (2) ⑤
> **4-1** ④   **4-2** ①

---

1 (1) 주제문: That said, ~ in the classroom., General Word: consequences (2) ①

직독직해 & 지문구조 [심리] 지나친 자신감의 부정적인 결과

도입부 자신감은 긍정적 특성으로 여겨짐

어떤 사람은 궁금해할지도 모른다   어떤 이유라도 있는지   (학생들의 지나친 자신감에 대해 걱정할)
[1] One might wonder // whether there is *any reason* (to be concerned about overconfidence in students).
    S   V   접속사   V'   S'   형용사적 용법(명사 수식)

어쨌든   자신감은 흔히 긍정적인 특성으로 여겨진다
[2] After all, / confidence is often considered a positive trait.
      S   V   C

도입부의 논거 연구 결과: 자신감이 있는 학생들이 시험을 더 잘 봄

실제로   연구는 보여 준다   학생들이   [자신감이 있는   자신들의 능력에   (학교에서 성공할)]
[3] Indeed, / research suggests // that *students* [who are confident / about their ability (to succeed in school)] /
           S   V   접속사   S'   관계대명사   =

학업 시험에서 더 잘하는 경향이 있음을   학생들보다   (자신감이 덜 있는)
tend to perform better on academic tests / than those (with less confidence).
  V'   ❶(= students)

▸ **구문 ❶** 비교급은 비교하는 대상의 의미나 형태, 격, 수가 대등해야 한다. 앞의 students ~ in school과 비교하는 것이므로 복수형 대명사인 those가 쓰였다.

주제문 지나친 자신감의 부정적인 결과

그렇긴 하지만   지나치게 자신감 있는 것으로부터 부정적인 결과도 생겨난다   학급에서
[4] That said, / negative consequences also stem from being too confident / in the classroom.
    ❷   S   V

▸ **구문 ❷** that said는 앞서 말한 의견의 강도를 줄이고 대조되거나 반대되는 내용으로 전환할 때 사용하며 '그렇긴 하지만'으로 해석한다. having said that 또는 despite what has just been said와 같은 의미이다.

학생들은　　　　　　[과신하는　　　　　　　자신의 능력에 대해　　　　(대학에서 성공할)]　　　결국 (세상과) 단절되고 환상이 깨지는 느낌을 더 받게 된다
⁵ *Students* [who are overconfident / about their ability (to succeed in college)] end up feeling more disconnected and
　　　S　　　관계대명사　　　　　　　　　　　　　　　　　　　　　　=　　　　　　　　　　　　V

　　　　　　학생들보다　　　　(더 적당한 기대감을 가진)
disillusioned / than those (with more modest expectations).
　　　　　　　(= students)

　　　　　지나친 자신감은 학생들이 ~하게 둘 수 있다　　　　잘못된 생각을　　　　자신들이 시험에 충분히 준비되어 있다는
⁶ Overconfidence can also leave students / with mistaken impressions // that they are fully prepared for tests /
　　　　　　　　　　　　　　　　　　　　❸ └──　=　──┘　 S'　 V'₁　　　　C'

　　그리고 더 공부할 필요가 없다는
and no longer need to study.
　　　V'₂　　　O'

▶ 구문 ❸ mistaken impressions와 that 이하는 동격 관계이다. 동격을 나타내는 접속사 that은 완전한 문장을 이끈다.

　　학생들은　　　　　[비교적 정확한 인식이 있는　　　　　(학습에서 자신의 진척에 관해)]　　　　　더 효과적인 공부 습관을 사용하고
⁷ *Students* [who have relatively accurate perceptions (regarding their progress in learning)] / tend to use more effective study
　　　S　　　관계대명사

　　　　　시험을 더 잘 보는 경향이 있다　　　학생들보다　　(오류가 더 생기기 쉬운 관점을 가진　　(자신의 지식에 대해))
habits / and perform better on tests // than do those (with more error-prone views (of their knowledge)).
　　　　　접속사 ❹ 조동사 (= students)　　　　　　　　　　　　　　　 S'

▶ 구문 ❹ than 이하에 앞에서 언급된 내용이 반복될 때, 'be동사/조동사(do, have)'로 대신하고 도치시킨다. 이때 비교 대상은 '주어'끼리여야 하며, 비교 대상인 '주어'가 새롭고 중요한 정보이기 때문에 도치된다. 여기서 do는 tend to ~ on tests를 대신한다.

해석 ¹어떤 사람은 학생들의 지나친 자신감에 대해 걱정할 어떤 이유라도 있는지 궁금해할지도 모른다. ²어쨌든, 자신감은 흔히 긍정적인 특성으로 여겨진다. ³실제로, 연구는 학교에서 성공할 자신들의 능력에 자신감이 있는 학생들이 자신감이 덜 있는 학생들보다 학업 시험에서 더 잘하는 경향이 있음을 보여준다. ⁴그렇긴 하지만, 학급에서 지나치게 자신감 있는 것으로부터 부정적인 결과도 생겨난다. ⁵대학에서 성공할 자신의 능력에 대해 과신하는 학생들은 더 적당한 기대감을 가진 학생들보다 결국 (세상과) 단절되고 환상이 깨지는 느낌을 더 받게 된다. ⁶지나친 자신감은 학생들이 시험에 충분히 준비되어 있고 더 공부할 필요가 없다는 잘못된 생각을 하게 둘 수 있다. ⁷학습에서 자신의 진척에 관해 비교적 정확한 인식이 있는 학생들은 자신의 지식에 대해 오류가 더 생기기 쉬운 관점을 가진 학생들보다 더 효과적인 공부 습관을 사용하고 시험을 더 잘 보는 경향이 있다.

① 학교생활에서 학생의 지나친 자신감의 부정적인 영향
② 대학 전공을 선택하기 위해 고려해야 할 중요한 요소들
③ 학생들의 자신감을 키우기 위한 유용한 전략들
④ 학교에서의 학업 시험의 변화하는 역할
⑤ 나쁜 공부 습관을 고칠 효과적인 방법들

해설 (1), (2) 도입부에서 자신감 있는 학생이 시험을 더 잘 보는 경향이 있다고 하며 자신감의 긍정적인 특성을 언급했다. 그러나 주제문에서 학생의 지나친 자신감에서 나오는 부정적 결과들이 있음을 지적하며 내용이 전환된다. 그러므로 General Word는 consequences이고, 이어지는 세부 사항에서 이를 구체적으로 열거하고 있으므로 글의 주제로 가장 적절한 것은 ①이다.

오답확인 (2) ③ 학생들의 자신감을 키우기 위한 전략이 아니라 오히려 학생들의 자신감이 과도해서 생길 수 있는 부정적 결과에 관한 내용이다.

---

2 (1) 주제문: However, ~ to know., General Word: things　(2) ②

직독직해 & 지문구조 [환경] 댐의 부정적인 영향

　　　수력 발전은　　　　　깨끗하고 재생 가능한 에너지원이다
¹ Hydroelectric power / is a clean and renewable power source.

　　하지만　　　　몇 가지가 있다　　(댐에 관하여)　　[알아두는 것이 중요한]
² However, / there are *a few things* (about dams) [that are important to know].
　　　　　　　V　　　S　　　　　　　　　　　　　관계대명사　　　부사적 용법(형용사 수식)

세부 사항 1 | 댐에 관해 알아야 하는 것 1: 넓은 면적이 물에 잠김

수력 발전 댐을 건설하려면　　　　　댐 뒤에 넓은 면적이 물에 잠겨야 한다　　　　때때로 지역 사회 전체가
³ To build a hydroelectric dam, / a large area must be flooded behind the dam. ⁴ Whole communities sometimes
　❶ 부사적 용법(목적)　　　　　　　　　　　S　　　　　　　V　　　　　　　　　　　　　　　　　　　S

옮겨져야 한다　　　　다른 곳으로　　　　숲 전체가 물에 잠길 수 있다
have to be moved / to another place. ⁵ Entire forests can be drowned.
　　　V

▸ 구문 ❶ 목적을 나타내는 부사적 용법의 to-v로 in order to-v나 so as to-v로도 쓸 수 있다.

세부 사항 2 | 댐에 관해 알아야 하는 것 2: 강 하류 생태계에 미치는 악영향

물은　　　　(댐에서 방류된)　　　　평상시보다 더 차가울 수 있다　　그리고 이것이 생태계에 영향을 미칠 수 있다
⁶ The water (released from the dam) / can be colder than usual // and this can affect the ecosystems
　S₁　　　　　　　　　　　　　　　　　　　V₁　　　　　　　　　　　　　　S₂　　V₂

(강 하류의)
(in the rivers downstream).

세부 사항 3 | 댐에 관해 알아야 하는 것 3: 강기슭과 강바닥에 미치는 악영향

이것은 또한 강기슭을 쓸어 갈 수 있다　　　그리고 강바닥의 생물을 전멸시킬 수도 있다
⁷ It can also wash away riverbanks / and destroy life on the river bottoms.
　S　　　　　V₁　　　　　　　　　　　　　　V₂

세부 사항 4 | 댐에 관해 알아야 하는 것 4: 연어에게 미치는 악영향

가장 나쁜 영향은　　(댐의)　　관찰되어 왔다　　연어에서　　[강을 거슬러 올라 이동해야 하는　　알을 낳기 위해]
⁸ The worst effect (of dams) / has been observed / on *salmon* [that have to travel upstream / to lay their eggs].
　S　　　　　　　　　❷　　V　　　　　　　　　　　관계대명사　　　　　　　　　　　　　부사적 용법(목적)

댐에 의해 막히면　　　　　　연어의 생의 주기는 끝마쳐질 수 없다
⁹ If they are blocked by a dam, // their life cycle cannot be completed.
접속사 S′　　V′　　　　　　　S　　　　　　　V

▸ 구문 ❷ 주어가 The worst effect이므로 단수동사가 쓰였다. of dams는 The worst effect를 수식하는 전치사구이므로, dams를 주어로 착각하지 않도록 주의한다.

해석 ¹수력 발전은 깨끗하고 재생 가능한 에너지원이다. ²하지만, 댐에 관하여 알아두는 것이 중요한 몇 가지가 있다. ³수력 발전 댐을 건설하려면, 댐 뒤에 넓은 면적이 물에 잠겨야 한다. ⁴때때로 지역 사회 전체가 다른 곳으로 옮겨져야 한다. ⁵숲 전체가 물에 잠길 수 있다. ⁶댐에서 방류된 물은 평상시보다 더 차가울 수 있고 이것이 강 하류의 생태계에 영향을 미칠 수 있다. ⁷이것은 또한 강기슭을 쓸어 가고 강바닥의 생물을 전멸시킬 수도 있다. ⁸댐의 가장 나쁜 영향은 알을 낳기 위해 강을 거슬러 올라 이동해야 하는 연어에서 관찰되어 왔다. ⁹댐에 의해 막히면, 연어의 생의 주기는 끝마쳐질 수 없다.

① 에너지 절약의 필요성　　② 수력 발전 댐의 어두운 면
③ 수력 발전소의 유형　　　④ 재생 가능 에너지원의 인기
⑤ 환경 보호의 중요성

해설 (1), (2) 수력 발전은 깨끗하고 재생 가능한 에너지원이지만, 댐에 관해서 알아두어야 할 중요한 몇 가지가 있다고 했다. 따라서 General Word는 things이다. 이어지는 세부 사항에 넓은 면적이 물에 잠기고, 강 하류 생태계와 강기슭, 그리고 연어의 생의 주기에 악영향을 미친다는 문제점들이 나열되어 있으므로, 글의 주제로 가장 적절한 것은 ②이다.

오답확인 (2) ⑤ 댐 건설이 환경에 미치는 악영향은 댐의 좋지 않은 영향 중 하나로 언급된 세부 사항이며, 환경을 보호하는 것이 중요하다는 내용은 아니다.

---

3 (1) 주제문: As a result, ~ reduce risk., General Word: strategies (2) ⑤

직독직해 & 지문구조 [생활] 위험을 줄이기 위한 소비 전략

도입부 | 일반적으로 소비자들은 위험 감수를 불편해함

소비자들은 일반적으로 불편해한다　　　　높은 위험을 감수하는 것을
¹ Consumers are generally uncomfortable / with taking high risks.

주제문 | 소비자들은 (제품을 잘못 구입하는) 위험을 줄이기 위해 전략을 사용함

그 결과　　　소비자들은 대개 동기 부여를 받는다　　많은 전략을 사용하도록　　위험을 줄이기 위해
² As a result, / they are usually motivated / to use a lot of strategies / to reduce risk.
　　　　　　　S　　　　　V　　　　　　　　　　　C　　　　　　　　부사적 용법(목적)

소비자들은 추가적인 정보를 수집할 수 있다   온라인 조사를 수행하거나   뉴스 기사를 읽거나   친구들에게 이야기하거나

³ Consumers can collect additional information / by conducting online research, / reading news articles, / talking to friends /
　　　　　　　　　　　　　　　　　　　　　❶   v-ing(동명사)구 병렬　　　　v-ing(동명사)구 병렬　　　　v-ing(동명사)구 병렬

전문가와 상담함으로써

or consulting an expert.
　　v-ing(동명사)구 병렬

▶ **구문 ❶** <by v-ing>는 'v함으로써'라는 의미로, 전치사 by의 목적어로 쓰인 동명사구 네 개가 콤마(,)와 or로 연결되어 있다.

소비자들은 또한 불확실성을 줄인다   동일한 브랜드를 구매함으로써   [자신들이 지난번에 구매했던]   믿으면서   그 제품이

⁴ Consumers also reduce uncertainty / by buying *the same brand* [that they did the last time], / believing // that the product
　　　　　　　　　　　　　　　　　　　　　　　　　　　관계대명사　(= bought)　　　분사구문　　　접속사
　　(= as[while] they believe ~)

적어도 만족스러울 것이라고   자신들의 지난 구입품만큼

should be at least as satisfactory / as their last purchase.
　　　❷

▶ **구문 ❷** should는 '의무'를 나타내는 조동사로 많이 쓰이지만 여기서는 '~일 것이다'라는 '추측'의 의미로 쓰였다.

게다가   몇몇 소비자들은 이용할 수도 있다   간단한 결정 규칙을   [결과적으로 더 안전한 선택을 야기하는]

⁵ In addition, / some consumers may employ / a simple decision rule [that results in a safer choice].
　　　　　　　　　S　　　　　V　　　　　　　　　　　　　　　　　　관계대명사

예를 들어   어떤 사람은 가장 비싼 물품을 살지도 모른다   혹은 아주 많이 광고되는 브랜드를 선택할지도 모른다

⁶ For example, / someone might buy the most expensive offering / or choose a heavily advertised brand /
　　　　　　　　　S　　　V₁　　　　　　　　　　　　　　　　　　　　　V₂

믿음으로   해당 브랜드가 더 높은 품질을 갖추고 있다는   다른 브랜드들보다

in the belief // that this brand has higher quality / than other brands.
　　　❸ └────┘ 접속사

▶ **구문 ❸** the belief와 that절은 동격 관계이다. 동격을 나타내는 접속사 that은 완전한 문장을 이끈다.

해석 ¹소비자들은 일반적으로 높은 위험을 감수하는 것을 불편해한다. ²그 결과, 소비자들은 대개 위험을 줄이기 위해 많은 전략을 사용하도록 동기 부여를 받는다. ³소비자들은 온라인 조사를 수행하거나, 뉴스 기사를 읽거나, 친구들에게 이야기하거나 전문가와 상담함으로써 추가적인 정보를 수집할 수 있다. ⁴소비자들은 또한 그 제품이 적어도 자신들의 지난 구입품만큼 만족스러울 것이라고 믿으면서, 자신들이 지난번에 구매했던 동일한 브랜드를 구매함으로써 불확실성을 줄인다. ⁵게다가, 몇몇 소비자들은 결과적으로 더 안전한 선택을 야기하는 간단한 결정 규칙을 이용할 수도 있다. ⁶예를 들어, 어떤 사람은 해당 브랜드가 다른 브랜드들보다 더 높은 품질을 갖추고 있다는 믿음으로 가장 비싼 물품을 사거나 아주 많이 광고되는 브랜드를 선택할지도 모른다.

① 더 낮은 가격, 더 높은 판매량
② 과도한 정보는 스트레스를 유발한다
③ 광고는 TV 시청자들에게는 소음
④ 위험 감수하기는 더 큰 수익의 원천
⑤ 안전한 구매는 소비자들이 간절히 추구하는 것

해설 (1), (2) 주제문에서 소비자들이 위험을 줄이기 위해 많은 전략들을 사용한다고 한 후, 세부 사항에서 정보 수집, 사용했던 브랜드 재구매, 구매 결정 규칙 사용과 같은 여러 전략들을 열거하고 있다. 따라서 General Word는 strategies이다. 위험을 줄이기 위한 구매 전략을 Safe Purchase로 표현한 ⑤가 글의 제목으로 가장 적절하며, What Consumers Pursue Eagerly도 세부 사항에 열거된 많은 전략들의 내용을 잘 종합하여 표현한 것이라 볼 수 있다.

오답확인 (2) ④ 소비자들이 여러 구매 전략을 사용하는 것은 물건을 잘못 사게 되는 위험을 감수하지 않기 위해서이며, 위험을 감수하는 것이 더 큰 수익의 원천이라는 내용은 언급되지 않았다.

4-1 ④

해석 주제문: 개구리들은 여전히 물과의 많은 유대를 유지하고 있었다.
a. 개구리는 반드시 물 근처에 머물러야 하는데, 그것이 물에 젖은 피부로 호흡하기 때문이다.
b. 개구리들은 그것의 물고기 같은 조상들이 그랬던 것처럼, 반드시 물속에 알을 낳아야 한다.

c. 물속에 낳은 알들은 살아남으려면 반드시 수중 생물로 발달해야 한다.

① 비밀   ② 포식자   ③ 서식지   ⑤ 이점

해설 피부가 물에 젖어야 숨을 쉬고, 물속에 알을 낳고, 알이 수중 생물로 발달해야 한다는 세부 사항들을 통해 개구리는 물과 많은 유대를 가지고 있음을 추론할 수 있다.

4-2 ①

직독직해 & 지문구조 [환경] 신선함에 대한 요구가 낳는 환경 비용

주제문　환경 비용이 드는 신선함에 대한 수요

수요는　　　(신선함에 대한)　　　숨겨진 환경 비용을 가지고 있을 수 있다
¹ The demand (for freshness) / can have hidden environmental costs.
　　S　　　　　　　　　　　V　　　　　　　　O

세부 사항 1　숨겨진 환경 비용 1: 온실 이용과 품질 관리 (비용)

신선함은 현재 (~로) 사용되고 있지만　　식품 마케팅에서 하나의 용어로　　자연으로 돌아가자는 일환으로　　　수요는
² While freshness is now being used / as a term in food marketing / as part of a return to nature, // the demand
　접속사　　S'　　　　V'　　　　　　　　　　　　　　　　　　　　　　　　　　　　　　　　　　　S

(신선한 농산물을 연중 내내 공급하는 것에 대한　(단단한 껍질이나 씨가 없는 작은 과일과 외래 채소와 같은))　　광범위한 이용을 낳았다
(for year-round supplies of fresh produce (such as soft fruit and exotic vegetables)) / has led to the widespread use
　　　　　　　　　　　　　　　　　　　　　　　　　　　　　　　　　　　　　　　●　V　　　　　O₁

(온실의)　　추운 기후에서　그리고 증가하는 의존을 (낳았다)　(종합적 품질 관리에 대한)　　즉 온도 조절 관리
(of hot houses) / in cold climates / and increasing reliance (on total quality control)— / management by temperature
　　　　　　　　　　　　　　　　O₂

살충제 사용　　　그리고 컴퓨터/위성 기반의 유통
control, / use of pesticides / and computer/satellite-based logistics.

▶ **구문 ●** 문장의 주어는 the demand이고, 동사는 has led to이다. 동사의 목적어로 the widespread use ~ climates와 increasing reliance 이하가 접속사 and로 연결되었다.

세부 사항 2　숨겨진 환경 비용 2: 음식 낭비(로 인한 비용)

수요는　　(신선함에 대한)　　또한 걱정의 원인이 되어 왔다　(음식 낭비에 대한)
³ The demand (for freshness) / has also contributed to concerns (about food wastage).
　　S　　　　　　　　　　　　　　V

세부 사항 2의 상술　유통기한과 초과 주문에 의해 음식 쓰레기가 많아짐

사용은　('유통기한', '팔아도 되는 기한', '먹어도 되는 기한'의 라벨)　제도적 낭비를 법적으로 허용해왔다　(환경) 운동가들은 스캔들을 폭로해왔다
⁴ Use (of 'best before', 'sell by' and 'eat by' labels) / has legally allowed institutional waste. ⁵ Campaigners have exposed
　S　　　　　　　　　　　　　　　　　　　　　　　　　　　V

(과잉 생산과 낭비라는)　　트리스트램 스튜어트는　한 사람인데　(쓰레기 반대 운동가들로 이뤄진 세계적 집단의)
the scandal (of over-production and waste). ⁶ Tristram Stuart, / one (of the global band of anti-waste campaigners), /
　　　　　　　　　　　　　　　　　　　　　　　　S　　　=

(~라고) 주장한다　　갓 만든 샌드위치의 경우　　　소매업 부문 전체에 걸쳐 초과 주문하는 것이 표준적 관행이라고
argues // that, with freshly made sandwiches, / over-ordering is standard practice across the retail sector /
　V　　접속사　　　　　　　　　　　　　　　　S'　　　　V'　　　　C'

선반 공간이 비어 있는 모습을 피하기 위해　　이는 막대한 양의 쓰레기를 야기한다　　공급이 자주 수요를 초과하면
to avoid the appearance of empty shelf space, / leading to high volumes of waste // when supply regularly exceeds demand.
　　부사적 용법(목적)　　　　　　　　　　　● 분사구문(= and it leads to ~)　　접속사

▶ **구문 ❷** 분사구문의 의미상의 주어는 앞 문장 전체이고, 분사구문이 '결과'를 나타낸다.

해석 ¹신선함에 대한 수요는 숨겨진 환경 비용을 가지고 있을 수 있다. ²신선함은 현재 식품 마케팅에서 자연으로 돌아가자는 일환으로 하나의 용어로 사용되고 있지만, 단단한 껍질이나 씨가 없는 작은 과일과 외래 채소와 같은 신선한 농산물을 연중 내내 공급하는 것에 대한 수요는 추운 기후에서 온실의 광범위적 이용과 종합적 품질 관리, 즉 온도 조절 관리, 살충제 사용과 컴퓨터/위성 기반의 유통에 대한 증가하는 의존을 낳았다. ³신선함에 대한 수요는 또한 음식 낭비에 대한 걱정의 원인이 되어 왔다. ⁴'유통기한', '팔아도 되는 기한', '먹어도 되는 기한'의 라벨 사용은 제도적 낭비를 법적으로 허용해왔다. ⁵(환경) 운동가들은 과잉 생산과 낭비라는 스캔들을 폭로해왔다. ⁶트리스트램 스튜어트는 쓰레기 반대 운동가들로 이뤄진 세계적 집단의 한 사람인데, 갓 만든 샌드위치의 경우 소매업 부문 전체에 걸쳐 선반 공간이 비어 있는 모습을 피하기

위해 초과 주문하는 것이 표준적 관행이며 이는 공급이 자주 수요를 초과하면 막대한 양의 쓰레기를 야기한다고 주장한다.
② 세계 기아 문제를 악화시킬
③ 기술 발전을 유발할
④ 영양과 음식 품질을 향상시킬
⑤ 지역 사회의 음식을 다양화할

해설 빈칸 문장으로 보아 신선함에 대한 수요가 어떤 결과를 낳는지를 찾아야 한다. 이어지는 세부 사항에서 여러 환경에 악영향을 주는 결과와 음식이 낭비되는 부정적인 결과가 제시되었으므로 이를 종합하면 정답은 ①이다.
오답확인 ③, ④, ⑤는 긍정적 결과이므로 정답과 무관하고, 글에서 음식이 언급되긴 했지만 기아 문제는 언급된 바가 없으므로 ② 또한 정답이 될 수 없다.

Stage 1 Concept의 찬찬 이해

p.132

1 **해석** ¹셰필드 대학의 경영학 교수인 시애라 켈리는 취미에 쓰이는 시간이 직장 생활을 어떻게 형성하는지 알아보기 위해 취미에 아주 열심인 사람 129명을 모집했다.

2 **해석** ²연구자는 ~을 시사[제의]했다 ³연구자들은 ~을 알아냈다[증명했다] ⁴이 실험은 ~을 보여 준다 ⁵이 연구는 ~을 나타낸다[드러낸다] ⁶이 조사는 ~을 설명했다[입증했다]

🌿 생생 기출 맛보기 ⑤

직독직해 & 지문구조 [심리] 지켜봐지는 신호에 민감한 협력 심리

도입부 실험 내용: 정직 상자 가까이에 눈 이미지와 꽃 이미지를 번갈아 전시함

정직 상자 가까이에   사람들이 커피값 기부금을 두는   연구자들은   (영국 뉴캐슬 대학의)
¹ Near *an honesty box*, // in which people placed coffee fund contributions, / researchers (at Newcastle University in the UK) /
❶ 전치사+관계대명사 (계속적 용법)

이미지를 번갈아 가며 놓아두었다   (눈과 꽃의)   각각의 이미지는 놓여 있었다   한 번에 일주일 동안
alternately displayed images (of eyes and of flowers). ² Each image was displayed / for a week at a time.

▶ **구문** ❶ 계속적 용법의 관계사절 in which ~ contributions는 선행사 an honesty box를 부연 설명한다. in which는 관계부사 where로 바꿔 쓸 수 있다.

실험 결과 눈이 전시되었을 때 더 많은 기부가 이뤄짐

모든 주 동안   [눈 이미지가 놓여 있던]   더 많은 기부가 이뤄졌다   주 동안보다
³ During *all the weeks* [in which eyes were displayed], / bigger contributions were made / than during *the weeks*
❷ 전치사+관계대명사

[꽃 이미지가 놓여 있던]   10주에 걸쳐   (그 연구를 한)   기부금이   ('눈 주간' 동안)
[when flowers were displayed]. ⁴ Over the ten weeks (of the study), / contributions (during the 'eyes weeks') /
관계부사

거의 세 배만큼 많았다   기부금보다   ('꽃 주간' 동안 이뤄진)
were almost three times higher / than *those* (made during the 'flowers weeks.')
❸ (= contributions)

▶ **구문** ❷ in which가 이끄는 관계사절은 선행사 all the weeks를 수식하며 in which는 관계부사 when으로 바꿔 쓸 수 있다.
❸ <A+배수+비교급+than+B>는 'A는 B보다 …배만큼 ~한'의 의미이다.

주제문 시사점: 협력 심리는 지켜봐진다는 신호에 민감함

(~이) 시사된다   '협력이라는 진화된 심리는   아주 민감하다'는 것이   지켜봐지고 있다는 미묘한 신호에
⁵ It was suggested // that 'the evolved psychology of cooperation / is highly sensitive / to subtle cues of being watched,' /
❹ 가주어   진주어₁

그리고 이 연구 결과는 암시할지도 모른다는 것이   효과적으로 넌지시 권하는 방법에 대해   사회적으로 이익이 되는 결과를 위해
and that the findings may have implications / for how to provide effective nudges / toward socially beneficial outcomes.
진주어₂

▶ **구문** ❹ It은 가주어이고, and로 연결된 두 개의 that절이 진주어이다.

해석 ¹사람들이 커피값 기부금을 두는 정직 상자 가까이에, 영국 뉴캐슬 대학의 연구자들은 눈과 꽃의 이미지를 번갈아 가며 놓아두었다. ²각각의 이미지는 한 번에 일주일 동안 놓여 있었다. ³꽃 이미지가 놓여 있던 주 동안보다 눈 이미지가 놓여 있던 모든 주 동안에 더 많은 기부가 이뤄졌다. ⁴그 연구를 한 10주에 걸쳐, '눈 주간' 동안 기부금이 '꽃 주간' 동안 이뤄진 기부금보다 거의 세 배만큼 많았다. ⁵'협력이라는 진화된 심리는 지켜봐지고 있다는 미묘한 신호에 아주 민감하다'는 것과 이 연구 결과는 사회적으로 이익이 되는 결과를 위해 효과적으로 넌지시 권하는 방법에 대해 암시할지도 모른다는 것이 시사된다.

① 정직이 최상의 방책인가?   ② 꽃이 눈보다 더 효과가 있다
③ 기부는 자존감을 높일 수 있다   ④ 더 지켜봐질수록 덜 협력적이게 된다
⑤ 눈은 더 나은 사회를 만드는 비밀의 조력자

해설 실험을 통해 기부금을 두는 상자 근처에 눈 이미지와 꽃 이미지를 매주 번갈아 가며 놓았을 때, 눈 이미지가 있던 주에 더 많은 기부가 이루어졌음을 알 수 있다. 누군가 지켜보는 것이 더 많은 기부를 유도하여, 사회적으로 이익이 되는 행동을 이끌어 낼 수 있다는 것이 시사되므로 글의 제목으로 가장 적절한 것은 ⑤이다. 지문의 being watched가 제목에서는 eyes로 상징적으로 표현된 것에 주의한다.

오답확인 ②, ④ 누군가가 지켜보고 있다는 신호가 있으면 기부를 더 많이 했다는 내용과 반대된다.
③ 기부와 자존감의 관계는 언급되지 않았다.

Stage 2 Concept의 꼼꼼 확인 p.134

1 (1) Results such as (2) ②   **2-1** ③   **2-2** ③   **3** (1) our tendency ~ innate (2) ①
4 (1) The perception ~ price. (2) ④

---

1 (1) Results such as (2) ②

직독직해 & 지문구조 [과학] 시간이 지나 회상된 기억의 부정확성

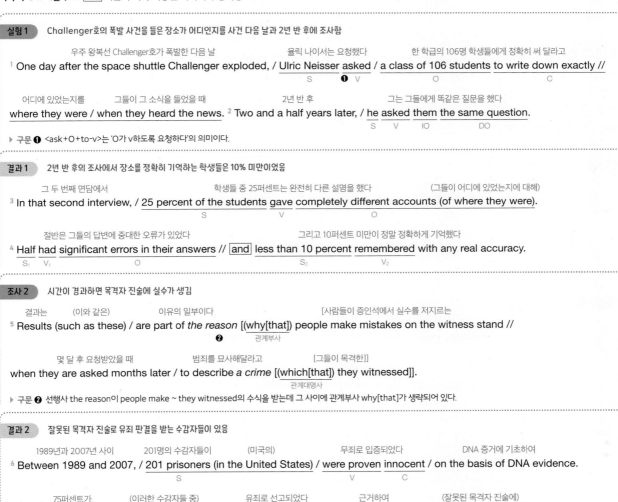

실험 1 Challenger호의 폭발 사건을 들은 장소가 어디인지를 사건 다음 날과 2년 반 후에 조사함

우주 왕복선 Challenger호가 폭발한 다음 날 / 율릭 나이서는 요청했다 / 한 학급의 106명 학생들에게 정확히 써 달라고
¹ One day after the space shuttle Challenger exploded, / Ulric Neisser asked / a class of 106 students to write down exactly //
　　　　　　　　　　　　　　　　　　　　　　　　　　　　　S 　❶ V 　　　　　　　　O 　　　　　　　　　　　　C

어디에 있었는지를 / 그들이 그 소식을 들었을 때 / 2년 반 후 / 그는 그들에게 똑같은 질문을 했다
where they were / when they heard the news. ² Two and a half years later, / he asked them the same question.
　　　　　　　　　　　　　　　　　　　　　　　　　　　　　　　　　　　S 　V 　IO 　　DO

▶ 구문 ❶ <ask+O+to-v>는 'O가 v하도록 요청하다'의 의미이다.

결과 1 2년 반 후의 조사에서 장소를 정확히 기억하는 학생들은 10% 미만이었음

그 두 번째 면담에서 / 학생들 중 25퍼센트는 완전히 다른 설명을 했다 / (그들이 어디에 있었는지에 대해)
³ In that second interview, / 25 percent of the students gave completely different accounts (of where they were).
　　　　　　　　　　　　　　S 　　　　　　　V 　　　　　　　　　O

절반은 그들의 답변에 중대한 오류가 있었다 / 그리고 10퍼센트 미만이 정말 정확하게 기억했다
⁴ Half had significant errors in their answers // and less than 10 percent remembered with any real accuracy.
　S₁ V₁ 　　　　　O 　　　　　　　　　　　　　　S₂ 　　　　　　V₂

조사 2 시간이 경과하면 목격자 진술에 실수가 생김

결과는 / (이와 같은) / 이유의 일부이다 / [사람들이 증인석에서 실수를 저지르는
⁵ Results (such as these) / are part of *the reason* [(why[that]) people make mistakes on the witness stand //
　　　　　　　　　　　　　　　　　　　　❷ 　관계부사

몇 달 후 요청받았을 때 / 범죄를 묘사해달라고 / [그들이 목격한]]
when they are asked months later / to describe *a crime* [(which[that]) they witnessed]].
　　　　　　　　　　　　　　　　　　　　　　　　　　　　관계대명사

▶ 구문 ❷ 선행사 the reason이 people make ~ they witnessed의 수식을 받는데 그 사이에 관계부사 why[that]가 생략되어 있다.

결과 2 잘못된 목격자 진술로 유죄 판결을 받는 수감자들이 있음

1989년과 2007년 사이 / 201명의 수감자들이 / (미국의) / 무죄로 입증되었다 / DNA 증거에 기초하여
⁶ Between 1989 and 2007, / 201 prisoners (in the United States) / were proven innocent / on the basis of DNA evidence.
　　　　　　　　　　　　　S 　　　　　　　　　　　　　　V 　　C

75퍼센트가 / (이러한 수감자들 중) / 유죄로 선고되었다 / 근거하여 / (잘못된 목격자 진술에)
⁷ Seventy-five percent (of those prisoners) / had been declared guilty / on the basis (of mistaken eyewitness accounts).
　　S 　　　　　　　　　　　　　　　　V 　　　　　　　C

해석 ¹ 우주 왕복선 Challenger호가 폭발한 다음 날, 율릭 나이서는 한 학급의 106명 학생들에게 그들이 그 소식을 들었을 때 어디에 있었는지를 정확히 써 달라고 요청했다. ² 2년 반 후, 그는 그들에게 똑같은 질문을 했다. ³ 그 두 번째 면담에서 학생들 중 25퍼센트는 그들이 어디에 있었는지에 대해 완전히 다른 설명을 했다. ⁴ 절반은 그들의 답변에 중대한 오류가 있었고 10퍼센트 미만이 정말 정확하게 기억했다. ⁵ 이와 같은 결과는 사람들이 그들이 목격한 범죄를 묘사해달라고 몇 달 후 요청받았을 때 증인석에서 실수를 저지르는 이유의 일부이다. ⁶ 1989년과 2007년 사이, 미국의 201명의 수감자들이 DNA 증거에 기초하여 무죄로 입증되었다. ⁷ 이러한 수감자들 중 75퍼센트가 잘못된 목격자 진술에 근거하여 유죄로 선고되었다.

① 주요 우주 비행 임무 실패의 원인
② 시간이 지나 회상된 기억의 부정확성
③ 증인을 위협으로부터 보호하는 것의 중요성
④ 사람들의 장기 기억을 향상시키는 요소들
⑤ 범죄 조사에서 DNA 증거를 수집하는 방법

해설 (1) 폭발 사고 뉴스를 들은 장소 관련 조사와 범죄 목격과 관련된 조사로 나눌 수 있다. 그러므로 두 번째 부분이 시작되는 문장은 두 번째 조사에 대한 설명이 시작되는 Results such as ~이다.

(2) 첫 번째 실험에서 학생 대부분은 시간이 지나고 똑같은 질문에 다른 설명을 했고, 두 번째 조사 내용에서는 범죄 목격자가 몇 달 전에 목격한 범죄를 잘못 증언해서 유죄가 선고된 경우가 있다고 했다. 즉 시간의 흐름(원인)이 기억의 오류(결과)를 가져온 것이므로, 글의 주제로 가장 적절한 것은 ②이다.

오답확인 (2) ③ 증인에 관한 내용은 글의 중반부터 등장하는데 시간이 지나고 회상된 기억의 부정확성을 보여주기 위한 하나의 사례로 제시된 것이다. 증인을 위협으로부터 보호하는 것의 중요성은 언급되지 않았다.
④ 장기 기억의 향상에 관한 내용은 언급되지 않았다.

2-1 ③

해석 연구 내용: 똑똑한 쥐들은 표준 우리에서 길러진 반면 열등한 쥐들은 장난감과 운동용 쳇바퀴가 있고 사회적 상호 작용이 많은 큰 우리에서 길러졌다.

연구 결과: 연구가 끝날 무렵, 비록 지적으로 열등한 쥐들은 유전적인 장애가 있었지만 유전적으로 우월한 쥐들만큼 잘 수행할 수 있었다. 이것은 천성에 대한 양육의 진정한 승리였다.

시사점: 유전자는 여러분 주변에 있는 것에 따라 활성화되거나 비활성화된다.
① 생존을 위해 단독적으로
② 사회적 상호 작용 없이

④ 유전적 우월성에 따라
⑤ 우리 스스로를 즐겁게 유지하기 위해

해설 연구는 지능이 열등한 쥐를 우월한 쥐보다 더 좋은 환경에서 길렀을 때 열등한 쥐의 수행이 우월한 쥐만큼 향상되었다는 내용이다. 이것이 시사하는 바는 환경과 같은 후천적 양육이 지능과 같은 선천적인 유전적 특질을 향상시킬 수 있다는 것이다. 이를 시사점으로 간단히 표현하면 유전자는 주변에 있는 것에 따라 활성화되거나 비활성화된다는 의미와 같다.

2-2 ③

직독직해 & 지문구조 사회 사람들의 중요성 인식에 영향을 미치는 뉴스 보도의 양

뉴스 보도의 양이 사람들의 중요성 인지에 영향을 미침

분명히   양은   (뉴스 보도의)   큰 변화를 가져올 수 있다   '인지하는' 중요성에   (어떤 문제에 대해)
⁶ Clearly, / the amount (of news coverage) / can make a big difference / in the *perceived* significance (of an issue) /

(뉴스 보도를) 보는 사람들 간에   그들이 그 보도에 노출되면서
among observers // as they are exposed to the coverage.
                         접속사

해석 ¹2001년 9월 11일 테러리스트 공격의 10주기가 다가오면서, 9/11 관련 언론 기사의 양이 그 기일 바로 전후 시기에 최고조에 달했고, 그러고 나서 그 후 몇 주 뒤에 급격히 줄어들었다. ²그 시기 동안 실시된 조사는 시민들에게 지난 70년 동안에 있었던 '특히 중요한' 두 가지 사건을 선택하도록 요청했다. ³미디어 대선전이 시작되기 전인 기일 2주 전, 응답자의 약 30퍼센트가 9/11을 언급했다. ⁴그러나 기일이 더 가까워지고, 미디어 보도가 증가하면서, 설문 응답자들이 늘어난 숫자로 9/11을 알아보기 시작했는데, 그 수가 65퍼센트까지 높았다. ⁵그러나 2주 후에 보도가 이전 수준으로 줄어든 후에는, 다시 한번 (설문) 참여자의 약 30퍼센트만이 지난 70년의 특히 중요한 두 가지 사건 중에 그것을 생각해냈다. ⁶분명히, 뉴스 보도의 양은 (뉴스 보도를) 보는 사람들이 그 보도에 노출되면서 그들 간에 어떤 문제에 대해 '인지하는' 중요성에 큰 변화를 가져올 수 있다.

① 정확성 ② 어조 ④ 출처 ⑤ 종류

해설 뉴스 보도의 '무엇' 때문에 보는 사람들이 문제의 중요성을 인지하는 데 큰 변화가 생기는지를 추론해야 한다. 9/11 관련 언론 보도가 '증가'함에 따라 더 많은 사람이 9/11을 중요한 사건으로 언급했고, 보도가 '감소'하자 그 사건을 중요하게 인식하는 사람의 수도 줄었다고 했다. 그러므로 빈칸에 들어갈 말로 가장 적절한 것은 ③이다.

오답확인 ① 뉴스 보도가 정확하다고 사람들이 관련 사건을 더 중요하게 인식한다는 내용은 아니었다.
⑤ 뉴스 보도의 종류에 따라 사건에 대한 중요성 인식이 달라졌다는 내용은 언급되지 않았다.

3 (1) our tendency ~ innate (2) ①

직독직해 & 지문구조 [심리] 내집단 구성원을 선호하는 선천적 경향

시사점: 내집단과 동일시하려는 성향은 유아기에 시작됨

2007년에 있었던 연구에서   하버드 대학의 캐서린 킨슬러와 그녀의 동료들은 (~을) 보여 주었다   우리의 성향이   (내(內)집단과 동질감을 갖는)
¹ In their study in 2007 / Katherine Kinzler and her colleagues at Harvard showed // that *our tendency* (to identify with
                         S   V   접속사   S'   =

대부분 유아기에 시작됨을   그리고 선천적일 수 있음을
an in-group) / to a large degree begins in infancy / and may be innate.
                       V'₁   V'₂   C'

유아에게 모국어 화자와 외국어 화자의 영상을 보여줌

킨슬러와 그녀의 팀은   한 무리의 5개월 된 아기들을 골랐다   [가족이 영어만을 말하는]   그리고 그 아기들에게 영상
² Kinzler and her team / took *a bunch of five-month-olds* [whose families only spoke English] / and showed the babies
     S   V₁   ❶ 관계대명사   V₂   IO

두 개를 보여 주었다   한 영상에서   한 여성이 영어를 말하고 있었다   다른 영상에서는   한 여성이 스페인어를 말하고 있었다
two videos. ³ In one video, / a woman was speaking English. ⁴ In the other, / a woman was speaking Spanish.
   DO

그러고 나서   그들(아기들)에게 화면을 보여 주었다   두 여성이 모두 나란히 있는   말없이   유아 심리학 연구에서
⁵ Then / they were shown a screen / with both women side by side, / not speaking. ⁶ In infant psychology research, /

표준 척도는   (애착이나 관심의)   주목인데   아기들은 분명 ~을 더 오래 응시하기 마련이다   것들
the standard measure (for affinity or interest) / is attention — // babies will apparently stare longer at / *the things*
   S   V   C   S   V

[자신들이 더 좋아하는]
[(that) they like more].
관계대명사

▶ **구문 ❶** 선행사인 a bunch of five-month-olds와 관계대명사 뒤에 오는 명사 families가 소유 관계이므로 소유격 관계대명사 whose가 쓰였다.

실험 결과 유아들은 모국어 화자를 더 좋아함 (같은 부류에 대한 내재적 선호)

킨슬러의 연구에서　　　　아기들은 영어 사용자들을 응시했다　　　더 오래　　　다른 연구들에서　　　연구자들은 발견했다
⁷ In Kinzler's study, / the babies stared at the English speakers / longer. ⁸ In other studies, / researchers have found //

유아들이 (~할) 가능성이 더 높다는 점을　장난감을 받을　누군가에 의해 주어지는　[그들과 같은 언어를 사용하는]　　　심리학자들은
that infants are more likely / to take a toy (offered by someone [who speaks the same language as them]). ⁹ Psychologists
　　　　　　접속사　　S′　　V′　　❷ C′　　　　　　　　　　　　　　관계대명사　　　　　　　　　　　　S

이것들과 다른 실험들을 언제나 인용한다　　　증거로　　　(우리의 내재된 진화론적 선호의)　'우리와 같은 부류'에 대한)
routinely cite these and other experiments / as evidence (of our built-in evolutionary preference / for "our own kind.")
　　　V　　　　　　　　O　　　　　　　　전치사

▶ **구문 ❷** <be likely to-v>는 'v하기 쉽다, v할 것 같다'의 뜻으로, likely 앞에 more가 붙어서 'v할 가능성이 더 높다'라는 의미가 되었다.

↓

유아들의 더 호의적인 반응은　　　사람들에 대한　　[(A) 친숙한 언어를 사용하는]　　보여 준다
¹⁰ Infants' more favorable responses / to those [who use a (A) familiar language] / show //
　　　　　　　　　　　　　　　　　　　　　　관계대명사

(B) 선천적인 성향이 있을 수 있음을　　　(내집단 구성원들을 선호하는)
that there can be an (B) inborn tendency (to prefer in-group members).
접속사　　　V′　　S′　　　　　　└──── = ────┘

해석 ¹2007년에 있었던 연구에서 하버드 대학의 캐서린 킨슬러와 그녀의 동료들은 내(內)집단과 동질감을 갖는 우리의 성향이 대부분 유아기에 시작되고 선천적일 수 있음을 보여 주었다. ²킨슬러와 그녀의 팀은 가족이 영어만을 말하는 한 무리의 5개월 된 아기들을 골라 그 아기들에게 영상 두 개를 보여 주었다. ³한 영상에서, 한 여성이 영어를 말하고 있었다. ⁴다른 영상에서는 한 여성이 스페인어를 말하고 있었다. ⁵그리고 나서 아기들에게 두 여성이 모두 말없이 나란히 있는 화면을 보여 주었다. ⁶유아 심리학 연구에서 애착이나 관심의 표준 척도는 주목인데, 아기들은 분명 자신들이 더 좋아하는 것들을 더 오래 응시하기 마련이다. ⁷킨슬러의 연구에서 아기들은 영어 사용자들을 더 오래 응시했다. ⁸다른 연구들에서 연구자들은 유아들이 그들과 같은 언어를 사용하는 누군가에 의해 주어지는 장난감을 받을 가능성이 더 높다는 점을 발견했다. ⁹심리학자들은 '우리와 같은 부류'에 대한 우리의 내재된 진화론적 선호의 증거로 이것들과 다른 실험들을 언제나 인용한다.

↓

¹⁰(A) 친숙한 언어를 사용하는 사람들에 대한 유아들의 더 호의적인 반응은 내집단 구성원들을 선호하는 (B) 선천적인 성향이 있을 수 있음을 보여 준다.

	(A)	(B)		(A)	(B)
①	친숙한	선천적인	②	친숙한	후천적인
③	낯선	문화적인	④	낯선	학습된
⑤	공식적인	선천적인			

해설 (1) 연구 '시사점'은 주제문인 첫 번째 문장에 소개되었다. 내집단과 동질감을 느끼는 우리 성향이 대부분 유아기에 시작되고 선천적일 수 있다는 내용으로 that절 내용에 해당한다.

(2) 요약문을 보면 유아들이 '어떤' 언어를 사용하는 사람들에 대해 호의적으로 반응하는 것은 내집단 구성원들을 선호하는 '어떤' 성향인지를 추론해야 함을 알 수 있다. 실험에서 유아에게 친숙한(familiar) 언어를 사용하는 사람(모국어 집단=내집단)과 그렇지 않은 언어를 사용하는 사람을 보여 주었다. 유아들의 성향은 좋아하는 것을 더 주목하여 응시하는 것인데, 실험의 결과를 보면 친숙한 언어를 사용하는 사람을 더 오래 응시했다. 즉, 내집단과 동질감을 갖는 성향은 선천적(inborn)일 수 있음을 시사하는 것이므로, 정답은 ①이다. 주제문의 innate는 요약문에서 inborn으로 말바꿈되었다.

오답확인 (2) ② 유아들이 가지고 있는 성향은 선천적인 것이라 할 수 있는데, acquired는 '후천적인'을 의미하므로 정답이 될 수 없다.

---

4 (1) The perception ~ price. (2) ④

직독직해 & 지문구조 [심리] 할인 금액 인식에 영향을 주는 구매 가격의 맥락

주제문 〉 시사점: 상품의 최초 가격에 따라 할인 금액에 대한 인식이 달라짐

인식은　　　(똑같은 할인액에 대한　　　상품의)　　　그것의 최초 가격과의 관계에 달려 있다
¹ The perception (of the same amount of discount / on a product) / depends on its relation to the initial price.
　　S　　　　　　　　　　　　　　　　　　　　　　　　V

실험 내용 1 구매자는 15달러 계산기를 10달러에 살 수 있는 가게가 20분 거리에 있음을 알게 됨

한 연구에서　　　응답자들은 제시받았다　　　어떤 구매 상황을　　　사람들은　　(계산기를 사는 상황에 놓인)
² In one study, / respondents were presented / with a purchase situation. ³ The persons (put in the situation of buying
　　　　　　　　　　　　　　　　　　　　　　　　　　　　　　　　S　　　　　　　　└───── = ─────

[15달러인])　　판매자로부터 알게 되었다　　　같은 제품을 구할 수 있다는 것을　　　20분 떨어진 다른 상점에서
a calculator [that cost $15]) / found out from the vendor // that the same product was available / in a different store
　　　　　　　　　　　　V　　　　　　　　　　접속사　　　S′　　V′　　C′

76 PART III 답이 보이는 글 읽기: 특징적 논리 구조

그리고 10달러의 판촉가에
20 minutes away / and at a promotional price of $10.

실험 결과 1   68%가 15달러 계산기를 10달러에 살 수 있는 가게를 선택함

이 경우   응답자의 68%가 결심했다   그 가게까지 가기로   5달러를 절약하기 위해
[4] In this case, / 68% of respondents decided / to make their way down to the store / in order to save $5.
　　　　　　　　　S　　　　　　　　　V　　　　　　　O　　　　　　　　　　　　　　　부사적 용법(목적)

실험 내용 2   구매자는 125달러 재킷을 120달러에 살 수 있는 가게가 20분 거리에 있음을 알게 됨

두 번째 상황에서   이는 125달러짜리 재킷을 사는 것이 포함되었는데   응답자들은 역시 들었다
[5] In *the second condition*, // which involved buying a jacket for $125, / the respondents were also told //
　　　　　　　　　❶ 관계대명사(계속적 용법)　　　　　　　　　　　　　　　　　　S　　└─ V ─┘

같은 제품을 구할 수 있다고   20분 떨어진 상점에서   그리고 그곳에서는 120달러라고
that the same product was available / in a store 20 minutes away / and cost $120 there.
접속사　　S'　　　　V'₁　　　C'　　　　　　　　　　　　　　　　　　　　　　　V'₂

▶ **구문 ❶** 관계대명사 which가 선행사 the second condition을 보충 설명하는 계속적 용법으로 쓰였다.

실험 결과 2   29%만이 5달러 더 저렴하게 파는 가게를 선택함

이번에는   오직 29%의 사람들만 말했다   더 저렴한 재킷을 살 것이라고
[6] This time, / only 29% of the persons said // that they would get the cheaper jacket.
　　　　　　　S　　　　　　　　　V　　접속사　S'　　V'　　　　　O'

결과 재진술   구매 가격 맥락에 따라 같은 할인액을 다르게 인지함

두 경우 모두   제품은 5달러 더 저렴했다   그러나 첫 번째의 경우   그 액수가 가격의 3분의 1이었고
[7] In both cases, / the product was $5 cheaper, // but in the first case, / the amount was 1/3 of the price, //

두 번째의 경우   그것은 가격의 25분의 1이었다   달랐던 것은   이 두 상황 모두에서   가격 맥락이었다
and in the second (case), / it was 1/25 of the price. [8] What differed / in both of these situations / was the price context
　❷　　　　　　　　　　　　　　　　　　　　　　　　　　　❸S　　　　　　　　　　　　　V　　　C

(구매의)
(of the purchase).

▶ **구문 ❷** 앞에 나온 case가 반복되어 생략되었다.
　　　　　❸ 관계대명사 what이 이끄는 명사절이 문장의 주어 역할을 하고 있다. 명사절 주어는 단수 취급하므로 과거형 단수동사 was가 쓰였다.

↓

같은 할인액이 주어지면   구매 상황에서   (A) 상대적인 가치는   (그 할인의)   영향을 미친다
[9] When the same amount of discount is given / in a purchasing situation, // the (A) relative value (of the discount) / affects /
접속사　　　　　S'　　　　　　　V'　　　　　　　　　　　　　　　　　　　　S　　　　　　　　　　　V

사람들이 그 가치를 어떻게 (B) 인식하는지에
how people (B) perceive its value.
　　　　　　O

해석 [1]상품의 똑같은 할인액에 대한 인식은 그것의 최초 가격과의 관계에 달려 있다. [2]한 연구에서, 응답자들은 어떤 구매 상황을 제시받았다. [3]15달러인 계산기를 사는 상황에 놓인 사람들은 20분 떨어진 다른 상점에서 같은 제품을 10달러의 판촉가에 구할 수 있다는 것을 판매자로부터 알게 되었다. [4]이 경우 응답자의 68%가 5달러를 절약하기 위해 그 가게까지 가기로 결심했다. [5]두 번째 상황에서, 125달러짜리 재킷을 사는 것이 포함되었는데, 응답자들은 역시 20분 떨어진 상점에서 같은 제품을 구할 수 있고 그곳에서는 120달러라고 들었다. [6]이번에는 오직 29%의 사람들만 더 저렴한 재킷을 살 것이라고 말했다. [7]두 경우 모두, 제품은 5달러 더 저렴했으나, 첫 번째의 경우 그 액수가 가격의 3분의 1이었고, 두 번째의 경우 그것은 가격의 25분의 1이었다. [8]이 두 상황 모두에서 달랐던 것은 구매의 가격 맥락이었다.

↓

[9]구매 상황에서, 같은 할인액이 주어지면 그 할인의 (A) 상대적인 가치는 사람들이 그 가치를 어떻게 (B) 인식하는지에 영향을 미친다.

	(A)		(B)		(A)		(B)
①	절대적인	-	수정하다	②	절대적인	-	표현하다
③	동일한	-	생산하다	④	상대적인	-	인식하다
⑤	상대적인	-	광고하다				

해설 (1) 주제문인 첫 번째 문장이 연구 시사점에 해당한다.
(2) 구매 상황에서 할인액이 같을 때, 할인의 '어떤' 가치가 사람들이 '무엇'하는 방식에 영향을 미치는지 추론해야 한다. (A)에 들어갈 할인의 '어떤' 가치는

15달러짜리에 대한 할인액 5달러와 125달러짜리에 대한 할인액 5달러이므로 5달러의 '상대적인' 가치이다. (B)에 들어갈 사람들의 행동하는 방식은 최초 가격(15달러, 125달러)에 따라 할인 상품의 구매 여부가 달라졌다는 내용을 바탕으로 할인의 상대적인 가치가 사람들이 '인식'하는 데 영향을 미침을 알 수 있다. 그러므로 정답은 ④이다.

오답확인 (2) ①, ② 두 경우 모두 할인액이 5달러로 서로 같아서 절대적인 (absolute) 가치라고 생각하기 쉽지만, 애초에 같은 가격의 제품에 대한 할인액이 아니므로 그 가치는 절대적이라고 할 수 없다.

Chapter 16 질문-답변 / 문제-해결 구조

Stage 1 Concept의 찬찬 이해

p.140

1 **해석** ¹ 기업들이 위험한 줄 아는 상품을 판매하는 것은 공정한가? ² 기업들이 위험한 줄 아는 상품을 판매하는 것은 공정하지 않다. ³ 공부하는 동안 깨어있도록 돕기 위해 커피 한 잔을 이용해 보지 않은 사람이 있을까? ⁴ 많은 사람들은 공부하는 동안 그들이 깨어있는 것을 돕기 위해 커피 한 잔을 이용해 왔다. ⁵ 여러분은 각성제가 도움이 되는 만큼 기억력에 부정적인 영향을 미칠 가능성이 있다는 것을 알아야 한다.

🌿 생생 기출 맛보기 ②

직독직해 & 지문구조 [물리] 균형을 유지해주는 개의 꼬리

도입부 질문: 개가 달리다가 방향을 바꿔도 넘어지지 않는 이유는?

　　　궁금해 본 적이 있는가　　　　　개가 왜 넘어지지 않는지　　　　방향을 바꿀 때　　　달리다가
¹ Have you ever wondered // why a dog doesn't fall over / when he changes directions / while running?　❶ 분사구문(= while he is running)

▶ **구문 ❶** while running은 접속사를 생략하지 않은 분사구문으로 부사절로 나타내면 while he is running으로 쓸 수 있다.

세부 사항 개가 달리다가 방향을 바꿀 때 몸에서 일어나는 현상

　　　개는 달리다가　　　　　재빨리 방향을 바꿔야 할 때　　　　앞부분을 내던진다　　　(몸의)　　　방향으로
² When a dog is running / and has to turn quickly, // he throws the front part (of his body) / in *the direction*
　　　　접속사　 S'　 　V'₁　　　　　　V'₂　　　　　　　 S　　 V　　　　 O

　　[자기가 가려고 하는]　　　　그러면 개의 등은 휜다　　하지만 몸의 뒷부분은 여전히 계속 가려고 할 것이다　　원래의 방향으로
[(where) he wants to go]. ³ His back then bends, // but his hind part will still continue / in the original direction.
　관계부사　　　　　　　　　 S₁　　　 V₁　　　　　　　 S₂　　　　　　　　 V₂

　　　자연히　　　　　　이 회전 동작은 ~을 야기할지도 모른다　　　　그 개의 몸 뒷부분이 크게 흔들리는 것　　그래서 이것은 개의 움직임 속도를 많이 늦출 것이다
⁴ Naturally, / this turning movement might result in / the dog's hind part swinging wide. ⁵ And this could greatly slow
　　　　　　　　　　　　　　　　　　　　 ❷ v-ing의 의미상의 주어　　　　　　　　　　　　 S　　　 V₁

　　　　　　　　　혹은 심지어 넘어지게 할 것이다　　　　　　　　급회전을 하려고 할 때
his rate of movement / or even cause the dog to fall over // as he tries to make a high-speed turn.
　　　 V₂　　　　　　 O₂　　　　 C₂　　　 접속사

▶ **구문 ❷** 동명사(v-ing)의 동작이나 상태를 취하는 주체가 문장의 주어와 다를 때 의미상의 주어를 사용한다. 동명사의 의미상의 주어가 사물 명사인 경우, 소유격이 아닌 목적격이 온다. 여기에서 the dog's hind part는 v-ing(swinging wide)를 행하는 주체이자 의미상의 주어이다.

주제문 답변: 개의 꼬리가 넘어짐을 방지해줌

　　　하지만　　　　개의 꼬리는 이것을 방지하도록 돕는다　　　꼬리를 내던지는 것이　　같은 방향으로　　[몸이 회전하고 있는]
⁶ However, / the dog's tail helps to prevent this. ⁷ Throwing his tail / in *the same direction* [that his body is turning] /
　　　　　　　　　　　　　　　　　　　　　　　　　　　 ❸ S　　　　　　　　　　　　　　 관계부사

　　경향을 줄이는 데 도움이 된다　　(경로 밖으로 도는)
serves to reduce the tendency (to spin off course).
　　V　　　　　　　 =

▶ **구문 ❸** v-ing(동명사)가 이끄는 명사구 주어(Throwing ~ is turning)는 단수 취급하므로 동사 자리에 단수동사 serves가 왔다.

해석 [1] 개가 달리다가 방향을 바꿀 때 왜 넘어지지 않는지 궁금해 본 적이 있는가? [2] 개는 달리다가 재빨리 방향을 바꿔야 할 때, 자기가 가려고 하는 방향으로 몸의 앞부분을 내던진다. [3] 그러면 개의 등은 휘지만 몸의 뒷부분은 여전히 원래의 방향으로 계속 가려고 할 것이다. [4] 자연히 이 회전 동작은 그 개의 몸 뒷부분이 크게 흔들리는 것을 야기할지도 모른다. [5] 그래서 급회전을 하려고 할 때, 이것은 개의 움직임 속도를 많이 늦추거나 심지어 넘어지게 할 것이다. [6] 하지만 개의 꼬리는 이것을 방지하도록 돕는다. [7] 몸이 회전하고 있는 같은 방향으로 꼬리를 내던지는 것이 경로 밖으로 도는 경향을 줄이는 데 도움이 된다.

① 개의 몸무게가 속도에 미치는 영향들
② 균형을 유지하는 데 있어 꼬리의 역할
③ 개를 제대로 훈련시키는 것의 중요성
④ 개의 나쁜 행동을 유발하는 원인들
⑤ 개가 사람들에게 뛰어오르는 이유들

해설 개가 달리다가 방향을 바꿔도 왜 넘어지지 않는지 도입부에서 질문을 던지고 세부 사항에서 개가 달리다가 방향을 바꿀 때 일어나는 현상을 설명하고 있다. However 이후에는 넘어짐을 방지하기 위해 꼬리가 하는 역할을 설명하므로 이는 도입부 질문에 대한 답변, 즉 주제문에 해당한다. 그러므로, 글의 주제로 가장 적절한 것은 ②이다.

Stage 2 Concept의 꼼꼼 확인

p.142

1-1 ①　　1-2 (1) Quality questions are ~ their understanding., In other words ~ texts. (2) ③
2 (1) ② (2) ④　　3 (1) One way ~ for free. (2) ①　　4 (1) ② (2) To avoid ~ collecting information.

1-1 ①

해석 포유류는 다른 동물군에 비해 색이 덜 화려한 경향이 있지만, 얼룩말은 눈에 띄게 흑백으로 무늬가 입혀져 있다. 이렇게 대비가 큰 무늬는 어떤 목적에 도움이 될까?

① 줄무늬는 질병을 옮기는 곤충으로부터 사실상 얼룩말을 구할 수 있다.
② 이 질문은 과학자들을 한 세기 넘게 곤혹스럽게 했다.

해설 얼룩말에 줄무늬가 있는 이유를 묻는 질문에 대한 답변으로 줄무늬의 역할을 설명하는 것이 적절하다.

1-2 (1) Quality questions are ~ their understanding., In other words ~ texts. (2) ③

직독직해 & 지문구조 교육 교사의 양질의 질문의 중요성

> **도입부** 문제점: 학생들에게 어려운 텍스트를 제공하고 혼자 학습하게 하는 것은 충분하지 않음
>
> 단순히 학생들에게 어려운 텍스트를 제공하는 것으로는　　학습이 일어나기에 충분하지 않다　　학생에게 (~하도록) 요구하는 것은　　혼자
> [1] Simply providing students with complex texts / is not enough for learning to happen. [2] Assigning students / to independently
> 　❶S　　　　　　　　　　　　　　　　V　　　C　　　　　　　　　　　　　　　　　　S　❷
>
> 읽고　　~에 관해 생각하고　　어려운 텍스트에 관한 글을 쓰도록　　또한 충분하지 않다
> read, / think about, / and then write about a complex text / is not enough, either.
> 　　　　　　　　　　　　　　　　　　　　　　　　　　V　　　C
>
> ▸ **구문** ❶ v-ing(동명사)가 이끄는 명사구 주어(Simply providing ~ texts)는 단수 취급하므로 단수동사 is가 왔다.
> 　　　❷ <assign+O+to-v>는 'O가 v하도록 명하다[요구하다]'의 의미이다. 목적어는 students이고 목적격보어인 to read, think about, write about이 콤마(,)와 and로 연결되어 있다.

> **주제문** 해결책: 교사의 양질의 질문이 학생의 학습에 도움이 됨
>
> 양질의 질문은 한 가지 방법이다　　[교사가 확인할 수 있는　　학생의 이해를　　(텍스트에 대한)]　　질문은
> [3] Quality questions are *one way* [that teachers can check / students' understanding (of the text)]. [4] Questions
> 　　　　　　　　　　　　　　　　　　관계부사　　　　　　　　　　　　　　　　　　　　　　　　　S
>
> 또한 촉진할 수 있다　　학생들의 근거 탐색을　　그리고 필요를　　(텍스트로 되돌아갈)　　자신들의 이해를 심화시키기 위해
> can also promote / students' search for evidence / and their need (to return to the text) / to deepen their understanding.
> 　　V　　　　　　　　　　O₁　　　　　　　　　　　　　　O₂　　=　　　　　　　　　　부사적 용법(목적)

논거 교사의 질문이 학생의 이해를 진전시키는 데 적극적인 역할을 함

교사는 적극적인 역할을 한다 　　　　학생의 이해를 진전시키고 심화시키는 데 있어 　　　　질문을 함으로써

⁵ Teachers take an active role / in developing [and] deepening students' comprehension / by asking *questions* [that cause
　　　　　　　　　　　　　　　　　❸ v-ing 병렬　　　　　v-ing 병렬　　　　　　　　　　　　　　　　❹ 관계대명사 V′

[학생이 텍스트를 다시 읽게 하는]　　　이는 결과적으로 여러 번 읽기가 된다　　　(동일한 텍스트의)

them to read the text again], // which results in multiple readings (of the same text).
　O′　　　　　　C′　　　　　관계대명사(계속적 용법)

▸ **구문** ❸ <in v-ing>는 'v함에 있어'라는 의미로 동명사(v-ing)인 developing과 deepening이 and로 연결되어 있다.

❹ questions는 관계대명사 that이 이끄는 관계사절의 수식을 받으며, 관계사절에는 <cause+O+to-v> 구문이 쓰여 'O가 v하게 하다'를 의미한다. which는 앞 절 전체가 선행사인 계속적 용법의 관계대명사이다.

주제문 재진술 질문은 어려운 텍스트를 다시 읽게 만들므로 그것을 이해하는 데 중요함

다시 말해서　　　이 텍스트에 근거한 질문은 학생에게 제공해 준다　　　목적을　　(다시 읽어야 하는)　　이것은 중요하다

⁶ In other words, / these text-based questions provide students / with a purpose (for rereading), // which is critical /
　　　　　　　　　　S　　　　　　　V　　　　O　　　　　　　　　　　　　　관계대명사(계속적 용법)

어려운 텍스트를 이해하는 데

for understanding complex texts.

해석 ¹단순히 학생들에게 어려운 텍스트를 제공하는 것으로는 학습이 일어나기에 충분하지 않다. ²학생에게 어려운 텍스트를 혼자 읽고 생각하고 글을 쓰도록 요구하는 것은 또한 충분하지 않다. ³양질의 질문은 교사가 텍스트에 대한 학생의 이해를 확인할 수 있는 한 가지 방법이다. ⁴질문은 또한 학생들의 이해를 심화시키기 위해 그들의 근거 탐색과 텍스트로 되돌아갈 필요를 촉진할 수 있다. ⁵교사는 학생이 텍스트를 다시 읽게 하는 질문을 함으로써 학생의 이해를 진전시키고 심화시키는 데 있어 적극적인 역할을 하는데, 이는 결과적으로 동일한 텍스트의 여러 번 읽기가 된다. ⁶다시 말해서, 이 텍스트에 근거한 질문은 학생에게 다시 읽어야 하는 목적을 제공해 주는데, 이것은 어려운 텍스트를 이해하는 데 중요하다.

① 지나치게 많은 숙제는 해롭다
② 너무 많은 시험은 학생을 지치게 한다
③ 더 나은 이해를 위한 질문하기
④ 과학이 아직 답할 수 없는 질문들
⑤ 늘 하나의 정답만 있는 것은 아니다

해설 (1), (2) 교사가 하는 양질의 질문이 학생들의 학습에 도움이 된다는 내용의 글이다. 도입부에서 어려운 텍스트를 제공하는 것만으로는 충분한 학습이 되지 않는다는 문제점을 제기한 후, 그 해결책으로 주제문에서 교사가 텍스트에 근거한 질문을 하는 것을 제시했다. 이를 논거로 뒷받침하고 마지막 문장에서 주제문을 재진술하는 것으로 글을 맺고 있다. 주제문에 의거할 때 글의 제목으로 가장 적절한 것은 ③이다.

---

2 (1) ② (2) ④

직독직해 & 지문구조 〔언어〕 온라인 의사소통에서 유용한 이모티콘

도입부 질문: 전자 통신에서 이모티콘 사용이 감정 이해에 도움을 주는가?

만연한 사용을 고려해 볼 때　　　(이모티콘의)　　　전자 통신에서　　　중요한 문제는 ~이다　　　그것들이

¹ Given the widespread use (of emoticons) / in electronic communication, / an important question is // whether they help
　❶ 전치사　　　　　　　　　　　　　　　　　　　　　　　　　　　　S　　　V　❷ 접속사　S′　V′

인터넷 사용자들이 감정을 이해하도록 돕는가　　　온라인상의 의사소통에서

Internet users to understand emotions / in online communication.
　　O′　　　　　C′　　　　　　　　　　　

▸ **구문** ❶ given은 '~을 고려해 볼 때'를 의미하는 전치사로 쓰였다.

❷ 명사절 접속사 whether는 '~인지 (아닌지)'의 뜻이다. whether가 이끄는 명사절은 be동사 is의 보어로 쓰였다.

도입부의 논거 이모티콘은 모호하고 다르게 해석될 여지도 있음

이모티콘은　　　　(특히 문자에 기반한 것들은)　　　훨씬 더 모호하다　　　면대면 단서에 비해

① ² Emoticons, / (particularly character-based ones), / are much more ambiguous / relative to face-to-face cues /
　　S　　　　　　　　　　　　　　　　　　　　V₁ 비교급 강조　　　　　　　　　　❸

그리고 결국 매우 다르게 해석될 수도 있다　　　다른 사용자들에 의해

[and] may end up being interpreted very differently / by different users.
　　V₂　　　　　　　　　　　　　❹

▸ **구문** ❸ relative to는 '~와 비교하면; ~에 관하여'라는 뜻의 전치사로, 뒤의 명사와 함께 전명구로 쓰여 문장에서 부사구 역할을 한다.

❹ 문장의 주어인 Emoticons가 다른 사용자들에 의해 다르게 '해석되는' 것이므로 수동태(be p.p.)가 쓰였다.

주제문 답변(연구 결과): 이모티콘은 온라인 의사소통에서 유용함

그럼에도 불구하고   연구는 보여 준다   그것들이 유용한 도구라는 것을   온라인상의 텍스트 기반 의사소통에서
② ³ Nonetheless, / research indicates // that they are useful tools / in online text-based communication.
접속사 (= emoticons)

논거 연구 내용: 이모티콘 사용이 정확한 이해와 메시지의 의미 강화에 유용함

한 연구는   (137명의 인스턴트 메시지 사용자들에 관한)   (~을) 밝혀냈다   이모티콘은 사용자들이 (~을) 정확하게 이해하도록 하는 것을
③ ⁴ One study (of 137 instant messaging users) / revealed // that emoticons allowed users to correctly understand /
　　　　S　　　　　　　　　　　　　　　　　　　　　　V　　❺접속사　　S′　　　　V′　　O′

정도와 방향을   (감정, 태도, 주의력 표현의)   그리고 이모티콘이 확실한 이점이라는 것을
the level and direction (of emotion, attitude, and attention expression) / and that emoticons were a definite advantage /
　　　　　　　　　　　　　　　　　　　　　　　　　　접속사　 S′　　　　　　V′　　C′

비언어적 의사소통에서   사실   연구는 거의 없었다   (언어적 의사소통과
in non-verbal communication. (④ ⁵ In fact, / there have been few studies (on the relationships between verbal
　　　　　　　　　　　　　　　　　　　　　　V　　　　　S

비언어적 의사소통 사이의 관계에 관한)   마찬가지로   또 다른 연구는 보여 주었다   이모티콘이 유용하다는 것을
and nonverbal communication).) ⑤ ⁶ Similarly, / another study showed // that emoticons were useful /
　　　　　　　　　　　　　　　　　　　　　　　　　　　　　　　　　접속사

강도를 강화하는 것에도   (언어적 메시지의)   풍자 표현에서뿐만 아니라
in strengthening the intensity (of a verbal message), / as well as in the expression of sarcasm.
　　　전치사구 병렬　　　　　　　　　　　　　　　　❻　　　　　전치사구 병렬

▶ **구문** ❺ 동사 revealed의 목적어로 접속사 that이 이끄는 명사절 두 개가 and로 연결되어 있다.
　　❻ <B as well as A>는 'A뿐만 아니라 B도'를 의미하며, B에 초점을 두어 서술하는 것으로 <not only A but also B>와 의미가 같다. 여기서는 A와 B에 전치사구가 연결되어 있다.

해석 ¹ 전자 통신에서 만연한 이모티콘의 사용을 고려해 볼 때, 중요한 문제는 그것들이 온라인상의 의사소통에서 인터넷 사용자들이 감정을 이해하도록 돕는가이다. ² 이모티콘, 특히 문자에 기반한 것들은, 면대면 단서에 비해 훨씬 더 모호하며 결국 다른 사용자들에 의해 매우 다르게 해석될 수도 있다. ³ 그럼에도 불구하고, 연구는 그것들이 온라인상의 텍스트 기반 의사소통에서 유용한 도구라는 것을 보여 준다. ⁴ 137명의 인스턴트 메시지 사용자들에 관한 한 연구는 이모티콘이 감정, 태도, 주의력 표현의 정도와 방향을 사용자들이 정확하게 이해하도록 하고 비언어적 의사소통에서 이모티콘이 확실한 이점이라는 것을 밝혀냈다. (⁵ 사실, 언어적 의사소통과 비언어적 의사소통 사이의 관계에 관한 연구는 거의 없었다.) ⁶ 마찬가지로, 또 다른 연구는 이모티콘이 풍자 표현에서뿐만 아니라, 언어적 메시지의 강도를 강화하는 것에도 유용하다는 것을 보여 주었다.

해설 (1), (2) 온라인 의사소통에서 이모티콘 사용의 유용성에 관한 글이다. 이모티콘이 온라인 의사소통에서 감정을 이해하는 데 도움이 되는지 도입부에서 질문한 후에 이모티콘은 유용한 도구라고 답하는 주제문이 이어진다. 이어지는 세부 사항에서 이모티콘이 표현의 정도와 방향을 정확하게 이해할 수 있게 하며, 풍자 표현과 언어적 메시지의 강도를 강화시키는 데 유용하다는 연구 내용을 들어 주제문을 뒷받침하고 있다. ④는 언어적 의사소통과 비언어적 의사소통 간의 관계에 대한 내용이므로 전체 흐름과 무관하다.

---

3 (1) One way ~ for free. (2) ①

직독직해 & 지문구조 [비즈니스] 광고 교환

도입부 문제점: 많은 작은 사업체가 적극적인 온라인 캠페인을 할 여유가 없음

비록 많은 작은 사업체가 훌륭한 웹사이트를 가지고 있지만   그들은 보통 ~할 여유가 없다   매우 적극적인 온라인 (광고) 캠페인을
¹ Although many small businesses have excellent websites, // they typically can't afford / aggressive online campaigns.
　접속사　　　　　　　　　S′　　　　　V′

주제문 해결책: 광고 교환을 활용할 수 있음

한 가지 방법은   (소문나게 하는)   광고 교환을 통하는 것인데   이는 광고주들이 배너를 게시하는 것이다
² One way (to get the word out) / is through an advertising exchange, // in which advertisers place banners /
　　S　　　형용사적 용법　　　　V　　　　　　　　　　　　　❶전치사+관계대명사

서로의 웹사이트에   무료로
on each other's websites / for free.

▶ **구문** ❶ <전치사+관계대명사>로 이루어진 in which는 선행사 an advertising exchange를 보충 설명하는 계속적 용법의 관계부사절을 이끌며 where로 바꿔 쓸 수 있다.

미용 회사와 신발 회사 사이트의 광고 공간 교환

예를 들어   회사는   (미용 제품을 판매하는)   자신의 배너를 게시할 수 있다   사이트에   [여성 신발을 판매하는]
[3] For example, / *a company* (selling beauty products) / could place its banner / on *a site* [that sells women's shoes], //
             S₁   V₁   O₁   관계대명사

그 다음에는   그 신발 회사가 배너를 게시할 수 있다   미용 제품 사이트에   두 회사 모두 상대에게 비용을 청구하지 않는데
and in turn, / the shoe company could put a banner / on the beauty product site. [4] Neither company charges the other; //
                       S₂   V₂   O₂

그들은 그저 광고 공간을 교환하는 것이다   광고 교환은 인기를 얻고 있다   특히 마케팅 담당자들 사이에서
they simply exchange ad space. [5] Advertising exchanges are gaining in popularity, / especially among *marketers* [who do not
                                                                       관계대명사

[돈이 많지 않은]   그리고   [큰 영업팀이 없는]
have much money] and [who don't have a large sales team].
                         ❷ 관계대명사

▶ **구문 ❷** 선행사 marketers를 수식하는 두 개의 관계대명사절이 and로 연결되어 있다. 두 개의 관계대명사절이 하나의 선행사를 수식할 경우, 접속사나 콤마(,)로 연결되기도 한다.

주제문 재진술 광고 교환의 인기와 이점

공간을 교환함으로써   광고주들은 새로운 판로를 발견한다   [자신의 광고 대상자에 닿는]   [그러지 않으면 (닿을) 여유가 없었을]
[6] By trading space, / advertisers find *new outlets* [that reach *their target audiences* [that they would not otherwise be able to
     by v-ing: v함으로써   ❸ 관계대명사   관계대명사
afford]].

▶ **구문 ❸** 관계사절 that reach ~ to afford는 new outlets를 수식하며, that they ~ to afford는 their target audiences를 수식하는 관계사절이다.

해석 [1] 비록 많은 작은 사업체가 훌륭한 웹사이트를 가지고 있지만, 그들은 보통 매우 적극적인 온라인 (광고) 캠페인을 할 여유가 없다. [2] 소문나게 하는 한 가지 방법은 광고 교환을 통하는 것인데, 이는 광고주들이 서로의 웹사이트에 무료로 배너를 게시하는 것이다. [3] 예를 들어, 미용 제품을 판매하는 회사는 여성 신발을 판매하는 사이트에 자신의 배너를 게시할 수 있고, 그 다음에는 그 신발 회사가 미용 제품 사이트에 배너를 게시할 수 있다. [4] 두 회사 모두 상대에게 비용을 청구하지 않는데, 그들은 그저 광고 공간을 교환하는 것이다. [5] 광고 교환은 인기를 얻고 있는데, 특히 돈이 많지 않고 큰 영업팀이 없는 마케팅 담당자들 사이에서 그러하다. [6] 공간을 교환함으로써, 광고주들은 그러지 않으면 (닿을) 여유가 없었을 자신의 광고 대상자에 닿는 새로운 판로를 발견한다.

② 자금을 지원 받음   ③ 상품평을 공유함
④ 공장 시설을 빌림   ⑤ TV 광고를 늘림

해설 (1), (2) 광고주들이 '무엇'을 함으로써 광고 대상자에 이르는 새로운 판로를 찾는지를 추론해야 한다. 도입부에서 웹사이트는 있지만 적극적인 온라인 (광고) 캠페인을 할 여유가 없다는 작은 사업체들이 가지는 문제점이 제시되었다. 이어지는 주제문에서 이를 해결하는 방법은 서로의 웹사이트에 무료로 배너를 게시하는 광고 교환을 활용하는 것이라고 했다. 이는 곧 '(광고) 공간을 교환'하여 광고하는 것이므로, 빈칸에 들어갈 말로 가장 적절한 것은 ①이다.
오답확인 ③ 광고 교환은 서로의 광고 공간을 공유하는 것이며, 제품 리뷰(평가)를 공유한다는 내용은 언급되지 않았다.

---

4 (1) ② (2) To avoid ~ collecting information.

직독직해 & 지문구조 생활 문제 해결 설계 계획을 세우는 것의 중요성

도입부 문제점: 답하고자 하는 질문을 분명히 하지 않고 데이터를 수집, 분석하는 것은 시간 낭비임

데이터를 수집하고 분석하기 시작한다면   질문을 먼저 분명히 하지 않은 채   [여러분이 답하고자 하는]
[1] If you start collecting and analyzing data / without first clarifying *the question* [(which[that]) you are trying to answer], //
   접속사 S'   V'   관계대명사

아마도 자신에게 득보다 더 많은 해를 가하고 있을 것이다   여러분은 결국 빠지게 될 것이다   정보의 홍수에
you're probably doing yourself more harm than good. (B) [2] You'll end up drowning / in a flood of information /
   S   V   S   V₁

그리고 나중에야 비로소 깨닫게 될 것이다   그 조사의 대부분이 시간 낭비였다는 것을
and realize only later // that most of that research was a waste of time.
    V₂   접속사   S'   V'   C'

주제문 해결책: 정보 수집을 시작하기 전에 문제 해결 설계 계획을 세워야 함

이러한 문제를 피하기 위해서   여러분은 문제 해결을 위한 설계 계획을 세워야 한다   정보 수집을 시작하기 전에
[3] To avoid this problem, / you should develop a problem-solving design plan // before you start collecting information.
     ❶ 부사적 용법(목적)   접속사

▶ **구문 ❶** '목적'을 의미하는 to-v는 in order[so as] to-v로 바꿔 쓸 수 있다. 참고로 so as to-v는 문두에 잘 쓰이지 않는다.

     그 설계 계획에서   여러분은 문제를 분명히 하고   [해결하려고 하는]   여러분의 가설을 진술한다

(A) [4] In the design plan, / you clarify *the issues* [(which[that]) you are trying to solve], / state your hypotheses, /
                 S   ❷V₁   관계대명사   V₂

    그리고 요구되는 것을 열거한다   그 가설들을 증명하기 위해   이러한 계획을 발전시키는 것이   조사를 시작하기 전에

and list what is required / to prove those hypotheses. [5] Developing this plan // before you start researching /
  V₃   O   부사적 용법(목적)   S   접속사   S′   V′

       여러분이 문제를 해결하는 생산성을 크게 증가시킬 것이다

will greatly increase your problem-solving productivity.
       V

▶ 구문 ❷ 주어는 you이고 동사 clarify, state, list가 콤마(,)와 접속사 and로 연결되어 있다.

     게다가   여러분의 계획을 적는 것이   종이에   여러분의 생각을 분명하게 해 주는 것만은 아니다   만약 여러분이 그룹으로 일하고 있는 경우

(C) [6] In addition, / putting your plan down / on paper / will not only clarify your thoughts. [7] If you're working in a group, //
                   S   V   접속사   S′   V′

이 계획은 또한 여러분의 팀이 (~하도록) 도와줄 것이다   해야 할 일에 집중하도록   그리고 시작점을 제공할 것이다   (그룹 브레인스토밍의)

this plan will also help your team / focus on what to do / and provide the starting point (for your group brainstorming).
  S   ❸V₁   O₁   V₂   O₂

▶ 구문 ❸ 문장의 동사 will help와 provide가 접속사 and로 연결되어 있다.

해석 [1] 여러분이 답하고자 하는 질문을 먼저 분명히 하지 않은 채 데이터를 수집하고 분석하기 시작한다면, 아마도 자신에게 득보다 더 많은 해를 가하고 있을 것이다. (B) [2] 여러분은 결국 정보의 홍수에 빠지게 될 것이고, 나중에야 비로소 그 조사의 대부분이 시간 낭비였다는 것을 깨닫게 될 것이다. [3] 이러한 문제를 피하기 위해서, 여러분은 정보 수집을 시작하기 전에 문제 해결을 위한 설계 계획을 세워야 한다. (A) [4] 그 설계 계획에서, 여러분은 해결하려고 하는 문제를 분명히 하고, 여러분의 가설을 진술하고, 그 가설들을 증명하기 위해 요구되는 것을 열거한다. [5] 조사를 시작하기 전에 이러한 계획을 발전시키는 것이 여러분이 문제를 해결하는 생산성을 크게 증가시킬 것이다. (C) [6] 게다가 여러분의 계획을 종이에 적는 것이 여러분의 생각을 분명하게 해 주는 것만은 아니다. [7] 만약 여러분이 그룹으로 일하고 있는 경우, 이 계획은 또한 여러분의 팀이 해야 할 일에 집중하도록 도와주고, 그룹 브레인스토밍의 시작점을 제공할 것이다.

해설 (1), (2) 주어진 글 마지막 부분의 more harm을 (B)에서 구체적으로 설명하고, 그에 대한 해결책을 제시하는 주제문이 이어지고 있으므로 (B)는 주어진 글과 함께 도입부를 완성하고 주제문을 담고 있다. (A)와 (C)는 모두 (B)에 서술된 해결책을 따랐을 때 예상되는 긍정적인 결과를 서술하는 것이므로 (B) 뒤에 와야 한다. (A)의 In the design plan은 (B)의 마지막 문장에서 제시한 a problem-solving design plan을 가리키고, (C)는 In addition으로 시작하여 또 다른 논거를 덧붙이므로 (B)-(A)-(C)의 순서가 되어야 한다. 그러므로 정답은 ②이다.

오답확인 ③ (C)는 문제 해결을 위한 계획을 세우는 것의 또 다른 장점을 추가로 제시하고 있으므로 (A) 다음에 나와야 한다. 첨가를 의미하는 연결사 In addition(게다가)의 쓰임에 유의한다.

Chapter 17   진짜 주제문 찾기

Stage 1   Concept의 찬찬 이해   p.148

🌿 생생 기출 맛보기 ②

직독직해 & 지문구조 [인지] 기억에 도움이 되는 정보 제시 방법

      경쟁적인 환경에서   대학 입학 과정이나 구직 상황과 같은   거의 모든 사람들은

[1] In a competitive environment, / such as a college admissions process or a job application situation, / almost everyone
                                                                              S

      막강한 자격을 갖추고 있다   거의 모든 사람들은 사실들을 가지고 있다   [자신들에게 유리한]   그러나 사실들만으로 얼마나 가치가 있는가

has strong qualifications. [2] Almost everyone has *facts* [(that are) in their favor]. [3] But how valuable are facts alone?
  V   O

돌이켜 생각해 보라　　　　　가장 최근의 강의나 발표를　　　[여러분이 참석했던]　　여러분은 그것으로부터 얼마나 많은 사실들을 기억하는가
[4] Think back / to *the most recent lecture or presentation* [(which[that]) you attended]. [5] How many facts do you remember
　　　　　　　　　　　　　　　　　　　　　　　　　　　❶ 관계대명사

　　　만약 여러분이 대부분의 사람과 같다면　　여러분은 많은 것을 기억해 내지는 못할 것이다　설사 기억해 낸다고 해도
from it? [6] If you're like most people, // you can't recall many, / if any.
　　　　　　　　접속사 S′　V′　　　　　　　　　　　　　　　❷
▶ 구문 ❶ you attended는 목적격 관계대명사 which[that]가 생략된 관계사절로 선행사 the most ~ presentation을 수식한다.
　　　　❷ if any는 주로 부정문에 사용하며 명사의 수량이 거의 없다는 의미의 표현이다. '비록 ~이 있다 하더라도' 또는 '설사 ~이 있다 해도'로 해석한다.

주제문　이야기, 일화, 예는 기억에 남음

　　　가능성이 높다　　그러나　　　　　여러분은 이야기들, 일화들, 그리고 예들을 기억할　　　　그 행사로부터의
[7] Chances are good, / however, / that you remember stories, anecdotes, and examples / from the event, //
　　　❸　　　　　　　　　　＝　　　　접속사

　　　비록 여러분이 정확한 맥락을 기억하지는 못하더라도
even if you can't think of their exact context.
접속사
▶ 구문 ❸ Chances를 동격절 that you remember ~ the event가 부연 설명하고 있다.

논거　사실과 데이터가 넘쳐나므로 이들 중에서 두드러지는 이야기 등만 기억에 남기 때문임

　　　오늘날 보통 사람에게는　　　　사실들과 데이터가 넘쳐난다　　　그리고 우리는 이것의 대부분이 우리의 뇌를 빠져나가게 둔다
[8] The average person today / is flooded with facts and data, / and we let most of this pass through our brains /
　　　　　　　　　　　　　　　　　　　　　　　　❹ V　　O　　　　C(원형부정사)

　　　최소한의 기억이나 반응만 지니고　　　　　어떤 것이 그 정보를 두드러지게 만들지 않는다면　　　유의미한 방식으로
with minimal retention or reaction— // unless something makes the information stand out / in a meaningful way.
　　　　　　　　　　　　　　　　접속사　　S′　　　❹ V′　　　　O′　　　　C′(원형부정사)

　　그것이 ~이다　　이야기가 들어서는 지점
[9] That's // (the point) where story comes in.
　　　　　　　　❺ 관계부사　S′　　V′
▶ 구문 ❹ <let[make]+O+원형부정사(v)>는 'O가 v하도록 두다[만들다]'의 의미이다.
　　　　❺ where 이하는 선행사 the point가 생략된 관계부사절로 be동사 is의 보어 역할을 하고 있다.

해석 [1] 대학 입학 과정이나 구직 상황과 같은 경쟁적인 환경에서 거의 모든 사람들은 막강한 자격을 갖추고 있다. [2] 거의 모든 사람들은 자신들에게 유리한 사실들을 가지고 있다. [3] 그러나 사실들만으로 얼마나 가치가 있는가?(= 사실들만으로는 가치가 없다.) [4] 여러분이 참석했던 가장 최근의 강의나 발표를 돌이켜 생각해 보라. [5] 여러분은 그것으로부터 얼마나 많은 사실들을 기억하는가? [6] 만약 여러분이 대부분의 사람과 같다면, 여러분은 설사 기억해 낸다고 해도 많은 것을 기억해 내지는 못할 것이다. [7] 그러나 비록 여러분이 정확한 맥락을 기억하지는 못하더라도, 여러분은 그 행사로부터의 이야기들, 일화들, 그리고 예들을 기억할 가능성이 높다. [8] 오늘날 보통 사람에게는 사실들과 데이터가 넘쳐나고, 어떤 것이 유의미한 방식으로 그 정보를 두드러지게 만들지 않는다면 우리는 최소한의 기억이나 반응만 지니고 이것의 대부분이 우리의 뇌를 빠져나가게 둔다. [9] 그것이 이야기가 들어서는 지점이다.

① 정확한 용어를 사용하여 스스로를 눈에 띄게 만들어라
② 이야기의 힘은 우리가 사실 이상의 것을 필요로 하는 이유이다

③ 스토리텔러의 주요 자격은 무엇인가?
④ 우리의 평균 기억 용량은 얼마나 큰가?
⑤ 단 하나의 사실이 전체 이야기의 가치가 있다

해설 도입부에서 우리가 기억하는 것은 '사실(facts)'이 아님을 설명하고 있다. But과 Think 명령문 등이 포함되었지만, 이는 도입부에 해당한다. 역접 연결어 however를 포함한 문장(주제문)에서 우리가 사실에 비해 이야기, 일화, 예를 더 잘 기억한다고 주장했고, 이어서 이것은 이야기가 정보를 유의미한 방식으로 두드러지게 하기 때문이라는 논거로 뒷받침하고 있다. 이 글은 사실보다 이야기를 활용하는 것이 기억에 효과적이라는 내용이므로 글의 제목으로 가장 적절한 것은 ②이다.

오답확인 ④ 기억과 관련된 어구가 많이 등장하기는 했지만 기억 용량에 대해서는 언급된 바가 없다.

Stage 2　Concept의 꼼꼼 확인　　　　　　　　　　　　　　　p.150

1 (1) But health concerns ~ their diets.　(2) ①　　2 (1) Education is ~ to this rule., You must keep in mind ~ into humans.　(2) ②　　3 (1) ②　(2) ②　(3) ④　　4 (1) All of a sudden ~.　(2) However　(3) ①

1 (1) But health concerns ~ their diets. (2) ①

직독직해 & 지문구조 사회 젊은이들이 채식을 선택하는 이유

도입부 점점 더 많은 젊은이들이 채식을 함

채식은 주류가 되어가고 있다　　　　　　점점 더 많은 젊은이들이 ~함에 따라　　　고기, 가금류, 생선을 거부(함에 따라)
¹ Vegetarian eating is moving into the mainstream // as more and more young adults / say no to meat, poultry, and fish.
　　　　S　　　　　　V　　　　　　　　　　　❶ 접속사　　　　S'　　　　V' O'

▶ 구문 ❶ 여기서 접속사 as는 '~함에 따라'의 의미로 쓰였다. 이밖에도 접속사 as는 문맥에 따라 '~할 때; ~하면서; ~이기 때문에; ~처럼' 등의 다양한 의미로 쓰일 수 있다.

도입부의 논거 채식은 건강에 좋음

미국 영양사 협회에 따르면　　　　　　　　'채식에 가깝게 계획된 식단이 건강에 좋고　　　　　영양학적으로도
² According to the American Dietetic Association, / "approximately planned vegetarian diets are healthful, / are nutritionally
　　　　　　　　　　　　　　　　　　　　　　　　　　　S　　　　　　　V₁　　　　V₂

적절하고　　　건강상의 이점을 제공한다　　　　예방하고 치료하는 데　　　(특정한 질병을)'
adequate, / and provide health benefits / in the prevention and treatment (of certain diseases)."
　　　　　　　　V₃

주제문 건강 외에도 채식을 하는 이유가 더 있음

그러나　건강에 대한 염려들이 (~은) 아니다　유일한 이유는　　[젊은이들이 대는　그들의 식단을 바꾸는 것에 대해]
³ But / health concerns are not / *the only reason* [that young adults give / for changing their diets].
　　　　　　　　　　　　　　　　　　　　　　　관계대명사

세부 사항1 이유 1: 동물 권리에 대한 관심

몇몇은 선택한다　　관심에서　　(동물의 권리에 대한)　　통계 자료를 마주할 때　　　[보여 주는　　대다수의
⁴ Some make the choice / out of concern (for animal rights). ⁵ When faced with *the statistics* [that show // (that) *the majority of*
　　　　　　　　　　　　　　　　　　　　　　　　　❷ 분사구문(= When they are faced ~)　관계대명사　　접속사

동물들이 (음식으로 사육되는)　갇혀서 산다는 것]　　많은 십대들은 고기를 포기한다　　그러한 환경에 반대하기 위해
animals (raised as food) / live in confinement], / many teens give up meat / to protest those conditions.
　　　　　　　　　　　　　　　　　　　S　　　V　　O　　　　　부사적 용법(목적)

▶ 구문 ❷ 의미를 명확히 하기 위해 접속사 when을 남겨 둔 분사구문이다. 분사구문의 의미상 주어는 they(= many teens)이며 when과 faced 사이에 being이 생략된 것으로 볼 수 있다.

세부 사항2 이유 2: 환경을 위함

다른 사람들은 채식주의로 바뀐다　　　　환경을 지지하기 위해　　　　고기 생산은 방대한 양을 사용한다　　(물, 땅, 곡물과
⁶ Others turn to vegetarianism / to support the environment. ⁷ Meat production uses vast amounts (of water, land, grain,
　　　　　　　　　　　　　　부사적 용법(목적)　　　　　　　　　　　　S　　　　　V₁

에너지의)　그리고 문제들을 만들어낸다　　(가축 배설물과 그에 따른 오염의)
and energy) / and creates problems (with animal waste and resulting pollution).
　　　　　　　　　V₂

해석 ¹채식은 점점 더 많은 젊은이들이 고기, 가금류, 생선을 거부함에 따라 주류가 되어가고 있다. ²미국 영양사 협회에 따르면, '채식에 가깝게 계획된 식단이 건강에 좋고, 영양학적으로도 적절하고, 특정한 질병을 예방하고 치료하는 데 건강상의 이점을 제공한다.' ³그러나 건강에 대한 염려들이 젊은이들이 그들의 식단을 바꾸는 것에 대해 대는 유일한 이유는 아니다. ⁴몇몇은 동물의 권리에 대한 관심에서 선택한다. ⁵음식으로 사육되는 대다수의 동물들이 갇혀서 산다는 것을 보여 주는 통계 자료를 마주할 때, 많은 십대들은 그러한 환경에 반대하기 위해 고기를 포기한다. ⁶다른 사람들은 환경을 지지하기 위해 채식주의로 바뀐다. ⁷고기를 생산하는 것은 물, 땅, 곡식과 에너지의 방대한 양을 사용하고 가축 배설물과 그에 따른 오염 문제들을 만들어낸다.

① 젊은이들이 채식을 택하는 이유들
② 십대들의 건강한 식습관을 형성하는 방법들
③ 암 위험을 낮추는 데 도움이 되는 채소들
④ 균형 잡힌 식단을 유지하는 것의 중요성
⑤ 채식 위주 식단의 단점들

해설 (1), (2) 점점 더 많은 젊은이들이 채식을 한다는 내용에 이어 채식이 건강에 좋다는 점을 인용문을 통해 제시한다. 하지만 이 인용문은 주제문이 아닌 도입부에 해당한다. 역접 연결어 But 이후에 채식을 택하는 것에는 건강 염려 외에도 다른 이유들이 있음을 주제문으로 제시하고 뒤에 이어지는 내용에서 그 이유들(동물 권리에 대한 관심, 환경 보호)을 설명하고 있으므로, 글의 주제로 가장 적절한 것은 ①이다.

2 (1) Education is ~ to this rule., You must keep in mind ~ into humans. (2) ②

직독직해 & 지문구조 교육 절대 과도할 수 없는 교육

도입부 과도한 것들은 이롭지 않음

삶에서　(~라고들) 한다　어떤 것이든 과도한 것은 당신에게 이롭지 않다고　실제로　과도한 어떤 것들은　(삶에서) 당신을 죽일 수도 있다
¹ In life, / they say // that too much of anything is not good for you. ² In fact, / too much of certain things (in life) / can kill you.
　　　　❶　　접속사　　　　　　　　　　　　　　　　　　　　　　　　　　　　　　　　　　　S　　　　　　V　O

예를 들어　(~라고들) 한다　물은 적이 없다고　물은 모든 생물에게 필수적이기 때문에　그러나　너무 많은 물을 들이마시면
³ For example, / they say // that water has no enemy, / because water is essential to all life. ⁴ But / if you take in too much
　　　　❶　　접속사　　　　　　　　　　　　　　　　　　　　　　　　　　　　　　　　　　　접속사 S'　V'

사람처럼 [물에 빠져 죽어가는]　그것은 당신을 죽일 수 있다
water, / like one [who is drowning], // it could kill you.
　　　　　　관계대명사　　　　　　S　V　　O

▶ 구문 ❶ they say에서 they는 일반인을 의미하며 '(~라고들) 한다'의 의미이다.

주제문 교육은 과도해서 해로울 수 없음

교육은 이 규칙에서 예외다
⁵ Education is the exception to this rule.

논거 대부분의 사람들은 충분한 교육을 받지 못하고 과도한 교육이 아니라 교육의 부족으로 피해를 봄

당신은 아무리 많은 교육이나 지식을 가져도 지나치지 않다　사실은 ~이다　대부분의 사람들이 충분한 교육을 결코 받지 못한다는 것
⁶ You can never have too much education or knowledge. ⁷ The reality is // that most people will never have enough
　　　　　　　　　　　　　　　　　　　　　　　　　　　　　　　　　　　　S　　V ❷ 접속사　　　　　　　C

평생　나는 아직 본 적이 없다　그 어떤 사람도　[삶에서 피해를 본　너무 많은 교육에 의해]
education / in their lifetime. ⁸ I am yet to find / that one person [who has been hurt in life / by too much education].
　　　　　　　　　　　　　　　　　　　❸　　　　　　관계대명사

오히려　우리는 수많은 피해자들을 목격한다　매일 전 세계에서　그리고 그들은 교육의 부족으로 인해 생긴다
⁹ Rather, / we see lots of casualties / every day, worldwide, // and they result from the lack of education.

▶ 구문 ❷ that이 이끄는 명사절이 be동사 is의 보어 역할을 하고 있다.
　　　❸ 여기서 that은 '그, 그러한'의 의미로 앞에서 언급되었거나 이미 알고 있는 사람[사물]을 가리키는 지시형용사이다.

주제문 재진술 교육은 장기 투자임을 명심해야 함

명심해야 한다　교육은 ~임을　장기 투자　(시간, 돈, 그리고 노력의)　(인간에 대한)
¹⁰ You must keep in mind // that education is / a long-term investment (of time, money, and effort) (into humans).
　　　　　　　　　　　　　　접속사　S'　V'　　　　　　C'

해석 ¹삶에서, 어떤 것이든 과도한 것은 당신에게 이롭지 않다고들 한다. ²실제로, 삶에서 과도한 어떤 것들은 당신을 죽일 수도 있다. ³예를 들어, 물은 모든 생물에게 필수적이기 때문에 적이 없다고들 한다. ⁴그러나 물에 빠져 죽어가는 사람처럼 너무 많은 물을 들이마시면, 그것은 당신을 죽일 수 있다. ⁵교육은 이 규칙에서 예외. ⁶당신은 아무리 많은 교육이나 지식을 가져도 지나치지 않다.(= 당신은 많은 교육이나 지식을 가지는 것이 중요하다.) ⁷사실은 대부분의 사람들이 평생 충분한 교육을 결코 받지 못한다는 것이다. ⁸나는 너무 많은 교육에 의해 삶에서 피해를 본 그 어떤 사람도 아직 본 적이 없다. ⁹오히려 우리는 매일, 전 세계에서 수많은 피해자들을 목격하는데, 그들은 교육의 부족으로 인해 생긴다. ¹⁰교육은 인간에 대한 시간, 돈, 그리고 노력의 장기 투자임을 명심해야 한다.

① 놀기만 하고 공부하지 않으면 똑똑해진다
② 아무리 교육을 많이 받아도 해롭지 않을 것이다
③ 두 사람의 머리가 한 사람의 머리보다 나쁘다
④ 행동하기 전에 두 번 생각하지 마라
⑤ 과거가 아니라 미래로부터 배우라

해설 (1) 무엇이든 과도하면 좋지 않다는 도입부와 내용적으로 상반되는 '교육

은 이 규칙에서 예외다'라는 문장에 글의 주제가 나타나 있다. 문장에 역접 연결사는 없지만 the exception to가 내용을 전환하는 역할을 하고 있다. 이어지는 세부 사항에서 대부분의 사람들이 충분한 교육을 받지 못하며, 이로 인해 피해를 입는 사람들이 많다고 주제문을 뒷받침했고, 마지막으로 교육은 장기 투자임을 명심해야 한다는 주장으로 끝맺고 있다.

(2) 어떤 것이든 과도하면 이롭지 않다고 하지만 교육은 예외라고 했으므로, 글의 제목으로 가장 적절한 것은 ②이다.

오답확인 (2) ①의 work(공부)가 education과 연결되므로 All Play and No Work Makes Jack a Dull Boy로 했으면 정답 가능성이 있겠지만, Dull도 Smart라고 바꿨기 때문에 답이 될 수 없다. ①, ③, ④, ⑤는 아래의 기존 속담이나 격언을 조금씩 바꾼 것이다.
① All Work and No Play Makes Jack a Dull Boy
　공부[일]만 하고 놀지 않으면 아이는 바보가 된다
③ Two Heads Are Better than One 백지장도 맞들면 낫다
④ Think Twice Before You Act 행동하기 전에 재차[신중히] 생각하라
⑤ Learn from the past, live in the present, plan for the future
　과거로부터 배우고, 현재를 살며, 미래를 계획하라

3 (1) ② (2) ② (3) ④

직독직해 & 지문구조 [비즈니스] 상점 내 중앙 통로의 효과

도입부 고객을 직접 이끌어 구매를 유도하면 좋겠지만 불가능함

좋지 않을까 　　　　　　　만약 고객의 손을 붙잡고 　　　　　　　각각의 고객을 상점 안 여기저기로 안내할 수 있다면
¹ Wouldn't it be nice // if you could take your customers by the hand / and guide each one through your store /
　　　　　　　　　　　　　　　　　　　　　　　　V'₁　　　　　　　　　　　　　　　　　　　　V'₂

가리키면서 　　　　　　모든 훌륭한 제품들을 　　　　　[그들에게 구매를 고려하도록 하고 싶은] 　　　　대부분의 사람은
while pointing out / all the great products [(which[that]) you would like them to consider buying]? ① ² Most people, /
분사구문(= while you were pointing out ~)　　　　관계대명사　　　　　　　　　　　　　　consider v-ing: v할 것을 고려하다　　　S

그러나 　　　특별히 즐거워하지 않을 것이다 　　　　낯선 사람이 그들의 손을 잡고 　　상점 안 여기저기로 끌고 다니도록 하는 것을
however, / would not particularly enjoy / having a stranger grab their hand / and drag them through a store.
　　　　　　　　　　　V　　　　　　　　　　　　　　　　　　　　　　　　　　❶○

▸ 구문 ❶ enjoy는 동명사(v-ing)를 목적어로 취하는 동사이므로 뒤에 오는 <have+O+원형부정사(v) (O가 v하도록 하다)> 구문의 have가 동명사 형태인 having으로 쓰였다.
여기서 have는 사역동사로 목적어는 a stranger이고 목적격보어로 쓰인 원형부정사 grab과 drag가 접속사 and로 연결되었다.

주제문 상점이 고객을 안내하도록 할 수 있음

차라리 　　　상점이 여러분을 위해 그것을 하게 하라
② ³ Rather, / let the store do it for you.
　　　　　　　V 　　O　　C

세부 사항 고객을 이끄는 중앙 통로

중앙 통로를 만들어라 　　　　[쇼핑객들을 상점 안 여기저기로 이끄는 　　　　그리고 그들이 ~을 보도록 해주는 　　　　많은 다양한 매장
③ ⁴ Have a central path [that leads shoppers through the store / and lets them look at / many different departments
　　　V　　　　　　관계대명사　V'₁　　O'₁　　　　　　　　　　　　　　　　V'₂　O'₂　　　　　C'₂

또는 상품 구역] 　　　　　여러분은 음악의 이러한 효과를 쇼핑 행동에 활용할 수 있다 　　상점에서 음악을 트는 것으로 　　이 길은
or product areas]. (④ ⁵ You can use this effect of music on shopping behavior / by playing it in the store.) ⑤ ⁶ This path
　　S

여러분의 고객들을 이끈다 　　　　상점 안 여기저기를 통해 입구에서부터 　　　경로로 　　　[그들이 걸었으면 하고 여러분이 바라는]
leads your customers / from the entrance through the store / on the route [(which[that]) you want them to take] /
　V　　　O　　　　　❷　　　　　　　　　　　　　　　　　　　　　　　　　　관계대명사　S'　V'　O'　C'

계산대까지 내내
all the way to the checkout.

▸ 구문 ❷ <from A to B>는 'A부터 B까지'라는 뜻으로 중간에 전치사구 through the store ~ to take가 삽입되었다. you want them to take는 목적격 관계대명사가 생략되어
선행사 the route를 수식하는 관계사절이다. 관계사절 내에는 <want+O+to-v (O가 v하도록 바라다)> 구문이 쓰였다.

해석 ¹만약 고객의 손을 붙잡고 그들에게 구매를 고려하도록 하고 싶은 모든 훌륭한 제품들을 가리키면서 각각의 고객을 상점 안 여기저기로 안내할 수 있다면 좋지 않을까? ²그러나 대부분의 사람은 낯선 사람이 그들의 손을 잡고 상점 안 여기저기로 끌고 다니도록 하는 것을 특별히 즐거워하지 않을 것이다. ³차라리 상점이 여러분을 위해 그것을 하게 하라. ⁴쇼핑객들을 상점 안 여기저기로 이끌고 그들이 다양한 매장 또는 상품 구역을 보도록 해주는 중앙 통로를 만들어라. (⁵여러분은 상점에서 음악을 트는 것으로 음악의 이러한 효과를 쇼핑 행동에 활용할 수 있다.) ⁶이 길은 여러분의 고객들을 그들이 걸었으면 하고 여러분이 바라는 경로로 상점 안 여기저기를 통해 입구에서부터 계산대까지 내내 이끈다.
① 고객 만족도를 향상시킬 방법
② 가게 경로 배치를 따라 쇼핑객들을 안내하기
③ 고객 경험이 매출 증대에 중요한 이유
④ 구매 행동에 쇼핑 경로의 길이가 미치는 영향
⑤ 고객들을 내버려 둬라. 즉 쇼핑객들은 직원들이 떨어져 있길 원한다

해설 (1) 점원이 직접 고객을 안내하면 좋겠다는 도입 내용과 역접 연결사 rather(차라리, 오히려)로 연결되는 문장이 주제문임을 알 수 있다. 또한 뒤에 이어지는 중앙 통로를 만들어 입구부터 계산대까지 고객을 안내하라는 세부 사항이 주제문을 잘 뒷받침하고 있으므로 주제문은 ②이다.
(2) 점원이 고객을 직접 안내하지 말고 상점에 중앙 통로를 만들어서 고객을 매장에서 이끌라고 했으므로, 제목으로 가장 적절한 것은 ②이다.
(3) 상점에서 트는 음악이 소비 행동에 미치는 효과는 글의 중심 내용과 무관하므로 정답은 ④이다.

오답확인 (3) ② 앞에서 고객의 손을 잡고 상점 여기저기로 안내하면 좋겠지만, 대부분의 고객은 그것을 싫어할 것이라고 하고, 뒤에서는 차라리 상점이 그렇게 하도록 하라고 했다. 이후에 그 방법으로 상점에 중앙 통로를 두라는 제안이 이어지는 흐름은 자연스럽다.

4 (1) All of a sudden ~. (2) However (3) ①

직독직해 & 지문구조 기술 컴퓨터가 인간 창의력의 경쟁 상대가 될 가능성

도입부 인간이 지구상에서 가장 창의적인 존재임

창의력은 ~이다　능력　[우리가 특별히 인간이라서 갖게 된다고 일반적으로 생각하는]　인류 역사를 통틀어　우리는 가장 창의적인 존재이다
¹ Creativity is / *a skill* [(which[that]) we usually consider uniquely human]. ² For all of human history, / we have been the most
　　　　　　❶ 관계대명사　　S'　　V'　　C'

지구상에서　새는 둥지를 틀 수 있고　개미는 흙더미를 쌓을 수 있다　하지만 다른 어떤 종도　(지구상의)
creative beings / on Earth. ³ Birds can make their nests, / ants can make their hills, // but no other species (on Earth) /

창의력 수준에 가까이 가지는 못한다　[우리 인간이 보이는]
comes close to *the level of creativity* [(which[that]) we humans display].
　　　　　　　　　　　관계대명사

▸ **구문 ❶** we usually ~ human은 목적격 관계대명사가 생략되어 선행사 a skill을 수식하는 관계대명사절이다. 관계사절 내에는 <consider+O+C (O를 C라고 여기다)> 구문이 쓰였는데 관계대명사가 목적어를 대신해서 뒤에 보어만 남았다.

주제문의 논거 급속도로 인공 지능이 발전함

하지만　불과 지난 10년 동안　우리는 습득했다　능력을　(컴퓨터로 놀라운 것을 할 수 있는)　로봇 개발처럼)
⁴ However, / just in the last decade / we have acquired / the ability (to do amazing things with computers, / like developing
　　　　　　　　　　　　　　　　　　　　　=

인공 지능의 급속한 발전으로　(2010년대의)　컴퓨터는 이제 얼굴을 인식하고　언어를 번역하고
robots). ⁵ With the artificial intelligence boom (of the 2010s), / computers can now recognize faces, / translate languages, /
　　　　　　　　　　　　　　　　　　　　　　❷　V₁　　　　　　V₂

여러분을 위해 전화를 받고　시를 쓸 수 있으며　선수들을 이길 수 있다　세계에서 가장 복잡한 보드게임에서　몇 가지 예를 들자면,
take calls for you, / write poems, / and beat players / at the world's most complicated board game, / to name a few things.
　　V₃　　　V₄　　　V₅　　　　　　　　　　　　　　　　　　부사적 용법(조건)

▸ **구문 ❷** 조동사 can 뒤에 동사 recognize, translate, take, write, beat이 콤마(,)와 and로 연결되어 있다.

주제문 더 이상 인간이 유일한 창의적인 존재가 아닐 수 있음

갑작스럽게　우리는 가능성에 직면할 것임이 틀림없다　우리의 능력이　(창의적인)　경쟁 상대가 없지 않게 되는
⁶ All of a sudden, / we must face the possibility // that our ability (to be creative) / is not unrivaled.
　　　　　　　　　　　❸

▸ **구문 ❸** the possibility는 명사절 that ~ unrivaled와 동격 관계이며, that절 내의 our ability와 to-v구(to be creative) 역시 동격 관계이다.

해석 ¹창의력은 우리가 특별히 인간이라서 갖게 된다고 일반적으로 생각하는 능력이다. ²인류 역사를 통틀어, 우리는 지구상에서 가장 창의적인 존재이다. ³새는 둥지를 틀 수 있고, 개미는 흙더미를 쌓을 수 있지만, 지구상의 다른 어떤 종도 우리 인간이 보이는 창의력 수준에 가까이 가지는 못한다. ⁴하지만, 불과 지난 10년 동안 우리는 로봇 개발처럼, 컴퓨터로 놀라운 것을 할 수 있는 능력을 습득했다. ⁵2010년대의 인공 지능의 급속한 발전으로, 몇 가지 예를 들자면, 컴퓨터는 이제 얼굴을 인식하고, 언어를 번역하고, 여러분을 위해 전화를 받고, 시를 쓸 수 있으며 세계에서 가장 복잡한 보드게임에서 선수들을 이길 수 있다. ⁶갑작스럽게, 우리는 우리의 창의적인 능력이 경쟁 상대가 없지 않게 되는(= 경쟁 상대가 있게 되는) 가능성에 직면할 것임이 틀림없다.

② 학습된　　③ 보편적인
④ 무시된　　⑤ 이의가 제기된

해설 (1), (2) 창의력이 인간에게 유일한 능력이라는 도입부 뒤에 역접 연결어 However로 상반되는 세부 사항이 이어지고 마지막에 결론에 해당하는 주

제문이 나오는 미괄식 구조의 글이다. However 이후의 세부 사항은 주제문과 같은 주장을 할 수 있는 논거에 해당한다. 즉 인간이 창의적 경쟁 상대에 직면해야 하는 결과를 낳은 것은 인공 지능의 급속한 발전 때문이다.

(3) 우리의 창의력이 '어떻게' 될 가능성이 있는지를 세부 사항을 통해 추론해야 한다. 인간은 지구상에서 가장 창의적인 종이었지만, 인공 지능의 급속한 발전으로 컴퓨터가 얼굴 인식, 창작 등 놀라운 것들을 할 수 있다고 한 것에서 컴퓨터가 창의력 면에서 우리의 경쟁 상대가 될 가능성이 있음을 추론할 수 있다. 따라서 빈칸에 들어갈 말로 가장 적절한 것은 ①이다. 빈칸 문장에 부정어인 not이 쓰였고 빈칸 어구에는 un-이라는 부정 접두사가 쓰였으므로 의미가 '긍정'이 됨을 주의해야 한다.

오답확인 (3) ④ 컴퓨터가 창의력이 필요한 영역에서 놀라운 능력을 보인다는 흐름에서 우리의 창의력이 '무시되지' 않는 가능성에 직면해야 한다는 내용은 부자연스럽다.

Stage 1 Concept의 찬찬 이해

p.156

1 **해석** ¹영양소 요구는 보충제가 아니라 자연 식품으로 충족되어야 한다. ²보충제의 대다수가 인공적이고 몸에 완전히 흡수조차 되지 않을지도 모른다. ³그것들은 때로 외부 물질로 간주되어 몸에서 제거할 목표가 된다. ⁴더 심각한 것은, 몇몇(보충제)은 다른 물질로 오염되어 있다. ⁵예를 들어, 최근 보도는 시중 단백질 분말 134개 브랜드 중 40퍼센트에서 중금속을 발견했다.

생생 기출 맛보기 (1) It has been determined ~ individual. (2) ⑤

직독직해 & 지문구조 [생활] 첫인상의 중요성

도입부 첫인상이 아주 중요하고 두 번째 기회는 없음

여러분은 아마도 표현을 들어본 적이 있을 것이다 '첫인상이 매우 중요하다'라는 삶은 실제로 많은 사람들에게 주지 않는다
¹ You've probably heard the expression, / "first impressions matter a lot". ² Life really doesn't give many people /
　　　　　　　　　　　　　　　❶　　　＝　　　　　　　　　　　　　　　　　　　　S　　　V　　　　　　IO

두 번째 기회를 　　　(좋은 첫인상을 만들)
a second chance (to make a good first impression).
　　DO ❶ ＿＿ ＝ ＿＿

▶ **구문 ❶** the expression과 first ~ a lot은 콤마(,)로 연결된 동격 관계이며, a second chance는 to-v구(to make ~ impression)와 동격 관계이다.

주제문 첫인상은 매우 빨리 결정됨

(~이) 밝혀져 왔다 　　　단지 몇 초만 걸린다는 것이 　　누군가 　　또 다른 개인을 평가하는 데
³ It has been determined // that it takes only a few seconds / for anyone / to assess another individual.
가주어 ❷　　　　　　　　　　진주어　　　　　　　　　　　　to-v의 의미상의 주어

▶ **구문 ❷** It은 가주어이고, 접속사 that이 이끄는 명사절이 진주어이다. that절 안의 <it takes+시간+for A+to-v>는 'A가 v하는 데 시간이 걸리다'를 의미하며, for anyone은 to-v구(to assess another individual)의 의미상의 주어이다.

세부 사항 1 채용 과정의 예: 몇 초 안에 결정되는 첫인상

이것은 매우 두드러지는데 　　채용 과정에서 　　여기에서 일류의 신입 사원 모집자는 방향을 예측할 수 있다 　(자신의 최종 결정의
⁴ This is very noticeable / in *recruitment processes*, // where top recruiters can predict the direction (of their eventual
　　　　　　　　　　　　　　　　　　　　　　❸ 관계부사(계속적 용법)

후보자에 대한) 　　몇 초 안에 　　　((후보자가) 자신을 소개하는)
decision / on any candidate) / within a few seconds (of introducing themselves).

▶ **구문 ❸** 관계부사 where가 이끄는 절은 계속적 용법으로 쓰여 선행사 recruitment processes를 부연 설명하고 있다. 계속적 용법은 앞에서부터 차례대로 해석하며 이때 관계부사는 <접속사+관계부사>의 의미를 가진다.

세부 사항 1의 md 예: (시간 들여 작성한 이력서보다도) 외모와 자기소개가 첫인상에 작용함

따라서 　　후보자의 이력서가 지식과 능력을 '나타낼'지도 모른다 　　하지만 그들의 외모와 소개는 ~을 알려줄지도 모른다
⁵ So, / a candidate's CV may 'speak' knowledge and competence, // but their appearance and introduction may tell of /
　　　　　S₁　　　　　　V₁　　　　　　O₁　　　　　　　　　　　　　　　　　　　　S₂　　　　　　　　V₂

신체 조정력의 부족, 불안, 그리고 형편없는 대인 관계 기술
a lack of coordination, fear, and poor interpersonal skills.
　　　　　　　　　　　　　O₂

세부 사항 2 사랑과 대인 관계의 예: 빠른 판단이 이루어짐

이런 식으로 　　빠른 판단들은 단지 관련된 것은 아니다 　　채용 문제에만 　　이것들은 똑같이 적용된다
⁶ In this way, / quick judgements are not only relevant / in employment matters; // they are equally applicable /
　　　　　　　　　　　　　　　　　　　　　　　　　　　　　　　　　　　（= quick judgements）

사랑과 대인 관계 문제에도
in love and relationship matters too.

멋진 누군가와의 데이트에서   [여러분이 몇 달간 공들여 찾아낸]   미묘한 것들이   (입 냄새
7 On a date with a wonderful somebody [who you've painstakingly tracked down for months], / subtle things (like bad breath
                                  관계대명사 S'   V'   S

또는 구김살이 생긴 옷과 같은) 여러분의 숭고한 노력을 망칠지도 모른다
or wrinkled clothes) / may spoil your noble efforts.
                          V   O

해석 ¹여러분은 아마도 '첫인상이 매우 중요하다'라는 표현을 들어본 적이 있을 것이다. ²삶은 실제로 많은 사람들에게 좋은 첫인상을 만들 두 번째 기회를 주지 않는다. ³누군가가 또 다른 개인을 평가하는 데 단지 몇 초만 걸린다는 것이 밝혀져 왔다. ⁴이것은 채용 과정에서 매우 두드러지는데, 여기에서 일류의 신입 사원 모집자는 (후보자가) 자신을 소개하는 몇 초 안에 후보자에 대한 자신의 최종 결정의 방향을 예측할 수 있다. ⁵따라서 후보자의 이력서가 지식과 능력을 '나타낼지도 모르지만, 그들의 외모와 소개는 신체 조정력의 부족, 불안, 그리고 형편없는 대인 관계 기술을 알려줄지도 모른다. ⁶이런 식으로, 빠른 판단들은 단지 채용 문제에만 관련된 것은 아니며 이것들은 사랑과 대인 관계 문제에도 똑같이 적용된다. ⁷여러분이 몇 달간 공들여 찾아낸 멋진 누군가와의 데이트에서, 입 냄새 또는 구김살이 생긴 옷과 같은 미묘한 것들이 여러분의 숭고한 노력을 망칠지도 모른다.

해설 (1) 세부 사항인 두 가지 예가 설명하는 문장이 바로 주제문이다. 채용 과정, 그리고 사랑과 대인 관계의 예는 순간의 첫인상이 개인을 평가하는 데 영향을 끼친다는 주제문(It has been determined ~ assess another individual.)을 설명하고 있다.
(2) 주어진 문장은 채용 문제뿐만이 아니라 사랑과 대인 관계 문제에도 빠른 판단이 똑같이 적용된다는 내용이므로 MD2에 해당한다. 따라서 이 문장 앞에는 첫인상이 채용에 영향을 미친다는 내용이 먼저 언급되어야 하며, 구겨진 옷이 데이트에 미치는 영향은 MD2에 대한 예(md2)이므로 주어진 문장은 ⑤에 들어가는 것이 가장 적절하다.
오답확인 (2) ④ 앞과 뒤의 문장은 채용 과정에서 첫인상의 요소인 외모와 자기소개가 영향을 미치는 방식을 소개하고 있으므로 흐름이 자연스럽다.

Stage 2 Concept의 꼼꼼확인   p.158

1 (1) Sometimes ~ mood they are in. (2) ④ (3) (a) tone of voice (b) facial expression
2 (1) After the technical ~ the rehearsal. (2) ③ (3) (a) nervousness (b) overwhelming 또는 stressful
3 (1) Color can impact ~ weight., Dark colors ~ less so. (2) ⑤ (3) (a) displaying (b) packaging
4 (1) The rules of ~ that is allowed (2) ② (3) (a) size (b) weight (c) stiffness (d) bounce

---

1 (1) Sometimes ~ mood they are in. (2) ④ (3) (a) tone of voice (b) facial expression

직독직해 & 지문구조 생활 다른 사람의 감정을 추측하는 방법

도입부 질문: 다른 이의 감정을 알아내는 방법

당신은 생각해본 적이 있는가   당신이 어떻게 알 수 있을지에 대해   다른 누군가가 어떻게 느끼고 있는지를
¹ Have you ever thought / about how you can tell / what somebody else is feeling?
                              의문사 S'   V'   O'

▶ 구문 ❶ 의문사 how가 이끄는 간접의문문 형태의 명사절이 전치사 about의 목적어 역할을 하고 있으며, 의문사 what이 이끄는 명사절이 동사 can tell의 목적어로 쓰였다.

주제문 답변: 감정을 추측할 수 있음

때때로   친구들이 당신에게 말할지도 모른다   그들이 행복하거나 슬프다고   그러나 당신에게 말하지 않는다고 해도   나는 확신한다
² Sometimes, / friends might tell you / that they are feeling happy or sad // but, even if they do not tell you, / I am sure /
                    V   IO   접속사   DO   접속사

당신이 추측을 잘할 수 있을 것이라고   그들이 어떤 기분을 느끼고 있는지에 대해
that you would be able to make a good guess / about what kind of mood they are in.
접속사

세부 사항 1 감정 추측의 단서 1: 목소리의 어조

당신은 단서를 얻을지도 모른다   목소리의 어조로부터   [그들이 사용하는]
³ You might get a clue / from the tone of voice [that they use].
                                              관계대명사

　　　　예를 들어　　　　　그들은 목소리를 높일 것이다　　　그들이 화가 나 있다면　　또는 떨리는 식으로 말할 것이다　　그들이 두려워하고 있다면
⁴ For example, / they may raise their voice / if they are angry // or talk in a shaky way / if they are scared.
　　　　　　　　S　❷V₁　　　O₁　　　　　　　　　　　　　　　V₂

▶ 구문 ❷ 조동사 may에 두 개의 동사 raise와 talk가 or로 연결되어 있다.

　　　다른 주요한 단서는　　　　[당신이 사용할지도 모르는　　친구가 어떻게 느끼고 있는지를 알기 위해]　　~일 것이다　　그나 그녀의 얼굴 표정을 보는 것
⁵ The other main clue [(which[that]) you might use / to tell what a friend is feeling] / would be / to look at his or her facial
　　　　　S　　　　　관계대명사　　　　　　　❸ 부사적 용법(목적)　　　　V　　　　　C
expression.

▶ 구문 ❸ to tell ~ feeling은 '목적'을 나타내는 부사적 용법이고, would be 뒤의 to look ~ expression은 be동사의 보어로 쓰인 명사적 용법이다.

　우리는 (~이) 있다　　얼굴에 많은 근육들이　　[우리가 (~할) 수 있게 하는　　　　많은 다른 위치로 우리의 얼굴을 움직일]
⁶ We have / lots of muscles in our faces [which enable us / to move our face into lots of different positions].
　　　　　　　　　　　　　　　관계대명사　❹V′　O′　　　　　　　　C′

　　　이것은 자연스럽게 일어난다　　　　우리가 특정한 감정을 느낄 때
⁷ This happens spontaneously // when we feel a particular emotion.

▶ 구문 ❹ <enable+O+to-v>는 'O가 v할 수 있게 하다'의 의미이다. 주격 관계대명사 which가 이끄는 절은 선행사 lots of muscles를 수식하고 있다.

해석 ¹당신은 다른 누군가가 어떻게 느끼고 있는지를 당신이 어떻게 알 수 있을지에 대해 생각해본 적이 있는가? ²때때로, 친구들이 당신에게 그들이 행복하거나 슬프다고 말할지도 모르지만, 당신에게 말하지 않는다고 해도, 나는 그들이 어떤 기분을 느끼고 있는지에 대해 당신이 추측을 잘할 수 있을 것이라고 확신한다. ³당신은 그들이 사용하는 목소리의 어조로부터 단서를 얻을지도 모른다. ⁴예를 들어, 그들이 화가 나 있다면 그들은 목소리를 높일 것이고, 또는 그들이 두려워하고 있다면 떨리는 식으로 말할 것이다. ⁵친구가 어떻게 느끼고 있는지를 알기 위해 당신이 사용할지도 모르는 다른 주요한 단서는 그나 그녀의 얼굴 표정을 보는 것일 것이다. ⁶우리는 얼굴에 우리가 많은 다른 위치로 우리의 얼굴을 움직일 수 있게 하는 많은 근육이 있다. ⁷이것은 우리가 특정한 감정을 느낄 때 자연스럽게 일어난다.

(3)

다른 사람들의 기분 추측하기

첫 번째 단서	두 번째 단서
그들이 화났을 때 격양된 목소리와 같은 그들의 (a) 목소리의 어조	얼굴에 있는 근육을 사용하여 다양한 감정을 전달하는 그들의 (b) 얼굴 표정

해설 (1) 도입이 '다른 사람의 감정을 어떻게 알 수 있을까?'라는 질문이므로 주제문은 그에 대한 답변임을 알 수 있다. 따라서 감정을 추측할 수 있다고 답을 제시하는 문장(Sometimes, ~ mood they are in.)이 주제문이며, 이어지는 세부 사항은 어조와 얼굴 근육을 예로 들어 주제문을 설명하고 있다.
(2) 주어진 문장에서 친구가 어떻게 느끼는지 알기 위해 사용할 수 있는 다른 주요한 단서(The other main clue)는 얼굴 표정이라고 했으므로 이 문장 앞에는 또 다른 단서가 먼저 언급되어야 함을 알 수 있다. ④ 앞에서는 목소리의 어조로 감정을 추측하는 방법을 설명했고, 뒤에서는 우리의 얼굴에는 우리가 특정한 감정을 느낄 때 얼굴을 움직이는 많은 근육이 있다고 했으므로 주어진 문장이 들어가기에 가장 적절한 곳은 ④이다.
(3) 다른 사람의 기분을 추측하는 두 가지 방법으로는 목소리의 어조(tone of voice)와 얼굴 표정(facial expression)을 활용하는 것이 소개되었다.

오답확인 (2) ③ 앞에서 목소리의 어조에서 감정을 파악할 수 있는 단서를 얻을 수 있다고 한 후, 이에 대한 예시로 화가 나면 목소리를 높이고 두려우면 목소리가 떨린다는 내용이 이어지는 연결은 자연스럽다.

---

2 (1) After the technical ~ the rehearsal. (2) ③ (3) (a) nervousness (b) overwhelming 또는 stressful

직독직해 & 지문구조 예술 리허설 비평에 대한 대응

　　테크니컬 리허설(기술 예행연습) 후에　　　　극단은 만날 것이다　　　　　　감독, 기술 관리자, 그리고 무대 감독을
¹ After the technical rehearsal, / the theater company will meet / with the director, technical managers, and stage manager /
　　　　　　　　　　　　　　　S　　　　　V

　　리허설을 비평하기 위해
to review the rehearsal.
　　부사적 용법(목적)

긍정적인 의견

보통은 의견이 있을 것이다　　　　　(온갖 좋은 것들에 관한)　　　(공연에 대한))
² Usually there will be comments (about all the good things (about the performance)).
　　　　　　　　V　　　S

긍정적인 의견의 긍정적 효과

개인은 마음에 새기고 글로 적어 놓아야 한다　　　　　긍정적인 의견에 관해서도　　　(그들의 개인적인 기여에 대한)
³ Individuals should make mental and written notes / on the positive comments (about their own personal contributions) /

긍정적인 의견뿐만 아니라　　　　(단원들과 극단 전체에 쏟아진)　　　　　　긍정적인 성과를 쌓는 것은
as well as *those* (directed toward the crew and the entire company). ⁴ Building on positive accomplishments /
❶　　　　(= the positive comments)　　　　　　　　　　　　　　　　　　S

긴장을 줄일 수 있다
can reduce nervousness.
　V　　　　O

▶ 구문 ❶ <B as well as A>는 'A뿐만 아니라 B도'라는 의미로 <not only A but (also) B>로 바꿔 쓸 수 있다. on the positive comments ~ contributions와 (on) those ~ company가 A, B 자리에 연결되어 있다. directed toward ~ company는 those를 수식하는 과거분사구이다.

개선점에 대한 의견

긍정적인 의견 이외에도　　　　　감독과 관리자는　　　의심할 여지없이 의견을 가지고 있을 것이다　　(여전히 작업이 필요한 부분에 대한)
⁵ In addition to positive comments, / the director and manager / will undoubtedly have comments (about what still needs
　　　　　　　　　　　　　　　S　　　　　　　　　　　　　　　　V　　　　　　　O　　　　　❷

work).

▶ 구문 ❷ 명사절 what still needs work는 전치사 about의 목적어 역할을 한다.

부정적 의견의 부정적 효과와 바람직한 대응

때로　　　이러한 부정적인 의견은 ~인 것처럼 보일 수 있다　　　압도적이고 스트레스를 주는　　　시간 압박은　　(이러한
⁶ Sometimes, / these negative comments can seem / overwhelming and stressful. ⁷ *Time pressures* (to make these
　　　　　　　　　S　　　　　　　　　V　　　　　　C　　　　　　　　　　S

마지막 순간의 변경을 해야 하는)　스트레스의 원인이 될 수 있다　　각 제안을 받아들여라　　좋은 기분으로 그리고 열정을 가지고
last-minute changes) / can be a source of stress. ⁸ Take each suggestion / with good humor and enthusiasm /
　　　　　　　　　　　　V　　C　　　　　　　❸ V₁

그리고 각 과제를 하나씩 다뤄라
and tackle each task one by one.
　　　V₂

▶ 구문 ❸ 두 개의 명령문이 and로 연결되어 있다.

해석 ¹ 테크니컬 리허설(기술 예행연습) 후에, 극단은 리허설을 비평하기 위해 감독, 기술 관리자, 그리고 무대 감독을 만날 것이다. ² 보통은 공연에 대한 온갖 좋은 것들에 관한 의견이 있을 것이다. ³ 개인은 단원들과 극단 전체에 쏟아진 긍정적인 의견뿐만 아니라, 그들의 개인적인 기여에 대한 긍정적인 의견에 관해서도 마음에 새기고 글로 적어 놓아야 한다. ⁴ 긍정적인 성과를 쌓는 것은 긴장감을 줄일 수 있다. ⁵ 긍정적인 의견 이외에도, 감독과 관리자는 의심할 여지없이 여전히 작업이 필요한 부분에 대한 의견을 가지고 있을 것이다. ⁶ 때로, 이러한 부정적인 의견은 압도적이고 스트레스를 주는 것처럼 보일 수 있다. ⁷ 이러한 마지막 순간의 변경을 해야 하는 시간 압박은 스트레스의 원인이 될 수 있다. ⁸ 각 제안을 좋은 기분으로 그리고 열정을 가지고 받아들이고 각 과제를 하나씩 다뤄라.

(3)

리허설 비평하기

좋은 것들에 관한 의견	여전히 작업이 필요한 것에 관한 의견
그것들은 (a) 긴장감을 줄일 수 있다.	그것들은 시간 압박 때문에 (b) 압도적일[스트레스를 줄] 수 있다.

해설 (1) 첫 번째 문장에서 리허설을 비평한다고 했고 뒤의 세부 사항은 그 리허설 비평에서 나오는 의견들을 긍정적인 것과 부정적인 것으로 나눠 상세히 설명하고 있다. 따라서 주제문은 After the technical ~ the rehearsal. 이다.

(2) 주어진 문장은 긍정적인 의견 외에도(In addition to positive comments) 작업이 필요한 부분에 대한 의견, 즉 부정적인 의견도 있을 것이라는 내용으로 앞에는 긍정적 의견에 대한 언급이 있고 뒤에는 부정적 의견에 대한 내용이 시작되는 ③에 위치하는 것이 적절하다.

(3) 긍정적 의견을 쌓으면 긴장감(nervousness)을 줄일 수 있다고 했고 부정적 의견은 마지막 순간에 변경을 해야 한다는 시간 압박 때문에 압도적(overwhelming)이고 스트레스를 줄(stressful) 수 있다고 했다.

오답확인 (2) ② 앞 문장은 개개인이 긍정적인 의견을 새겨들어야 한다는 내용이고, 뒤 문장은 그렇게 함으로써 얻을 수 있는 효과(긴장감 감소)를 말하고 있으므로 흐름이 자연스럽다.

3 (1) Color can impact ~ weight., Dark colors ~ less so. (2) ⑤ (3) (a) displaying (b) packaging

직독직해 & 지문구조 [심리] 무게 인식에 영향을 끼치는 색

> **주제문**　색상은 무게 인식에 영향을 줌

색상은 영향을 줄 수 있다　여러분이 무게를 인식하는 방식에　　어두운 색은 무거워 보이고　　밝은 색은 덜 그렇게 보인다
¹ Color can impact / how you perceive weight. ² Dark colors look heavy, // and bright colors look less so.
　　S　　V　　　　　❶O　　　　　　　　　　　　　　　　　　　　　　　　　　　　(= heavy)

▸ **구문 ❶** 간접의문문 how you perceive weight가 동사 can impact의 목적어 역할을 하고 있다.

> **세부 사항 1**　예 1: 보기 편한 실내 디자인은 밝은 색 아래에 어두운 색이 있음

실내 디자이너들은 종종 더 어두운 색을 칠한다　　　더 밝은 색 아래에　　보는 사람을 편안하게 해 주기 위해
³ Interior designers often paint darker colors / below brighter colors / to put the viewer at ease.
　　　　　　　　　　　　　　　　　　　　　　　　　　　　　　　　　　　부사적 용법(목적)

> **세부 사항 2**　예 2: 상품 진열도 마찬가지임

상품 진열도 작동한다　　　같은 방식으로
(C) ⁴ Product displays work / (in) the same way.

> **세부 사항 2의 md**　안정감을 위해 밝은 색 상품 아래에 어두운 색 상품을 진열함

밝은 색의 상품을 더 높이 배치하라　　　그리고 어두운 색의 상품을 더 낮게 배치하라　　　상품들이 비슷한 크기라면
⁵ Place bright-colored products higher / and dark-colored products lower, // given that they are of similar size.
　V　　　O₁　　　　　　　　　　　　　　　O₂　　　　❷접속사　　S′　V′　　　C′

이는 더 안정적으로 보일 것이다　그리고 고객이 (~하도록) 할 것이다　편안하게 상품들을 둘러보도록　　위에서 아래로
⁶ This will look more stable / and allow customers / to comfortably browse the products / from top to bottom.
　　V₁　　　　C₁　　　　V₂　　O₂　　　　　　　　　C₂

반대로　　어두운 색의 상품을 선반에 두는 것은　맨 위에　불러일으킬 수 있다　상품들이 떨어질 수 있다는 착각을
(B) ⁷ In contrast, / shelving dark-colored products / on top / can create / *the illusion* that they might fall over, //
　　　　　　　S　　　　　　　　　　　　　　V　　　❸ └─ = ─┘

이것은 불안감의 원인이 될 수 있다　　일부 구매자들에게
which can be a source of anxiety / for some shoppers.
관계대명사(계속적 용법)

▸ **구문 ❷** given that ~은 '~을 고려하면'이라는 뜻으로, 조건을 나타내는 접속사 역할을 한다.
　　　　❸ the illusion과 that ~ over는 동격 관계이며, 계속적 용법으로 쓰인 관계사절이 the illusion을 부연 설명하고 있다.

> **세부 사항 3의 md**　검은색 포장 제품이 흰색 포장 제품보다 무겁게 인식됨

검은색과 흰색은　　　밝기가 있는　　(0%와 100%의)　　각각　　보여 준다　　가장 극적인 차이를
⁸ *Black and white*, // which have a brightness (of 0% and 100%), / respectively, / show / the most dramatic difference
　　S　　관계대명사(계속적 용법)　　　　　　　　　　　　　　　　　　V　　　　O

(인식된 무게의)　　사실　　검은색은 인식된다　두 배만큼 무겁게　흰색의　　같은 상품을 담아 드는 것이
(in perceived weight). (A) ⁹ In fact, / black is perceived / to be twice as heavy / as white. ¹⁰ Carrying the same product /
　　　　　　　　　　　　　　　　　　　　　　❹　　　　　　　　　　　　　❺ S

검은색 쇼핑백에　　　흰색 쇼핑백에 비해　　더 무겁게 느껴진다
in a black shopping bag, / versus a white one, / feels heavier.
　　　　　　　　　　　　　　　　　　　　　　V　　C

▸ **구문 ❹** <A 배수사+as+원급+as B>는 'A는 B의 (몇) 배만큼 ~한'의 뜻이다. <perceive A (to be) B (A를 B로 여기다)> 구문이 수동태로 쓰였다.
　　　　❺ 동명사구 주어(Carrying ~ shopping bag)는 단수 취급하므로 단수동사 feels가 쓰였다.

> **세부 사항 3**　예 3: 작지만 값비싼 상품은 무게 있어 보이도록 어두운 색으로 포장됨

따라서　　작지만 값비싼 상품들은　　(넥타이와 액세서리와 같이)　　흔히 판매된다　　어두운 색의 쇼핑백
¹¹ So, / small but expensive products (like neckties and accessories) / are often sold / in dark-colored shopping bags
　　　　　　S　　　　　　　　　　　　　　　　　　　　　　　　　└─ V ─┘

또는 케이스에 담겨
or cases.

해석 ^{1} 색상은 여러분이 무게를 인식하는 방식에 영향을 줄 수 있다. ^{2} 어두운 색은 무거워 보이고, 밝은 색은 덜 그렇게 보인다. ^{3} 실내 디자이너들은 보는 사람을 편안하게 해 주기 위해 종종 더 밝은 색 아래에 더 어두운 색을 칠한다. (C) ^{4} 상품 진열도 같은 방식으로 작동한다. ^{5} 상품들이 비슷한 크기라면, 밝은 색의 상품을 더 높이, 어두운 색의 상품을 더 낮게 배치하라. ^{6} 이는 더 안정적으로 보이고 고객이 편안하게 상품들을 위에서 아래로 둘러보도록 할 것이다. (B) ^{7} 반대로, 어두운 색의 상품을 선반 맨 위에 두는 것은 상품들이 떨어질 수 있다는 착각을 불러일으킬 수 있으며, 이것은 일부 구매자들에게 불안감의 원인이 될 수 있다. ^{8} 각각 0%와 100%의 밝기가 있는 검은색과 흰색은 인식된 무게의 가장 극적인 차이를 보여 준다. (A) ^{9} 사실, 검은색은 흰색의 두 배만큼 무겁게 인식된다. ^{10} 같은 상품을 검은색 쇼핑백에 담아 드는 것이 흰색 쇼핑백에 비해 더 무겁게 느껴진다. ^{11} 따라서, 넥타이와 액세서리와 같이 작지만 값비싼 상품들은 흔히 어두운 색의 쇼핑백 또는 케이스에 담겨 판매된다. (3)

색이 우리의 인식에 어떻게 영향을 미치는지에 관한 예

집 장식에서 색의 균형 맞추기

상품이 편하게 보일 수 있도록 (a) 진열하기

무게와 가격에 따라 상품 (b) 포장하기

해설 (1) 실내 디자인, 상품 진열, 상품 포장의 세 가지 세부 사항이 설명하는 주제문은 Color can impact ~ weight.와 Dark colors ~ less so.이다.

(2) 어두운 색은 무거워 보이고, 밝은 색은 더 가벼워 보이기 때문에 실내 디자이너들이 이를 활용한다는 주어진 문장 다음에는 상품 진열도 '같은 방식으로 작동(work the same way)'하여 어두운 색의 상품을 아래에 두어야 한다는 (C)가 오는 것이 적절하다. (B)는 대조를 나타내는 In contrast로 시작하는데, (C)에서 언급했던 어두운 색을 아래에 두는 것과 반대로 했을 경우에 상품이 떨어질 것 같은 착각을 일으킬 수 있다고 하므로 (C)의 뒤에 이어지는 것이 자연스럽다. (B) 마지막 문장의 색이 무게 인식에 영향을 준다는 내용은 (A)의 검정색이 흰색보다 두 배 더 무겁게 인식되어서 값비싼 상품에 검은색 쇼핑백을 사용한다는 내용으로 연결되는 것이 자연스럽다. 따라서 글의 순서로 가장 적절한 것은 ⑤이다.

(3) 상품이 안정감 있게 보이도록 어두운 상품을 아래 진열하며(displaying), 상품이 작지만 비싸면 무거운 느낌을 주도록 어두운 색으로 포장한다고 (packaging) 했다.

오답확인 (2) ④ (B)의 마지막에서 검은색과 흰색의 무게 인식 차이가 가장 크다는 내용을 (A)에서 검은색이 두 배 더 무거운 것으로 인식된다고 부연 설명하고 있으므로 (B) 다음에 (A)가 이어져야 한다.

---

4 (1) The rules of ~ that is allowed (2) ② (3) (a) size (b) weight (c) stiffness (d) bounce

직독직해 & 지문구조 스포츠 경기에서 사용되는 공의 조건

| 도입부 | 대부분의 스포츠 활동은 공을 가지고 함 |

거의 모든 주요 스포츠 활동은 　　　　　　 공으로 한다
^{1} Almost all major sporting activities / are played with a ball.
　　　　　　　　　　　S　　　　　　　　　　　　V

| 주제문 | 허용되는 공의 유형에 대한 규칙들이 있음 |

(경기) 규칙들은　　　　규칙들을 늘 포함하고 있다　　(공의 유형에 관한)　　[허용되는]
(B) ^{2} The rules (of the game) / always include rules (about *the type of ball* [that is allowed]), /
　　　　S　　　　　　　　　　❶V　　　O　　　　　　　　　관계대명사

▶ **구문 ❶** 주어가 The rules이므로 복수동사 include가 쓰였다. 관계대명사절 that is allowed는 선행사 the type of ball을 수식한다.

| 세부 사항 1 | 규칙 1: 공의 크기와 무게 |

공의 크기와 무게부터 시작해서
starting with the size and weight of the ball.
분사구문(= and they start ~)

| 세부 사항 2 | 규칙 2: 공의 단단함 |

공은 또한 특정 정도의 단단함을 갖추어야 한다
^{3} The ball must also have a certain stiffness.

| 세부 사항 2의 md | 적절히 단단해야 함 |

공이 적절한 크기와 무게를 갖출 수 있다　　　　그러나 공이 만들어지면　　속이 빈 강철공으로　　그것은 너무 단단할 것이다
(A) ^{4} A ball might have the correct size and weight // but if it is made / as a hollow ball of steel / it will be too stiff //
　　　　　　　　　　　　　　　　　　　　　　　❷　　접속사

그리고 공이 만들어지면　　가벼운 발포 고무로　　(무거운 중심부를 가진)　그 공은 너무 물렁할 것이다
and if it is made / from light foam rubber (with a heavy center) / it will be too soft.
　接속사

▶ **구문 ❷** 세 개의 절이 but과 and로 연결되어 있다.

규칙 3: 공의 탄력성

마찬가지로　　　　단단함과 더불어　　　　　공은 적절히 튈 필요가 있다
(C) ⁵ Similarly, / along with stiffness, / a ball needs to bounce properly.

적절히 튀어야 함

순전히 고무로만 된 공은　　대부분의 스포츠에서 지나치게 잘 튈 것이다　　그리고 순전히 ~인 공은　(점토로 만든)　　전혀 튀지 않을 것이다
⁶ A solid rubber ball / would be too bouncy for most sports, // and *a solid ball* (made of clay) / would not bounce at all.
　　　S₁　　　　　　V₁　　　　　C₁　　　　　　　　　　　　　　　　　　S₂　　　　　　　　　　V₂

해석 ¹ 거의 모든 주요 스포츠 활동은 공으로 한다. (B) ² 경기 규칙들은 공의 크기와 무게부터 시작해서 허용되는 공의 유형에 관한 규칙들을 늘 포함하고 있다. ³ 공은 또한 특정 정도의 단단함을 갖추어야 한다. (A) ⁴ 공이 적절한 크기와 무게를 갖출 수 있으나 속이 빈 강철 공으로 만들어지면 그것은 너무 단단할 것이고, 무거운 중심부를 가진 가벼운 발포 고무로 만들어지면 그 공은 너무 물렁할 것이다. (C) ⁵ 마찬가지로, 단단함과 더불어 공은 적절히 튈 필요가 있다. ⁶ 순전히 고무로만 된 공은 대부분의 스포츠에서 지나치게 잘 튈 것이고, 순전히 점토로 만든 공은 전혀 튀지 않을 것이다.

(3)

구기 경기의 공에 대해 고려해야 할 것들은 공의

(a) 크기

(b) 무게

(c) 단단함

(d) 탄력성

해설 (1) 세부 사항에서 언급된 공의 크기와 무게, 단단함, 탄력성은 경기에 허용되는 공의 조건을 설명하고 있다. 따라서 주제문은 The rules of ~ that is allowed이다.

(2) 거의 모든 스포츠에 공이 사용된다는 주어진 문장 다음에는 '그 경기(the game)'의 규칙들은 허용되는 공에 대한 규칙을 포함한다고 하며, 공의 크기와 무게, 단단함을 언급하는 (B)가 이어지는 것이 자연스럽다. (B)의 마지막에 나온 공의 단단함(stiffness)을 부연 설명하는 (A)가 이어지고, 마지막으로 Similarly로 연결되어 단단함과 더불어 적절히 튀어야 한다는 조건을 첨가하는 (C)가 이어지는 것이 적절하다. 따라서 글의 순서로 가장 적절한 것은 ②이다.

(3) 스포츠 경기에 허용되는 공의 조건으로 언급된 것은 총 네 가지로 크기(size), 무게(weight), 단단함(stiffness), 탄력성(bounce)이다.

오답확인 (2) ③ 공의 조건으로 크기와 무게, 단단함을 언급한 (B) 다음에는 크기와 무게가 적당해도 단단함이 알맞지 않으면 안 되는 이유를 설명하는 (A)가 이어져야 한다. 앞에서 언급한 조건들 외에 공의 탄력성을 추가로 제시하는 (C)는 가장 마지막에 오는 것이 자연스럽다.

쎄듀 초·중등 커리큘럼

초등 커리큘럼

	예비초	초1	초2	초3	초4	초5	초6
구문		천일문 365 일력 | 초1-3 | 교육부 지정 초등 필수 영어 문장		초등코치 천일문 SENTENCE 1001개 통문장 암기로 완성하는 초등 영어의 기초			
문법					초등코치 천일문 GRAMMAR 1001개 예문으로 배우는 초등 영문법		
문법			왓츠 Grammar		Start (초등 기초 영문법) / Plus (초등 영문법 마무리)		
독해				왓츠 리딩 70 / 80 / 90 / 100 A / B 쉽고 재미있게 완성되는 영어 독해력			
어휘				초등코치 천일문 VOCA&STORY 1001개의 초등 필수 어휘와 짧은 스토리			
어휘		패턴으로 말하는 초등 필수 영단어 1 / 2		문장 패턴으로 완성하는 초등 필수 영단어			
ELT	Oh! My PHONICS 1 / 2 / 3 / 4		유·초등학생을 위한 첫 영어 파닉스				
ELT	Oh! My SPEAKING 1 / 2 / 3 / 4 / 5 / 6		핵심 문장 패턴으로 더욱 쉬운 영어 말하기				
ELT	Oh! My GRAMMAR 1 / 2 / 3		쓰기로 완성하는 첫 초등 영문법				

중등 커리큘럼

	예비중	중1	중2	중3
구문	천일문 STARTER 1 / 2			중등 필수 구문 & 문법 총정리
문법	천일문 GRAMMAR LEVEL 1 / 2 / 3			예문 중심 문법 기본서
문법	GRAMMAR Q Starter 1, 2 / Intermediate 1, 2 / Advanced 1, 2			학기별 문법 기본서
문법	잘 풀리는 영문법 1 / 2 / 3			문제 중심 문법 적용서
문법	GRAMMAR PIC 1 / 2 / 3 / 4			이해가 쉬운 도식화된 문법서
문법			1센치 영문법	1권으로 핵심 문법 정리
문법+어법		첫단추 BASIC 문법·어법편 1 / 2		문법·어법의 기초
문법+쓰기	EGU 영단어&품사 / 문장 형식 / 동사 써먹기 / 문법 써먹기 / 구문 써먹기			서술형 기초 세우기와 문법 다지기
문법+쓰기				올씀 1 기본 문장 PATTERN 내신 서술형 기본 문장 학습
쓰기	거침없이 Writing LEVEL 1 / 2 / 3			중등 교과서 내신 기출 서술형
쓰기	중학 영어 쓰작 1 / 2 / 3			중등 교과서 패턴 드릴 서술형
어휘	신간 천일문 VOCA 중등 스타트/필수/마스터			2800개 중등 3개년 필수 어휘
어휘	어휘끝 중학 필수편		중학 필수어휘 1000개	어휘끝 중학 마스터편 고난도 중학어휘 +고등기초 어휘 1000개
독해	신간 ReadingGraphy LEVEL 1 / 2 / 3 / 4			중등 필수 구문까지 잡는 흥미로운 소재 독해
독해	Reading Relay Starter 1, 2 / Challenger 1, 2 / Master 1, 2			타교과 연계 배경 지식 독해
독해	READING Q Starter 1, 2 / Intermediate 1, 2 / Advanced 1, 2			예측/추론/요약 사고력 독해
독해전략			리딩 플랫폼 1 / 2 / 3	논픽션 지문 독해
독해유형			Reading 16 LEVEL 1 / 2 / 3	수능 유형 맛보기 + 내신 대비
독해유형			첫단추 BASIC 독해편 1 / 2	수능 유형 독해 입문
듣기	Listening Q 유형편 / 1 / 2 / 3			유형별 듣기 전략 및 실전 대비
듣기		쎄듀 빠르게 중학영어듣기 모의고사 1 / 2 / 3		교육청 듣기평가 대비